THE LAST

마지막 지식인
아카데미 시대의 미국 문화

Intellectuals

**AMERICAN CULTURE IN THE
AGE OF ACADEME**

마지막 지식인
아카데미 시대의 미국 문화

러셀 저코비 지음
유나영 옮김

THE
LAST
Intellectuals

AMERICAN CULTURE
IN THE AGE
OF ACADEME

교유서가

LAST
Intellectuals
AMERICAN CULTURE IN THE AGE OF ACADEME

차
례

머리말

"우리의 지식인들은 어디 있는가?" 자신이 속한 세대의 기록자였던 해럴드 스턴스(Harold Stearns, 1891-1943)는 1921년도 저서 『미국과 청년 지식인*America and the Young Intellectual*』에서 이런 질문을 던졌다.[1] 그가 찾은 답은 지식인들이 유럽으로 도피하고 있다는 것이었다. 그는 이 움직임을 지지하고 곧 그들 뒤를 따랐다. 그리고 미국의 가장 이름 높은 지식인 그룹인 "잃어버린 세대"에 합류했다.

스턴스의 질문은 현재에도 유효할 수 있지만 그 답은 그렇지 않다. 그는 청년 전반, 특히 지식인에 적대적인 상업 문명이 젊은 작가들을 유럽으로 몰아낸다고 믿었다. 현재의 상황은 사뭇 다르다. 청년들은 떠받들어진다. 지식인들은, 그들이 시야에 들어올 때는, 대개 축복을 받거나 보조금을 받는다. 청년들은 도피를 위해서가 아니라 휴가를 보내려고, 때로는 학회에 참석하려고 유럽에 간다. 미국 지식인 중에 망명생활을 하는 사람은 없다시피 하다. 그래도 이 질문은 유효하다. 젊은 지식인들은 어디 있는가? 이 질문이 나의 출발점이다.

나는 이들을 많이 찾아내지 못했다―여기서 내가 "젊다"고 하는 기준은 약 45세 미만이니 진짜 젊은이들은 아연할지도 모르겠다. 또 내 기준이 절대적인 것도 아니다. "지난last" 세대의 미국 지식인, 즉 20세기 초반에 출생한 사람들이 내 기준점이다. 그들이 지녔던 목소리와 존재감을 더 젊은 지식인들은 전유하지 못했다.

하지만 이는 오도의 소지가 있다. 여기서의 문제는 도덕적 퇴보가 아닌 세대의 변동이다. 지식인들의 경험은 바뀌었다. 이것이 딱히 새로운 소식은 아니지만 아무도 그 원인을 탐색하지 않으며, 적어도 그 한 가지 결과는 주목받지 못한 채로 심대한 악영향을 끼치고 있다. 바로 공적 문화의 빈곤화다.

정력적으로 명쾌하게 글을 쓰는 지식인은 뉴욕이나 샌프란시스코에서 저렴한 집세만큼이나 드물다. 초대형 대학들의 시대가 도래하기 전에 도시의 거리와 카페에서 성장한 "마지막" 지식인 세대는 교양 있는 독자들을 상대로 집필 활동을 했다. 그들은 첨단기술 지식인과 컨설턴트와 교수 들―더할 나위 없이 유능할지 모르나 공공의 삶을 살찌우지는 않는 익명의 존재들―로 교체되었다. 젊은 지식인들은 거의 캠퍼스 안에서만 생활을 영위하며 프로페셔널한 동료들을 상대한다. 나머지 사람들은 그들을 접할 수 없고 그들을 알지도 못한다. 이것이 위험이자 위협이다. 공적 문화는 점점 줄어만 가는 나이든 지식인 그룹에 의존하고 있다. 그들이 가졌던 대중어 구사 능력을 그 후학들은 급속히 잃고 있다.

이 책에서는 바로 이 문화적 세대 단절을 탐색한다. 몇 가지 가능성을 제시하고 그로 인해 치러야 할 대가를 살펴본다. 그 이상은 없다. 작은 책을 가지고 큰 주제에 맞서려면 1천 가지 자격 요건이 필요하다. 나는 그 대부분을 무시하겠지만 몇 가지는 갖추었다.

지적 경관에 족적을 남긴 소설가들에 대한 몇 마디 언급을 제외하면, 나는 이 책의 서술 대상을 논픽션으로—특히 세대 간 단절이 가장 뚜렷하며 가장 큰 해악을 끼쳤다고 보는 문학·사회·철학·경제 사상 분야로—한정했다. 음악, 춤, 회화, 시, 그 밖의 예술 분야는 제외했다. 그 어떤 단일 명제도 모든 문화 형태에 적용되지는 않는다. 물론 그 무엇도 더 큰 사회로부터 고립되어 존재하지는 않는다. 그리고 다른 분야에 대한 비판적·세대적 탐구로 새로운 사실이 드러날지에 대해 나는 회의적이다.

예를 들어, 픽션이 대학으로 옮겨간 현상—"창의적 글쓰기" 센터와 작가 "레지던스"의 창립, 학술 소설 혹은 "영문학과 소설"의 부상, 수년 아니 수십 년째 실종된 아방가르드—은 모두 최근의 픽션이 논픽션과 같은 압력하에 있음을 시사한다. 라틴아메리카와 동유럽과 흑인 여성 작가의 소설이 날로 두각을 나타내는 추세 또한, 쇼핑몰과 캠퍼스가 중심부를 다지는 동안 외부와 주변부로부터 창조적 역량이 흘러들어오고 있음을 암시한다.

그렇기는 해도 픽션의 궤적은 논픽션보다 복잡하다. 시인과 소설가들은 어쩌다 한 번씩만 주목받았을 뿐 늘 아웃사이더였고, 늘 그래왔듯이 식탁에서 떨어지는 빵 부스러기를 주워먹으며 연명할 수 있다.[2] 픽션과 시를 싣는 무수한 소규모 문예지들—"작고 작은little, little" 잡지라고 불리기도 한다—이 창작 문학의 번성을 알리고 있다.

하지만 이 "작고 작은" 잡지의 주역들마저도, 자신들의 순간은 지나간 것 같다고, 값싼 오프셋 인쇄와 보조금의 부산물로 너무 많은 잡지가 양산되었다고, 그들 자신도 열정과 방향을 잃은 것 같다고 토로한다. 그들이 선대의 쟁쟁했던 잡지들과 달리 게재 대상을 시와 픽션으로만 한정하는 한, 그들은 문화적 파편화 또한 증언하는 셈이다. 소규모 문예지들을 편집해온 한 코디네이터의 지적에 따르면 이들 중에 "비판적 입장을 고수하는" 잡지는 거의 없다. "에세이, 심지어 서평과 투고마저도 날로 드물어지고 있다." 요즘 그들은 "현재의 너덜너덜한 언저리를 짜깁는 데" 진력하는 것 같다.[3]

　나의 일반론은 미국(과 캐나다)의 지식인들로부터 도출한 것이다. 외국에서 태어나 외국에서 교육받은 지식인들(브루노 베텔하임, 한나 아렌트, 빌헬름 라이히 등)을 제외한 건 그들의 영향력이 미미해서가 아니라—실은 그 반대다—미국의 세대 지형도를 추출해내기 위해서다. 그들의 거대한 영향력은 그들을 빼놓고 보았을 때 비로소 엿볼 수 있다. 이 책에 포함시킨 인물들이 전체상을 이룬다고 볼 수도 없다. 내가 뽑은 지식인 모두에 대해 다른 인물을 맞세울 수 있다. 시대정신으로 통하는 왕도는 없다. 지성계는 깔끔한 도식에 저항한다. 문화 자체가 모호한 상황에서 정확성을 요구할 때 사소한 부분에 대한 탐색은 매도된다. 실종된 세대에 대한 논의는 포괄적 진술을 요한다. 이는 몇몇 작가들을 면밀히 검토하면서 나머지 작가들은 무시한다는 뜻이다. 그러려면 여러 세대에 걸쳐 통용되어온 반짝이는 화폐*—문화적 위조꾼들의 오랜 대들보—를 취급할 필요가 있다. 또한 이는 틀릴 위험을 무릅쓴다는 뜻이기도 하다.

---

* coin, 여기서는 어떤 분야에서 통용되는 용어나 개념, 공용어의 뜻으로 쓰였다—옮긴이

나는 보헤미아, 지식인, 세대, 문화생활 같은 다양한 범주들을 도입하되 엄밀히 정의 내리지는 않을 것이다. 너무 많은 정의와 너무 많은 조심성은 사유를 죽인다. 견고한 개념적 방법론을 확립하려 수십 년간 노력한 현대 분석철학은 사유의 무능을 확인했을 뿐이다. 물론 그 암울한 기록이 경솔한 판단을 정당화해주는 건 아니다. 조심해서 다루기만 하면, 수십 년간 여러 세대에 걸쳐 통용되어온 공용어로 소통하는 일은 가능하다.

내가 젊은 지식인들의 저작을 ―때로는 다소 거칠게― 검토하고 대학이 문화생활에 끼친 영향에 의문을 제기하기 때문에 말해두어야 할 것이 있다. 나는 외부자 자격으로 이 책을 쓴 것이 아니다. 내가 "그들"이라거나 "젊은 지식인들"이라고 할 때 이 말은 "우리"를 뜻한다. 내가 "실종된" 세대를 언급할 때는 나 자신이 속한 세대를 논하는 것이다. 내가 학술 기고문에 의문을 제기할 때는 나와 내 친구들의 글을 검토하고 있는 것이다. 나는 학술지에 논문을 발표했고 한 대학 출판부에서 저서를 내기도 했다. 나는 학술 논문과 간행물을 읽는다. 나는 대학 도서관의 끝없는 서가와 거대한 정기간행물실을 사랑한다. 나는 여러 대학에서 가르쳤다. 단 한 순간도 내가 남다르거나 우월한 척 행세하지 않았다. 실종된 지식인에 대한 나의 비판은 자아비판이기도 하다.

하지만 내가 학계의 완전한 내부자도 아니라는 말을 덧붙여야겠다. 나는 10여 년간 일곱 개 대학과 몇 개 학과를 떠돌았다. 프리랜서 저술가로 생계를 영위해보려고 시도한 적도 몇 번 있다. 이 책이 재단 기부금이나 대학 연구비 지원을 받지 않았다는 사실 또한 밝혀야 될 것 같다. 나는 연구 조교와 대학원생 팀에게 감사를 표할 수 없다. 1개년간 지원해주신 이런저런 고등연구센터에 감사를 표할 수도 없다.

(내가 다루는 것이 실제보다 더 논쟁적인 주제인 척하는) 허위 광고의 위험을 무릅쓰고 말해본다면, 이 책에 완벽히 동의하는 사람은 없을 것이다. 이 책은 소속 집단에 대한 전통적 의리를 위반하고 있다. 나와 내 친구들과 내가 속한 세대는 영웅이 아니다—또한 희생자도 아니다. 나는 젊은 좌파 지식인들을 소중히 여기는 동시에 그들이 너무 많이 투항했다고 여긴다. 나이든 지식인 세대를 기준으로 삼았지만 그들의 저작을 많이 비판한다. 나는 보수 지식인들을 높이 평가하지만 그들의 찬탄할 만한 정신적 기량은 크나큰 위선과 모순을 덮고 있다. 사고하기에 앞서 친구들과 꼬리표들을 예우할 때 사고는 위축된다.

끝으로 몇 마디. "the last intellectuals"라는 제목은 모호함을 의도한 것이다. 이는 지식인의 마지막 세대를 가리키지만, ('지난해'처럼) 지난 세대라는 뜻으로 곧 다음 세대가 올 것임을 암시하기도 한다. 나는 낙관적인 관점에서 이 책을 쓰지 않았지만 예언자로서 이 책을 쓰지도 않았다. 이 책을 탈고할 무렵 저마다의 학문 분야 자체에 도전을 제기하는 책들이 다양한 분야에서 많이 나오기 시작했다. 『정치학의 비극 *The Tragedy of Political Science*』, 『경제학의 수사학 *The Rhetoric of Economics*』, 『국제학과 학술 산업 *International Studies and Academic Enterprise*』, 『60년대 이후의 급진 정치경제학 *Radical Political Economy Since the Sixties*』 같은 책들을 들 수 있다.[4] 이 책들은 단일한 입장을 견지하지 않지만 과도한 전문화에 대한 불만을 증언하며, 모종의 전환—공적 문화를 되찾으려는 때늦은 노력—을 넌지시 암시하고 있다.

또다른 징후들도 있다. 하나의 유령이 미국의 대학을—적어도 그 교수진 사이를—떠돌고 있다. 바로 권태라는 유령이다. 캠퍼스가 에너지로 들끓던 60년대 중반 이후로 한 세대의 교수들이 대학으로 들어갔다. 오늘날 이 교수들은 사기가 떨어진 정도까지는 아니더라도 눈에 띄게 권태로워 보인다. 한 보도에 따르면, 대학교수의 거의 40퍼센트가 학계를 떠날 준비와 의향을 갖추었을 정도로 "깊은 시름"에 잠겨 있다고 한다.[5] 어쩌면 이런 수면 아래의 불만이 표면화되어 다시금 공공의 삶으로 연결될 수도 있다. 보수주의자들은 혹시 그렇게 될까봐 두려워하며 의심의 눈초리를 보낸다. 그래서 대학으로부터의 위협이라고 여기는 것에 대해 부단히 반발한다. 나는 그들의 생각이 틀렸다고 본다. 하지만 그들의 생각이 맞았기를 바란다.

2000년판 서문

1987년 『마지막 지식인』을 펴냈을 때는 공공 지식인이 퇴조했다는 내 주장이 머잖아 반증되리라는 걸 예견하지 못했다. 대학에 기반을 둔 공공 지식인들이 폭발적으로 성장하여 정치·문화생활을 풍요롭게 하리라고는 미처 몰랐다. 또 새로운 전문가 지식인 부대가 기성 체제를 안으로부터 전복하리라고 상상하지도 못했다. 이런 일을 예측하지 못했던 건 내가 한물간 지성계 모델에 집착하며 구시대의 나이든 백인 남녀에게 특권을 부여했기 때문이다. 눈 밝은 비평가들은 이런 결함을 지적하며 나를 질책했다.

이상의 시인이 외교적 언사라면, 동시에 이는 솔직하지 못한 언사이기도 하다―그리고 내 본래 생각과도 맞지 않다. 『마지막 지식인』이 완벽하다고는 말할 수 없지만, 이 책 출간 이후 일어난 일들 때문에 나의 주된 논점이 바뀐 것은 아니다. 이 책의 가제인 "마지막 세대: 공공 지식인의 퇴조*The Last Generation: The Eclipse of Public Intellectuals*"는 그 취지를 포착한 것이었다. 나는 금세기 전반의 공공 지식인이 세기 후반의 대학 학자로 세대 변동이 일어났음을 감지했다. 지식인은 사라지지 않았지만 그 구성이 어딘가 바뀌었다. 그들은 더 전문적이고 배타적이 되었다. 동시에, 갈릴레오로부터 프로이트에 이르는 사상가들이 갖추었던 대중어 구사 능력을 상실했다. 루이스 멈퍼드나 월터 리프먼이 대중을 상대로 글을 썼다면, 그 후학들은 학술회의에서 그들의 저작을 "이론화"한다.

이 책에 대한 서평들로 판단할 때 이 책은 아픈 곳을 찔렀다. 지성계가 변했고 어쩌면 위축된 것 같다는 만연한 정서를 건드렸다. 적어도, **공공 지식인**the public intellectual이라는 말을 유통시켰다. 이 말은 책의 지면 너머 멀리까지 퍼져나갔다. 요즘 이 어구는 도처에서 수도 없이 튀어나온다. 최근의 한 예로는, 역사학자 앨런 브링클리가 선배 역사학자 헨리 스틸 코머저Henry Steele Commager에 대한 평을 끝맺으며 그가 "현재 우리가 공공 지식인이라고 부르는 것"의 역할을 수행했다고 쓴 것을 들 수 있다.[1] 내가 알기로는 내가 이 용어를 최초로 썼다.

이 책에서는 주로 좌파 사상가와 문필가를 다루었지만, 마지막 챕터에서는 보수 지식인들의 두드러진 역할 또한 조명했다. 옛날식의 구식 지식인 스타일에 충실한 몇몇 보수주의자들은 전문화와 학술화에 대한 실질적 비판의 포문을 열었다. 관료주의적 성공의 대가를 불신한 그들은 직업적 전문가 흔히들 포기해버린 명료한 산문을 중시했다. 그들이 지난 15년간 주기적으로 밀려온 "문화전쟁"에서 큰 존재감을 드러낸 것은 일부분 이런 이유에서였다. 교육계의 폐단을 규탄한 보수주의 팸플릿의 목록은 쉽게 열거할 수 있지만(『반자유주의적 교육*Illiberal Education*』, 『종신 급진주의자*Tenured Radicals*』, 『미국 정신의 종말*The Closing* *of the American Mind*』등), 이에 대한 응수는 어디에 있었는가? 리버럴한 교수들은 이를 갈고 눈살을 찌푸렸지만 명징한 영어로 그들을 상대하는 데는 어려움이 있었다. 대신에 그들은 학회에서 발표된 논문들을 엮었다.[2] 마침내 책이 나왔을 때는 이빨이 다 빠지고 없었다. 리버럴의 관점에서 볼 때 교육은 순조롭게 이루어지는 중이었다. 더 다양하고 다문화적이고 흥미로워져 있었다. 이 사실을 헤아리지 못하는 건 오로지 괴팍한 보수주의자들뿐이었다.[3] 기이한 전도가 일어났다. 한때 기성 체제를 비판했던 리버럴과 좌파들이 그 옹호자가 된 것이다.

『마지막 지식인』을 놓고 광범위한 논의가—많은 경우 대단한 독설과 함께—이루어졌다. 허여멀건 교수들의 얼굴이 벌겋게 달아올랐다. 뉴욕대학의 역사학자인 토머스 벤더Thomas Bender는 이 책이 "경솔하고 분별없고 어쩌면 무책임하기까지 하다"며 혹평했다.[4] 조지워싱턴대학의 교수 리오 P. 리버포Leo P. Ribuffo는 "말만 번지르르할 뿐 피상적이고 무슨 신탁처럼 막연하다"며 비난했다.[5] 무엇이 이 점잖은 교수님들을 허둥대게 만들었을까? 많은 경우는 내가 그들 자신과 그 동료 및 친구 들의 빛나는 업적을 인정하지 않았기 때문이었다. 나는 지식인의 현세대가 "실종"되었으며, 선대 미국 지식인들이 지녔던 인지도와 존재감을 상실했다고 주장했다. 그리고 내 주장이 "개개인의 도덕성이나 천재성에 대한 진술이 아니며, 어느 특정한 작가나 예술가를 염두에 둔 것도 아님"을 명시했다. 나는 대규모의 문화적·지적 변동을 개괄하고자 했다. 하지만 그런 건 무시되었다.

월터 켄드릭Walter Kendrick이 〈보이스 리터러리 서플먼트Voice Literary Supplement〉에 기고한 리뷰는 이 책에 대해 최초로 나온 서평 중 하나였다. 이 글에서 그는 "현재 미국에서는 풍부한 지적 활동이 행해지고 있다"고 툴툴댔다. 일례로 "대중적 지식인public intellectual 잡지인 〈보이스 리터러리 서플먼트〉의 존재 자체가, 상황이 저코비의 주장처럼 그렇게 암울하지 않음을 입증한다"는 것이었다.[6] 이것은 상투적인 반응이었다. 서평자들은 내 주장을 반박하며 자기 자신과 자기 잡지와 자기 친구들을 옹호했다. 무용사학자 린 가라폴라Lynn Garafola는 "저코비가 젊은 급진적 지식인을 찾아내지 못하는 이유는 그가 엉뚱한 곳을 뒤지고 있기 때문"이라고 주장했다. 그럼 어디를 뒤져봐야 할까? 바로 〈시네아스트Cineaste〉, 〈퍼포밍 아츠 저널Performing Arts Journal〉, 〈드라마 리뷰The Drama Review〉 같은 정기간행물들이다! 그는 많은 공공 지식인을 찾아냈다. 그중 몇몇은 자기 둥지와 아주 가까운 곳에서, 한 명은 실제로 자기 둥지에서("널리 읽히는 책들"을 저술한 그의 남편 에릭 포너Eric Foner) 발굴했다. 또한 "〈옥토버October〉 편집위원이자 미술 평론가로, 어찌나 유명한지 (다른 누군가를 주인공으로 다룬) 〈뉴요커〉의 심층 인물 기사가 그의 집 거실에 대한 묘사로 서두를 열었을 정도인 로절린드 크라우스"[7] 처럼 몇 집 건너 사는 이웃들도 찾아냈다. 마지막 예는 특히 감동적이다. (다른 사람을 다룬) 〈뉴요커〉 심층 인물 기사에서 그의 집 거실을 묘사했다는 사실이 공공 지식인으로서의 지위를 승인해준다니. 나는 어떻게 이런 것도 몰랐을까?

내 비평가들은 자기 친구와 지인을 모욕했다는 죄목 외에도, 모든 진보주의자에게 으뜸가는 범죄를 내게 뒤집어씌웠다. 바로 노스탤지어다. 내 책의 많은 서평자들이 볼 때 역사는 오로지 진보할 뿐이다. 20세기 죽음의 수용소들이 19세기 감옥보다 개선되기라도 했다는 듯이. 이와 다른 모든 견해는 구제불능의 낭만주의로 낙인찍힌다. 이 서평자들은 경직된 이분법을 적용한다. 현세대의 지식인들을 한목소리로 찬양하지 않으면 그건 옛날이 좋았다는 배부른 투정이라는 것이다. 이 책에서 나는 1950년대의 인물들이 지성과 산문의 거인이 절대 아니었음을 분명히 강조했고, 일례로 라이어널 트릴링Lionel Trilling과 시드니 후크Sidney Hook에게 박한 평가를 내렸다. 나아가, 독립 지식인을 멸종 위기종으로 만든 불가역적인 사회적 조건들—도시 보헤미아의 종말과 대학의 고용 급증—을 개괄했다. 그럼에도 내가 라이어널 트릴링을 그리워한다고 불평한 서평이 여남은 편에 이른다. 『마지막 지식인』이 1950년대의 번득였던 문화적 풍경을 애도하는 장송곡이라는 말은 이 책을 논할 때 거의 전형적으로 나오는 문장이 되었다. 이는 사실이 아니다.

하지만 내 비평가들이 설득력 있는 논점을 하나도 제시하지 못했다거나, 내 주장을 재정립시킬 만한 일이 1987년 이후에 전혀 일어나지 않았다고 말하는 건 심술궂은 처사일 것이다. 일례로 몇몇 서평자들이 지식인의 세대를 어떻게 정의하며 공공 지식인을 어떻게 식별할 것인지에 대해 훌륭한 질문을 제기했다. 공공(그리고 공공 지식인)이라는 범주에 의문을 제기한 이들도 있었다. 몇몇은 가르치는 일 자체가 일종의 정치적 행동이라는 견해를 제시하기도 했다. 지식인들이 이제는 교수이며 수백만 명이 대학에 진학한다는 사실을 고려하면 가르치는 일은 공적 참여라 할 수 있다. 그래서 재고해보아야 할 세 가지 영역을, 여기 주어진 제한된 지면 내에서 언급하려 한다.

나는 초판 머리말 끝부분에서 가까운 미래의 변화 가능성을 시사한 바 있다. 학계에 대한 불만과 권태에 지친 교수들이 어쩌면 공공 저술가로 탈바꿈할지도 모른다는 희망이었다. 나는 이 일이 지난 10년간 제한된 범위에서나마 일어났다고 본다. 일례로 철학 분야에서는 리처드 로티가 공공철학을 활성화하려는 노력을 대변하며, 여러 학자들이 그 뒤를 잇고 있다. 역사학자와 문학 비평가들도 폐쇄된 논의를 탈피하여 더 넓은 대중을 향하기 위해 점점 더 노력중이다. 하지만 이런 전문가들은 공적인 기여보다 심오한 전문적 기여를 더 크게 보상하는 제도적 규범을 무시하면서 이에 저항하고 있다. 과연 그들이 성공할 수 있을까? 그건 불확실하다.

지난 10년간, 신진 흑인 공공 지식인이라 일컬어지는 이들의 부상이 큰 주목을 불러일으켰다. 아프리카계 미국인 지식인들—헨리 루이스 게이츠Henry Louis Gates, 제럴드 얼리Gerald Early, 아돌프 리드 주니어Adolph Reed Jr., 랜들 케네디Randal Kennedy, 코넬 웨스트Cornel West 같은 인물들—이 모처럼 대거 무대에 등장했다. 명민하고 직설적이며 많은 경우 품위를 갖춘 이 저술가들은 인종, 스포츠, 정치, 법률, 문화 영역의 대중적인 문제에 천착한다. 그들은 뉴욕 지식인 전통의 계승자라는 칭송과 W. E. B. 두보이스W. E. B. Dubois나 C. R. L. 제임스C. R. L. James 같은 선대 흑인 지식인들을 무시하는 매명가라는 비판을 동시에 받아왔다.[8] 내 책은 그들의 등장을 전혀 예견하지 못했다. 하지만 그들의 존재 자체가 내 주장의 반증이라는 결론은 안이해 보인다. 사실 나는 그들의 성공이 『마지막 지식인』에 대해 많이 제기된 한 가지 비판—이 책이 노스탤지어라는 비난의 일환—을 약화시켰다고 본다. 내 책의 많은 평자들은 교양 있는 대중의 돌이킬 수 없는 소멸이 공공 지식인의 영향력을 잠식시켰다고 믿었다. 그래서 공공 지식인이 전문화의 시대에 더 적합한 직업 학자들로 교체될 수밖에 없었다는 것이다. 하지만 내가 볼 때, 이 신진 흑인 지식인들은 교양 있는—실로 허기진—대중이 건재함을 보여주고 있다. 부족한 것은 그들을 상대할 의지와 능력이다.

모두가 그런 건 아니다. 최근의 또 한 가지 희망적인 추세는 신진 과학 저술가라고도 일컬어지는 이들의 중요성이 높아지고 있다는 것이다. 그들 중에는 수십 년간 집필을 이어온 이들도 많다. 『마지막 지식인』에서는 그들에 대해 전혀 언급하지 않았지만, 날로 커지는 그들의 영향력은 대중이 실종되지 않았음을 확증하는 듯 보인다. 과학자들이—대개 순응주의적인 포스트모던 이론가들에 의해—기술자나 실증주의자로 자주 폄하되는 동안, 일군의 과학 저술가들은 인문학자들이 남긴 공백을 거의 메우다시피 했다. 여기서 나는—그중 일부만 들자면—스티븐 제이 굴드, 올리버 색스, 칼 세이건, 재레드 다이아몬드, 조너선 와이너, 제레미 번스타인 같은 이들을 염두에 두고 있다.[9] 바로 여기에, 폭넓은 지적 관심사에 대한 명쾌한 글쓰기를 경멸하지 않는 전문가들이 있다. 그들이 교양 있는 대중을 상대로 거둔 성공은 무수한 의문을 제기한다. 과학자들이 예리하고 참여적이고 다가가기 수월해지는 동안 인문학자들이 명료하게 생각하고 쓰는 능력을 상실했다면, 이는 뭘 의미하는 걸까? "나는 대중적 글쓰기를 유치함이나 왜곡과 동일시하는 세태를 깊이 개탄한다"고 스티븐 제이 굴드는 말한다.[10] 우리 시대의 인문학자나 사회과학자 중 이 말에 동의하는 사람은 드물 것이다. 왜 그럴까?

『마지막 지식인』은 한탄이라기보다는 지식인을 향한—대중적 언어를 되찾고 공공의 삶에서 자신을 재천명하라는—호소에 가깝다. 몇몇 평자들은 이것을 원칙을 팔아넘기라는—혹은 말 그대로 잘 팔리게 만들라는—명령으로 보았다. 난해하고 인기 없는 저술을 매스컴 보도와 맞바꾸라는 반지성주의적 요구로 취급했다. 나는 그렇게 생각지 않는다. 아무도 모든 일을 다 할 수는 없지만, 지적인 저술의 서술 방식을 한 가지 사용역에만 고정시킬 필요는 없다. 사상가와 저술가들은—늘 동시에 그럴 수는 없을지라도 시차를 두고서—진지해질 수도 있고 또다가가기 편해질 수도 있어야 한다. 알고 보면, 가장 독창적이고 복잡하다고 칭송된 사상가들은 많은 경우 더 폭넓은 대중을 지향했다. 심지어 난해하기로 이름난 아도르노도 자신의 라디오 강연을 명쾌하고 이해하기 쉽게 만들기 위해 진땀을 뺐다. 궁극적으로, 지식인이 내부로 침잠하여 그들만의 심오함을 물신화할 때 사라지는 건 비단 폭넓은 대중뿐만이 아니다. 바로 지식인 자신이다. 그들의 저작은 메마르고, 그들의 주장은 얄팍해지며, 그들의 영혼은 말라붙는다. 삶 그 자체에서 그렇듯이 정신의 삶에서도, 생명력은 익숙하고 안전한 것의 유혹에 대한 저항을 필요로 한다.

러셀 저코비
2000년 2월, 로스앤젤레스

THE
LAST
Intellectuals
AMERICAN CULTURE IN THE
AGE OF ACADEME

1장

지식인의 실종?

I

익숙한 방에 들어서서 전에 없던 물건이—램프 한 개, 그림 한 점, 시계 하나가—새로 생겼음을 자연스럽게 알아차리는 건 흔한 경험이다. 익숙한 방에 들어섰을 때 얼마 전까지만 해도 있었는데 없어져버린 물건을 바로 댈 수 있는 경우는 드물다. 더하기는 우리 눈과 귀가 수월하게 인지하지만, "빼기"는, 즉 어떤 물건이나 소리가 제거되었을 때는 모르고 넘어가는 경우가 많다. 그 부재를 알아차리지 못한 채로 몇 주, 몇 달, 몇 년이 흐를 수도 있다. 그러다 어느 날, 방에 들어서며 막연한 불안감이 솟구쳐오를 수도 있다. 뭐가 없어진 것 같은데. 그게 뭐지?

이 책은 문화의 빈자리, 젊은 목소리의 부재, 어쩌면 한 세대의 부재에 대한 이야기이다. 비중 있는 미국 지식인 중에 35세 미만은(심지어 45세 미만도) 소수—극히 소수—일뿐더러 무슨 논쟁을 불러일으키는 일도 드물다. 그들이 쉽게 무시되는 건 그들의 부재가 길기 때문이다. 지식인의 한 세대가 불시에 사라진 것은 아니다. 그들은 애초에 등장하지도 않았다. 그리고 지금 나타나기에는 이미 너무 늦어버렸다―그 세대가 너무 늙어버렸다.

이 문제는―논의되는 일이 드물긴 하지만―감정이 실린 쟁점이기도 해서 격렬한 반응을 불러일으킨다. 작가와 편집자들은 마치 자신이 모욕을 당한 것처럼 거부 반응을 보인다. 오늘날의 젊은 저자들―그들 자신과 그 친구들―도 지난날의 저자들 못잖은 재능과 설득력을 갖추지 않았는가? 감정이 상한 대학교수들은 자기 분야를 뒤흔들고 있는 소장파들을 열거한다. 좌파들은 과거 세대에 대한 이야기에서 본원적 이단인 노스탤지어를 감지하고서 움찔한다. 1960년대의 산물인 젊은 급진주의자들이 과거의 급진주의자들만큼 출중하며 수적으로도 우세하지 않은가? 최근 〈뉴욕 타임스 매거진〉에 실린, 뉴욕 지식인에게 바치는 애도문에 대해 성난 반론이 몇 건 제기되었다. 지성계는 뉴욕 밖에서 번창하고 있으므로 맨해튼 지식인의 퇴조를 한탄할 필요는 없으며, 1960년대가 그들의 조기 은퇴와 노화를 촉진해서 상황은 오히려 더 좋아졌다는 것이었다.[1]

이건 궁지에 몰린 자의 허세일 뿐이다. 처음부터 말하고 넘어가야겠는데, 실종된 세대라는 명제는 개인에 대한 비난이 아니다. 이는 개개인의 도덕성이나 천재성에 대한 진술이 아니며, 어느 특정한 작가나 예술가를 염두에 둔 것도 아니다. 지식인 세대의 형성을 짓밟거나 차단하는 것은 여러 복합적인 요인이다. 지식인 세대가 활기를 띠지 못했던 게 이번이 처음도 아닐 것이다. 하지만 여기에는 단지 흥미로운 관측을 넘어서는 성패가 걸려 있다. 문제는 공공 문화의 활력이다.

이는 단순한 정치적 문제가―적어도 전통적 관점의 정치적 문제는―아니다. 신보수주의의 부상과 급진주의―심지어 자유주의―의 종언에 대해 많은 말들이 있다. 물론 신보수주의의 득세와 급진적 지식인의 퇴조는 정치적 현실 변화와 상응한다. 신보수주의자들은 백악관에서 만찬을 즐긴다. 그들은 대중의 관심과 보조금과 정부 지원이라는 축복을 누린다.

지성계의 이변이 이것으로 충분히 설명된다고 결론 내린다면 만족스러울지 모른다. 신보수주의자들에 비해 대체로 더 급진적인 젊은 지식인들은 정치적인 이유로 무시되고 있다고, 그들은 시대 조류에 밀려난 것이라고. 그럴지도 모른다. 하지만 그렇게만 설명하기에는 이해되지 않는 부분이 너무나 많다. 1950년대와 비교할 때 좌파는 번창하고 있다. 마르크스주의자를 자처하는 교수들이 곳곳에서 학생들을 가르치고, 급진적 인사들이 끊임없이 저작을 발표하며, 범좌파는 매카시즘적 탄압을 거의 두려워하지 않는다. 그럼에도 젊은 좌파 지식인은 대중의 눈에 보이지 않는 듯하다. 왜일까? 정치적 현실을 무시할 수는 없지만, 보다 깊은 사회·경제적 흐름이 지성계에 영향을 끼치고 있다.

지식인의 한 세대가 "보이지 않는다"고 선언하는 일에는 무수한 난관이 따른다. 이는 "공공 영역"―신문, 서평, 토크쇼 등―의 판단을 진리 그 자체로 수긍하는 선언처럼 들린다. 표피와 알맹이, 텔레비전 노출도와 지적 무게를 혼동할 위험이 있다. 공공 영역은 중립적이지 않다. 공공 영역은 조용한 재능이나 창조적 작품보다 돈이나 권력이나 극적인 드라마에 반응한다. 수십 년간―아니 수백 년간―작가와 비평가들은 언론이 문화생활을 왜곡한다고 비난해왔다. 공공 영역이 사상의 자유 시장보다 그냥 시장에 더 가까운 현실을 고려할 때, 대중에게 가시적인

것이란 그저 시장의 힘을 나타낼 뿐이다.[2]

이러한 의견은—그것이 맞다면—지배적 관념이 곧 지배 계급의 관념이라는 클리셰로 빠지기 쉽다. 문화 연구는 경제학으로 흡수되고 만다. 책, 기사, 잡지, 강연, 공적 토론을—그리고 어쩌면 대학 강의까지—포함한 지성계가 시장과 정치 세력에 종속된 것은 명백하지만 그것으로 환원시켜버릴 수는 없다. 공중파 텔레비전이나 전국 시사주간지가 문화생활에 끼치는 영향력을 과소평가해서는 안 되지만 그것이 전부는 아니다. 도시 구조의 재편, 보헤미아의 죽음, 대학의 팽창도 문화에 영향을 끼친다. 이것들이 내가 다룰 주제다.

나의 관심사는 교양 있는 일반 대중에게 말을 거는 공공 지식인, 작가, 사상가 들이다. 물론 대중을 대화에 참여시키기에 너무 전문적이거나 난해한 연구를 하는 지식인들은 여기에서 제외된다. 그럼에도, 나는 공공 문화가 쇠퇴할 때 사적 지식인이 번성한다는 것은 신화일 뿐이라고 믿는다. "사적" 지식 노동과 "공적" 지식 노동의 관계는 복잡하지만, 최소한 둘 사이에 공생 관계가 있다는 말은 할 수 있다. 갈릴레오부터 프로이트에 이르는 위대한 지성인들은 사적인 발견에 만족하지 않았다. 그들은 대중에게 가닿고자 했고 대중을 찾아냈다. 그들이 너무 까마득하게 멀고 높은 기준처럼 보인다면, 지난 세대의 미국 지식인이 내 기준점이다. 그들도 대중을 끌어안았다. 그 후속 세대는 그러지 않았다.

어쩌면 끌어안을 대상이 없는지도 모른다. 지난 수십—아니 수백—년간 대중은 변화했다. 과거처럼 토머스 페인의 팸플릿을 앞다투어 사 읽거나 몇 시간이고 서서 에이브러햄 링컨과 스티븐 더글러스의 논쟁을 경청했던 대중은 이제 거의 존재하지 않는다. 텔레비전에 대한 선호가 높아지면서 대중의 주의 집중 시간은 줄어들었다.[3] 독서하는 대중은 더이상 없는지도 모른다. 젊은 지식인이 부재하다면, 독자의 실종이 그 이유를 설명해줄 수 있을지도 모른다.

이는 사실이지만, 사실의 전모는 아니다. 진지한 책과 잡지와 신문을 읽는 대중은 줄어들었지만 사라지지는 않았다. 존 케네스 갤브레이스나 대니얼 벨 같은 나이든 지식인들의 저작이 꾸준한 관심과 논의를 불러일으키고 있는 현상은 대중이 증발하지 않았음을 시사한다. 독자층은 수축했을지 모르나, 젊은 지식인층은 실종되었다. 여기서 강조되는 것은 대중의 소멸보다는 공공 지식인의 소멸이다.

신랄하게 표현하자면, 지식인의 서식지와 매너와 어법이 지난 50년 사이에 완전히 바뀌었다. 젊은 지식인들은 폭넓은 대중을 더이상 원치도, 필요로 하지도 않는다. 그들은 거의 전부가 대학교수다. 캠퍼스가 그들의 집이고, 동료들이 그들의 독자다. 논문과 전문 학술지가 그들의 미디어다. 그들이 과거의 지식인과 달리 학문 분야와 분과들 속에 안착한 데는 그럴 만한 이유가 있다. 그들은 일자리, 승진, 급여를 전문가의 평가에 의존한다. 이러한 의존 관계는 지성계에서 대두되는 쟁점과 통용되는 언어에 영향을 끼친다.

교양 있는 독자를 상대로 집필 활동을 했던 독립 지식인들은 씨가 마르고 있다. 그들이 많은 경우 소규모 간행물에 글을 썼던 것은 사실이다. 하지만 이런 잡지들은―포부로나마―더 큰 공동체에 참여했었다. 당대의 중요한 월간 문화 잡지 〈더 세븐 아츠The Seven Arts〉는 1917년도 폐간사에서 이렇게 썼다. "우리는 예술을 삶의 공유로, 경험과 통찰의 코뮤니즘으로, 민족주의와 국제주의의 정신적 근간으로 여겼다."[4] 기고자들은 절제된 산문을 추구하며 소중히 여기는 문인을 자처했다. 그들은 세계 각지의 지식인과 동조자들을 향해 글을 썼다. 비록 규모는 작왔지만 이 잡지들은 세계를 향해 열려 있었다. 이러한 이유로 이 작가들은 교양 있는 대중에게 읽힐 수 있었고 이후로도 그랬다. 맥스 이스트먼Max Eastman, 드와이트 맥도널드Dwight Macdonald, 어빙 하우Irving Howe 등 소규모 잡지에서 단련된 작가들은 더 큰 간행물과 더 폭넓은 대중에게로 쉽게 옮겨갔다.

현재 비제도권 지식인은 멸종 위기종이다. 산업 발전과 도시 황폐화가 그들의 환경을 파괴했다. 그들이 문화계에서 존재감을 유지하는 것은 그들이 대중의 어법에 숙달했기 때문이다. 새로 등장한 제도권 학자들이 독립 지식인을 수적으로 크게 능가하지만, 대중어를 구사하지 않기 때문에 학계 외부인은 그들을 거의 모른다.

제도권 학자들이 글을 쓰는 전문 학술지는, 소규모 잡지와는 달리 배타적인 사회들을 만들어낸다. 문제는 학술지의 판매 부수가 아니라―회원에게 자동으로 발송되는 학술 정기간행물의 발행 부수는 소규모 문학 비평지보다 훨씬 많을 것이다―일반 대중과 맺는 관계의 차이에 있다. 교수들은 특정한 어법과 특정한 학문 분야를 공유한다. 매년 학술회의에 모여서 의견과 정보를 교환하며 그들만의 세계를 형성한다. "유명" 사회학자나 미술사학자란 다른 사회학자나 미술사학자들에게 유명하다는 뜻이지 다른 이에게 유명하다는 뜻이 아니다. 지식인이 제도권 학자가 되자 그들은 대중적 산문으로 글을 쓸 필요가 없어졌다. 그래서 쓰지 않았고, 결국은 쓸 수 없게 되었다.

문화의 전동 벨트가―윗세대가 그들의 지식뿐만 아니라 그들의 꿈과 희망까지 전달했던, 말로 표현하기 힘든 방식이―위협받고 있다. 문화 전반은 늙어가는 지식인들에게 의존하지만 그들의 수는 점점 줄어들고 그 뒤를 이을 후속 세대도 없다. 젊은 지식인들은 대학에서의 커리어 관리에 바빠서 여념이 없다. 학계가 번창하는 동안 공공 문화는 낡고 빈약해진다.

이 실종된 세대에 대한 탐색에는 아이러니가 배어 있다. 공공의 삶에서 실종된 지식인들은 주로 1960년대―15년 가까이 이어진 짧은 격변기―에 성년을 맞았던 사람들이다. 흔히 대학을 표적으로 삼아 교수들을 비웃고 지난 세대의 사상가들을 조롱했던 이 운동 베테랑들이, 어떻게 윗세대의 지식인들보다도 더 조용하고 성실한 직업인으로 성숙할 수 있었을까? 내가 한 가지 정답이나 간단한 해답을 제시하지는 않겠지만, 이 아이러니는 문화 구조가 얼마나 큰 규모로 재편되었는지를 시사한다. 1960년에 이르자 대학은 지적 연구를 사실상 독점하게 되었다. 캠퍼스 밖에서의 지적 삶이란 비현실적인 공상처럼 보였다. 투쟁의 포연이 걷힌 뒤, 많은 젊은 지식인들은 학교를 영영 떠나지 않았고 나머지 지식인들도 달리 갈 데가 없음을 깨달았다. 그들은 급진적 사회학자, 마르크스주의 역사학자, 페미니스트 이론가가 되었지만 딱히 공공 지식인이 되지는 않았다.

한 세대가 부재하다는 사실을 어떻게 추론할 수 있을까? 별다른 지침은 없다. 잠깐만 생각해보면 그 빈자리를 눈치챌 수 있다는 것이 내 생각이다. 현재 미국의 중요한 젊은 비평가나 철학자나 역사학자 몇 명의 이름을 대보라. 어쩌면 이건 불공평한 처사일지도 모른다. 떠오르는 이름이 거의 없다. 하지만 "젊은" 지식인의 이름을 대는 것이 늘 어려운 일은 아니었다. 작가와 비평가들이 신진 세대를 주기적으로―종종 강박적으로―추적·관찰하던 시절이 있었다. 그들은 이름보다는 그들이 지닌 가치로 차별화되었다. 오늘날에는 심지어 제일 간략한 리스트에도 빈칸이 많다. 유력한 젊은 비평가는? 사회학자는? 역사학자는? 철학자는? 심리학자는? 그들은 누구인가? 그들은 어디에 있는가?

50년대를 잠깐만 훑어봐도, 노소를 막론하고 활발히 저술 활동을 했던 비평가들의 이름이 우수수 쏟아져나온다. 메리 매카시Mary McCarthy, 필립 라브Philip Rahv, C. 라이트 밀스, 드와이트 맥도널드, 라이어널 트릴링, 데이비드 리스먼David Reisman, 어빙 하우, 아서 슐레진저 주니어, 에드먼드 윌슨, 루이스 멈퍼드, 맬컴 카울리Malcolm Cowley, 시드니 후크, 그 외에도 다수. 혹은 1950년대 말부터 1960년대 초까지 나온 여러 중요한 저작들을 생각해보자. 존 케네스 갤브레이스의 『풍요한 사회』, 베티 프리단의 『여성성의 신화』, 폴 굿맨의 『바보 어른으로 성장하기』, 제인 제이콥스의 『미국 대도시의 죽음과 삶』, C. 라이트 밀스의 『파워 엘리트』, 윌리엄 H. 화이트William H. Whyte의 『조직인The Organization Man』, 마이클 해링턴의 『또다른 미국The Other America』.

이상의 책과 저자를 열거하는 것만으로도 현 지성계의 두 가지 충격적인 진실을 마주하게 된다. 바로 이 책과 인물들이 오늘날에도 문화적 권력을 잡고 있으며, 이후 새로 추가된 저작이나 인물이 거의 없다는 것이다. 사반세기가 흐른 지금도 우리는 노먼 메일러, 대니얼 벨, 존 케네스 갤브레이스, 고어 비달 등 1950년부터 주목받기 시작한 그때 그 지식인들의 말에 귀기울이고 있다.

젊은 지식인들이 고립적으로 출현―했다가 대부분 퇴조―하는 동안, 그 어떤 세대도 단합하여 나이든 논자들에게 도전하지 않았다―심지어 나이든 논자들을 보완하는 역할조차 하지 않았다. 한 지식인 그룹이―1950년대부터 1980년대까지―30여 년간 중심을 호령한다는 것은 놀라운 일이다. 젊음과 역동을 자부심으로 여기는 사회에서는 놀라 자빠질 일이다. 미국 산업 단지의 노화에 대해서는 숱한 논의가 오가지만, 지식 공장의 노화는 아무도 신경쓰지 않는다. 청년 지식인 세대는 어디에 있는가?

젊은 사상가와 비평가의 부재는 이미 10여 년 전에 영향력 있는 지식인들을 연구한 한 사회학자에 의해 언급된 바 있다. 찰스 카두신 Charles Kadushin은 미국의 사상가들에 대한 광범위한 실증적 연구를 수행하고 그 결과를 발표했다. 그는 미국의 "지식 엘리트Intellectual elite"를 거명하고 기술하여 그 특징을 밝히고자 했다. 이를 위해 〈뉴욕 리뷰 오브 북스〉, 〈코멘터리Commentary〉, 〈하퍼스〉, 〈애틀랜틱〉, 〈뉴요커〉, 〈뉴욕 타임스 북 리뷰〉 같은 "영향력 있는" 정기간행물에 기고자로 자주 이름을 올리는 이들을 기준으로 영향력 있는 지식인 110명을 추려 인터뷰했다.⁵

이 연구를 통해 카두신이 잔뜩 수집한 흥미로운 정보와 그리 흥미롭지 않은 정보 중에는 가장 명망 높은 지식인들의 명단도 포함되었다. 1970년도의 10대 대표 지식인은 대니얼 벨, 놈 촘스키, 존 케네스 갤브레이스, 어빙 하우, 드와이트 맥도널드, 메리 매카시, 노먼 메일러, 로버트 실버스, 수전 손태그, 그리고 "공동" 10위에 오른 라이어널 트릴링과 에드먼드 윌슨이었다.⁶ 어쩌면 (1970년에 37세였던) 수전 손태그 정도가 예외가 될 수 있었을 뿐, 이중에 젊다고 볼 수 있는 인물은 하나도 없었다. 좀더 범위를 넓힌 70대 "최고" 지식인 목록에도 청년이 부재하다는 사실은 카두신을 심란하게 했다. 그는 자신의 연구 방법론에서 결함을 찾지 않았다.

"[이 리스트에] 젊은 지식인이 드물다는 사실은 '오류'가 아니다. 이는 이 시대 미국 지성계의 구조를 반영하고 있다"고 카두신은 결론 내렸다. 젊은 지식인은 문화생활에 단지 부재한 게 아니라 부재한 지 꽤 되었다. 게다가 나이들어가는 "엘리트"들은 최근 그 자리를 차지한 것이 아니었다. 그들이 두각을 나타낸 건 벌써 20년 전이었다. "1970년 현재 우리가 보고 있는 미국의 엘리트 지식인은 1940년대 말에서 1950년대 초에 권력을 잡았던 지식인들과 기본적으로 동일인"이라고 카두신은 지적했다.[7]

카두신은 이 "엘리트"들에게 현재 부상하고 있는 젊은 지식인을 지목해달라고 요청했지만 그들은 지목하지 못했다. 카두신은 이 빈자리가 영구히 빈자리로 남지는 않으리라고 여기며 "후학들이 아직 이름을 떨치지 못한 것"으로 짐작했다. 그리고 이 상황이 곧 바뀔 것이라고 자신 있게 말했다. 15년이 흐른 지금 보면 이는 근거 없는 자신감이었던 것 같다. 후학들은 아직까지도 이름을 떨치지 못했다. 현시대의 중요 지식인 순위는 (죽은 사람들을 빼면) 카두신이 선정했던 것과 아주 비슷해 보일 것이다―그리고 이 순위는 그때도 이미 빛이 바래고 있었다.

카두신의 연구 이후로 지성계에 대한 (좀더 비공식적인) 조사들이 추가로 행해졌다. 그들은 한 세대의 실종을 개탄하기는커녕 이에 주목하지도 않지만, 그 조사 결과들은 명백히 부재를 입증하고 있다. 일례로 대니얼 벨은 뉴욕 지식인의 세대 지도를 그렸는데, 그중 가장 최근의 세대인 "2세대"에는 놀랍지 않게도 새로운 이름이 포함되지 않았다(노먼 포드호레츠Norman Podhoretz, 스티븐 마커스Steven Marcus, 로버트 브루스타인Robert Brustein, 미지 텍터Midge Decter, 제이슨 엡스타인, 로버트 실버스, 수전 손태그, 노먼 메일러, 필립 로스, 시어도어 솔로타로프Theodore Solotaroff).[8] 현시대를 주도하는 견해들을 집대성한 앤솔로지들도 나이들어가는 익숙한 문인들을 나열하고 있다. 400페이지에 육박하는 〈파르티잔 리뷰Partisan Review〉 50주년 특집호(1984)에도 젊은 얼굴은 거의 보이지 않는다. 젊은 재능을 전시하려는 좀더 대중적인 시도들도 기대에 미치지 못한다. 〈에스콰이어〉 매거진은 "새로운 세대의 베스트: 미국을 변화시키는 40세 미만 남녀"를 다룬 두툼한 특집 기사를 매년 꼬박꼬박 게재한다. 명민한 청년들에 대한 스케치로 특집호를 채우기 위해 분야를 폭넓게 잡는다. 컴퓨터 천재, 건축가, 예술 행정가를 제외하면, 1984년과 1985년 특집호에는 자기 전문 분야 밖에서도 중요한 인물로 통하는 작가나 비평가는 거의 한 명도 실리지 않았다.

물론 이 모든 출처들은 비판에서 자유로울 수 없다. 일례로 다섯 개 재단에서 풍족한 지원금을 받았으며 철저히 실증적이고 "과학적"이라는 카두신의 연구는 근본적으로 순환 논리에 갇혀 있다. 우선 영향력 있는 지식인들에게 영향력 있는 지식인을 꼽아달라고 요청했다. 그럼 그 최초의 지식인 그룹은 어떻게 선정되었을까? "영향력 있는" 잡지들에 실린 기사 2만 건을 뒤져서 가장 많이 기고한 필자들을 추려냈다. 바로 여기에 결함이 있다. 인터뷰할 대상이 영향력 있는 잡지들에 의해 사전에 선정되어 있었던 것이다. 그뿐만이 아니다. 영향력 있는 지식인들은 과연 누구를 영향력 있는 지식인으로 꼽았을까? 거의가 그들 자신이었다.

내가 직접 정기간행물들을 훑어보고 임의의 지인들에게 질문을 던져서 나온 결과 또한 한 세대의 부재를 확증해주었다. 우선 젊은 지식인의 기근을 입증하는 '증거물 A'로 〈뉴욕 리뷰 오브 북스〉를 제시할 수 있을 것이다. 과거 미국의 중요한 정기간행물들—〈다이얼The Dial〉, 〈대중The Masses〉, 〈파르티잔 리뷰〉—은 존 리드, 맥스 이스트먼, 필립 라브 등 성년기 언저리의 지식인들과 긴밀히 연결되어 있었다. 그런데 그로부터 약 25년이 흐른 후에는 〈뉴욕 리뷰〉와 연결된 젊은 지식인을 거명하기가 힘들어졌다. 물론 메리 매카시, 크리스토퍼 래시Christopher Lasch, 고어 비달 같은 출중한 작가들이 지면에 실렸고 지금도 실리고 있지만, 그들은 젊지도 않고 비주류도 아니다.[9]

'증거물 B'는 내 비공식적 조사의 결과다. 지난 수년간 나는 저널리스트와 학자와 작가 들을 상대로, 전문가가 아니라 폭넓은 저변에서 중요성을 인정받는 미국의 신진 지식인을 꼽아달라고 청했다. 포스트모더니즘으로 빠져든 난해한 글쓰기로 유명한 X 교수는 여기서 제외된다. 마르크스 경제 이론을 전산화했다고 칭송받는 Y 교수도 여기서 제외된다. 내 기준은 1921년 헤럴드 스턴스가 지식인에 대한 질문을 던지며 채택했던 기준과 대략 일치한다. 즉 "시사 비평가, 특정 학계 전문지가 아닌 잡지의 편집자, 팸플릿 필자, 보편적인 주제에 대해 글을 쓰는 저술가" 등이다.[10]

나는 납득할 만한 답변을 거의 들을 수 없었고 대개는 아무런 답변도 듣지 못했다. 자신의 지적 감식안과 기지에 자부심을 가진 친구들은 재빨리 대답을 내놓곤 한다. 푸코, 하버마스, 데리다. 그러면 대화는 이런 식으로 진행된다. 아니, 나는 다시금 강조한다. 나는 진성 토종 생존 미국인(이나 캐나다인)을 찾고 있다니까. 그러면 돌아오는 대답은 이렇다. 케네스 버크Kenneth Burke, 마셜 매클루언, 노먼 O. 브라운Norman O. Brown, 시드니 후크. 아니, 아니, 나는 다시금 말한다. 보편적으로 비중 있는, 새롭고, 젊고, 신선한 지식인 말이야. "아, 젊은 미국 지식인……? 지난 10년 내지 15년 사이의……? 그래, 그야 물론…… 거 누구냐…… 흐음…… 지난 10년에서 15년이라고? 25년이 아니라? 흠…… 그래…… 뭐…… 누가 있더라…… 아냐…… 아…… 음." 대화는 차츰

잦아들고, 친구들은 놀라우리만치 명백하면서 아무도 눈치채지 못하는 이 부재에 어리둥절해하다가 슬슬 딴 이야기로 화제를 돌리는 것이다.

이것은 놀라우리만치 명백하면서 아무도 눈치채지 못하는 문제다. 그리고 단지 흥미로운 사실을 뛰어넘는 문제다. 사회는 30년 전 문화·정치 투쟁의 흔적을 간직한 나이든 지식인들에게 점점 더 의존하고 있다. 미국 문화의 "청춘화"가 아니라 노령화가 미래다.

II

간단히 포착하기 힘든 문화생활의 양상을 추적하면서 가능한 모든 대안을 논박하는 결론을 제시할 수는 없다. 저널리즘 분야에서 새로운 지식인이 번창하고 있음을 제시함으로써 한 세대가 실종되었다는 내 주장에 도전할 수 있을지도 모른다. "뉴" 저널리즘과 그렇게 "뉴"하지 않은 저널리즘(개인적 르포르타주, 추문 폭로 기사, 록 음악 비평)이 활기찬 젊은 세대를 증언한다는 데―혹은 한때 증언했다는 데―동의한다. 게다가 다른 분야에서 지식인이 퇴장한 덕에 저널리스트가 띠는 중요성은 지극히 커지고 있다. 그럼에도 언론에만 생계를 의존함으로써 받는―마감과 공간과 돈의―제약은 지적 노력을 부각시키기는커녕 결국 희석시키고 만다. 이것은 마지막 장에서 간략히 논의할 것이다.

젊은 지식인들은 영화와 텔레비전에서 부상해왔다고 대응함으로써 내 주장을 반박할 수도 있을 것이다. 혹은, 나이든 편집자와 발행인들이 문을 닫아건 공공의 장 바깥에 새로운 작가들이 존재하며 나아가 번성중이리라고 주장할 수도 있을 것이다. 하지만 주류 영화계와 텔레비전에서는 새로운 지식인 세대가 거의 눈에 띄지 않는다. 또 편집자들이 아무리 횡포가 심하고 근시안적이라도 과연 그들이 세대교체를 좌지우지할 수 있을지는 의문이다.

그보다 훨씬 더 중요한 것은 문화생활을 추동하고 이따금 거기에 찬물을 끼얹는 경제적 힘이다. 20세기 미국의 변화를 기술하는 수천 건의 통계 가운데 두 건의 통계가 실종된 세대를 부분적으로 설명해줄 수 있을 것이다. 독립 사업가·노동자·장인이 점차 기업 고용인으로 대체된 현상과 제2차세계대전 이후 고등교육의 "폭발적 확대"가 그것이다. 이런 추세들은 지식인을 독립에서 의존으로, 프리랜서 저술에서 봉급이 나오는 대학의 교직으로 옮겨놓았다. 미국의 인구는 1920년부터 1970년까지 두 배 증가했지만, 대학교수의 수는 1920년 5만 명에서 1970년 50만 명으로 열 배나 늘었다.

대학들이 새로 생겨나고 몸집을 불리면서, 지식인들은 불안정한 생활을 버리고 안정된 커리어를 꾸릴 수 있게 되었다. 그들은 프리랜서 집필과 마감의 압박을 유급 교직 및 연금 보장과 맞바꾸었다. 집필도 하며 빈둥거릴 수 있는 여름방학은 덤이었다. 대니얼 벨이 1958년 〈포춘〉 매거진을 떠나며 발행인 헨리 루스Henry Luce에게 말하기를, 자기가 대학으로 자리를 옮기는 타당한 이유가 네 가지 있는데 그건 "6월, 7월, 8월, 9월"이라 했다고 한다.[11] 델모어 슈워츠Delmore Schwartz는 동료 시인에게 이렇게 불평했다. "교직을 제외한 모든 일에서 곤란한 점은, 돈 버는 일을 생각하느라 너무 많은 시간이 소모된다는 거야……. 그래서 끔찍이도 집중이 안 된다는 거야."[12]

1950년대 말 무렵의 미국 지식인들은 예외 없이 도시에서 캠퍼스로, 카페에서 카페테리아로 도주했다. 그래봤자 손실은 하찮아 보였다. 그들은 늦잠과 친구들과의 한담, 자신만의 프로젝트를 꿈꾸는 즐거움을 포기했다. 또한 식비를 대고 집세를 내기 위해 심드렁한 편집자에게 자신의 꿈을 설득해야 한다는 근심 걱정도 포기했다. 이 세계의 내부자들이 프리랜서 작가의 삶을 낭만화하는 일은 드물었다. 에드먼드 윌슨은 친구인 음악 비평가 폴 로즌펠드Paul Rosenfeld에 대해 이렇게 썼다. "글이라는 것이 후원자가 없어지는 순간부터 현실적인 방법으로 팔아야 하는, 여느 물건과 다름없는 상품이라는 것을 그는 결코 이해하지 못했다."[13]

이따금 아침 8시 강의를 들어가거나, 지겨운 위원회에 참석하거나, 또 어떤 경우에는 옛친구들로부터 멀리 떨어진 생소한 곳으로 이사 가야 하는 대학 생활의 단점들도 그 이점들―봉급, 안정성, 여름방학―을 상쇄하지는 못할 듯싶었다. 그러나 이 대차대조표에는, 덜 눈에 띄지만 종국에는 결정적인 진짜 손실이 포함되지 않았다. 지식인의 삶이 재구성되면서 지성계 또한 재구성된 것이다.

제도권 학자로서의 지식인은 자신들의 표현 수단으로서 소규모 오피니언 잡지나 문예지는 물론이고 〈뉴요커〉나 〈포춘〉 같은 더 큰 정기간행물에도 더이상 의존하지 않게 되었다. 학술지와 논문이 그들의 자양분이 되었다. 이제 같은 전문 분야의 학계 동료인 학술지 편집자와 "심사위원들"이 〈뉴 리퍼블릭New Republic〉이나 〈파르티잔 리뷰〉의 일반 편집자들을 대신하여 그들의 원고를 심사했다. 밑돈도―최소한 초기에는―훨씬 덜 들었다. 〈경제사 저널〉에 투고한 논문이 거절당하더라도 경제적 재난이 닥치는 건 아니었다. 여전히 봉급은 나오고 고용 계약도 계속 유지되었다. 그렇기는 해도 제도권 학자가 승진하여 마침내 종신직을 따내려면 동료들로부터 승인이나 인정을 받을 필요가 있었다.

제도권 학계의 제약과 변질은 새로운 소식이 아니다. 미국의 대학에 대한 혹독한 비판은 업턴 싱클레어의 『거위걸음*The Goose-Step*』(1923)과 소스타인 베블런의 『미국의 고등교육』(1918)까지 거슬러올라간다. 베블런은 이 책의 부제를 "총체적 타락에 대한 연구A Study in Total Depravity"로 붙일 작정이었다.[14] 하지만 중요한 문제는 이 상황이 새로운지 여부가 아니라 그 정도에 있다. 대학이 문화생활의 한 사분면을 차지했을 때는 그들의 폐해(와 미덕)도 그 정도에 머물렀다. 대학이 모든 영역에 말뚝을 박자 그들의 규칙이 보편적 규칙이 되었다.

이 규칙이 강인한 독립성을 장려하지 않은 건 확실하다. 하지만 "대중의 취향에 대한 뚜렷한 순응"과 기업에 대한 굴복—베블런이 비난한 "총체적 타락"[15]—만으로는 전후 시대의 거대 대학 시스템이라는 현실과 그 요구를 다 설명할 수 없다. 학계에서의 노하우와 생산성에 비하면, 정치적 소심증은 장기적으로 덜 중요했다. 커리어의 성공은 학장과 동료들에게 좋은 인상을 주는 데 달렸고, 그들은 얼마나 빼어나냐보다 얼마나 잘 어울리느냐에 더 관심이 있었다. 시스템에 연료를 공급하는 일도 중요했다. 새로운 학자들은—발견, 주장, 사실, 결론 등의—양을 목표로 놓고 저서와 논문을 생산했다.

그들은 바빴으므로 문장을 매만지느라 미적거리지 않았다. 제도권 학계의 지식인들은 단도직입적이거나 우아한 글쓰기를 중히 여기지 않았다. 그것을 경멸한 것은 아니지만 중요한 문제로 취급하지도 않았다. 대부분의 학술 논문에는 주장하거나 발견한 내용을 요약한 초록이 삽입되었다. 연구 결과를 발표한다는 사실이 문체를 따지는 것보다 훨씬 더 중요했다. 이러한 긴급한 필요성이 교수들이 읽고 쓰는 방식을 점점 더 지배하게 되었다. 그들이 신경쓴 것은 내용이었지 형식이 아니었다.

학술 문헌은—동료와 선배들에 대한 감사의 말로 감미료를 친—독해 불능의 공문으로 발전했다. 물론 난해한 학술 문헌은 새로운 것이 아니다. 여기서도 문제는 새로운지 여부가 아니라 그 정도에 있다.

지식인이 몸집을 불린 대학으로 흡수되는 과정은 그때나 지금이나 하나의 흐름이었지, "껐다 켰다" 하는 스위치처럼 이루어진 것이 아니었다. 지식인들이 어느 날 갑자기 대학으로 들어가서 곧바로 따분한 산문을 토해낸 것은 아니었다. 하지만 "실종된" 세대의 미스터리를 일부분이라도 풀려면, 점점 가속화되는 이 대규모 이동을 세대 간 변동과 나란히 놓고 보아야 한다.

1940년 무렵과 그 이후에 출생한 세대가 사회에 나왔을 때는 대학과 지성계의 정체성이 거의 완성되어 있었다. 지식인이 된다는 건 교수가 되는 일이었다. 이 세대는 대학으로 흘러들어갔고 지식인이 되고 싶으면 대학에 남아 있었다. 문제는 그들의 재능이나 용기나 정치적 입장이 아니다. 문제는 대중적 산문에 숙달할 기회가 주어지지 않았고 결과적으로 그들의 글이 대중적 영향력을 잃게 되었다는 것이다. 그들은 보다 폭넓은 대중의 시야에서 사라졌다. 그들의 머릿수가 얼마나 많은가는 상관없었다. 실종된 지식인들은 대학 안으로 사라져버렸다.

1940년 이전에 출생한 지식인들에게는 대학이 그런 역할을 수행하지 않았다. 대학들은 규모가 작았고 급진주의자와 유대계와 여성에게는 닫혀 있는 경우가 태반이었다. 대학에서 가르치는 일은 지식인이 되는 요건에 포함되지 않았다. 1921년 해럴드 스턴스가 젊은 지식인에 대해 성찰한 글에서 교수는 명확히 제외되어 있었다.[16] 지식인들이 대학에 자리잡는 루트를 고려해보지도 않고 일절 거부하는 일은 거의 없었지만, 그 실현 가능성이 희박했다. 지식인이 되려면 그보다 뉴욕이나 시카고로 가서 책과 기사를 쓰는 일이 필수 요건이었다.

1900년, 1920년, 1940년 세대를 구분하여 이 투박한 범주를 좀 더 세분해볼 수도 있다. 19-20세기 전환기에 출생한 지식인들—루이스 멈퍼드(1895-1990), 드와이트 맥도널드(1906-1982), 에드먼드 윌슨(1895-1972)—은 고전적 미국 지식인을 대표한다. 그들은 저서와 리뷰와 저널리즘으로 생활을 영위했다. 대학에서 가르치는 일은 전혀 없거나 드물었다. 그들은 폭넓은 대중을 상대로 수월하게 글을 쓰는 탁월한 에세이스트이자 품격 있는 작가였다. 또한 아무에게도 고개를 숙이지 않는 인습 파괴자, 비평가, 논객이기도 했다.

1920년 전후에 출생한 세대—앨프리드 케이진Alfred Kazin(1915-1998), 대니얼 벨(1919-2011), 어빙 하우(1920-1993)—는 과도기라고 할 수 있을 것이다. 그들은 대학의 비중이 아직 미미하던 시절 소규모 잡지에 기고하며 성장했다. 이 경험은 그들의 문체에 영향을 끼쳤다. 우아하고 다가가기 쉬운 그들의 에세이는 폭넓은 지적 공동체를 지향했다. 이후 1950년대에 그들 중 다수가 대학교수 자리를 승낙했다. 제도권 학계 외부의 서식지가 줄어드는 상황에서는 그편이 점점 더 나아 보였다. 대중적 산문을 능숙하게 구사한다는 점에서 그들은 과거에 충실하다. 정확한 의미로는 구식이다.

1940년 이후에 출생한 세대는 학제화의 영향을 전면적으로 받았다. 그들은 대학 밖의 지식인이 거의 존재하지 않는 세상에서 성장했다. 앞 세대의 지식인들이 대학에서의 커리어를 거의 고려하지 않았다면, 이제는 그 반대가 되었다. 이 새로운 세대는 대학 밖에서의 지적 생활을 거의 고려하지 않았다. 여기서 "고려한다"는 것은 현실적 선택지를 뜯어본다는 뜻이다. 이는 단순한 욕망의 변화가 아닌 사회적 현실의 변화를 반영한다.

　이런 사회적 현실은 산문의 변화에 영향을 끼쳤을 뿐만 아니라, 지식인 정체성과 자아정체성의 전면적 쇄신을 촉진했다. 1940년 이후에 출생한 지식인은 거의 청소년기부터 대학이 지배하는 환경에서 성장했다. 대학의 액세서리와 외형이 그들의 것이 되었다. 일례로—외부인에게는 흔히 비웃음거리가 되는—박사학위논문의 구상과 집필은 크나큰 무게를 띠었다. 이는 학계에서 진지한 한자리를 차지하고 지식인으로서의 삶을 살기 위한 티켓이었다. 학위를 따려면 연구와 집필에 여러 해를 바치거나 적어도 그만큼의 기간 동안 긴장된 에너지를 소모해야 했다. 많은 젊은 지식인에게 이는 필생의 경연이자 문화적 이벤트였다.

　완성한 학위논문은 무시할 수 없는 것이었다. 학위논문은 그들의 일부가 되었다. 그 연구 스타일과 어법, "학문 분과" 의식과 분과 내에서 자기 학위논문이 차지하는 위치는 그들의 지적 영혼에 깊이 아로새겨졌다. 그뿐만이 아니었다. 장기간의, 흔히 굴욕적인 노력을 기울여 논문을 쓰고 박사과정 지도교수와 전문가 "위원회"의 심사를 받는 과정에서, 그들의 삶과 장래 커리어를 따라다니게 될 끈끈한 관계—와 경의의—네트워크가 형성되었다.[17] 젊은 지식인들은 설령 자신이 원하더라도(많은 경우에는 원치 않았지만) 이러한 과거로부터 벗어날 수 없었다.

　하지만 예전의 미국 지식인들은 이런 통과의례를 전혀 거칠 필요가 없었다. 1900년 전후로 출생한 세대 중에 학위논문을 쓴 사람은 극히 드물었다. 썼다 하더라도 지성계에서 대학의 비중이 미미했던 까닭에 대학 너머의 폭넓은 대중을 향할 수밖에 없었다. 트릴링도 자신의 학위논문을 회고하며 당시의 이런 분위기를 시사했다. "나는 학자들이 아니 일반 대중 사이에서 내 논문의 독자를 찾아야겠다고 결심했는데,

이것으로 …… 그 시대 지성계의 풍조를 어느 정도 …… 짐작할 수 있을 것이다."[18]

트릴링은 제도권 학자로의 정통 코스를 밟았다는 점에서 드문 예외였다. 심지어 "과도기" 세대의 지식인 중에서도 박사학위를 취득한 사람은 드물었다. 그들이 대학에 들어간 1950년대는 이후로 다시없을 환경이었다. 박사학위 없이도 "주요" 대학에서 종신 교수를 할 수 있었고, 이후로는 거의 사문화된 조항에 의거하여 상급 학위를 수여받기도 했다. 대니얼 벨은 컬럼비아대학에서 종신 재직권을 수여받을 때 난처한 질문이 나왔던 일을 이렇게 회고한다. "그들은 이렇게 물었다. '박사학위가 있으신지?' 나는 말했다. '아뇨.' 그들이 물었다. '왜지요?' 나는 말했다. '논문을 제출한 적이 없으니까요.'" 이 문제는 그의 예전 저작인 『이데올로기의 종언』에 대해 박사학위를 수여함으로써 만족스럽게 해결되었다.[19]

이런 허술한 절차는 지나간 시대를 반영하고 있다. 이제 어빙 하우와 앨프리드 케이진처럼 박사학위 없이 대학교수 자리를 얻거나 대니얼 벨과 네이선 글레이저처럼 과거의 저작을 근거로 학위를 취득하기란 불가능에 가깝다. 이제는 필수 학점과 세미나를 이수하지 않고서―혹은 정해진 학비를 납부하지 않고서―학위를 딸 수도 없고, 젊은 지식인이 『이데올로기의 종언』처럼 몇몇 잡지에 기고했던 에세이집을 들고서 학위논문 "심사"장에 나타날 수도 없다. 학계의 문턱에 놓인 이런 장애물 또는 입문 의례는 단지 성가신 정도를 훌쩍 뛰어넘어 오랜 기간 이어지며 청년들의 삶을 규정하고 마침내는 지식인 세대의 모양새와 특색을 정의했다.

대학 바깥에서 지적 생활을 영위한다는 전망은 1940년 이후에 출생한 지식인을 유혹하지 못했다. 프리랜서로 글을 쓴다는 건 자급자족만큼이나 말도 안 되는 일이었다. 열린 공간이 존재하지 않았다. 공인·비공인 문화 공간의 축소는 젊은 지식인들을 대학에 몰아넣었다. 대학의 봉급과 안정성이 당근이라면, 전통적인 지적 생활의 퇴조는 채찍이었다.

서평과 기사를 팔아 생활을 영위하는 일은 어려운 정도를 넘어서 불가능해졌다. 진지한 신문과 잡지의 수가 꾸준히 감소하여(또 그나마 남은 신문·잡지의 고료도 거의 오르지 않아서) 남은 방도가 거의 없었다. 대세는 대학을 향하고 있었다. 서부 프런티어 개척이 1890년대에 막을 내렸다면, 문화적 프론티어 개척의 막이 내린 건 1950년대였다. 이 시대 이후의 지식인들은 제도권에 합류하거나 재교육을 받았다.

줄어드는 공간이란 단지 은유에 그치지 않는다. 이는 도시의 보헤미아 지구들이 고급 상점이나 타운하우스 지구로 재개발되면서 생활공간이 사라졌음을 뜻한다. 1900년 이래로 가장 유명한 도시 보헤미아 지구였던 그리니치빌리지는 해방과 예술과 섹슈얼리티와 자유사상—그리고 이 모두를 떠받쳐준 저렴한 집세—에 대한 약속으로 미국 지식인들을 유혹했다. 20세기 초반 수십 년간 존 리드와 플로이드 델Floyd Dell과 맥스 이스트먼이 그리니치빌리지의 보헤미안 생활을 누리고 찬양하며 가끔씩 개탄했다.

흔히 죽었다고 치부되곤 했지만 1940년대와 1950년대에도 그리니치빌리지는 여전히 살아 있었다. 마이클 해링턴은 이렇게 썼다. "1949년 가을의 어느 날 오후에 도착한 나는 짐을 내려놓고 밖으로 나와서 그리니치빌리지를 찾아갔다." 이렇게 찾아간 그곳은 그의 동류들, "중산계급을 자발적으로 박차고 나온 망명자들"로 가득차 있었다. 해링턴에게 이곳은, 50년대의 "비트족"이 60년대의 대항문화에 그 주도권을 넘겨준 60년대 초의 어느 날 밤에 끝이 났다. 그날 "밥 딜런이라는 볼품 없는 친구가 챙모자를 쓰고 '호스'[Horse: 그들이 자주 어울려 놀았던 술집]에 나와서 우디 거스리를 흉내냈다."[20]

그리니치빌리지의 죽음은—물론 그 정확한 날짜를 꼭 집을 수는 없지만—신진 독립 지식인 세대에 종지부를 찍었다. 1950년대 내내 그리니치빌리지는 인습적인 커리어로부터의 탈출구이자 피난처 구실을 했다. 심지어 현실과 동떨어진 신화로서도, 이곳은 독립적인 삶을 엿볼 수 있는 창을 제공했다. 그리니치빌리지에 온갖 사칭꾼과 사기꾼과 허세꾼이 몰려들었다는 사실은 핵심이 아니다. 이는 늘 사실이었을뿐더러 모르긴 몰라도 이곳의 매력을 더해주었을 것이다. 그들은 다른 데로는 몰려들지 않았다. 그리니치빌리지가 없었다면 젊은 지식인들은 대학에서의 커리어에 도전하거나 그 대안을 상상하지 못했을 것이다.

보헤미안 빌리지에 특별히 동조하지 않았던 H. L. 멩켄H. L. Mencken 마저도("'빌리지'는 그곳이 빚어내는 온갖 소음을 정당화할 만한 것을 하나도 생산해내지 못한다.") "교수들의 군국주의적 교육에 대한 청년들의 자연스러운 저항"을 입증하기 때문에 "이 스펙터클이 내게 작은 기쁨을 준다"고 고백했다. 그는 이렇게 반문한다. 지방에서 올라와 "프렙 스쿨의 탁한 공기를 한두 번 들이마셔본" 젊은 시인 지망생이 "코듀로이 바지에 벨벳 재킷을 걸치고, 맥두걸 스트리트 지하 술집의 소나무 테이블을 쾅쾅 쳐대며…… 자유시니 미래파니 스펙트리즘*이니 소용돌이파니 표현주의에 대한 공허한 변설을 늘어놓는다고 해서, 그게 뭐가 이상

---

* spectrism, 1916년 출간된 시집 『스펙트라Spectra』에서 표방한 실험시 운동—옮긴이

한 일이란 말인가?"²¹

하지만 더이상은 아니었다. 젠트리피케이션이 그리니치빌리지의 값싼 임대료를 일소하고 주변부의 지식인과 예술가들을 몰아내버렸다. 보헤미안의 중심지 역할을 할 수도 있었을 구역들이 출현하기가 무섭게 부동산 개발업자들에게 속속 투항했다. 경제적 요구들이 뉴욕을 양 극단의 도시로―부유층도 극빈층도 아닌 보헤미안들을 더이상 지탱해줄 수 없는 도시로―개조해버렸다.

다른 지역의 도시 보헤미안들도 같은 경제적 압력에 굴복했다. 그리니치빌리지가 가장 유명했지만 보헤미안의 유일한 중심지는 아니었다. 샌프란시스코의 노스비치와 로스앤젤레스의 베니스도 반골 지식인과 예술가들을 끌어들였다. 그 외의 도시들도 젊은 지식인들의 중간 기착지 구실을 하는 소규모 보헤미아 지구들을 ―때로는 아주 작고 단명했을지언정―자랑했다. 이런 곳들을 폄하하기란 쉽다. 그럼에도 사회의 조감도라는 관점에서 볼 때, 지식인의 삶―아니 모든 개개인의 삶―에 변화를 가져오는 데는 몇 명의 친구만으로도 충분하다는 사실을 잊어선 안 된다. 이런 친구들은 세인트루이스의 커피하우스나 시애틀의 서점에서도 만날 수 있다. 보헤미아는 이렇게 작으면서도 이렇게 생생할 수 있다.

이렇게 고립된 서점이나 커피하우스들도 최근 몇십 년 사이에 폐점하고 피트니스 센터나 고급 와인바로 재개장했다. 보헤미안 인텔리의 온상이 될 수도 있었을 싸고 쾌적한 도시 공간들은 과거의 유물이 되었다. 이런 도시 생활공간의 쇠락은 문화공간의 쇠락을 완성시킨다. 제럴드 시겔Jerrold Siegel이 보헤미아를 연구하며 쓴 말을 인용하자면, "한때는 보헤미아에 의해 점거되어―실질적으로든 은유적으로든―자유로웠던 공간들이 협소해지고 찾아보기 어려워졌다".[22] 새로운 세대는 교외의 쇼핑몰, 번창하는 도심, 극빈층의 암울한 게토로 선명하게 분리된 세상에서 성장한다. 이런 문화·물리적 지형에서 도시나 교외 캠퍼스의 대안을 찾는 지식인의 피난처는 거의 설 자리가 없다.

III

문화생활은 진공상태에서 쓰거나 생각하거나 그리는 것이 아니라 특정한 환경에서 살아가며 작업하는 지식인들의 활동으로 이루어진다. 이는 그리 새롭진 않지만 잊히기 쉬운 진실이다. 에드먼드 윌슨이나 예일대학 영문과 교수이자 데리다와 해체주의의 대가인 제프리 하트먼Geoffrey Hartman이 제시한 개념들은 시대가 달라지면 삶도 달라진다는 것을 입증하고 있다. 내가 이 점을 언급하는 이유는 앞으로의 설명에 인물 약사를 곁들일 것이기 때문이다. 최소한 해당 인물의 출생 연도는 제시하고 현재의 활동도 간간이 언급할 것이다. 이건 글을 지저분하게 만들려는 것이 아니라 세대의 변천 과정을 조금이나마 느끼게 해주려는 의도다. 누가 〈뉴요커〉나 〈중서부 현대어문협회보Bulletin of the Midwest MLA〉에 기고했을 때 그가 1910년생인지 1940년생인지는 중요하다.•

하지만 지식인의 삶과 사상은 동일하지 않다. 인생사가 사상을 대체할 수는 없다. 이 연구에서는 사람들이 언제 태어나서 뭘 했고 뭘 하고 있는지가 중요하다. 동시에, 그것만으로는 불충분하다. 사람들은 단지 그들의 삶과 직업으로만 환원될 수 없다. 그 무엇보다도 중요한 것은 정신이다.

보험사 중역이라도 훌륭한 시를 쓸 수 있고 하버드대학 교수라도 강렬한 혁명 선언문을 써낼 수 있지만, 일반적으로는 둘 다 그러지 않는다. 이 점을 기억하되 너무 집착하지는 않는 것이 좋다. 대개 보험사 중역은 메모와 보고서를 쓰고 하버드대학 교수는 논문과 연구비 신청서를 쓴다. 정신 또한 중요하다. 이는 마르크스와 프로이트 둘 다에게서 얻을 수 있는 교훈이다. 사람은 그가 하는 일의 총합이지만 그것이 전부는 아니다.

몇 가지 유의할 점이 있다. 지식인 세대에 대한 명제들은 개개인을 겨냥한 것이 아니지만, 그렇다고 개개인을 건너뛰고 갈 수는 없다. 비판적 진술은 특정한 인물들에 대한 판단에 근거해야 한다. 하지만 공공 문화가 돈이나 정치에 의해 왜곡되었다면, 높이 띄워져 눈에 잘 띄는 지식인들은 별다른 의미가 없을 수도 있다. 어쩌면 나이든 세대가 대중의 주목을 독차지하는 동안 스포트라이트 밖에서 청년 문화가 번창하고 있는지도 모른다. 어떻게 확신할 수 있겠는가?

확신할 수 없다. 하지만 공적 세계와 접촉이 없는 어떤 비밀의 문화가 있을 것 같지는 않다. 물론, 막연한 감을 뛰어넘는 확실한 판단을 내

• 그렇기는 해도 불필요한 어수선함을 피하기 위해 내용과 직접적으로 관련된다고 여겨지는 경우에 한해 미국 지식인과 교수들의 나이(또는 생몰 연도)를 명시했다. 추가로 몇 가지를 더 밝혀두자면, 우선 이러한 사항들은 반드시 해당 개인이 처음 언급되었을 때가 아니라 주로 해당 개인에 대해 본격적으로 논의하는 부분에서 제시했다. 2차 출처로 재인용한 저자들의 출생 연도는 꼭 필요하다고 여겨지는 경우가 아니면 포함시키지 않았다. 그리고 소설가와 미술가들은 내 주된 관심 대상이 아니므로 이들의 출생 연도 또한 생략했다. 또한 아쉽게도, 특히 젊은 지식인들의 경우에는 정확한 출생 연도를 전부 확인하지 못했다.

리려면 뭔가—손에 잡히는 근거, 지식인들의 저작—에 토대를 두어야 한다. 그래도 문제는 남는다—무엇을 근거로 골라잡을 것인가? 정직하게 탐색한다면 모든 출처를 다 뒤져보고서 이 모든 출처가 편향적이라는 것을 인정할 수밖에 없다. 문화에 대해 아무리 신중하게 결론을 내리더라도 이는 그냥 개개의 예술가와 작가들이 아니라 이미 한번 선별된 그룹에 대한 평가가 된다. 좁은 의미에서 볼 때, 이렇게 선별된 그룹은—그들이 최종적으로 맞게 될 운명과 무관하게—대중의 뇌리에 아무런 인상도 남기지 못한 이들에 비하면 성공한 이들이라 할 수 있다. 이미 알려진 지식인들만을 대상으로 하는 일반화는, 심지어 가장 이단적인 일반화라 할지라도 문화적으로 한번 걸러진 이들을 승인한다는 점에서 결국 순응주의적이다.

하지만 여기서 벗어날 길은 없다. 어느 비평가가 수전 손태그나 라이어널 트릴링의 권위 있는 견해에 도전할 수 있을지는 몰라도, 한 저술가 집단 전체에 도전하면서 동시에 무명인 또다른 저술가들의 명단을 제시하기란 불가능하다. 이 점은 명백할 것이다. 하지만 대중의 눈에 띄는 문화가 볼 만한 가치가 있는 모든 것을 포괄한다고 믿으려면, 어떤 역사적 과정의 순리에 의해 재능 있는 이들이 자연히 부각되고 재능 없는 이들이 자연히 묻힌다고 상상해야 할 것이다. 나는 그렇게 믿지 않는다. 또 일부 역사학자들이 흔히 취하는 경향대로 눈에 보이지 않고 침묵하는 이들의 천재성을 낭만화하고 싶지도 않다. 하지만 타고난 재능보다 운과 연줄 덕에 위상을 획득한 유명 지식인들의 중요성을 과장하는 일은 더더욱 하고 싶지 않다.

유의할 사항이 또 한 가지 있다. 적어도 1918년 〈다이얼〉이 시카고에서 뉴욕으로 이전한 이래로, 맨해튼과 이곳의 지식인들은 저항하기 힘든 마력을 발휘해왔다. 주요 출판사들뿐만이 아니다. 〈뉴욕 타임스 북 리뷰〉, 〈코멘터리〉, 〈뉴요커〉, 〈네이션〉, 〈뉴욕 리뷰 오브 북스〉, 〈하퍼스〉 등 주요 지식인 잡지들도 여전히 뉴욕 주변에 몰려 있다.

이 사실을 개탄하는 일은 버젓한 취미생활의 하나로 자리잡았다. 웨스트코스트의 작가와 시인들은 뉴욕의 출판사와 비평가들이 자기들에게 무심하다며 오래전부터 불평해왔다. 뉴욕이 권력과 부패에 힘입어 군림한다고 결론 내린다면 만족스러울 것이다. 어쩌면 그럴지도 모른다. 하지만 웨스트코스트가 뉴욕의 아성에 도전할 만한 지식인 잡지를 아직까지도 만들어내지 못하고 있다는 사실은 경각심을 일깨운다. 로스앤젤레스 대도시권은 인구와 평균 소득과 도서 매출액이 뉴욕을 따라잡거나 능가하지만 이런 통계 수치가 문화 잡지로 옮겨지지는 않는다. 〈로스앤젤레스 타임스〉는 비록 〈뉴욕 타임스〉의 적수는 못 되더라도 남부끄럽지 않은 신문인데, 그 일요판인 〈북 리뷰〉 매거진은 그에 미치지 못한다.[23]

하지만 1980년대에 문필계에서 뉴욕이 누리는 패권은 착시에 의존한 것일 수 있다. 문화 활동이 수십 개 도시와 대학으로 빠져나가는 동안에도 점점 노령화되는 수도는 여전히 위용 있게 보인다. 해가 갈수록 쪼그라들어도 달리 경쟁이 될 만한 중심지가 없으니 영향력이 오래가는 것이다. 게인스빌, 플로리다, 포틀랜드, 오리건 같은 곳에 있으면 뉴욕은 문화적으로 큰 산처럼 보인다.

이와 똑같은 착시가 자칫하면 나 자신의 논의에도 옮겨붙을 수 있다. 심지어 1950년대나 그 이전 시기의 인물과 잡지를 논할 때도 나는 이들이 범접할 수 없을 만큼 우월했다는 착시를 조장하고 싶지 않다. 비록 한 세대가 실종되었다고 주장하기는 해도 지난 세대를 떠받들고 싶지는 않다―생명력이 긴 저작을 생각보다 많이 생산해내지 못했던 과거 뉴욕 지식인들의 경우는 특히 그렇다. 신랄하게 표현하자면 이렇다. 1950년대의 지식인들이 1980년대에 들어서까지도 문화적 경관에 우뚝 솟은 탑처럼 대접받고 있다면, 이는 탑이 너무 높기 때문이 아니라 경관이 너무 납작하기 때문이다.

물론 50년대에는―드와이트 맥도널드, C. 라이트 밀스, 루이스 멈퍼드 등―일급의 저작들이 있고 이 리스트는 더 길어질 수 있지만, 그렇게 길지는 않다. 미국 지식인의 문학·사회·문화 비평 중에 진정 눈부신 것은 드물다. 시야를 좀더 넓히기 위해, 코즈모폴리턴적이고 사려 깊고 우아하다는 면에서 미국(그리고 뉴욕) 지식인의 진수를 체현한 인물로 흔히 제시되는 라이어널 트릴링을 생각해보자.

트릴링은 과연 훌륭했지만 그에게는 강점과 더불어 선명한 한계가 공존했다. 산문의 운율과 신중함을 갖춘 자유주의적 관점이라는 면에서는 빼어났지만, 사상의 걸출함이나 독창성이나 힘이라는 면에서는 그렇지 못했다. 실제로 그의 관심 범위는 제한적이어서 영미 문학 밖으로 나가지 못했다. 그의 사회 이론은 얄팍했고 그의 철학은 허약했다. 또 많은 경우 흠모에 찬 청중 앞에서 베푼 강연을 토대로 쓰인 그의 에세이들은 원래의 생동감을 잃은 채 지면에 박제되어 있다. 트릴링이 『자유주의적 상상력The Liberal Imagination』의 권두 에세이에서 V. L. 패링턴 V. L. Parrington에 대해 던진 평은 거의 그 자신에게도 적용될 수 있을 것이다. 그는 "위대하거나…… 감명을 주는 정신의 소유자"는 아니었다. "남은 것은 단순한 지성이다. 다만 그 아량과 열정이 주목을 끌 뿐이다."[24] 심지어 트릴링에 대한 호의적인 연구들도 그의 에세이들이 막연함 또는 "무중력weightlessness" 증세에 시달리고 있다고 제시한다.[25]

하지만 50년대의 지식인들은 절대적으로 중요한 한 가지 자질에서 후대 지식인을 월등히 능가했으니, 바로 대중적 산문을 구사할 줄 알았다는 것이다. 라이어널 트릴링과 폴 굿맨과 존 케네스 갤브레이스뿐만 아니라 어빙 크리스톨과 윌리엄 버클리 주니어까지도, 그들이 큰 존재감을 과시하는 것은 대중적 어법에 익숙하기 때문이다. 50년대의 지식인들은 **공론가**公論家, publicist였다. 즉 교양 있는 대중에게 말을 걸고 그들을 위해 글을 썼다. 그 뒷세대는 공적 정체성을 단념하며 대중어를 포기했다.

60년대의 활동가들이 대중의 주목을 끈 것은 확실하다. 하지만 60년대와 결부된 지식인들은 공적 존재감을 유지하지 못했다. 많은 이들이 다른 커리어를 좇아 떠났고 나머지는 대학 안으로 모습을 감추었다. 지금은 60년대에 성년을 맞은 중요한 지식인의 이름을 불과 몇 명도 대기 어려울 것이다. 심지어 그 시대의 저작들—『대항문화의 형성 The Making of the Counter Culture』, 『젊은 세대의 의식혁명The Greening of America』, 『고독에의 추구The Pursuit of Loneliness』—도 당대의 사회 비판적 힘을 상실했다. 물론 이는 재차 문제를 제기한다. 60년대의 지식인들은 누구였으며 그들은 어떻게 되었는가? 70년대와 80년대에 몇몇 얼굴들이 개별적으로 나타났다가 사라졌다. 한 세대가 실종되었다.

THE
LAST
Intellectuals
AMERICAN CULTURE IN THE
AGE OF ACADEME

2장
보헤미아의 쇠퇴•

• 표준국어대사전의 정의에 따르면 보헤미안은 "속세의 관습이나 규율 따위를 무시하고 방랑하면서 자유분방한 삶을 사는 시인이나 예술가"를 뜻한다. 보헤미아는 그런 보헤미안들이 모인 사회나 구역을 가리키다 ─ 옮긴이

I

보헤미아의 변천과 문화생활의 관계를 정리할 때 불거지는 곤란한 문제들이 있다. 보헤미아를 어떻게 정의할 것인가? 무엇이 보헤미아를 번영하고 쇠퇴하게 만드는가? 또 그것이 지적·예술적 활동에 언제, 어떻게 영향을 미치는가? 관료화의 "철칙"으로 가장 유명한 로베르트 미헬스는 "보헤미아의 사회학"을 제안한 바 있다. 미헬스의 생각에 따르면, 보헤미아는 청년들이 거쳐가는 한 단계로서 빈곤과 자유와 부르주아에 대한 증오를 특징으로 한다. 이 과도기적 통로는—여기서 미헬스는 앙리 뮈르제의 고전적 묘사•를 따랐다[1]—병원이나 시체 공시소로 이어

• 19세기 초 파리 보헤미안의 생활 정경을 묘사한 소설 『라보엠』을 가리킨다. 이는 푸치니의 오페라 〈라보엠〉의 원작 소설이기도 하다―옮긴이

질 수도 있고, 예술 아카데미로 이어질 수도 있다.

잠시 머물렀다 가는 청년이나 학생들 말고도 일부 상주하다시피 하는 주민과 "잉여" 지식인들이 보헤미아를 구성한다. 대공황이 한창일 때 저술 활동을 했던 미헬스에게, 필요 이상을 생산하는 사회에서 이런 지식인들은 "순전한" 잉여였다. 즉 "지식인을 규제 없이 양산한" 결과였다. 모든 지식인이 잉여가 되는 것은 아니다. 미헬스는 그들을 두 부류로 나눈다. 첫번째 부류는 기존의 업계에서 용케도 벌이가 좋은 일자리를 구한다. 그들은 "의무감으로, 또는 실직에 대한 걱정 때문에" 교회와 가정과 국왕을 충실히 받든다. 하지만 두번째 부류인 잉여 지식인들은 뜨내기, 아웃사이더, 불평분자가 되어 과거나 미래를 꿈꿀 수 있는 보헤미아로 모여든다.[2]

미헬스가 제시한 사례는 결정적이지는 않아도 시사적이다. 그는 보헤미아에 대한 대부분의 논의에서 간과된 현실을 뚜렷이 드러냈다.[3] 이런 현실들은 보헤미아를—매우 거칠게나마—두 가지로 정의한다. 즉 보헤미아는 사람들의 흐름을 조절하고, 또 환경을 조성한다. 사람이라는 자원이 공급되지 않으면 보헤미아는 고사할 것이다. 그리고 서식지가 너무 적대적이면 군집이 뿌리를 내릴 수 없을 것이다. 보헤미아를 설명할 때 그 주민(그들의 출신, 고용, 실업)과 도시환경이라는 두 가지 요소를 망각해선 안 된다.

보헤미아는 도시에 의존하여 살아간다. 심지어 시골에 위치한 보헤미안 구역들도, 큰 도시 중심지에서 금방 올 수 있는 곳이나 여름 한철의 고립된 섬으로서만 번창하는 것이 보통이다.[4] 하지만 보헤미아를 떠받치는 것은 도시의 규모나 부가 아니라 도시의 분위기 혹은 질감이다. 붐비는 거리와 저렴한 식당과 적정한 집세와 양질의 환경을 갖춘, 자칫 깨지기 쉬운 도시 주거지가 보헤미아의 자양분이다. 이런 조건을 갖춘 곳은 오래 버티지 못한다. 경제 불황, 경제 호황, 도시 재개발, 고속도로, 슬럼, 혹은 교외 등에 의해 쉽게 망가질 수 있다. 이 섬세한 환경이 훼손되거나 변형될 때 "잉여" 지식인들은 사라지는 것이 아니라 흩어진다. 전국으로 분산된다. 이 차이는 중요하다. 예술가·시인·작가 1백 명과 그들의 가족·친지가 한 도시의 열 블록 안에 모여 살 때와, 이들이 10개 주 혹은 10개 대학 도시에 흩어져 있을 때는 상황이 전혀 다르다.

회의적인 이들은 보헤미안 지식인이 도시 생활 및 제도권에 의존한다는―아웃사이더를 자처하는 이들이 오로지 인사이드에서만 번창한다는―사실에서 위선의 낌새를 읽는다. 그들은 노동과 틀에 박힌 일상이라는 도시 문명의 부담에서 벗어나기 위해 도시 문명의 거리와 카페와 술집을 필요로 한다. 오스트리아 작가 알프레드 폴가어Alfred Polgar는 제1차세계대전 이전 빈의 지식인과 보헤미안이 가장 즐겨 찾은 커피하우스 '카페 첸트랄Cafe Central'에 대한 "이론"을 제시한 바 있다. 그는 이곳을 "가족과 업계와 당파"로부터 의절당했거나 스스로 의절한 이들, 즉 삶에 적응하지 못한 이들을 위한 "망명지"로 일컬었다. "조직 부적응자들을 위한 조직"이라 할 수 있다.[5] 독일에서 망명한 학자인 알베르트 잘로몬Albert Salomon은 보헤미안 커피하우스에 "집 없는 사상가, 시인, 과학자 들의 살롱이자 박봉에 허덕이는 작가들의 응접실"이라는 별명을 붙였다.[6]

하지만 보헤미아의 위선은 단순히 부정직한 것과는 다르다. 이는 명백한 모순을 암시한다. 노동과 부의 세계는 이따금 나태와 유토피아를 약속하면서도 그것을 적대시하며 경계한다. 생각하고 꿈꾸려면 규제받지 않는 시간이 필요하다. 커피와 술이나 마시며 끝없이 빈둥거리는 지식인들은 돈과 고된 노동의 속박에서 도피하려는 노력—혹은 도피한 듯한 모습—으로 견실한 시민들을 위협한다. 질서의 수호자들이 비판가와 저항자를 "커피하우스 지식인"으로 폄하해온 역사는 거의 수 세기에 이른다.[7] 보헤미안 지식인은 생각이 너무 많고 행동은 너무 적은 죄로 부르주아의 범죄 일람표에 이중으로 등재되는 영예를 누린다. 왕실의 귀족들도 그들을 업신여긴 건 마찬가지였다. 오스트리아를 제1차 세계대전에 밀어넣은 한 백작은 이 전쟁으로 러시아에 혁명이 촉발될 수도 있다는 경고를 들었을 때 이렇게 쏘아붙였다고 한다. "그 혁명을 누가 일으킬 건데? 카페 첸트랄의 트로츠키 선생?"[8] (트로츠키는 빈에 몇 년간 거주하며 이 도시의 카페에 자주 드나들었다.)

물론 카페 단골들도 선량한 시민들의 경멸을 고스란히 되돌려주었다. 보헤미안은 늘 인습적인 사회로부터 자신들을 구분했다. "블레셋(이스라엘인을 괴롭힌 팔레스타인 민족)"과 "부르주아", 고지식하고 보수적인 사람을 가리키는 "스퀘어square"와 "스트레이트straight" 등 50년대에 통용된 어휘에는 이런 거리 두기가 반영되어 있다. 이중에는 "약제상pharmacists" 같은 특이한 속어도 있었는데, 제1차세계대전 이전 상트페테르부르크의 "떠돌이 개Stray Dog"라는 보헤미안 카페에서 생겨난 말이었다. 이 카페의 한 단골은 이렇게 회고한다. 우리 세계의 "기본적 전제 조건은 인류를 불평등한 두 범주로 구분하는 데 있다. 바로 예술의 대변인과 '약제상'이다. 후자는 그가 종사하는 직업에 상관없이 나머지 모든 사람을 뜻한다".[9] 이런 어휘들이 1960년대에 들어 톡 쏘는 맛을 상실하면서, 보헤미아는 그 존재 이유를 포기하게 된다.

도시의 카페와 거리가 주변부 지식인들의 쉼터가 되었다는 것은 웬만큼 분명해 보이지만, 이런 환경이 그들의 작업과 삶에 영향을 끼쳤는지, 그랬다면 어떤 영향을 끼쳤는지는 보여주기 어렵다. 발터 벤야민은 19세기 파리—의 거리 및 아케이드—와 새로운 지식인 유형—거리를 거닐다가 오후에 카페로 철수해서 신문의 여백을 메울 문화적인 글을 쓰는 문인들—의 관계에 대해 고찰했다. "대로에서 그는 최초에 만난 사건, 최초의 재치 있는 말, 유포될 만한 최초의 소문을 붙잡을 준비가 되어 있었다. 대로에서 그는 자기 동료들, 방탕자들과의 관계를 활짝 펼쳤다."• 벤야민은 유럽 여러 일간 신문의 고정 코너였던 "문예란 feuilleton"의 인기가 이런 생활 방식에 기인한다고 풀이했다. 이는 지식인들이 문화와 삶에 대한 의견을 발표하는 창구였다.[10]

벤야민은 자신의 회고록에서 젊은 시절의 카페들을 회상했다. 그는 "카페의 쾌적함을 제대로 느끼는 법을 배우기 위해 필요한 기다림의 정열을 당시에는 아직 갖고 있지 않았"다고 인정하면서도, 보헤미안들의 사령부였던 베를린 구 서부 지역의 카페를 이렇게 추억한다. "카페의 중앙 기둥을 따라 설치된 소파에 앉아 담배 연기가 자욱한 공간에서 기다리던 어느 날 밤의 모습이 떠오른다."••[11]

중부 유럽의 카페 생활에 푹 젖은 이런 회상들은—그리고 이런 회상은 얼마든지 찾아낼 수 있다—현재와의 메울 수 없을 간극을 표시하고 있다.[12] 이는 카페와 한가로운 산책이 고급 상점가와 고속도로에 굴복하기 이전의 세상을 우리 눈앞에 불러온다. 주차장, 고층 건물, 고속도로, 그리고 이제는 쇼핑몰이 도시를 개조하며 문화의 속도까지 바꾸어놓았다. 과거 베를린 카페의 열성 애호가였고 나치즘을 피해 망명한

• 발터 벤야민, 『보들레르의 작품에 나타난 제2제정기의 파리』, 김영옥·황현산 옮김, 길, 69쪽—옮긴이
•• 발터 벤야민, 『베를린 연대기』, 윤미애 옮김, 길, 184쪽—옮긴이

헨리 파흐터Henry Pachter는 미국에서 가르칠 때 이렇게 한탄했다. "커피 하우스가 없었다—그리고 대학 구내식당은 대화를 나누기에 최악의 환경인 것으로 이름높다."**13**

냉정한 가슴의 소유자라면, 하지만 여기는 나치즘도 없지 않았느냐고 쏘아붙일 수도 있을 것이다. 여기서의 과제는 구대륙의 제도가 북미에서 꽃피지 못한 것을 애석해하지 않으면서, 일상생활에 시대정신—의 죄악이나 명예—의 부담을 지우는 일 역시 지양하는 것이다. 하지만 일상적인 것을 무의미하다고 치부해버리는 무감한 접근 방식도 그리 우월한 것은 못 된다. 지식인의 생활 리듬은 그들이 쓰는 글에 배어든다. 이는 놀랄 일이 아니다. 전화가 편지를 대신하고 카페가 학회로 대체되면, 이 변화는 사고 자체—그 밀도와 한계—에도 반향을 불러일으킨다. 보헤미아가 퇴조하면 단지 도시 지식인과 그 독자들뿐만이 아니라 도시의 지성도 따라서 퇴조한다. 낡은 명제를 조금 바꿔서 말하자면 이렇다. 카페 사회는 아포리즘과 에세이를 생산하고, 대학 캠퍼스는 논문과 강의—그리고 지원금 신청서—를 생산한다.

II

때는 1948년. 귀환한 일부 군인들이 그리니치빌리지의 유혹에 이끌려 들어온다. 27세의 젊은 뉴요커 밀턴 클론스키도 그중 하나다. 그들이 찾아 헤매는 보헤미아를 클론스키는 발견하지 못한다. 시대가 변했다. "아무도 일자리가 없지만 아무도 신경 안 썼던 예전의 호시절은 지나갔다"고 클론스키는 결론 내린다. 이제는 심지어 아파트를 빌리려 해도 "연줄

pull"이 필요하다. 돈이 최고로 군림한다. "'그 사람 얼마나 버는데?'라는 미국 기업계의 무신경한 슬로건이, '빌리지'에서는 '그 사람 어디 나오는데?', '뭘 발표했는데?'로 바뀌었을 뿐이다." 신참들은 "20년대의 '금의 시대'나 30년대의 '은의 시대'를 찾을 것으로 기대하며" 빌리지에 오지만, "바로 이것, '납의 시대'를 마주할 준비는 되어 있지 않"다.[14]

하지만 클론스키는 희망을 품은 이들이 여전히 도착하고 있는 모습을 본다. "누구는 부모로부터 자유로워지기 위해, (……) 누구는 자유로운 사랑을 거래하기 위해, 누구는 예술을 위해." 또 "최대한 빨리 성공을 거두고서 이곳을 뜰 작정으로 지방에서 올라온" 이들도 있다.[15] "상류층" 여대 졸업생들은 들어와서 묵다가—여름 한철을 보낸 뒤—빠져나간다. 보헤미안의 "동조자들"은 "빌리지"의 시류에 뒤지지 않지만 거주지는 다른 곳에 두고 있다. 심지어 전쟁과 업타운의 돈으로 부유해진 고참 주민들도, 자산관리자를 고용하고 가정을 꾸리고 새 아파트를 장만하는 등 값비싼 습관을 들였다.

클론스키가 볼 때는 성공이 보헤미아를 죽이고 있었다. 예로부터 보헤미안이 즐겨 찾던 장소에 달러가 침입했을 뿐만 아니라, 전쟁이 청교도 미국인의 "도덕적 방벽"을 무너뜨려 온 사방을 보헤미안의 풍조로 물들였다. "'빌리지'의 자유는 예전과 다름없었다. 하지만 주류 사회의 자유가 이와 비등하거나 심지어 이를 능가하게 된 상황에서", 한때 그리니치빌리지를 물들였던 "인습에 대한 저항과 반란은 어디 있었을까?" 사회 바깥의—어쩌면 반사회적인—삶을 여전히 환기시키는 이들은 "재즈와 약물에 취한 패거리"와 "힙스터들"뿐이다.[16]

같은 해인 1948년, 그로부터 15년 전 미국의 보헤미아주의에 대한 고전적 저서(『다락방과 가짜들Garrets and Pretenders』[1933])를 썼던 앨버트 패리Albert Parry가 그간의 변화를 알아보기 위해 그리니치빌리지에 돌아온다. 그리고 예전에 자주 들렀던 장소들을 찾아가 재능 있는 신인에 대해 탐문하고서는 보헤미안의 황금시대는 끝났다고 결론 내린다. 그 자신도 인정하듯이, 보헤미안에게는 언제나 지난날이 더 좋은 시절이었다. 그럼에도 불구하고 "빌리지는 변했다". 몇몇 무용수와 예술가들이 여전히 등장했지만, 발굴되지 않은 무명의 인재들은 높은 집세에 걸러져 쫓겨나고 "상공회의소의 지원을 받는 고상하고 지루한 부류"가 그 자리를 차지했다. 번영의 "번쩍거리는 외관"이 빌리지를 도배했다. 골수 보헤미안들마저도 하나둘 떠나고 있었다.[17]

그로부터 12개월 뒤, 중서부에서 막 뉴욕에 도착한 21세의 마이클 해링턴이 보헤미안의 그리니치빌리지를 찾는 작업에 착수한다. 이미 사망 선고가 내려진 사실을 알지 못한 해링턴은 보헤미안의 "파티"가 여전히 진행중임을 발견한다. 빌리지의 종언을 선언한 앨버트 패리, 헨리 밀러, 맬컴 카울리 등등은 모두 틀렸다. "내가 거기 갔을 때까지만 해도 빌리지는 죽지 않았다." 그는 "단지 자기들의 젊은 시절을 영구히 박제한 채로 늙어가는 왕년 보헤미안들의 향수에 빠진" 것이 아니었다. "40년대 말과 50년대의 뉴욕에서 나는―때로 천재적인―재능으로 넘실거리는 보헤미아를 정말로 발견했다."[18]

그는 혼자가 아니었다. 같은 해인 1949년, 훗날 미술 비평가이자 저널리스트가 되는 22세의 존 그루엔John Gruen이 아내인 화가 제인 윌슨Jane Wilson과 함께 아이오와시티에서 뉴욕에 당도한다. 그가 1950년대를 회고한 『이제 파티는 끝났다The Party's Over Now』에서 들려주는 이야기에 따르면, 이 부부는 빌리지야말로 삶과 창조성의 유일한 은신처라고 확신하고 웨스트 12번 스트리트의 폭 3.6미터, 길이 4.5미터짜리

단칸방에 짐을 풀었다고 한다. 해링턴처럼 그들도 시인, 작가, 예술가 들의 공동체를 발견했다. 잭슨 폴록, 헬렌 프랑켄탈러Helen Frankenthaler, 로버트 마더웰Robert Motherwell, 래리 리버스Larry Rivers 등의 예술가들이 1950년대에도 여전히 스포트라이트 바깥에서 작업하며 교류하고 있었다.[19]

1949년 빌리지에 당도한 이들은 그 외에도 또 있다. 훗날 편집자이자 작가가 된 조이스 존슨Joyce Johnson은 13세 때 보헤미아를 물어물어 찾아간다. 존슨은 멀리 북쪽의 116번 스트리트에서부터 미지의, 금단의 영토를 찾아 단짝 친구와 함께 다운타운으로 향한다. 몇몇 고교 친구들—"어두운 색 옷과 기다란 귀걸이"를 걸친 트로츠키주의자들—에게서 빌리지가 "로맨스와 모험"의 본거지라는 풍문을 들은 적이 있다. 그녀는 신세계가 펼쳐질 것이라고 기대하지만 정작 가서 본 것은 워싱턴스퀘어 파크에서 비를 맞으며 노래하는 여섯 명의 부랑자가 전부다. 하지만 비트족과 조우하는 계기가 되었다는 점에서 그들은 그녀의 인생을 바꾸어놓기에 충분했다.[20]

빌리지가 사망했다는 소식과 사망 이후에도 살아 있다는 소식은 얼마든지 찾아낼 수 있다. 해링턴은 1950년대 말까지도 빌리지가 팔팔하게 살아 있었다고 단언한다. 어떤 이들은 빌리지가 1920년대나 그 이전에 절정을 맞고서 숨을 거두었다고 믿는다. 플로이드 델은 "그리니치빌리지는 전쟁을 거치며 상업화되어버렸다"고 선언했다—다만 여기서 델이 말하는 전쟁이란 제1차세계대전을 가리키는 것이었다. 자서전에서 그는 이렇게 회고한다. "지하실과 다락의 비좁은 레스토랑들이 알고 보니, 저 유명한 보헤미안 라이프의 즐거움에 한몫 끼려는 애처로운 열망에 부풀어 두둑한 돈주머니를 차고서 빌리지를 찾는 업타운 사람들을 유인하는 미끼였던 것이다." 델이 볼 때 이곳은 끝이었다. "나는 이렇게 되어버린 빌리지가 혐오스러웠다. 이곳은 관광지였다." 빌리지의 진짜 주민들은 떠나가고 있었다. "이제는 일종의 직업적인 '빌리지 주민'들이 출현"하여 그 빈자리를 메웠다.**21** 델이 빌리지의 쇠퇴를 최초로 개탄한 사람도 아니었다. 그가 싱클레어 루이스 등에게 말했듯이, 그는 "사람들이 자랑스레 말하는 저 초창기—빌리지가 '진짜'였던 시절—의 이야기를 들은 적이 있었다".**22**

이처럼 모순된 증언들은 보헤미안 그리니치빌리지나 여느 문화 공동체의 사망 시점을 특정하기가 불가능함을 시사한다. 판단들이 너무 천차만별이고 그 대상인 문화적 활력도 측정하기 너무 힘들다. 성장하고 삶을 살아가느라 바쁜 개인들은 자신이 이미 사양길에 들어선 뉴욕이나 파리나 시카고에 있었음을 깨닫게 된다. 그들이 무슨 수로 알겠는가? 자신이 너무 늦게 도착했다는 것을 역사가나 회고록 저자들에게 들어서 알 뿐이다. 하지만—특히 그들 자신이 구하던 것을 찾았다면—그게 무슨 상관이란 말인가? 델 자신도 새로 온 사람들이 그가 빌리지에 내린 사망 선고를 까맣게 모른 채 행복하게 이곳을 경험한다고 말한 바 있다. "그 옛날의 우리처럼 젊고 들뜨고 열정적인 청년들이 여기에 있었다. 그들이 그리니치빌리지의 새로운 주민이었다. 그들은 우리의 빌리지를 본 적이 없었으므로 변화에 구애받지 않았다."**23**

샌프란시스코의 보헤미아는 이 문제를 전형적으로 보여주는 사례다. 이곳의 상업화 또는 죽음을 개탄하는 경고들은 거의 그 기원 시점까지—적어도 '보헤미안클럽Bohemian Club'이 개장한 시점까지—거슬러 올라간다. 저널리스트와 반항아들의 느슨한 모임으로 출발했던 보헤미안클럽은 단기간에 부유층의 휴식처로 변천했다. 샌프란시스코 보헤미안클럽과 그 여름휴가용 사유지인 삼나무 숲속의 '보헤미안그로브Bohemian Grove'는 최근 수십 년 새 부와 권력의 상징으로 바뀌었다. 1963년 뉴욕 주지사 넬슨 록펠러Nelson Rockefeller가 보헤미안그로브에 얼굴을 내밀고 대선 출마 가능성을 타진했을 때, 〈뉴욕 타임스〉는 "주지사, 보헤미안그로브에서 주 유력 인사들과 함께 주말을 보낼 예정"이라는 헤드라인으로 이 행사를 보도했다.[24]

보헤미안클럽이 늘 이랬던 것은 아니다. 1872년 설립된 보헤미안클럽은 앰브로즈 비어스, 잭 런던, 마크 트웨인 등 웨스트코스트의 무수한 작가·시인들과 결연을 맺고 있었다. 하지만 불과 몇 년 만에 이곳은 모든 보헤미안의 공통된 운명과 맞닥뜨리게 되는데, 바로 돈이 없다는 것이었다. 임대료를 갹출하려 해도 그 돈조차 낼 여유가 없는 이들이 태반이었다. 나머지 사람들은 행동에 돌입했다. 그중에 유복했던 한 멤버는 이렇게 회고했다. "아무리 재능이 있어도 돈이 없으면 클럽을 유지할 수 없다는 것이 곧 명백해졌다." 논리는 단순했다. "멤버 대다수가 경멸하는 부류, 즉 머리도 갖추었고 돈도 가졌지만 엄밀히 말해서 보헤미안은 아닌 사람들을 초청해서 클럽에 가입시키자는 결정이 내려졌다." 이 결정으로 "우리가 항구적인 성공을 거둘 수 있을지의 문제가 해결되었다".[25]

이에 모두가 만족한 것은 아니었다. 1880년 말, 스스로를 '팬더모니엄'*이라 칭한 일부 반골 성향의 화가와 작가들이 "상업화"에 반기를 들고 원래의 보헤미안 기풍을 되찾고자 클럽을 탈퇴했다—가 결국 자

---

* Pandemonium, '대혼란'이라는 뜻—옮긴이

금 부족으로 좌초했다.[26] 그후에도 한 익명의 멤버가 클럽 멤버들에 대한 맘몬(부의 신)의 지배를 성토했지만 그것도 헛일이었다. "초창기에 부자들은—그들이 진정한 보헤미아 정신의 요소를 갖추지 못했다면—일절 출입 금지였다……. 이제 그들은 부자라는 이유로 여기 들어온다."[27] 오스카 와일드도 같은 의견이었던 것 같다. 그는 "그렇게 쪽 빼입고 기름기가 흐르고 사업가처럼 생긴 보헤미안을 그렇게 많이 본 건 생전 처음"이었다고 클럽 방문기를 남겼다.[28]

한 캘리포니아 역사가의 말을 빌리면, "1926년 11월 보헤미안클럽에 딸린 그의 방에서 조지 스털링George Sterling의 시체가 발견되었을 때, 샌프란시스코 보헤미아의 황금기는 확실히 그 비참한 종말을 맞았다."[29] 2류 시인으로 한때 앰브로즈 비어스를 추종하기도 했던 스털링은 1890년대 이래로 베이에어리어 문화의 중심에 서 있었다.[30] 그가—H. L. 멩켄을 주빈으로 한 만찬날 저녁에—자살함으로써 황금시대가 끝났다 해도 그것은 한 챕터의 끝이었을 뿐 책 전체가 끝난 것은 아니었다. 샌프란시스코 보헤미아는 면면히 스며들었고 이따금 폭발하여 60년대의 대항문화에 직접 영향을 끼쳤다. 보헤미안클럽은 기름기가 끼어 보수적으로 변했을지 몰라도, 30년대 보헤미아와 60년대 게이 문화를 연결했던 '블랙 캣 카페Black Cat Cafe'나[31] 50년대 보헤미안과 시인들의 보금자리 '시티라이츠 서점City Lights Bookshop' 같은 다른 거점들이 단단히 고삐를 쥐어왔다.[32]

그렇다면 결론은 보헤미아가 절대 죽지 않거나 거의 변치 않는다는 것일까? 뉴욕이나 샌프란시스코의 보헤미안 공동체가 1910년부터 1980년까지 거의 변치 않았다는 게 가능한 일일까? 이를 시사하는 증거들이 있는 건 확실하지만, 보헤미아—아니 모든 문화—가 그 모습 그대로 줄기차게 유지되며 역사에서 아무것도 변치 않는다는 마음 편한 지혜에서 위안을 구하기 전에, 먼저 구분해야 할 중요한 것이 있다. 바로 몇몇 개인의 경험과 한 세대 전체의 경험은 동일하지 않다는 것이다. 몇몇 개인이 스스로 보헤미아에 살고 있음을 선언하거나 믿거나 발견할 수 있다. 보헤미아가 과거와 마찬가지로 오늘날에도 지속될 수 있다. 하지만 보헤미아가 지식인의 한 세대를 형성하는 일은 전혀 다른 차원의 문제다. 그러려면 보헤미아의 깊이나 존재감이 한층 더 커야 한다.

개인 경험과 세대 경험의 차이는 문화생활에서 늘 나타나기 때문에 억지스러운 것이 아니다. 고유한—종족, 종교, 민족—공동체가 어느 날 갑자기 사라지는 일은 드물다. 심지어 공동체가 쇠퇴중일 때도, 경험이나 지식 면에서 과거의 성원들과 별로 동떨어지지 않는 개개인이 나올 수 있다. 일례로 특정 세대의 미국 유대인에게 로어이스트사이드나 브라운스빌이 띠는 중요성은 이의를 제기하기 어려울 것이다. 그리고 유대인 공동체에서 이들 지역이 갖는 중요성이 그 후세대까지 지속되었다고 주장하기도 어려울 것이다.[33] 하지만 이들 지역이 쇠퇴했다고 해서 옛 중심지들이 완전히 소멸하거나 주민이 전부 떠나버린 것은 아니다. 보헤미아의 변천도 이와 같은 문제를 제기하는 만큼, 같은 방식으로 개개인과 세대를 구분해줄 필요가 있다. 여기서의 과제는 지식인의 한 세대가 보헤미아를 경험했는지, 혹은 어떻게 경험했는지를 살펴보는 것이다. 보헤미아가 지상에서 소멸한 날짜를 알아내는 것이 아니다. 문제는 보헤미아가 언제, 어째서 젊은 지식인 세대를 끌어들이기를 관두었는가다.

미국 작가들 중 보헤미아와 세대에 대해 의문의 여지 없이 가장 영향력 있는 설명을 내놓은 사람은 맬컴 카운리(1898-1989)다. 그는 자신이 속한 세대, 즉 19-20세기 전환기에 태어난 지식인들을 기준으로 삼았다. 카울리에 따르면, "작가들은 무작위한 시간 간격을 두고서 개별적으로 출현하지 않는다. 상대적으로 황량한 시기가 이어지다가 어느 시기에 무리 지어, 기라성처럼 출현한다". 그는 "진정한 세대"는 "그 세대만의 리더와 대변인"을 가지며 "그 직전과 직후에 출생한 이들까지 그 세대의 자장 안으로 끌어들인다"고 쓴 F. 스콧 피츠제럴드의 말을 인용한다.[34]

카울리가 볼 때, 제1차세계대전은 그의 세대를 "물리적으로 뿌리 뽑아" "예전의 삶을 견딜 수 없게 만드는" 무책임과 위험과 짜릿함의 "독소"로 "감염시켰다". 전쟁 이후 "우리 대다수는 맨해튼으로, 14번가 남쪽의 구불구불한 거리로, 1주일에 2-3달러만 내면 가구가 비치된 문간방을 (……) 빌릴 수 있는 곳으로 흘러들어갔다. 우리는 (……) '빌리지'로 왔다. 생활비가 저렴해서, 우리 친구들이 이미 와 있어서 (……) 뉴욕이 젊은 작가가 지면에 글을 실을 수 있는 유일한 도시처럼 보였기 때문에". 카울리의 세대에게 빌리지는 "장소, 분위기, 삶의 방식"이었을 뿐만 아니라 "모든 보헤미아가 그렇듯, 그곳은 어떤 신조이기도 했다".[35]

하지만 그의 세대가 도착했을 때는 성공이 빌리지를 위협하고 있었다. 카울리는 청교도 윤리—금욕, 죄의식, 절제—가 자본주의 엔진의 윤활유라는 막스 베버의 고전적 주장을 수정했다. 카울리의 표현대로—그리고 여러 학자들이 동의한 대로—"근면, 선견지명, 검약"을 설교했던 "생산 윤리"는 초기 기계화 시대의 유물이었다. 더 새로운 자본주의는 노동과 저축이 아니라 여가와 지출을, 생산 윤리가 아니라 소비 윤리를 필요로 했다.

낡은 "생산 윤리"와 새로운 "소비 윤리"의 이러한 충돌 속에서 그리니치빌리지는 예기치 않은 역할을 수행했다. 쾌락과 자기표현에 전념하는 이곳 특유의 기풍이 소비 정신과 일치했던 것이다. 알고 보니 보헤미아는 시장의 전위였다. 한때 급진적이었던, "이 순간만 산다"는 발상이 쾌락을 위한 구매를 홍보하는 슬로건이 되었다. 가격과 효용은 절제를 관두었다. 보헤미아의 현실은 아니었을망정 교리였던 "여성 평등"마저도, 담배 소비를 두 배로 높이는 데 기여했다.

지그문트 프로이트의 근엄한 가르침이 미국에서 소비 진작에 매끄럽게 활용되었다는 사실은 이렇게 재구성된 윤리의 효력을 보여준다. 아메리칸담배회사는 여성 흡연을 촉진하는 캠페인을 입안하기 위해 프로이트의 조카인 에드워드 버네이스를 고용했다. 버네이스는 미국의 초기 정신분석가인 A. A. 브릴A. A. Brill에게서 흡연이 승화된 구강기 성욕을 대변하며 여성 해방과 나아가 "자유의 횃불"을 상징한다는 것을 배웠다.[36] 버네이스는 이상의 발견을 적용, 여성들의 협조를 얻어 1929년 뉴욕 5번가의 부활절 퍼레이드에서 담배를 꺼내어 피우게 만들었다. 그는 "부활 주일에 5번가에서 열 명의 젊은 여성이 여성 불평등에 대한 저항으로 '자유의 횃불'에 불을 붙인 우리의 퍼레이드는 전국을 뒤흔들었다"며 쾌재를 불렀다.[37]

광고주들은 과거 소수의 전유물이던 보헤미안의 저항을 상품으로 포장해서 팔았다. 미국인들이 줄을 섰다. 카울리는 "그리니치빌리지 스탠다드가 비즈니스의 날개를 달고 전국으로 퍼져나갔다"고 말한다. 전국 각 주의 사람들이 담배를 피우고 바람을 피우고 파티를 즐겼다. 언론이 주기적으로 보도했듯이 빌리지가 죽어가는 중이었다면, "그것은 성공으로 인해 죽어가고 있었다".[38] 빌리지에 대한 최근의 한 연구는 이렇게 결론 내린다. "반골들은 사실상 미국 사회의 연구개발 파트를 담당하고 있었으며, 1920년대의 중산층 문화는 그들의 대항문화를 —

적어도 일부분 — 흡수했다."**39** 온 나라의 중산층이 단순한 "절제"의 규칙 또는 "자기 부정을 통해 구원을 추구하는 프로테스탄트 정신"을 소비적 생활 방식과 맞바꾸었다.**40**

해링턴 등의 평자들은 카울리의 주장을 30여 년 뒤로 옮겨서 되풀이했다. 그들이 볼 때, 상업화·대중화되어 결국 보헤미안 윤리의 숨통을 끊어놓은 것은 "60년대 세대"의 섹슈얼리티와 전복과 광기였다. 그러니 치빌리지는 그 존재 이유를 저버렸다. 해링턴의 믿음에 따르면, "60년대 초의 언젠가부터 미국이 그 자신의 속물적 도덕성에 대한 믿음을 상실하면서 보헤미아는 죽어가기 시작했다."**41** 소설가 겸 비평가인 로널드 수케닉Ronald Sukenick도 이에 동의한다. 빌리지의 언더그라운드 문화는 그것이 대중화된 60년대에 죽었다는 것이다. "'엉클 샘' 모자를 쓴 앨런 긴즈버그가 '언더그라운드에 합류하세요'라는 문구를 달고서 〈에버그린 리뷰Evergreen Review〉*의 지하철 광고에 등장했을 무렵에는 60년대 미국인의 한 세대 전체가 언더그라운드에 합류하고 있었다."**42**

카울리와 해링턴 중 꼭 누구 한 명을 택해야 하는 건 아니다. 둘 다 옳을 수도 있다. 카울리는 보헤미아 민주화의 초기 단계를, 해링턴은 그 후기 — 어쩌면 마지막 — 단계를 목격했다. 상업화되고 대중화된 보헤미아는 결국 뉴욕과 샌프란시스코의 몇몇 기념물만을 남기고 모든 걸 포기해버렸다. 1960년대에 이르자 지식인들은 더이상 이곳의 매력에 반응하지 않았다. 더이상 그럴 필요가 없었다. 보헤미아가 대항문화로 이름을 바꾸고 주류로 들어왔기 때문이다. 게다가 보헤미아를 떠받쳐온 바

• 1957년 창간된 미국의 문예지 — 옮긴이

탕 그 자체, 그 도시적 질감이 1950년대 후반부터는 이미 흐트러져 있었다. 보헤미아는 도시의 보금자리와 정체성을 상실했다. 1940년대와 그 이후에 출생한 세대에게 보헤미아는 하나의 사상으로서도 장소로서도 의미를 잃었다.

III

도시 보헤미아의 종언은 교외의 팽창과 불가분하게 연결된다. 보헤미아와 교외는 인과관계로 맺어진 것이 아니라 자동차의 지배하에 놓인 도시라는 한 성좌의 서로 다른 측면을 표현하고 있다. 1950년대에 도시들은 거주하기에 달갑지 않거나 불가능한 곳이 되었는데, 차를 가진 시민들이 새로 개통한 고속도로를 타고 달아날 수 있게 되면서 중심가 블록과 그 일대가 활력을 잃었다. 미국의 도시를 다룬 어느 책은 "다운 타운에서 노 타운으로From Downtown to No Town"라는 부제를 달고 나오기도 했다.[43]

1950년 여름 〈타임〉은 교외 주택의 대량 생산을 개척한 윌리엄 J. 레빗William J. Levitt을 표지에 실었다. 나란히 줄지어 선 똑같은 집들을 배경으로 그려진 그의 초상 밑에는 "주택 건설업자 레빗. 새로운 삶의 방식을 팝니다"라는 표제가 달려 있었다. 과연 그것은 삶이었다. 레빗 주택에는 세탁기와 빌트인 텔레비전이 완비되었을 뿐만 아니라, (잔디 깎는 시즌에) 매주 잔디를 깎아주는 서비스를 명시하고 담장과 옥외 빨랫줄 설치를 금지하는 권리증서까지 딸려 있었다. 미국인들은 레빗의 분양 사무소로 몰려들었다.[44]

1950년대에 교외가 발명된 것은 아니었다. 도시 외곽의 별장과 공원과 산책로는 거의 도시의 기원까지 거슬러올라간다.[45] 교외를 건설해야한다는 논리가 1950년에 새로 고안된 것도 아니었다. 1925년의 한 연구는 도시 밀집의 폐해에 대한 해결책으로 교외로의 탈집중화를 제시했다. "붐비는 세계는 교외 아니면 야만일 수밖에 없다."[46] 이미 1900년에애드나 웨버Adna Weber는 이렇게 썼다. "'교외의 부상'은, 도시 생활의폐해가 (……) 상당 부분 제거될 수 있다는 희망에 견고한 기반을 제공한다."[47] 심지어 도시의 건강한 거리 생활에 주목해온 역사도 오래되었다. 1904년 델로스 F. 윌콕스Delos F. Wilcox는 "거리의 문제는 도시의 처음이자 마지막이자 가장 큰 물리적 문제"라고 썼다. "애초에 도시를 가능케 해주는 것이 바로 거리다."[48]

적어도, 제2차세계대전 이후 15년간 진행된 교외화가 그 속도와 범위에서 전무후무한 것이었음은 분명하다. 자동차와 신설 고속도로와 연방 정책은 교외로의 이주를 장려—어쩌면 명령—하며 그 과정에서 도시를 파괴했다.[49] 1944년 10만 호였던 주택 건설 규모는 1950년 170만호에 육박하며 사상 최대를 기록했다. 교외는 도심보다 거의 열 배 빠른 속도로 성장중이었다. 교외의 역사를 연구한 케네스 T. 잭슨은 "연방정부의 지원을 받은 주택 건설 붐이 엄청난 규모에 달했기 때문에, 교외의 신축 주택들이 도심 쇠퇴의 주된 요인이었다"고 썼다.[50]

이러한 인구 분산은 연방정부가 1956년의 "주간고속도로 법Interstate Highway Act"을 통해 고속도로에 막대한 예산을 투자하면서 더더욱 촉진되었다. 고속도로는 전후 정부 교통 예산의 75퍼센트를 빨아들였다. 도시 대중교통망에 들어간 예산은 1퍼센트에 불과했다. 잭슨은 "주간고속도로는 대중교통의 급속한 낙후를 조장했고, 향후의 도시 성장을 중심점 없는 도시 확산으로 영구히 바꾸어놓았다"고 쓰고 있다.[51] 노선을 신설하기가 어려울 만큼 광범위한 도시 개발로 이미 약화되어 있던 대중교통은[52] 이제 해체되는 중이었다. 1958년 루이스 멈퍼드는 "대중교통에 반대하는 현재의 여론은 대중교통이 퇴락하도록 방치되었다는 사실에 주로 기인한다"고 지적했다.[53] 대중교통이 퇴락하면서 자동차 판매업자를 찾는 사람들이 많아졌다. 1950년 뉴욕 지하철은 매일 2백만 명의 승객을 실어날랐다. 요금이 인상되고 서비스가 낙후되자 그중 절반가량이 대중교통을 버렸고, 맨해튼에 진입하는 차량 수는 두 배로 늘었다.[54] 비교 수치를 한 가지 제시하면, 1946년에 생산된 자동차는 2백만 대였는데 1953년에는 6백만 대로 증가했다.

　교외의 폭발적인 확대는, 허먼 워크Herman Wouk의 1955년도 베스트셀러 소설 『마저리 모닝스타Marjorie Morningstar』부터 윌리엄 H. 화이트의 1956년 저서 『조직인』에 이르기까지 픽션과 논픽션을 망라한 무수한 작품을 낳았다. 워크의 소설에 나오는 보헤미안 캐릭터들은 장장 500페이지에 걸친 방탕한 생활 끝에 결국 통근권을 끊는다. "난 이 생활을 청산할 준비가 됐어, 마저리." 예술가인 노엘은 이렇게 선언한다. "당신한테는 좋은 소식이지. 내 바람이라곤 따분한 부르주아가 되는 것뿐이야. (……) 늦게까지 술 마시고 아무데서나 자고 샴페인을 들이켜고 아주 미친 것처럼 죽을 것처럼 신나게 사는 건 제길 제길 제길 너무 **지겹**다고. (……) 이젠 따분하고 믿음직한 무슨 광고 회사에서 따분하고 믿음직한 무슨 일자리를 얻고 싶어." 하지만 너무 늦었다. 마저리는 변호사인 밀턴과 교외에서의 삶을 택한다. 그는 그녀가 늘 원해온 인습적인 결혼식과 삶을 제공했다는 면에서 "믿을 만하고 건전하고 확실했다".[55]

　고속도로의 황제인 로버트 모지스Robert Moses 또한 폭발적인 교외 팽창의 산물이었다. 모지스를 누구보다 집요하게 비판했던 루이스 멈퍼드도 "로버트 모지스는 20세기 미국 도시에 누구보다도 큰 영향력을 끼친 사람"이라고 결론 내렸다.[56] 가공할 추진력의 소유자인 모지스는 40여 년간 뉴욕시와 뉴욕주 전역에 도시 고속화 도로와 터널과 다리를 쑤셔넣었다. 50년대 중반, 그는ー면적이 7에이커에 불과한ー워싱턴스퀘어 파크의 심장부를 관통하는 간선 고속도로를 파서 로어맨해튼을 가로지르는 다른 도시 고속화 도로와 연결한다는 계획을 세웠다. 제인 제이콥스의 『미국 대도시의 죽음과 삶』은, 제이콥스와 그 이웃들이 그리니치빌리지와 이곳의 워싱턴스퀘어 파크를 지키기 위해 모지스를 필두로 한 뉴욕의 도로 건설 관료들과 싸워 승리한 경험을 일부분 그 계기로 삼아 집필된 책이다.

모지스가 탈도시화 자체의 원인은 아니었지만, 모지스의 이야기는 미국의 탈도시화를 조명하고 있다. 교외 주거지들이 번창할 수 있었던 것은 모지스가 추진·건설한 신규 고속도로 덕분이었다. 교외가 번성하면서 도시 보헤미아는 퇴조했다. 로버트 카로Robert Caro의 『파워 브로커: 로버트 모지스와 뉴욕의 몰락Power Broker: Robert Moses and the Fall of New York』은 모지스라는 비범한 인물을 다룬 비범한 전기로, 1955년이 뉴욕과 그 교외 지역에 돌이킬 수 없는 "터닝 포인트"였다고 지목한다. 1955년은 모지스가 대중교통 노선 제안을 거부하고 롱아일랜드 도시 고속도로 건설을 개시함으로써, 그의 공원도로가 이미 일으킨 바로 그 도시 확산의 저주를 이 섬에 내린 해다.

모지스가 추진한 사업을 몇 개만 열거해도 그가 끼친 영향을 짐작할 수 있다. 도로: 메이저디건 고속도로, 밴윅 고속도로, 셰리던 고속도로, 브루크너 고속도로, 크로스브롱크스 고속도로, 롱아일랜드 고속도로,

할렘 강변도로, 웨스트사이드 고속도로, 서던/노던스테이트 공원도로, 브루클린-퀸스 고속도로, 소밀 강변 공원도로, 크로스아일랜드 공원도로. 다리: 트라이보고, 베라카노교, 트록스넥교, 헨리허드슨교, 브롱크스화이트스톤교. 공원: (아마도 그의 가장 큰 업적일) 존스비치 공원, 성큰메도우 공원, 몬토크 공원, 오리엔트포인트 공원, 파이어아일랜드 공원, 캡트리 공원. 그 외에도 댐과 주택단지들이 있다. 그리고 이 목록은 전체의 아주 일부분일 뿐이다.

강철 같은 끈기와 열정으로, 모지스는 차를 가진 사람들이 그가 조성한 공원에 나들이 가거나 맨해튼으로 통근할 수 있게끔 대도시권을 개조하는 데 일생을 바쳤다. 모지스는 자가용 자동차를 숭배했다. 그의 지시에 따라, 공원도로 위를 가로지르는 고가도로들은 버스가 그 밑으로 지나가기 어렵게끔 낮게 지어져서 차가 없는 도시 주민들을 사실상 배제하는 효과를 냈다. 그의 밑에서 일했던 수석 엔지니어가 훗날 술회한 바에 따르면,

모지스 씨는, 언젠가는 정치인들이 이 공원도로에 버스를 통행시키려 들 것임을 본능적 직감으로 알았다……. 그는 우리 동료들에게 "승용차가 다니기에는 문제없지만 다른 차량은 일체 다닐 수 없는 높이로 다리를 설계하자"고 말하곤 했다……. 그는…… 일단 다리가 세워진 다음에는 변경할 수 없다는 것을…… 알았다……. 그 결과로, 뉴욕에서 오는 버스들은 공원도로를 이용하고 싶어도 이용할 수 없었다.[57]

많은 뉴요커들처럼 정작 모지스 자신은 운전을 전혀 배우지 않았는

데—그는 기사가 모는 차를 타고 다녔다—이 사실만으로도 그의 구상이 얼마나 정신 나간 것이었는지를 엿볼 수 있다.

물론 현대 뉴욕의 형성을 한 개인의 탓이나 덕으로 돌리기란 불가능하다. 모지스는 뉴욕의 지도를 다시 그렸지만, 강력한 경제적 요인들과 보조를 맞추어 일했다. 그가 한 일이 정치인과 개발업자와 노동조합 등의 세력들을 어르고 구슬린 것이 아니라 마치 자기 손으로 직접 땅을 파고 도로를 깐 것처럼 "모지스가 지었다"는 어구를 쓰는 것도 어폐가 있다. 하지만 심지어 도시도 인간의 개입 없이는 확장되거나 수축되지 않는다. 모지스는 역사와 발맞추어 행진했지만, 강압적으로 독선적인 명령을 내리기도 했다. 그가 거둔 뚜렷한 성공은 많은 도시 개발자들에게 널리 모방의 대상이 되었다. 그는 자동차와 교외의 상징—아니 상징 이상의 존재—이다.

1950년대는 도시 보헤미아의 종말과 교외의 팽창을 목격한 시기였다. 이는 단지 인구학적 변동이 아니라 문화적 변동이기도 했다. 보헤미아는 그 존재 이유를 잃었다. 늘 보헤미아의 발뒤꿈치를 물어뜯던 부르주아 사회가 마침내 보헤미아를 따라잡은 것이다. 동시에 도시 보헤미아를 지탱해주던 섬세한 환경이 잇따라 타격을 맞았다. 50년대 말에 이르자, 주로 교외에서 성장한 젊은 지식인들은 독립 작가로서의 삶을 개척하기 위해 뉴욕이나 시카고나 샌프란시스코로 이주해오는 일이 드물어졌다. 오히려 그들은 황폐한 도시로부터 안전하게 떨어진 널찍한 대학 도시로 흘러들어갔다.

IV

관찰자나 역사가들은 좀처럼 인정하지 않는 사실이지만, 문화적 충돌을 최종적으로 결판 짓는 변수는 권태일 때가 많다. 아무도 다음 판을 위해 링에 올라오지 않는 것이다. 교외라는 이슈는 1950년대에 수많은 보도, 소설, 잡지 기사를 촉발했지만 끝에 가서는 그냥 사그라졌다. 최근 몇 년—아니 수십 년—사이에 주류 잡지나 텔레비전 보도에서 교외 생활을 다룬 적이 있었던가? 교외로 이주한 당사자가 아니고 날 때부터 그곳에서 성장한 새로운 세대에게 교외 생활의 병폐와 즐거움에 대한 끝없는 논쟁은 별다른 흥미를 불러일으키지 못했다. 교외는 그냥 익숙하고 보편적인 교외일 뿐이었다. 그리 논쟁적인 주제가 못 되었다. 이 주제에 대한 논의는 단지 관심 부족 때문에라도 끝난 것처럼 보였다.

하지만 아주 끝난 것은 아니었다. 새로운 세대는 분명히 뭔가에 기여했다. 그들이 교외의 이점을 소리 높여 주장한 것은 아니지만, 1980년대에 이르자 많은 이들이 "발을 움직여" 의사표시를 했다. 도시로부터 열광적으로 도피했던 부모의 자녀들이 도시로—쇄도했다고는 말할 수 없지만—상당수 복귀한 것이다. 최근 도시가 다시금 공적인 주목을 받고 일부분 되살아났다면, 이는 교외로부터 두 가지 요소를 수입한 데 기인한다. 바로 사람들과 쇼핑몰이다.

둘 중 어느 것도 도시 공동체 환경의 회복을 약속해주지는 않는다. 쇼핑몰은 도시 밖으로의 확산에 대한 교외의 응답이었다. 도심의 쇼핑몰이 죽거나 살해된 후, 쇼핑몰은 오로지 고속도로로만 접근할 수 있는 광장으로 재탄생했다. 쇼핑객들은 드넓은 주차장으로 둘러싸인 대규모 체인점들을 선호했다. 윌리엄 코윈스키William Kowinski는 쇼핑몰에 대한 개인적 체험담이 섞인 『미국의 쇼핑몰화*The Malling of America*』에서, "교외화와 베이비붐은 이 문화의 수요와 욕망을 창조하고 정의했다"고 말한다. "고속도로는 그 문화가 어디서 어떻게 꽃필 것인지를 최종적으로 정의했다."[58]

하지만 노스탤지어는 쇼핑몰에 대한 논의를 흐려놓곤 한다. 활기찬 도시는 과거에만 존재했었던 것처럼 보인다. 쇼핑몰은 사람과 상점이 붐비며 밤낮없이 활기로 고동쳤던 도심 시가지를 바깥으로 몰아냈다. 과연 그랬을까? 코윈스키도 자기 어린 시절의 시내가 이상향과는 거리가 멀었다는 것, 그리고 특히 젊은이들은 새로운 쇼핑몰이 없었으면 모일 장소가 없었으리라는 것을 인정한다.

쇼핑몰이 제공하는 것은 그 정도에서 그친다. 보통은 그만도 못하다. 쇼핑몰이 크든 작든, 쇼핑몰 공간에 지붕이 있든 없든, 분수대나 유리 엘리베이터나 지역 수공예품 전시회 따위가 있든 없든, 쇼핑몰에 대해 감상적이 되기란 힘든 노릇이다. 쇼핑몰은 팔기 위한 기계다. 도시의 거리와 달리, 쇼핑몰은 사기업에 의해―벤치와 분수대를 비롯한 모든 공간이 쇼핑 분위기를 고조하게끔―설계·운영된다. 어떤 상점을 입점시키거나 유지할지를 비롯하여 모든 사항을 하나의 기업이 통제한다. 임대료는 보통 임대 공간의 면적에 비례한 기본 임대료에 매장 총수익의 일정 비율을 합산하여 결정한다. 충분한 수익을 내지 못한 상점에 대해서는 임대 계약을 갱신하지 않는 식으로 쇼핑몰의 동질성을 유지한다. 책을 뒤적거리기만 하는 손님이 너무 많은 서점은 미래가 없다. 근처에 거주하는 사람이 거의 없고 쇼핑몰 안에는 아무도 살지 않기 때문에 가게 영업시간도 기업이 정한다. 오후 6시나 9시 이후에는 텅 빈다.

미국에서 쇼핑몰은 엄청난 성공을 거두었다. 전후의 교외에서 쇼핑몰은 주차장과 고속도로 접근성에 힘입어 급속히 증가했다. 1946년에는 쇼핑센터가 8개소뿐이었는데, 1950년대 말에는 4천 개가 미국 전역을 수놓았다.[59] 과거 도심의 죽음을 가져왔던 이 교외의 산물이 이제는 도시의 병폐에 대한 처방이 되어 도시 중심부에 속속 세워지고 있다는 사실은 이중의 아이러니다. 대규모 쇼핑몰 개발업자 빅터 그루엔Victor Gruen이 애초에 구상했던 쇼핑몰은 고립된 교외 주민들에게 도시를 가져다주기 위한 것이었다.

오스트리아 출신으로 망명한 건축가인 그루엔은 전후에 최초의 쇼핑몰 설계자이자 건설업자 중 한 명으로 떠올랐다. 그는 원대한 꿈을 가진 개혁가로서 출발했다. 쇼핑몰은 교외에 우후죽순으로 생겨나는—추하고 산만하고 사회적 교류가 배제된—상점가를 대신할 것이었다. 그러려면 단순히 주차장을 갖춘 상점을 넘어서 걷고 대화하고 앉을 공간을 제공해야 했다. 거의 도시를 재창조한다는 구상이었다.

쇼핑몰에 대한 그루엔의 희망에는 유럽의 시장들과 그의 고향인 빈의 정경이 스며들어 있었다. "우리는 중부 유럽 도시들의 시장 광장에서 볼 수 있는 다채롭고 활기차고 상업적으로 분주한 도시 전경을 세심히 관찰해야 한다." 그는 쇼핑몰 개발업자들에게 "우리의 새로운 쇼핑 타운"이 옛 마을 광장과 시장을 새롭게 해석한 공간 혹은 "공동체"를 제공함으로써 "기존의 공백을 채울" 수 있다고 가르쳤다.[60]

그루엔은 번창했고 그가 차린 회사인 '빅터 그루엔 어소시에이츠'는 메이저 쇼핑몰 개발업체가 되어 오늘에 이르고 있다. 그는 쇼핑몰을 교외 확산의 촉진이 아닌 극복 수단으로 보았지만, 쇼핑몰의 현실은 그의 이상에 전혀 근접하지 못했다. 그루엔은 쇼핑몰 개발업자였지만 사고방식은 로버트 모지스보다 루이스 멈퍼드와 제인 제이콥스에 더 가까웠다. 그는 자동차의 악영향을 규탄했다. "왜 담배에만 위험 경고 표시가 있는가?" 그는 물었다. "차에는 왜 없는가?"[61]

그는 도시도 농촌도 아닌 신규 개발 사업에서 손을 뗐다. "쇼핑센터를 마을village이라고 부른다…… '타운 앤드 컨트리' 상점과 '컨트리클럽'을 어디에서나 찾아볼 수 있다…… 존재하지도 않는 호수, 숲, 협곡, 계곡 이름을 분양 필지에 갖다 붙인다……" 그루엔은 이제 도시를 복구할 때가 되었다고 결론 내렸다. 탈집중화된 교외에 대한 1950년대의 믿음은 "이제 산산이 부서졌다". 그는 "집중화와 도시성의 가치"를 다시금 채택할 것을 촉구했다.[62] 결국 환멸을 느낀 그루엔은 사랑하는 빈으로 돌아가 진보의 딜레마와 자동차의 해악에 대해 글을 썼다.[63]

도시적 활력의 회복을 약속하며 교외에서 유입된 또 한 가지는 바로 사람들이다. 지난 10년 사이에 일어난 대단히 놀라운 일을 꼽자면 도시 거주민의 귀환 혹은 재출현을 들 수 있다. 젊고 부유한 신규 주민의 유입으로 구도시 지역이 "젠트리피케이션" 혹은 리노베이션을 거치는 이런 과정은 밴쿠버와 볼티모어 등지에서 눈에 띄고 있다.[64] 이 현상의 모든 측면—그 범위, 영향, 의미 등—이 논쟁의 여지가 있지만, 이 새로운 주민들은 생계나 라이프스타일 등의 이유로 시내에 있기를 선호하는 "교외의 아이들"로 보인다.[65]

태어날 때부터 교외에서만 성장한 첫 세대는 그 부모들을 매료시켜 번잡한 도시 밖으로 끌어낸 푸른 잔디와 뒤뜰과 쇼핑센터에 시큰둥한 것 같다. 젠트리피케이션에 대한 한 조사 보고서에 따르면 "1950년대와 1960년대의 신혼 가구들에게는 교외에 집 주소를 갖는 것이 지위의 상징이었다". "오늘날, 이런 교외 주민의 유복한 자녀들 사이에서는 도심에 집 주소를 갖는 것이 점점 유행이 되고 있다."[66] 게다가, 한부모

가정을 포함한 독신 남녀—전체 인구에서 차지하는 비율이 날로 증가 중인 집단—에게는 도시가 사회적 교류와 자녀 양육과 쇼핑과 먹을거리에서 더 폭넓은 가능성을 제공하기 때문에 교외보다 도시에서 살 필요성이—적어도 그편에 대한 선호가—있는 것 같다.[67]

도심 생활을 선호하는 새로운 경향은 도시 변화—구 산업의 이탈과 금융, 광고, 과학기술 등 "굴뚝 없는" 도시 비즈니스의 성장—의 원인일 뿐만 아니라 결과이기도 하다. 새로 도착한 사람들은 구 블루칼라 노동자들이 떠나간 자리에 새로 유입된 인력이었다. "새로운 '생산 수단'—현대적 사무실들—을 둘러싸고 고층 아파트, 브라운스톤, 개조한 공장 건물들로 이루어진 그들만의 '노동계급 구역'이 형성되었다." 경공업 제조 공장이 고급 주택으로 개조되는 현상은 새로 들어온 소비자들이 과거의 생산자들을 대체하는 도시 경제 재구성을 특히 선명하게 보여주는 신호다. 나아가 공장을 개조한 주택 그 자체는—예술가가 아니라 금융 분석가나 기업 변호사가 들어가 사는 경우에는—"전형적인 교외 주택과 동일한 공간적 값어치…… 풍부한 빛과 공기와 탁 트인 공간에 대한 선호"를 증언한다.[68]

젠트리피케이션과 공장이 주택으로 개조되는 현상은 그 수와 범위에서 제한적이다. 즉 도시의 넓은 지대로 확산되지 않았다. 선별된 몇몇 구역, 주로 보기 좋은 옛날 주택들이 모여 있으며 도심에 인접하고 공원이나 강변이나 항구가 가까이 있는 블록에만 한정된다. 이런 식의 재생은 도시 쇠퇴를 역전시키지 못한다. 새로운 풍요는 오래된 퇴락과 공존한다. 한 거리가 번창하는 동안 그와 인접한 다른 거리는 빈곤에 굴복한다. 젠트리피케이션은 그 여파로 임대료 급등과 새로운 균질화 또한 가져왔다. 둘 다 도시 다양성과 보헤미안 문화를 위협한다.

이중에 특별히 새로운 것은 하나도 없다. 1961년 제인 제이콥스는 그때만 해도 드문 현상이었던 도시 성공의 위험에 대해 언급한 바 있다. 매력적인 동네는 부자들을 끌어들이고, 이렇게 모여든 부자들은 덜 부유한 이들을 쫓아낸다.

> 이곳에 살고 싶어하는 사람이 너무나 많기 때문에, 돈을 최대한 많이 지불할 수 있는 이들을 위해 과도하고 파괴적으로 많은 건물을 짓는 것이 이익이 된다. 그들은 보통 아이가 없는 사람들이고…… 최소한의 면적에 최대한의 돈을 지불할 능력이나 용의가 있는 사람들이다. 이렇게 협소하고 수익성 좋은 극소수 인구 집단을 위한 편의는 다른 모든 조직과 다른 모든 사람을 희생시켜가며 증식한다. 가족들이 밀려나고, 다채로운 문화적 장들이 밀려나고…… 사업체들이 밀려난다.[69]

젠트리피케이션의 압력은 임대료가 저렴한 주택뿐만 아니라 수수한 식당과 카페와 책방까지 제거한다. 산타모니카부터 브루클린하이츠에 이르기까지, 부티크, 카드 상점, 아이스크림 가게, 값비싼 쿠키 매장 등이 새로 들어서며 수익성이 덜한 상점들을 몰아내고 있다. 〈뉴욕 타임스〉는 "책방 주인, 반격하다"라는 표제하에 브루클린하이츠에서 이 동네의 오래된 문학 전문 책방과 고급 아이스크림 상점 사이에 붙은 고전적 전투를 보도한다. 아이스크림 체인점이 두 배의 임대료를 제시하자 건물주는 책방을 쫓아내려 한다. 〈뉴욕 타임스〉의 기사에 따르면, "여기서 문제는 건물주가 상업용 부동산 임대료를 인상할 권리, 급작스럽게 부유해진 동네에서 '구멍가게'를 강제로 퇴거시킬 수 있는 조치"

다. 이 기사는, 책방에서 "블록을 따라 조금만 내려가면" 전국 규모의 체인 서점(월든북스)이 "베스트셀러를 중심으로 책을 판매하며 성업중" 인 사실 또한 지적했다.[70] 세부 사항들만 조금 바꾸면 다른 수십 개 도시에도 적용되는 이야기다.

젠트리피케이션은 동네의 선택과 임대료 급등이라는 두 가지 측면에서 도시 보헤미아를 해체한다. 작가·예술가 커뮤니티가 저렴한 집세에 의존하는 현실은 아무리 강조해도 지나치지 않다. 저렴한 집세가 사라지면 커뮤니티가 형성될 수 없다. 라이어널 에이블Lionel Abel은 1929년 19세 때 뉴욕에 와서 친척집에 얹혀 지냈다. 그는 빌리지에서 자력으로 방을 얻기까지 1년이 넘게 걸렸다고 설명한다. 마침내 "한 출판사가…… 랭보의 시 번역을 의뢰해서 그 계약금으로 빌리지에 거주할 수 있었다".[71] 요즘에 이와 비슷한 일감을 가지고서는 뉴욕에서 가장 누추한 방의 집세도 낼 수 없을 것이다.

1950년대의 지식인들은 "보헤미아의 죽음"을 되돌아볼 때마다 주택 리노베이션과 부담스러운 임대료를 자주 규탄하곤 했다. 1952년 윌리엄 필립스William Phillips가 썼듯이, "과거는 늘 어른거리지만" 온수가 안 나오는 아파트는 사라졌고 그와 더불어 일자리 없이 떠도는 작가와 예술가들도 사라졌다.[72] 집세 인상이 예술가적 삶의 종말을 가져오는 것은 명백히 아니지만, 더 많은 수입과 커미션과 연줄을 요하는 것은 확실하다. 젊거나 아직 자리잡지 못한 이들이 그런 집세를 감당하기란 한마디로 불가능하다.

물론 가난과 저렴한 집세는 보헤미안적 삶이라는 신화의 구성 요소이기도 하다. 우리는 이를 왕년에 보헤미안이었고 한 번도 가난했던 적 없는 이들이 무해한 꿈 정도로 치부하고 쉽게 비웃을 수 있다. 사실 샌

활수준이란 늘 상대적이다. 궁핍한 가족과 얽힌 지식인들은 보헤미아로 도피할 여력조차 없다. 그 입장료가 아무리 저렴하더라도 마찬가지다. 보헤미안의 가난을 누리려면 일단 절망적인 가난으로부터 해방되어야 한다. 어빙 하우가 이야기했듯이, 미국의 유대계 지식인들은 "보헤미아의 강령에 입각한 가난에 과감히 뛰어들기에는 너무나 가난했다……. 이 지식인들은 자신의 동족 무리와 같은 운명의 굴레에 묶여 그들의 빈곤, 그들의 노동, 그들의 빈민 아파트를 공유했다".[73]

교외나 쇼핑몰이나 젠트리피케이션으로 보헤미아가 해체된다는 데 회의적인 이들은, 고급화가 도시의 일부 구역에만 국한되는 만큼 주변부의 작가·예술가들이 정착하기에 적합한 다른 지역들이 생겨나지 않느냐고 주장할지 모른다. 게다가 보헤미아는 한곳에 고정된 적이 없었다. 뉴욕의 경우 그리니치빌리지에서 남쪽(소호)으로 이동했고, 이제는 아마도 이스트빌리지나 호보켄, 뉴어크, 뉴저지 같은 다른 도시들로 옮겨가는 중이다.[74]

이 주장은 사실이지만, 변화의 속도를 계산에 넣지 않았다. 문제는 이 현상이 절대적으로 새로운지 여부가 아니다. 상업화도, 보헤미안이 다른 곳으로 옮겨가는 현상도 새로운 일은 아니다. 변화한다는 사실 자체가 아니라 그 속도를 계산하기가 어렵다는 것이 결정적인 변수일 수 있다. 상업화가 1970-1980년대만의 독특한 현상은 아니지만 그 속도는 독특할 수 있다. 이제 보헤미아의 개발은 자금이 투여되는 용의주도한 계획이다. "소호는 예술가들의 자생적이거나 자발적인 커뮤니티와는 거리가 멀고 실은 투자 환경의 산물"이라고 샤론 주킨Sharon Zukin은 결론 내린다.[75]

집세와 식당이 저렴한 그리니치빌리지는 적어도 75년간 유지되었다.

소호는 아마 10년 정도 갈 것이고, 이스트빌리지는 그보다 더 짧을 것이다. 〈아트 인 아메리카Art in America〉의 편집자인 크레이그 오언스Craig Owens는 이스트빌리지 르네상스를 뉴욕의 "맨해튼화" 현상으로 본다. 다양한 그룹들이 뿌리째 뽑히고 젊고 부유한 전문직이 그 자리를 차지하는 것이다. 오언스에 따르면 이스트빌리지 미술계는 보헤미아가 아니라 그 상업적인 모방이다. "이스트빌리지에 세워지고 있는 것은 현대 미술 시장의 대안이 아니라 그것의 축소 복제품으로, 청년 문화기업가들을 위한 '주니어 어치브먼트'•라 할 수 있다."**76**

이것은 다소 부당한 진단일 수도 있지만, 문화의 판촉이 가속화되는 경향을 소리 높여 지적하고 있다. 보헤미안 공동체가 싹을 틔우더라도 그것이 미처 뿌리를 내리기도 전에 부티크와 콘도미니엄이 그들을 몰아내버린다. 개발의 광란은 예술가들의 흥과 어쩌면 창조성까지도 독살한다. 값비싼 부동산이 예술가들을 맨해튼에서 몰아내는 과정을 암울하게 보도한 기사들은 이렇게 지적한다. "평범한 재능을 가진 뉴요커들이, 큰돈을 벌거나 즉각 명성을 얻을 가망이 없이도 다른 이유로 예술계에서 일하는 것이 가능했다─쉽지는 않아도 가능은 했다. 현 상황에서 이스트빌리지나 소호나 시어터로의 예술가들이 **오로지** 돈과 명성만을 위해 이 일을 하는 것은 이해할 만한 일이다."**77** 임대료 급등 때문에 뉴욕에서 극장, 무용 학교, 서점의 수가 극적으로 감소했다. 저렴한 집세와 옥상 공간, 더해서 인근의 술집과 식당은 흐릿한 기억이 되어버렸다.

• Junior Achievement, 청소년을 대상으로 시장경제, 기업 경영, 기업가 정신 등을 교육하는 민간단체로 1919년 미국에서 처음 설립되었다─옮긴이

물론 젠트리피케이션이 일부 구역에만 국한되는 한, 작가와 지식인들이 갈 수 있는 다른 구역들이 있는 것은 확실하다. 하지만 순전히 갈 곳이 있는지 여부가 문제였던 적은 없다. 보헤미아는 쾌적한 환경에 저렴한 식당과 집세가 어우러진 더할 나위 없이 희귀한 조건에서 자라난다. 젠트리피케이션은 그 정반대인 도시 붕괴와 함께 간다. 도시들이 점점 계층화되고 있다는 것은 새로운 현상이 아니다. 슬럼가가 사치스러운 콘도미니엄 단지와 인접해 있는 식이다. 둘 다 작가·예술가 커뮤니티를 양성할 수 없는 환경이다.

물론 심지가 굳센 이들은 사우스브롱크스의 슬럼에 살면서도 집필이나 그림 작업을 할 수 있을 것이다. 하지만 뿔뿔이 흩어진 개인 몇 명이 공동체를 형성하지는 않는다. 넉넉한 자금도 보수가 좋은 일자리도 없이 새로 들어온 사람들은 뉴욕이나 샌프란시스코의 괜찮은 동네 집세가 엄두도 못 낼 수준임을 금세 깨달을 것이다. 할 수 없이 같은 도시에서도 집세는 그럭저럭 낼 수 있지만 살기는 힘들 것 같은 구역을 찾을 것이다. 그러다가 결단을 내린다. 그렇다면 왜 굳이 여기서? 버몬트나 몬태나나 아칸소의 시골에 살면서 글을 써도 되지 않나? 그러면 안 될 이유가?

시골로의 이주는 흔히 일어나는 일이다. 1960년대 대항문화에서 영감을 얻은 많은 이들이 도시를 버리고 시골로 떠났다. 60년대의 에토스는 도시의 죄악과 오염에 대한 양키적 불신과 더불어 자급자족이라는 유서 깊은 미국적 정신을 이끌어냈다.[78] 심지어 1950년대의 비트족도 농촌적 메시지를 가지고 도시에서 나왔다는 점에서 일정한 역할을 했다. 이런 보완적 충동에 힘입어, 이제 보헤미안은 삶의 난관이 점차 증가하는 대도시에서 신참을 끌어모으지 않고 다른 삶을 찾아 흔히 시골 지역에 정착하면서 대륙 전역에 흩어지게 되었다. 하지만 도시적 삶에 몰두하기를 포기한 이상 보헤미아는 더이상 예전과 같을 수 없었다.

　1970년대까지 계속된 이러한 이주의 범위를 정확히 측정하기는 힘들다. 버몬트, 뉴멕시코, 북서 태평양 연안―과 여타 수십 곳―에서 보헤미안과 왕년의 보헤미안과 60년대를 주름잡던 노병 들이 마을을 이루어 파트타임 농부, 가게 주인, 장인 등으로 명맥을 유지하며 때로는 번창하고 있다. 뉴스거리가 없는 날에는 신문사에서 이런 시골 공동체에 기자를 파견하여 취재 기사를 싣기도 한다. 그런 전형적인 기사 중 하나는 "자급자족을 추구하며 고독을 소중히 여기는 시골 정착민들"이라는 제목으로, 업스테이트 뉴욕에서 직접 채소를 키우고 벌을 치고 양을 기르고 요구르트를 만드는 80가구를 취재했다. 이 기사는 이런 새로운 정착민의 대다수가 "사회에 반기를 든다"는 동기에서 도시를 등졌다고 지적한다. 그들은 "1960년대 말에서 1970년대 초 '귀촌back to the land' 운동에 참여했던 이력이" 있다. 〈뉴욕 타임스〉는 이를 "농촌적 유토피아라고 생각했던 것을 찾아 다소 감상적으로 시골에 은거했던" 운동으로 냉정하게 정의한다.[79]

　이런 공동체들이 얼마나 널리 존재하는지 파악하기 힘들다는 사실 자체가 중대한 변화를 보여준다. 농촌화된 보헤미아는 시야에서도 사라졌다. 이건 그냥 도시에서 시골로의 사소한 이동이 아니다. 비가시성은 보헤미아가 도시 구역에서 발산하던 유혹적인 힘을 빼앗는다. 이 힘은 보헤미아의 활력을 유지하는 데 결정적으로 중요했다. 보헤미아가 새로운 사람들을 유인하여 충원하고, 이따금 더 큰 문화에 영향을 끼칠 수 있게 해주었다. 하지만 도시가 살기 각박해짐과 동시에―어떤 면에서는 바로 그 때문에―보헤미아는 도시를 버리고 고속도로와 캠

퍼스와 시골로 향했다. 요즈음 교외와 도시의 청년들은 보헤미아에게
서 매력을 보지도, 느끼지도 못한다. 또 그런 청년이 있다 하더라도 보
헤미아를 찾을 수가 없을 것이다.

THE
LAST
Intellectuals
AMERICAN CULTURE IN THE
AGE OF ACADEME

3장

교외로 가는 길 위에서
:어바니스트와 비트족

I

저항의 1960년대에 대해서는 상세히 기록할 수 있고 실제로 상세히 기록된 반면, 1950년대는 중대한 시기임에도 시간이 갈수록 전모를 파악하기 힘들어 보인다. 급속한 교외화, 매카시즘의 흥망, 그리고 비트족. 1950년대는 이 모두를 포괄한다. 이때는 청소년 비행이라는 새로운 국가적 위기가 대두한 시기이기도 하다. 이 현상은 끝없는 조사와 탐사의 주제가 되었다. 하지만 신문 논설들은 이와 다른 거의 정반대의 현상 또한 개탄했으니, 바로 무관심하고 순응적인 청년이었다. 이런 집단으로부터 어떻게 60년대의 돌발이 출현했을까? 한 연구는 이렇게 결론내린다. "1959년에 캠퍼스 현장을 조사했던 연구자 중에 1960년대를 예측할 수 있었던 사람은 아무도 없었다."[1]

어쩌면 개구조화된 도시환경에서 한 가지 단서를 찾을 수 있을지도 모른다. 1950년대 말경에는 도시 주거 환경뿐만 아니라 그곳의 지식인과 보헤미안도 변화해 있었다. 마지막 보헤미안―비트족―과 마지막 어바니스트urbanist, 즉 도시 연구가들이 특히 흥미로운 건 이런 이유에서다. 그들은 한 문화 유형의 소멸과 다른 문화 유형의 출현을 보여준다. 비트족은 주간고속도로 시대의 보헤미안이다. 비트족 이후로 도시 보헤미아와 보헤미안은 살아 있는 현실이 아닌 역사적 사실이 되었다. 1950년대의 어바니스트들―제인 제이콥스, 폴 굿맨Paul Goodman과 퍼시벌 굿맨Percival Goodman 형제, 윌리엄 H. 화이트, 루이스 멈퍼드―은 도시가 위기를 맞았을 때 그 문제를 붙들고 씨름했다. 그들은 교양 있는 대중에게 헌신하는 지식인 계보의 마지막 세대를 대표한다.

1950년대의 어바니스트와 보헤미안 사이에 개인적인 교류는 없었다. 일례로 제인 제이콥스와 잭 케루악은 개인적으로 완전히 다른 세계에 살았다. 어바니스트와 비트족도 사회 구성체로서 서로 대칭 관계가 아니었다. 어바니스트들은 고전적 미국 지식인, 독립 작가, 비평가였다. 그들은 도시에 대해 설득력 있는 글을 썼지만 그들의 발자취는 거의 계승되지 못했다. 한편 비트족은 거의 하나의 문화운동을 이루었다. 강령까지는 아니라도 어떤 에토스를 가지고 도래하여 1960년대의 대항문화를 일부분 만들어 그것과 동화되었다.

하지만 위축되는 도시환경에 대한 어바니스트와 비트족의 반응은 공히 지리적일뿐만 아니라 문화적인 균열과 변동을 나타내고 있다. 50년대의 어바니스트들은 자동차와 고속도로에 질식되는 도시의 문제를 다루었다. 그들 자신의 삶이 그 종말을 증언한다. 그들은 온전한 도시인, 부유하는 지식인으로서 살아간 마지막 어바니스트다. 그 후학들은 도시를 버리고 대학으로 떠난다. 비트족도 비슷한 역할을 수행한다. 그들은 도시가 점점 살기 힘들어지고 아주 부유한 구역과 아주 빈곤한 구역으로 계층화되는 과정의 마지막 보헤미안이다. 비트족 이후 보헤미아는 도시 속의 고립된 섬을 박차고 나와 주류에 입성한다. 우리는 20세기 중반 미국 문화가 도시로부터 캠퍼스와 교외로 이동하는 과정을 어바니스트와 비트족에게서 엿볼 수 있다.

물론 도시에 대한 지적 분석이 50년대 어바니스트들의 저작을 끝으로 종료된 것은 아니다. 젊은 관찰자와 학자들은 계속해서 도시환경과 맞서고 있다. 하지만 대학에서의 도시 연구가 (도시사, 도시계획, 지역 연구, 도시지리학 등 다양한 이름을 내걸고) 급속히 확대되었어도 그것이 도시에 대한 대중적 글쓰기를 보완해주지는 못했다. 오히려 시들어가는 독립 저널리스트와 독립 학자들의 세계가 타격을 입었을 뿐이다. 이러한 이유로 도시주의도 다른 분야들과 비슷하게 특이한 문화적 궤적을 밟았다. 강렬한 저작이 점차 증가하여 1950년대 말에 정점에 이른 뒤, 그와 같은 상상력이나 담대함—혹은 필력—에 불타는 젊은 사상가들의 저작이 거의 추가되지 않으면서 급격히 감소한 것이다.

심지어 『사회 정의와 도시』(1973)를 쓴 지리학 교수 데이비드 하비(1935-)처럼 젊은 어바니스트 중에 가장 재능 있고 집필 활동이 왕성한 이들도 학계라는 제한된 분야 바깥에는 거의 알려지지 않았다.[2] 하비의 최근작인 『자본의 도시화_The Urbanization of Capital_』(1985)와 『의식과 도시 경험_Consciousness and the Urban Experience_』(1985)을 보면 그 이유를 알 수 있다. 이 책들은 학계의 동조자와 저자의 친구들을 염두에 두고 구상된 것이다.

그의 신간들은 요즘 학계의 유행에 따라 한껏 잘난 척하며 당도한다. 하지만 "자본주의 도시학의 역사와 이론에 대한 연구"라는 부제를 단이 책들은 너무 많은 강의와 세미나와 학회의 냄새를 풍긴다. 하비의 글에 그가 가장 좋아하는 출처—그 자신—가 많이 끼여 있다는 사실도 그리 도움이 되지 않는다. 그는 "『사회 정의와 도시』를 집필한 이후로 나의 야심은, 자본주의하의 도시화의 역사와 이론에 대해 내가 그 책에서 이룬 것보다 더 확고한 마르크스주의적 해석을 향해 전진하는 것이었다"고 말하면서 서두를 연다. 그리고 자기 자신의 글을 인용하며 이 "보다 더 확고한 해석"의 결론을 맺는다.3 이 두 지점 사이에 펼쳐진 것은—그 이론적 혁신성과는 별개로—산문의 사막이다. 학계라는 극단적 환경에 대비가 되어 있지 않은 독자들은 여기서 확실한 죽음을 맞을 것이다. 그의 결론 부분에서 한 문단을 발췌하면 이런 식이다.

> 자본 유통과정의 서로 다른 순간들과 이행들에 대한 검토를 통해, 노동과 상품 시장, (일부분 지리적 변이에 대한 적응인 사회기술적 조건하에서) 생산과 소비의 공간적 분화, 위계적으로 조직된 금융 협업 체계의 패턴화를 통한 그러한 과정의 지리적 바탕을 이해할 수 있다. 자본의 흐름은 분리와 파편화가 점점 심화되는 가운데 긴밀한 시공간적 협력을 전제로 한다. 자본 축적이 진행될 수 있는 '합리적 경관'으로서의 모종의 도시화가 생산되지 않은 상태에서 그러한 물질적 과정을 상상하기란 불가능하다.4

이상의 서술이 충분히 명확하지 않다면, "도시 형성과 경제적 잉여의 생산·전유·집중 간의 연관성은 예로부터 지적되어왔다"고 그는 덧붙인다. 누구에 의해 지적되었다는 것일까? 하비는 그 자신의 저서를 인용한다. 애석한 일이지만, 그보다 학술 담론과 자기 자신에 덜 몰두하

는 젊은 어바니스트들의 보기 드문 저작들도 애매함과 부정확성이라는 거의 정반대의 폐해에 물들어 있다.[5]

이런 저작들과 비교할 때, 제인 제이콥스의 『미국 대도시의 죽음과 삶』(1961), 윌리엄 H. 화이트가 편집한 『폭발하는 메트로폴리스The Exploding Metropolis』(1958), 루이스 멈퍼드의 『역사 속의 도시』(1961), 퍼시벌 굿맨과 존 굿맨의 『코뮤니타스Communitas』(1960)[6], 머리 북친의 『도시의 한계The Limits of the City』[7] 등 1959-1960년 전후에 몰려나온 책들은 개방적이고 참여적이며 명료한 공적 논의를 환기하고 있다. 모두 독립 학자나 독립 저술가의 저작인 이 책들은 보다 젊은 지식인들의 추종을 불허한다.[8]

교외화가 정점에 이를 무렵, 제인 제이콥스는 그녀의 열정적이고 영향력 있는 저서 『미국 대도시의 죽음과 삶』을 발표했다. 그리니치빌리지의 주민이기도 했던 그녀는 보헤미아가 아니라 그 전제 조건인 공동체와 근린과 거리의 활력과 밤의 활기에 집중했다. 그녀는 도시 계획가, 컨설턴트, 엔지니어 등의 전문가들이 개혁이라는 미명하에 도시의 활력을 앗아갔다고 설득력 있게 주장했다. 그들이 도입한 기하학적 블록과 초고속도로와 효율적인 용도 지역 설정이―가끔은 의도적으로― 근린을 파괴했으며, 도시가 지속적인 인간 활동을 방해하는 동질적 단위로 퇴보했다는 것이었다(예를 들어 오후 5시 이후에는 인적이 끊기는 금융지구, 식료품점과 붐비는 거리로부터 멀리 떨어진 주거용 고층 건물 등).[9]

『미국 대도시의 죽음과 삶』은 그 저자와 책 내용의 힘으로 문화적 세계를 조명하고 있다. 제인 제이콥스(1916-2006)는 고전적 지식인의 마지막 세대다. 펜실베이니아 출신의 저널리스트인 그녀는 집필을 위해 뉴욕으로 이주하여 결국은 〈건축 포럼Architectural Forum〉의 편집진에 합류했다. 아마도 이렇게 제도권과 학계로부터 거리를 두고 있었기 때문에 도시 계획가들에게 도전할 수 있었을 것이다. 그녀는 자신이 도시 계획의 관습적 통념에 구애받지 않고 단순히 도시를 걸으며 관찰했기 때문에 이런 불경한 발상이 가능했다고 말한다.

"개혁가들은 혼잡한 모퉁이에서 어슬렁거리고 사탕 가게와 술집에서 노닥거리며 현관 앞 계단에서 소다수를 마시는 도시 사람들을 오래전부터 관찰해왔다." 제이콥스는 이렇게 쓴다. "그리고, '이런 개탄스러운 일이! 이 사람들에게 제대로 된 집이 있었다면…… 이렇게 거리를 배회하지 않았을 텐데!'라는 취지의 판단을 내렸다." 제이콥스가 볼 때 이런 평가는 "도시에 대한 심각한 몰이해를 보여준다".[10]

그녀의 책은 도시 그 자체로부터 멀어져 반도시적 일직선과 초대형 개발 사업과 청사진에 몰두하는 도시 계획가들을 신랄하게 비판한다. 그녀는 통계 조사가 아니라 도시 생활에 뿌리를 둔 지식을 선호한다. 일례로 다운타운 브루클린에 대한 모든 전문적 연구는 "다섯 줄짜리 짤막한 신문 광고에 담긴 만큼의 정보도…… 우리에게 전달해주지 못한다"고 지적한다. 이 신문 광고에는 한 서점 체인의 영업시간이 열거되어 있다. 브루클린 지점은 일찍 문을 닫지만 그리니치빌리지와 타임스 스퀘어의 지점은 자정까지 영업한다.[11] 제이콥스에게 이 사실은 다운타운 브루클린의 침체를 보여주는 증거다. 그녀의 책에는 일러스트레이션이 없는 "일러스트레이션" 페이지가 들어 있다. 이 페이지에는 이렇게 쓰여 있다. "이 책이 보여주는 장면들은 우리 모두의 모습이다. 일러스트레이션이 궁금하면 현실의 도시를 유심히 봐주시길 바란다."

자동차도 교외도 그녀의 주된 관심사는 아니지만, 제이콥스의 책은 "생기 없는 교외화"와 "칙칙하고 무기력한 도시"의 유령으로 끝맺고 있다.[12] 이는 50년대의 모든 어바니스트들이 제기한 문제이자 위협이었다. 고전적인 도시는 고속도로에 의해 절단 나고 교외에 피를 빨려 숨지기 직전이었다. 1958년 멈퍼드는 이렇게 성찰했다. "미래의 역사학자들에게 우리 시대는 아마 불도저의 시대로 기억될 것이다……. 불도저부터 들이대고 보는 사고방식이 도시에 대한 접근 방식만큼 파괴적인 영역은 또 없다." 이 "치명적 과오"는 자가용을 위해 모든 교통수단을 희생시켜왔다. 그는 도시가 "기계화된 비실체", 즉 "고속도로와 입체교차로와 주차장이 얼기설기 얽힌 덩어리"가 되는 미래를 예견했다.[13]

『미국 대도시의 죽음과 삶』의 전신이 된 글인 "도심은 사람들의 것 Downtown Is for People"은 윌리엄 H. 화이트가 엮은 에세이집 『폭발하는 메트로폴리스』에 실렸다. 그로부터 2년 전에 화이트는 교외의 삶과 풍습을 비판적으로 탐색한 『조직인』을 발표했다. 그는 천박성을 개탄하는 대열에 끼기를 원치 않았다. "이 책에 '대중인Mass Man'에 대한 비난은 없을 것이다……. 또 스테이션왜건이나 텔레비전이나 회색 플란넬 정장을 겨냥한 비난도 없을 것이다. 이런 것들은 주된 문제와 무관하며…… 그 자체로는 유해한 것도 아니다."[14]

제인 제이콥스처럼 윌리엄 H. 화이트(1917-1999)도 1950년대의 고전적 공공 지식인이다. 역시 제이콥스처럼 그도 펜실베이니아 출신으로 저널리스트가 되었고 나중에는 뉴욕의 한 잡지(《포춘》) 편집자가 되었다. 그가 편집한 『폭발하는 메트로폴리스』는 자동차와 교외라는 신흥 종교를 공격했다. 화이트는 권두 에세이인 "도시는 비미국적인가?"에서 도시에 대한 애정을 피력했다. "이것은 도시를 사랑하는 사람들에 의해 쓰인 책이다." 이 책은 교외가 도심을 분해하려 한다고 경고하기도 했다. 도시가 문화적 힘을 유지하려면 "도시의 극장과 박물관, 상점과

레스토랑을 떠받쳐줄 핵심 집단이 있어야 한다"고 화이트는 덧붙였다. "하다못해 변변찮은 보헤미아라도 일익을 담당할 수 있다."[15]

화이트는 도시의 문화와 활동을 30여 년간 모니터링해왔다. 그는 최근 도시에 밀어닥친 유행, 즉 드넓은 지하 공간을 황량한 콘크리트 성벽으로 둘러싸는 경향에 반대하여 강연과 집필 활동을 하고 있다.[16] 그는 도시를 살 만한 곳으로 만들고 싶어하는 이들을 상대로 교사를 꾸미는 "프리랜서 공작원"이라는 별명을 얻기도 했다.[17] 그가 가로의 활력을 탐색한 『작은 도시 공간의 사회적 삶*The Social Life of Small Urban Spaces*』은 도시의 삶을 공습한 거대구조물과 쇼핑몰에 의문을 제기한다. 그는 디트로이트 르네상스 센터, 애틀랜타 옴니 인터내셔널, 로스앤젤레스 보나벤처 컴플렉스 등을 넌지시 암시하며, "가로로부터의 도피가 점점 발전하여 궁극적으로 가닿는 끝은 바로 도시 성벽"이라고 지적한다. 이런 센터들은 도심을 구제하고자 하지만 "철저히 내부화된 환경"으로 설계된다. "이런 공간을 둘러싼 벽은 창문 없이 밋밋하고, 가로 쪽으로는 거의 콘크리트나 벽돌 일색의 삭막한 얼굴을 들이대고 있다." 보행자 입장에서는 들어갈 마음이 내키지 않을뿐더러 숫제 들어갈 길도 없다. 출입구와 주차장이 지하에 있기 때문에 자동차들만을 끌어들일 뿐이다.[18]

화이트는 신랄하게 평가 내리는 것을 좋아하지 않지만 그렇다고 초연히 중립을 지키는 것은 전혀 아니다. 새로 부상한 전문가들을 공격할 때는 제이콥스나 C. 라이트 밀스와 비슷한 어조를 띠기도 한다. 『조직인』에서 그는 쟁점을 도외시하고 테크닉을 좇는 젊은 어바니스트들에 대해 경고했다.

그리 멀지 않은 과거에 젊은 사회과학자는 자신의 학문 분야를 사회에 대한 저항의 도구로 보는 경향이 있었다……. 그가 속한 학풍을 확립했던 선배들은 많은 경우 성난 사람들이었고…… 강경한 견해를 숨기지 않았다……. 하지만 이제 그런 건 구식이다. 젊은 세대가 볼 때 그것은 "가슴만 뜨거운bleeding heart" 학파다……. 그들은 저항을 원치 않는다. 협업을 원한다.[19]

화이트는 미래를 감지했다. 50년대 어바니스트들의 명맥을 이을 후학이 거의 없을 것임을 예감했다. 그는 젊은 세대의 수동성을 넌지시 꼬집기도 했는데, 이는 1950년대에 자주 반복된 불평이었다. 평론가들은 순응적이고 무관심한 청년들에 대해 흔히 개탄하곤 했다. 하지만 도시가 살기 힘들어지면서 지식인들이 캠퍼스로 떠나고 있을 뿐만 아니라 마지막 보헤미안들도 길을 떠나고 있음을 깨달은 사람은 드물었다.

II

문학계를 지속적으로 모니터링한 맬컴 카울리는 "1950년대에 일어난 일을 제2차세계대전 후 일어난 일에 대한 나의 기억과 비교할 수 있다"며 이 시기의 논의에 의견을 보탰다. 물론 이 새로운 현실은 예전의 현실과 비교할 바가 못 되었다. 이제 "예전 세대의 개인적 무모함"을 보여주는 청년은 드물었다. 집필과 비평은 소명이 아니라 커리어가 되어 있었다. 소설가들은 "보헤미안이나 프롤레타리아처럼" 행동하기를 관두었다. 작가와 나머지 사람들을 구분하기가 어려워지고 있었다. 많은 젊은 작가들은 주택가에 거주하며 자기 집을 소유했거나 집을 사고자 노력중이었고 학부모회의 활발한 구성원이었다". 어떤 사람들은 "창의적 글쓰기를 배운 뒤 실제로 창의적인—하다못해 상업적인—글을 쓰는 시기를 거치지도 않고 곧장 창의적 글쓰기를 가르치는 자리로 직행했다".[20]

신문 잡지의 논설위원들도 같은 의견이었다. 그들은 캠퍼스가 조용하다고—너무 조용하다고—주기적으로 보도했다. 청년들은 "침묵"하고 "순응적"이고 "냉담"했다. 독일에서 망명한 교수로 〈파르티잔 리뷰〉에 기고한 루트비히 마르쿠제Ludwig Marcuse(헤르베르트 마르쿠제와는 무관하다)는 미국의 청년들에게 "가장 늙은 청년 세대"라는 별명을 붙였다. 그는 자신이 속한 세대가 "개인주의, 열정, 부모와 교사에 대항한 전쟁"을 펼쳤다고 믿었다. 이 유산은 증발해버렸다. 이제 청년들은 잠잠하고 무감각하고 순종적이었다. 그들은 애초에 환상을 품지 않았으므로 환멸을 느끼지도 않았다. 마르쿠제는 "청년 세대는 더이상 없다"고 결론 내렸다. 그저 나이가 18-28세인 이들이 있을 뿐이었다.[21]

캐럴라인 버드Caroline Bird는 〈하퍼스 바자〉에 기고한 글에서 청년들에게 "안 잃어버린 세대unlost generation"라는 딱지를 붙였다. 그녀는 어째서 신세대가 "너무 야망이 없고 과도하게 잘 적응했고 심드렁"한 것처럼 보이는지 질문을 던졌다. 그리고 청년들이 어릴 때부터 협력—사실상 순응—하도록 길들여졌다는 견해를 제시했다. 나아가, 그 부모 세대가 '잃어버린 세대'로서 유토피아를 찾아 헤매며 "말의 홍수"를 일으켰다면, 신세대는 그 부모 세대의 반항에 대해 반항하고 있었다. 이제 청년은 "개인적 경험에 대한 숭배, 성적 체험, 말하고자 하는 열병, 회의주의에 반기를 들고" 있었다.[22]

반항적 보헤미안 세대에 부치는 이런 장송곡에 이의를 제기한 이들도 있었다. 청년들이 현실에 안주하고 자기만족에 빠졌다는 개탄에 신물이 난 프린스턴대학 교수 오토 부츠Otto Butz는 1958년 "열한 명의 대학 4학년생이 그들 자신과 그들의 세상을 바라본" 에세이집을 엮어 발표했다. 부츠는 이 성찰적 에세이들을 근거로 그 필자들이 "침묵하지 않는 세대"를 이룬다고 보았다.[23] 하지만 이 에세이 필자들은 자신을 밝히지도 않았고—그들은 익명으로 기고했다—무슨 이단적인 생각을 발설하지도 않았다. 이 책에 대한 한 서평대로 이 청년들이 "침묵하지 않았다"면 그건 그들이 커리어와 군복무와 종교에 대한 의구심을 표현했기 때문이었다. "하지만 이런 정의의 관점에서 보면 거의 모든 사람이 '침묵하지 않는다'……."[24] 그러나 이 정도의 온건한 탐문으로도 부츠는 프린스턴 교수직을 내놓는 값비싼 대가를 치러야 했다.[25]

저항하는 청년의 소멸에 대한 끊임없는 애도는 그 정반대의 현상과 나란히 놓고 보아야 한다. 바로 청소년 비행을 근절하기 위한 국가적 총동원이다. 1950년대 대중의 뇌리에서 반항적이고 심지어 인습에 반기를 드는 청년의 기억이 사라진 자리를 "청소년 비행"이 대체했다. 수천 개의 회의, 기관, 위원회, 신문 들이 전국에 위험 경보를 울렸다. 청소년 비행은 우리 주변에 존재하는 유일한 반란이었고 근절되어야 했다.

십대의 비행을 다룬 기사들이 쏟아져나왔다. 전문가들은 청소년 비행이 물경 250만 건에 이른다고 추정하며 여기에 "국가적 유행병"이라는 딱지를 붙였다. 이 시기에 많이 팔린 『100만 건의 비행1,000,000 Delinquents』(1955)이라는 책에서는, "이 암을 조기에 억제하지 못하면, 계속 퍼져나가 우리 사회의 수많은 건강한 세포들을 오염시킬 수 있다……. 청소년 비행은 이미 빈곤 계층에만 머물지 않고 부유한 계층으로까지 스며들고 있다"고 경고했다.[26] 할리우드 두 젊고 반항적인 스타 제임스 딘과 말런 브랜도를 〈위험한 질주〉(1953), 〈이유 없는 반항〉(1955), 〈폭력 교실Blackboard Jungle〉(1955) 같은 영화에 캐스팅하면서 이 대열에 합류했다.[27]

영화와 신문과 의회 위원회를 보면 청소년 비행은 어디에나 만연한 것처럼 보였다. 하지만 이것이 60년대 청년 문화라는 미래를 예고한 전조였다면,[28] 당대의 관찰자들은 그것을 알아채지 못했다. 여기서 보헤미안이나 저항하는 청년이라는 익숙한 표시를 알아본 사람은 극소수였다. 『꼭 순응해야 하는가?Must You Conform?』의 로버트 린드너Robert Lindner와 『바보 어른으로 성장하기』의 폴 굿맨은 청소년 비행이 비뚤어지거나 자기파괴적인 저항이라고 올바로 보았지만 그들의 의견은 대체로 무시되었다. 린드너는 질식할 듯한 순응주의가 "젊은이의 반란"을 자극했다고 지적했다. "학교의 '개선'으로는 소용이 없을 것이다. 더 엄격한 법률도, 더 가혹한 처벌도, 보이스카우트도, 경찰체육연맹*도, 방문 교육 프로그램도, 어려운 지역에서의 사회복지 활동도 다 소용없을 것이다." 이 모두는 올가미를 더 조이는 역할을 할 뿐이었다.[29]

하지만 국가는 청소년 비행이 삶과 자유와 행복에 대한 위협을 의미한다고 확신한 듯 보였다. 그럼에도 청소년 범죄에 대한 강박을 액면 그대로 수용할 수는 없다. 최근에 내려진 한 평가는 그 기본 전제에 도전한다. "폭넓은 공적 논의에 참여하는 모든 사람들이 옳다고 상정하는 전제는—제2차세계대전 이후로 비행이 양적으로나 심각성으로나 증가했다는 것인데, 이제는 의문의 여지가 있어 보인다……. 선동적인 헤드

---

* Police Athletic League, 지역 청소년에게 체육 등의 방과후 활동을 지도하는 경찰들의 친선 조직―옮긴이

라인과 그 흉악성에 대한 거듭된 고발에도 불구하고, 이 기간 동안 청소년 범죄 건수는 대단히 증가하지 않은 듯 보인다."[30]

그럼 왜 그렇게 야단법석이었을까? 제임스 길버트James Gilbert는 "정부와 민간 압력 단체의 채근에 들볶인" 경찰이, 그 행동 양태가 점차 변화하는 듯 보이는 청소년들을 상대로 새롭게 권위를 세운 것이라고 해석한다. 일례로 많은 지역사회에서 청소년에 대한 통금 시간제를 도입했는데, 이 통금 위반이 청소년 "범죄"의 통계적 급증으로 나타난 것을 들 수 있다. 이 숫자는 지역 경찰이 통금 시간 이후에 돌아다닌 십대 몇 명을 잡았다는 뜻이었다. 기자와 전문가들은 이 수치를 범죄가 증가했다는 증거로 들이밀었다. 이런 식으로, 캘리포니아 소년보호국은 1957년 17세 청소년이 네 명 중 한 명꼴로 비행을 저질렀다고 발표했다.[31]

그저 통금 위반 같은 사소한 규정 위반이라 할지라도, 청소년 비행의 증가는―범죄를 입증하는 것이 아니라―전통적 규범을 위협하는 청소년 대중문화의 출현을 입증하는 것이었다. 돈과 특히 자동차에 대한 접근성이 커지면서 청소년들은 부모의 감시에서 벗어나 독특한 성·음악·소비 욕구를 가진 개인으로서의 정체성을 발전시킬 수 있게 되었다. 보수주의자들이 볼 때 청소년 범죄는 공산주의처럼 미국적 생활양식을 전복하고 있었다. 1954년 미국의 한 상원의원은 이렇게 말했다. "청소년 비행이라는 골칫거리에 대한 미국 어른들의 무관심이 큰 문제다. 심지어 공산주의 음모도 우리 미래 시민의 사기를 꺾고 분열과 혼란과 파괴를 조장하는 데 이보다 더 효과적인 방법을 고안해낼 수는 없을 것이다."[32]

하지만 역사는 작은 농담을 준비하고 있었다. 정부 당국이 청소년 비행을 맹렬히 비난하는 동안, 스포트라이트 바깥에서는 보다 사악한 위협인 마지막 보헤미안들이 집결하고 있었던 것이다. 1950년대 중반 카울리가 수행한 조사의 막바지에서, 그는 청년들이 따분하고 소심하다는 일반적 통념에 위배되는 한 집단을 확인했다. 이 청년들은 "순응을 거부하고…… 법, 관습, 두려움, 사고방식, 그리고 기존에 수용되었던 문학적 기준 전체에 대해 끈질긴 저항을 벌였다". "개인주의적이고 허무주의적인" 그들은 "쿨"하고 전위적이기를 원했다. 이 "비트 세대"를 설명하며, 카울리는 잭 케루악이라는 무명의 저자가 쓴 『길 위에서』라는 "미출간 장편 서사"를 읽어볼 것을 추천했다.[33]

III

비트족은 문화 비평가들을 겸허하게 만들기 위해 고안된 존재 같았다. 순응을 개탄하는 설교에서는 그 살아 있는 반증인 비트족이 언급되지 않았고, 청소년 비행에 대한 강연에서도 청소년 비행보다 훨씬 심각한 이 위험은 거론되지 않았다. 50년대 후반 이전까지 비트족에 대해 아는 사람은 거의 없었다. 앨런 긴즈버그의 『울부짖음』(1956)과 케루악의 『길 위에서』(1957)가 주목받으며 마침내 비트족이 대중의 상상을 사로잡았을 때, 그들 최고의 순간은 이미 빛이 바래고 있었다. 비록 그때는 아무도 몰랐지만, 비트족에 대한 대중의 매혹은 시대정신의 급격한 전환을 알리는 것이었다.

하지만 비트족은 문화적 예측의 위험성에 대한 교훈을 주는 데서 그치지 않는다. 그들은 보헤미안의 마지막 세대이자 1960년대 대항문화의 첫 세대다. 비트족은 보헤미아가 죽음을 맞은 이야기에서 실종된 요원missing agent 역을 맡고 있다. 비트족이 보헤미아를 교외의 시대로 가져와서 보헤미아는 널리 퍼졌으며 그리고 소멸했다. 보헤미아가 너무 성공을 거두어서 죽었다면, 비트족은 그 마지막 의례를 집행한 뒤 새롭고 대중적인 보헤미아를 창조해냈다. 60년대를 이야기하는 회고에서 비트족이 의례상 언급되긴 하지만 그들에게는 의례적 언급 이상의 인정이 필요하다. 60년대는—마르크스주의나 마오주의의 부흥이 아니라 그 섹슈얼리티, 약물, 신비주의, 광기가—비트족에게 많은 것을 빚지고 있다.

1957년에 케루악은 35세였고, 그의 자전적 소설인 『길 위에서』는 그로부터 10년 전의 삶을 기록한 것이었다. 비트 세대 소설을 최초로 표방한—케루악의 친구이기도 한—존 클레런 홈스John Clellon Holmes의 『고Go』는 1952년에 나왔다가—나중에 그 자신이 한 말을 빌리면—1952년에 사라졌다. 『길 위에서』와 같은 인물들이 등장하는 『고』는 비트족을 도시 보헤미안으로 묘사하고 있다.

그는…… 그들의 세계를 알게 되었다……. 뒤쪽 계단의 구질구질한 "쪽방pads", 타임스스퀘어의 간이식당, 비밥이 흘러나오는 술집, 밤새 돌아다니기, 길모퉁이에서의 만남, 히치하이킹, 도시 전역에 무수히 깔린 "힙한" 바들, 그리고 거리 그 자체로 이루어진 세계였다……. 그들은 늘 그렇게 지내며, 밤에 활동하며, 이런저런 "접촉"을 위해 분주히 뛰어다니다가, 어느 날 갑자기 감옥에 들어가거나 길을 떠나거나 해서 자취를 감추었다가, 어느 날 다시 나타나 서로를 찾아 헤매곤 하는 것이었다……. 한번은 파스테르나크[케루악]가 그에게 말하기를…… "알다시피, 내가 아는 사람들은 전부 다 수상쩍은 구석이 있어, 일종의 비트족이지. 그들 전부가, 무슨 죄를 지었는데 죄를 믿지는 않는 사람처럼 보여, 길을 걸어가는 모습을 보면 말이지. 바로 찍어낼 수 있다고! 이런 일이 이 나라 전체에, 모든 사람들에게 일어나고 있어. 영혼의 혁명이라고나 할까……."**34**

그로부터 5년 뒤, 『길 위에서』가 나왔을 때는 시대가 바뀌어 있었다. 게걸스러운 대중이 비트족에게 몰려들었다. 1959년 〈라이프〉 매거진은, "문명이라는 밭에서 생산된 멜론 중에 제일 크고 달콤하고 즙이 풍부한 카사바 멜론이"—그러니까 미국이—역사를 통틀어 "제일 털투성이에 제일 삐쩍 마르고 불만에 찬" 과일 파리를—그러니까 "비트 세대라는 희한한 반항아"를—부화시켰다는 데 놀라움을 금치 못했다. 그들은 "현재 미국 사회의 사실상 모든 측면: 엄마, 아빠, 정치, 결혼, 저축 은행, 기성 종교", 그리고 식기세척기와 복층 주택을 비웃었다. 〈라이프〉는 그들을 주로 샌프란시스코의 노스비치나 베니스(로스앤젤레스)의 "음침한 쪽방"이나 그리니치빌리지의 값싼 간이식당에 서식하는 "지저분하고 수염 기른 남자들"과 "창백하고 부루퉁한 여자애들"로 규정했다.**35**

일부 나이든 동조자들에게, 비트족은 보헤미아에 내려진 사망 선고를 반박하는 산증인이었다. 비트족을 최초로 다룬 대중서 『성스러운 야만인들The Holy Barbarians』(1959)을 쓴 이류 소설가 겸 시인 로런스 립턴Lawrence Lipton(1898-1975)은 옛 보헤미안 기풍의 복귀를 찬양했다.**36** 그는 "20년대 말 시카고에서 처음으로" 시인 케네스 렉스로스Kenneth Rexroth와 만났던 때를 회상했다. "그는 오늘날의 여느 비트 세대 못잖게 비트족다웠다. 나도 그랬다. 내 친구들 대부분이 그랬다."**37**

렉스로스(1905-1982)도 이에 동의했지만 "이제는 나이가 들어서 젊은이의 대변인이 되기에는 조금 기력이 떨어졌다"고 탄식했다. 비트족의 "자발적 가난, 예술가로서의 절대적 순수성, 사회적 이탈, 개인적 가치에 대한 헌신"은 새로운 문학—어쩌면 새로운 사회—의 시작을 알리는 것이었다.[38]

립턴에게 비트족은 1920년대와 닿아 있었다. 20년대의 플래퍼•가 아니라, 그리니치빌리지와 시카고 니어노스사이드의 작업실들, 그리고 대륙 전역 주요 도시들의 영락한 지구에 퍼져 있던 "반항 정신"을 다시금 불러일으켰다. 그 시절 상류계급의 유한 예술과 죄악과 "인습에 저항할 특권"을 "우리는 전유중이었다". 립턴은 이것을 "무도덕성의 민주화"라고 불렀다. 이는 제1차세계대전 이후에 시작되어 중간에 몇 차례 끊겼을 뿐 꾸준히 사회에 침투했다. 립턴이 볼 때 비트족은 마지막 보헤미안이 아니라 가장 최근의 보헤미안이었다.[39]

렉스로스처럼 립턴도 미래는 비트족에게 있다고 믿었다. 그들은 미국 사회의 타락과 폭력으로부터 거리를 둔 조용한 반란자들이었다. 하지만 비트족의 옹호자들도 그 비판자들도 역사의 간계를 헤아리지는 못했다. 도시에서 보헤미아가 목이 졸려 죽어가고 있던 바로 그때 비트족이 도래하여 그 메시지를 널리 널리 퍼뜨린 것이다. 그들은 이 일을 눈부시게 해냈다. 그들을 과거의 보헤미안과 차별화하고 천혜의 선전가로 만들어준 두 가지 특징이 있었다. 하나는 자동차와 도로와 여행에 대한 몰입이었다. 비트족과 그들을 모방한 소수의 무리는 대륙을 종횡

• flapper, 단발머리에 헐렁한 원피스를 걸친 자유분방한 여성. 그 일본어식 음역인 '후라빠'는 한국에서 '행실이 단정치 못한 여자'를 가리키는 속어로 통용되기도 했다—옮긴이

무진 휘저었다. 또하나는 그들의 대중주의populism, 미국인들에 대한 사랑이었다.

　그리니치빌리지 비트족의 집합소였던 8번 스트리트 책방의 주인 일라이어스 윌렌츠Elias Wilentz는 고전적 앤솔로지『비트 씬The Beat Scene』을 펴내며, 이 책의 모든 필자가 "보헤미안이지만 그들 모두 '비트족'이라는 딱지가 붙었다"고 썼다.[40] 하지만 비트족의 대중주의적 성향은 속물적 대중에 대한 경멸로 규정되다시피 했던 "고전적" 보헤미안과 그들을 차별화해주었다. 또 미국적 기질이 배인 작품을 썼던 윌리엄 칼로스 윌리엄스 같은 시인들과 비트족이 접촉하게 해주었다.[41] "스트레이트"와 "스퀘어"처럼 대중을 가리키는 경멸적 관용구는 비트족의 보헤미안적 엘리트주의를 반영하고 있지만, 이는 평범한 삶과 사람들에 대한 그들의 낭만화─때로는 키치한 것에 대한 찬양─에 묻혀 별로 드러나지 않는다.

　훗날 홈스가 말한 바에 따르면, 우리는 대중문화와 더불어 성장했고 그것을 거리낌없이 사랑한 미국 최초의 세대였다.[42]『길 위에서』의 샐은 이렇게 말한다. "나는 마침내 딘이 원하는 건 뭐든지, 덴버의 사장이 된다든가 백만장자와 결혼한다든가 혹은 랭보 이래 최고의 시인이 될 수도 있다는 걸 그에게 가르쳤어. 하지만 그는 그저 소형 자동차 경주를 구경하려고 밖으로 달려나가기만 해. 나도 그를 따라가지."●[43]

　어느 날 저녁, 샐은 동네 사람들이 느긋하게 응원하며 구경하는 가운데 소프트볼 경기가 펼쳐진 광경을 우연히 목격하게 된다. "유니폼

● 잭 케루악,『길 위에서 1』, 이만식 옮김, 민음사, 72쪽―옮긴이

을 입었다뿐이지 동네 야구 선수에 불과"한 이들이었다. 미식축구 장학생으로 컬럼비아대학에 들어갔던 케루악은 이렇게 쓴다. "나는 한 번도…… 가족들과 여자친구들과 동네 꼬마들 앞에서 운동선수로서 이런 식으로 능력을 발휘해본 적이 없다. 항상 대학, 일류, 냉정한 얼굴뿐이었지, 이처럼 소년답고 인간적인 기쁨은 없었다."[•44]

이는 속물적 대중을 비판하는—혹은 그들을 피해 달아나는—문화적 귀족의 언사가 아니다. 오히려 『길 위에서』는 일상생활과 그 쾌락을 예찬한다. 딘의 "범죄 행각"은,

> 뭔가 마음에 안 드는 것을 비웃기 위한 행위가 아니었다. 그것은 미국식 기쁨을 거칠게 분출하는 방법이었다. 그것은 지극히 서부적인 것, 서쪽에서 부는 바람, 대평원의 송가, 무언가 새로운 것, 오랫동안 예언되어 온 것, 오래전부터 다가오고 있던 어떤 것이었다……. 나의 뉴욕 친구들이 사회를 헐뜯는 부정적이고…… 현학적이고 정치적이고 정신분석학적인 이유만을 지루하게 늘어놓았던 반면, 딘은 그저 세상사에 열심이었고 빵과 사랑을 갈망할 뿐이었다.[••45]

그의 뉴욕 "친구들"에 대한 이 대중주의-보헤미안적 공격을 뉴욕 지식인들은 그냥 넘어가지 않았다. 그들은 60년대의 반항아들을 탐탁잖게 여겼고 그 선배인 50년대의 비트족도 별로 좋아하지 않았다. 노먼 포드호레츠는 그의 에세이 "무지한 보헤미안들The Know-Nothing

---

• 잭 케루악, 『길 위에서 2』, 이만식 옮김, 민음사, 13쪽 — 옮긴이
•• 잭 케루악, 『길 위에서 1』, 이만식 옮김, 민음사, 21-22쪽 — 옮긴이

Bohemians"에서 야만인으로부터 문명을 방어했다. "[케루악의] 이런 책들 속에는 억눌린 외침이 들어 있다. 조리 있게 말할 줄 아는 지식인들을 죽여라, 한번에 5분 이상 조용히 앉아 있을 수 있는 사람들을 죽여라." "1950년대의 보헤미아주의"는 "문명에 적대적이다. 그것은 원시주의를, 본능을, 에너지를, '피'를 숭배한다". 포드호레츠의 눈에 "이는 정신적으로 불우한 이들의 반란"이었다.[46]

포드호레츠는 자신이 비트족과 범죄를 잇는 연결 고리를, 즉 문명과 지성에 대한 공통적 반감을 엿보았다고 생각했다. "나는 미국 중산층 생활의 무기력함과 1950년대 청소년 범죄의 확산 사이에 직접적 연관이 있다고 믿게 되었다. 하지만 내 또다른 믿음은, 청소년 범죄를 케루악과 긴즈버그의 저작 밑에 깔려 있는 것과 같은 분노의 관점에서 일부분 설명할 수 있다는 것이다. 그것은 평범한 감정에 대한 분노, 지성을 통해 세상에 대처하려는 노력에 대한 분노다."[47]

하지만 포드호레츠와 같은 비판자들은 비트족의 매력에 거의 대적하지 못했다. 비트족의 메시지는 바로 그들의 삶이었다. 그들의 삶은 지적 우월 의식으로 빽빽이 포위되거나 도시의 보헤미아 안에서만 펼쳐진 것이 아니라, 선교사적 열정으로 대중 앞에 두루 전시되었다. "이런 일이 이 나라 전체에, 모든 사람들에게 일어나고 있어. 영혼의 혁명이라고나 할까." 대중주의로 가득찬 메시지와 끊임없이 여행하는 그 메신저들은 알고 보니 청년들에게 너무나 유혹적이었다. 폴 굿맨은 『길 위에서』에 대한 그의 서평에서 이렇게 불평했다. "이 친구들은 주로 친구나 친척들 집에서 묵어가며 3백 페이지 동안 미국을 여덟 번이나 횡단한다."[48]

시인 게리 스나이더는 케루악이 『길 위에서』에서 "딘"의 모델로 삼은 닐 캐시디Neal Cassady를 가리켜 "1880년대 카우보이들의 손자뻘이

라 할 수 있다. 그가 일할 방목장이 더이상 남아 있지 않을 뿐"이라고
정의했다.

> 캐시디는 서부 개척자 타입의 인물이다. 내기 당구장을 들락거리고
> 자동차로 전국을 이리저리 횡단하는 모습으로 전락했을 뿐……. 애
> 초에 [미국에서] 행해지기로 되어 있었던 일은 야생의 공간으로 나아
> 가는 것이었는데, 그로부터 수백 년이 흐른 뒤 이 일은 차를 타고 최
> 대한 빠르게 왔다갔다하는 활동으로 귀결되었다. 시초에 우리는 완
> 전한 야생의 영역에서 매우 느리게 전진하고 있었는데, 결국 우리가
> 하게 된 일은 인구가 밀집한 지역에서 매우 빠르게 이동하는 것이 되
> 었다. 공간은 속도로 바뀌게 되었다. 케루악과 긴즈버그가 캐시디
> 에게서 발견한 것은 이 원형적 서부의 에너지, 프런티어의 에너지였
> 다…….[49]

이 지칠 줄 모르는 활동은 결국 감수성 높은 청중에 의해 포착되었
다. 비트족과 보헤미아를 집어삼킨 이 새로운 식민지들은 60년대, 히피,
대항문화라고 불리는 것을 토해냈다. 문화와 인구 통계가 교차하기 시
작했다. 길을 떠난 비트족과 비트족 지망생들은 새로운 청년들의 중심
지와 맞닥뜨리게 되었으니, 바로 베이비붐 세대가 가득 들어찬 대학 캠
퍼스였다. 이 캠퍼스의 청년들은 거의 그 머릿수의 힘으로 임계량을 형
성하며 고유한 사회적 구성체를 이루었다.

베이비붐 세대를 다룬 한 연대기는 이렇게 설명한다. "일단 캠퍼스에
당도한 학생들은 그들을 기다리고 있던 선생과 교육자들을 그 바글거
리는 머릿수로 압도했다……. 그 결과로 베이비붐 세대는 버클리, 보스

턴, 뉴헤이븐, 앤아버 등지에서 그들 나름의 사회화에 착수하기 시작했다. 학생과 가짜 학생들의 커뮤니티 수백 개가 태양 주위에 드리운 반그림자처럼 주요 대학들을 둘러쌌다." 앤아버나 매디슨 같은 작은 도시는 학생과 교직원과 그 주위를 얼쩡거리는 사람들이 전체 인구의 거의 30퍼센트에 달했다. "청년은 더이상 인생에서 거쳐가는 한 단계가 아니라 하나의 공동체가 되었다."[50] 비트족은 이런 청년들의 "게토"에서 보금자리를 찾았다.

물론 이는 그렇게 단순하지 않다. 비트족은 보헤미안의 문화적 메시지를 전파했지만 60년대의 정치는 거기서 파생된 것이 아니었다. 비트족 중 일부는 새로운 어법과 관심사에 적응했지만 나머지는—특히 케루악은—청년들의 반미주의를 이해하지 못했다. 역사학 교수(이자 일라이어스 윌렌츠의 아들)인 숀 윌렌츠Sean Wilentz는 60년대 중반 아버지가 책방을 이전할 때 비트족 여럿이 와서 이사를 돕고 이사가 끝난 뒤 파티를 열었던 날을 이렇게 회고한다.

오전까지는 만사가 순조롭게 진행되었다. 그런데 정오 무렵 맬컴 X가 살해당했다는 소식이 할렘에서 날아들었다. 처음에는 당혹감이, 다음에는 긴장감이 방안에 감돌았다. 르로이 존스LeRoi Jones가 즉시 행사장을 떠났던 것이 뚜렷이 기억난다. 나는 앞으로의 빌리지가 다시는 예전 같지 않을 것임을 느낄 수 있었다. 나중에 존스를 책방에서 다시 만났을 때 그의 이름은 바라카Baraka로 바뀌어 있었다.[51]

그럼에도 비트족은 고속도로와 도시 쇠퇴 시대의 보헤미안 메신저가 되었다. 교외 주민은 아니었지만 황폐화된 도시와 새 고속도로라는 같은 현실에 반응했다. 60년대의 문화적 폭발이 걷히자 50년대 보헤미안이 했던 역할이 뚜렷이 드러났다. 비트족은 "무도덕성"의 민주화를 확대·완성하여 (맬컴 카울리의 용어를 빌리자면) 노동 윤리를 소비로 대체하도록 부추겼을 뿐만 아니라, 미국의 탈도시화를—도시를 버리고 소규모 중심지, 교외, 대학 도시, 외진 지역으로 옮겨가는 흐름을—예견했다. 비트족은 도시 확산 시대의 마지막 보헤미안이었다.

AGE OF ACADEME

4장

뉴욕·유대계와
그 밖의 지식인들

I

"지식인은 폐물이 되었는가?Is the Intellectual Obsolete?" 1956년 H. 스튜어트 휴스는 문화적 지평을 살피며 이렇게 질문했다. 매카시즘과 대중의 반지성주의를 염려한 그는 미국이 "자유롭게 사색하는 정신"을 위한 공간을 거의 허용하지 않는다고 보았다. 논쟁이 될 만한 이슈의 범위가 협소해졌다. 더욱이 몸집을 불린 대학과 정부 관청들은 비판적 작가와 사상가가 아닌 전문가와 테크니션을 채용했다. "우리는 상대적으로 극소수의 지식인에게만 기회가 열린 사회와 시대를 살고 있다." "거의 저항할 수 없는" 순응 "압력"에 눌린 미국의 지식인들은 "불확실한 미래"에 직면했다.[1]

휴스의 목소리는 고립된 외침이 아니었다. 무수한 평자들이 "지식인은 고사할 것인가?The Intellectual: Will He Wither Away?"나 "지식인의 황혼

The Twilight of the intellectuals"같은 제목의 글을 쓰며 이 대열에 합류했다.[2] 아서 슐레진저 주니어는 "1953년의 지식인은 헤아릴 수 없이 많고도 음울한 복합적 요인들에 직면"하고 있다고 결론 내렸다.[3] 몇몇 관찰자들의 눈에 지식인을 위협하는 것은 박해나 무관심이 아니라 오히려 풍요였다. 존 W. 앨드리지John W. Aldridge는 공산주의와 유럽 엘리트 문화에 환멸을 느낀 미국 지식인들이 "돈, 지위, 안정, 권력"에 굴복했다고 보았다.[4] 멀 킹Merle King은 〈뉴 리퍼블릭〉에 기고한 글에서 이렇게 썼다. "경제적으로 볼 때 지식인들은 과거 어느 때보다 배불리 먹고 좋은 집에서 살며 높은 대접을 받고 있다."[5]

〈파르티잔 리뷰〉는 그로부터 10년 전인 전쟁 직후에도 이미 독립 지식인이 교수와 직업 학자들로 교체되고 있다는 경보를 울린 바 있었다. 1945년 뉴턴 아빈Newton Arvin은 "경영자 혁명"의 부산물인 새로운 "미국적 학자 유형"이 "곳곳에서 부상"중임을 알렸다. 이 신종 지식인들은 "폭넓고 호기심 많고 모험적이고 인도주의적인 연구"를 저버리고 "성과"와 사무 관리에 매진했다. 학문 분야와 하위 분과, 위원회와 조직을 갖춘 이 새로운 학자들은 "우리의 문학 유산을 견고한 신용 기반 위에" 세울 준비를 하고 있었다.[6] 또다른 비평가도 이에 동의했다. 인습적인 삶을 살며 인습적인 사고를 하는 대학교수들이 프리랜서, 보헤미안, 아방가르드 지식인을 점차 제거해나가고 있다는 것이었다. "학계의 위계 서열은…… 상상력 넘치거나 모험적인 사상가들을 경계하게 만든다." 교수들은 심지어 개인적인 삶에서도 "눈에 띄는 일탈"을 감행할 처지가 못 되었다.[7]

이런 한탄을 오래된 불만으로 치부해버릴 수도 있다. 지식인은 늘 그들 자신에게 집착하며 자신들의 무기력함이나 타락이나 임박한 종말을 주기적으로 한탄해왔다. 회의론자들이 볼 때 1950년대 지식인들의 통곡은 그저 늘 하던 이야기가 또 시작된다는 표시일 뿐이다. 하지만 이런 회의론은 아무것도 변치 않았다는 주장을 덥석 믿어버리는 꼴이 될 수도 있다. 반대쪽 극단으로 내닫지 않으려면 회의론 그 자체에 대해서도 회의적인 입장을 견지해야 한다.

좀더 큰 그림을 보자면, 제2차세계대전 직후의 몇 년간이 두 지식인 유형 사이의 교체기였다. 독립 학자와 보헤미안이 퇴조한 뒤 학자와 전문가가 대두한 것이다. 물론 지식인들이 어느 날 갑자기 자기가 살던 아파트와 다락방을 버리고 교외 주택과 사무 단지로 가버린 것은 아니었지만, 1950년대의 급속한 추세는 거의 모든 것을 바꾸어놓았다. 50년대가 끝날 무렵에는 지식인과 대학교수가 사실상 동의어가 되어 있었다. 한때는 캠퍼스 바깥의 전초 기지였던 소규모 잡지의 지면까지도 제도권 학자들이 채우게 되었다. 불손한 뉴욕 지식인의 상징인 〈파르티잔 리뷰〉 자체도 결국 대학의 손에 넘어갔고, 그 편집진은 주로 영문학 교수들이 되었다.[8]

1950년대의 작가들은 다음 세대가 그들의 삶을 개혁하지 못할 것임을 명백히 감지했다. 앨프리드 케이진은 뉴욕공립도서관 열람실에서 보냈던 나날을 이렇게 회고했다. "나는 나 자신이 채용한 연구 직원이었다……. 아무데도 소속되지 않은 프리랜서이자…… 대공황이 한창일 무렵…… 독학하며 이따금 야간대학에서 가르치는 강사였다."[9] 60년대와 그 이후에 성년을 맞은 지식인들은 대학 바깥의 삶에 대한 기억조차 없었다. 하지만 필립 라브, 앨프리드 케이진, 어빙 하우 같은 지식인들은 프리랜서 작가와 편집자로서의 삶을 거치고서야 비로소 교수가 되었다.

한편 루이스 멈퍼드, 에드먼드 윌슨, 고어 비달, 드와이트 맥도널드 같은 이들은 그러한 전환을 아예 거치지 않았다. 하지만 이러한 자리 이동과 그 결과는 모두가 의식했다. 맬컴 카울리의 회고에 따르면 20세기 초에는 교수와 집필이 "별개의 세계"였다. 하지만 오늘날에는 더이상 "독립 장인"이 아니게 된 작가들이 교수 역할을 하거나 정부 또는 잡지사 사무실에 높은 보수로 채용되어 일하고 있다.[10]

변화의 증거는 어디에나 있는 것처럼 보였다. 대학과 전국 규모의 잡지사들이 지식인을 열성적으로 채용했다. 잡지왕 헨리 루스가 발행하는 간행물들*과 〈뉴요커〉는 드와이트 맥도널드, 앨프리드 케이진, 에드먼드 윌슨, 존 케네스 갤브레이스, 노먼 포드호레츠, 대니얼 벨, 그리고 기타 많은 이들에게 수표를 보냈다. 메이저 출판사들이 젊은 아방가르드 작가들을 위한 "소규모" 잡지를 출범시켰다. 포켓북스는 〈디스커버리Discovery〉를 창간했고, 에이번은 〈뉴 보이시즈New Voices〉를 내보였고, 더블데이는 〈뉴 라이터스New Writers〉를 발행했으며, 범죄소설 작가 미키 스필레인의 페이퍼백 출판사인 뉴아메리칸라이브러리는 가장 크게 성공한 시리즈인 〈뉴 월드 라이팅New World Writing〉을 안착시켰다. 이 잡지의 한 권호에는 "진루이스"라는 필명으로 "비트 세대의 재즈Jazz of the Beat Generation"라는 글이 게재되기도 했는데, 이는 케루악의 『길 위에서』 미출간 원고의 발췌본이었다.[11]

시카고의 에세이 작가 아이작 로즌펠드Isaac Rosenfeld(1918-1956)의 눈에 이러한 상황 전개는, 가난과 저항으로 점철된 지적 삶이 과거의

---

* 〈타임〉, 〈라이프〉, 〈포춘〉 등 — 옮긴이

유물이 되었다는 표시였다. "작가들이 예전처럼 세상과 맞서는 일이 극히 드물고 간혹 그러는 경우에도 허세를 부리고 있을 위험이 있다." 심지어 가난한 작가와 예술가들의 피신처인 보헤미아도 개보수될 조짐을 보였다. "다락방은 아직 존재하지만 집세가 올라갔다."[12]

하지만 노스탤지어 때문에 기록을 왜곡해선 안 되겠다. 몇몇 지식인들은 이 새로운 상황이 쇠퇴를 암시한다고 믿었지만, 대다수는 그것이 진보를 의미한다고 생각했다. 트릴링, 리스먼, 벨 같은 비평가들—이 명단은 수월하게 늘릴 수 있을 것이다—은 이 새로운 현실을 환영하거나 수용했다. 1953년 라이어널 트릴링은 지식인에 대해 논하며 이렇게 쓰기도 했다. "여러 문명에서는, 경제적 부가 정신과 상상력…… 취향과 감수성의 지배에 어느 정도 항복하는 경향을 보이는 시점이 오기 마련이다."[13]

그는 "미국에서는 얼마 전부터 이런 항복의 징후가 가시화되었다"는 좋은 소식을 알렸다. 미국 지식인의 그 유명한 소외는 번영으로 그 기반이 약화되었다. 이제 미국 지식인들은 "사회적 위계의 최상층에 가까워졌다". 심지어 전통적으로 조롱과 박봉에 시달리던 교수들도 새로운 지위와 두둑한 봉급을 획득하면서, 과거 제도권 학자로서의 커리어에 콧방귀 뀌던 이들도 여기에 매력을 느끼게 되었다. "이제 제도권 학자로서의 삶을 택한" 트릴링 교수는 "유복한 학생들의 머릿수에 감명받지 않을 수 없다"며 환성을 올렸다.[14]

트릴링의 말은 〈파르티잔 리뷰〉가 기획하여 많이 인용된 심포지엄 "우리나라와 우리 문화Our Country and Our Culture"(1952)에도 살짝 다른 형태로 등장했다. 여기 참여한 수많은 지식인들은 지식인이 획득한 새로운 위상을 환영했다. 이 심포지엄을 기획한 편집자들의 말에 따르면,

그로부터 불과 10년 전까지만 해도 지식인들은 미국이 속물근성과 공허함에 찌들었다며 맹렬히 비판하곤 했다. "하지만 그때 이후로 흐름이 바뀌기 시작했다. 이제는 많은 작가와 지식인들이 자신의 나라와 문화에 좀더 친근감을 느끼게 되었다." 그들은 이를 다음과 같이 선명하게 표현했다. "그것이 좋은지 나쁜지는 차치하고, 대다수 작가들은 더이상 소외를 미국의 예술인이 처한 운명으로 수용하지 않는다. 오히려 반대로 간절히 미국적 삶의 일원이 되고 싶어한다. 자신을 저항자나 망명자로 생각하길 포기한 작가들이 점점 늘고 있다."[15]

필립 라브와 노먼 메일러를 비롯한 몇몇 응답자들은 이에 동의하지 않았다. 라브는 "지식인 보헤미안이나 프롤레타리아"의 소멸을 돌아보았다. 이는 전후 번영의 부산물로, "마침내 지식인이 이 나라의 제도권에 흡수되는 데 영향을 끼쳤다". 라브가 볼 때 이제 지식인들은 미국을 내부자 입장에서 바라보고 있었다. "우리가 목격하고 있는 이 과정을 미국 인텔리겐치아의 **부르주아화** 과정이라 말할 수 있을지도 모른다."[16]

하지만 반골들은 뚜렷한 소수였다. 데이비드 리스먼은 지식인이 "도래했고, 그들은 인정받는다"고 논평했다. 그리고 트릴링처럼, 이제는 부자들이 문화를 귀하게 여긴다고 반갑게 지적했다. "과거 지식인의 적이었던 사회 상층부의 많은 이들"—변호사, 의사, 기업 중역 들—이 이제 문화를 "배우기 시작"한 것이다. 하지만 너무 많은 지식인들은 자신들이 "동조하는 대상의 범위가 확대되는 것보다 싫어하는 대상의 범위가 확대되는 것에" 자신들의 위상이 달려 있다고 믿으며 유럽식 모델에 집착한다고 그는 꼬집었다.[17] 맥스 러너Max Lerner는 자신의 자서전적 일화를 "증거물"로 제시했다. 당시 그는 미국 문명에 대한 연구서를 집필 중이었다. 그로부터 10년 전에 그는 미국 문명이 "감상적이고 순응적이고 심지어 쇼비니즘적"이라고 진단한 바 있었다. 하지만 시대가 바뀌면서, 미국을 향한 그의 "오래도록 억눌려 있던" 애정이 마침내 "해방"되었다는 것이다.[18]

50년대 지식인들이 주목받았으며 그럴 만한 데에는 몇 가지 이유가 있다. 그들은 마지막 공공 지식인으로서 문화적 창공에서 큰 존재감을 드리우고 있다. 그들은 문화생활이 학술화·전문화되는 과정을 외부자의 입장에서—그 후학들은 못하는 방식으로—지켜봐왔다. 그리고 아마도 프리랜서 필자 출신이기 때문에 흔히 빛나는 글을 쓴다. 읽히기 위한 글을 쓴다. 그중 많은 이들이 문필과 정치에서 아직까지 활발히 역할을 수행하고 있다. 그들은 수십 년간 지성계를 주재해왔다.

나아가, 그들은 상대적으로 온존했을 뿐만 아니라 근년의 미국 문필계를 지배해온 문화 정치를 거의 규정한 주역이었다. 1980년대의 "신보수주의"가 1950년대 보수주의의—많은 경우 동일한 인물들에 의한—수정판이라는 사실은 흔히 망각되곤 한다. "이제 '새로운 보수주의'는 지겨운 이야기가 되었다."[19] (30년 전에 쓰인) 이 말은 보수주의가 전후 시기 내내 연속성을 유지했음을 암시한다. 이 보수주의는 확실히 "자유주의적"이었고 지금도 어느 정도는 그렇다. 그 설계자들은 대체로 개혁에 대한 헌신을 아직 간직하고 있는 왕년의 급진주의자들이었다. 게다가, 트릴링이 그의 저서 『자유주의적 상상력*Liberal Imagination*』에서 지적했듯이 미국에서 순수한 보수주의는 한 번도 깊이 뿌리내린 적이 없다. 그럼에도, 이러한 자유보수주의가 전후 미국 문화의 구조를 세웠다.

50년대 지식인들이 성공을 거두어 80년대가 될 때까지 존재감을 갖는 것은 단순히 그들의 천재성 때문이 아니다. 1950년대의 현실 중 일부—특히 냉전적 에토스와 반공주의—가 1960년대에 잠시 퇴조했다가 부활하며 그 문화적 원본과 주요 인물들에 대한 관심이 촉발된 까닭이다. 또다른 원인도 있다. 원로에게 도전을 제기하는 젊은 지식인이 드문 것이다. 지난 세대 지식인의 이런 두드러진 가시성은 공적인 신진 사상가의 부재를 반영하고 있다. 50년대 지식인들의 업적은 견주어 볼 대상이 없기 때문에 실제보다 더 인상적으로 보이는 것일 수 있다. 젊은 지식인에게 가차없는 태도로 연구에 임한다면 나이든 지식인에 대해서도 똑같이 냉정해야 한다.

이 원로들을 대충만 훑어보아도 그들이 어중이떠중이가 아니었음을 알 수 있다. 1950년대에는 뉴요커와 유대계가 문화의 정상을 호령했고 논쟁의 방식과 범위를 결정하곤 했다. 최근의 미국 지식인에 대한 연구라면 뉴욕과 유대계의 공로를 필히 따져보아야 한다. 이런 연구들은 뉴욕 지식인들의 이민 배경, 마르크스주의, 출중함, 다재다능함을 강조하는 것이 보통이다. 하지만 신선한 천착으로 통념을 일부분 수정할 수 있다. 뉴욕·유대계 지식인의 재능과 활력에는 의문을 제기할 수 없다. 하지만 지금 돌이켜보면 그들의 급진주의는 불안정해 보이고, 그들의 업적은 작지 않지만 생각만큼 크지도 않다.

II

컬럼비아대학을 보면 1950년대 지성계를 명료히 조망할 수 있다. 컬럼비아의 세 동료인 문학 비평가 라이어널 트릴링, 역사학자 리처드 호프스태터, 사회학자 C. 라이트 밀스는 유대계와 비유대계, 좌파와 우파를 모두 아우르는 스펙트럼에 걸쳐 있다. 지식인에 대한 트릴링의 견해에 제일 강하게 반대한 사람은 밀스였고, 중도를 표명한 사람은 호프스태터였다. 하지만 그들의 차이가 그들의 공통점을 가려서는 안 되겠다. 그들은 스스로를 교수라기보다는 대중 앞에서 공적 쟁점에 대해 발언하는 지식인으로 여겼다. 또 모두가 더 폭넓은 독자를 추구하고 찾아냈다.[20] 이 점을 잊어서는 안 된다.

트릴링이 문화적 진보를 찬양한 지점에서 밀스는 그 쇠퇴를—정치 담론이 슬로건과 치약 광고로 퇴보한 것을—한탄했다. 미국 대통령(드와이트 D. 아이젠하워)은 카우보이 소설 애독자였고 무지한 테크니션들이 정부의 중대한 결정을 좌지우지하고 있었다. 1955년 밀스는, 바로 이 시점, 거센 저항의 목소리가 사라진 이 시점에 지식인들이 "새로운 보수적 고상함"을 열렬히 수용한다고 주장했다. 범용과 생각 없음을 비판하는 대신 새로 획득한 지위를 만끽하고, "사회의 도덕적 양심"으로 행동하는 대신 경제적 번영을 문화적 진보와 혼동한다는 것이었다. 밀스는 트릴링을 이런 혼동에 굴복한 여러 지식인 중의 한 명으로 거명했다.[21]

밀스의 언급에 기분이 상한 트릴링은 포문을 열고서 연달아 답변서를 써 보냈고 결국 이는 개인적인 절교로 끝나게 된다. 트릴링은 지식인이 새롭게 획득한 위상을 자기가 찬양한 것이 아니라 단순히 보고했을 뿐이라고 해명했다. "나는 대규모의 사람들이 지적 훈련을 받을 필요가 있는 환경이 조성되었음을 지적하려 한 것이다……. 이 모든 사람에게서…… 사상적 자부심을 엿볼 수 있다……. 일종의 문화적 혁명이 일어났고…… [이는] 무수한 수정과 개선의 가능성을 가져다준다."[22]

밀스는 자기주장을 꺾지 않고, 인문학적 지식인과 명백히 성업중인 정책 전문가를 구분하는 것이 반드시 필요함에도 트릴링이 이 구분을 뭉갰다고 응수했다. 미국 문명이 "정신…… 취향과 감수성"에 자진해서 항복했다는 말은 초점을 한참 빗나간 것이었다. 트릴링은 테크니션과 컨설턴트가 지배적 위치로 부상한 것을 강조했어야 옳았지만 그것은 "당신이 쓴 에세이의 중점이 아니"었다.[23]

밀스는 그 어법과 기질에서 트릴링과—그리고 호프스태터와도—다른 세계에 속한 사람이었다. 전쟁이 끝난 후부터 죽을 때까지, 그는 윤리·비전을 봉급·지위와 맞바꾸는 지식인들을 맹렬히 성토했다. 1944년에 그는 이렇게 썼다. "미국의 지식인은 압도적 패배에 직면한 사람의 공포증에 시달리고 있다." 단지 "분주한 업무와 자기기만"으로 이 상황을 감추고 있을 따름이다.[24]

밀스의 『화이트칼라』(1951)는 교수와 지식인에 대한 공격을 다음과 같이 이어나갔다. "에너지와 상상력을 갖춘 걸출한 사람들"은 대학에 매력을 느끼지 못한다. 대학들도 "정신의 독립을 창조하기는커녕 촉진하지도" 못한다. 교수는 "사회생활로부터 격리된 지식인과 그 중산층 환경에 의해 거의 완전히 폐쇄된 조그만 위계질서의 일부"가 된다. "범용함이 그들끼리의 규칙으로 통하며 그들이 생각하는 성공 이미지의 기준이 된다." 더 광범위한 지식인 집단이라고 더 나을 것도 없다. 그들은 정치를 저버리고 관리직과 개인적 성공을 택했다. "지식인 사이에서 의지가 실종되고 심지어 사유조차 실종"된 것이 단지 "정치적 패배와 급진 정파의 내부적 쇠퇴" 탓만은 아니다. 그들은—가끔은 개인적 한탄을 곁들여가며—국가나 미디어 관료제 내의 자리를 받아들였다.[25]

밀스는 호프스태터에게 『화이트칼라』에 대한 의견을 구했는데, 이런 맹비난이 호프스태터의 신경을 건드렸다는 사실을 알게 되었다. 호프스태터는 밀스에게 이렇게 썼다. "자네가 화이트칼라인 사람들을 너무나, 싸잡아 너무 과도하게 혐오하는 것은 아마도 그들과 자네 자신을 어떤 식으로든 강하게 동일시하기 때문인 것 같아……. 자네가 말하는 것처럼 상황이 그렇게 특별히 나쁘다면—내 생각엔 그런 것 같지 않지만—분석뿐만 아니라 감정의 표출을 추구하는 책에서 왜 안타까운 감정이, 온기가 느껴지지 않지?"[26] 호프스태터의 이러한 평가로 그와 밀스의 관계는 틀어지게 되었다. 그는 화이트칼라 노동자와 교수와 지식인에 대해 좀더 신중한 평가를 내리고 싶어했다.

리처드 호프스태터(1916-1970)가 그 자신의 신중한 의견을 보탠 것은 50년대의 논쟁들이 마무리될 무렵이었다. 그는 성실하고 사려 깊은 역사학자로, 『개혁의 시대The Age of Reform』(1955)와 『미국의 반지성주의』(1963)로 두 번 퓰리처상을 탔다. 그의 저작들은 나이브한 자유주의에 도전을 제기하고 있다. 그는 만년의 한 저작에서 이렇게 설명했다. "대공황과 제2차세계대전을 겪으며 성장한 우리들은 미국의 자유주의가 충분하다는 혁신주의Progressive 저술가들의 단순한 믿음을 더이상 공유할 수 없다. 우리는 그보다 훨씬 더 복잡하고 무서운 세상에 살고 있다는 사실을 깨달았다."[27]

밀스와 동갑인 호프스태터는 뉴욕주 버펄로 출생으로 버펄로대학에서 역사학과 철학을 전공한 뒤 1937년 뉴욕시로 이주하여 뉴욕 지식인들과 교류했다. 그의 좋은 친구가 된 앨프리드 케이진은 그의 "첫" 뉴욕 아파트를 찾아갔을 때를 이렇게 회상한다. "그는 아주 멋지고 풋풋한 전형적인 미국 대학생 같아 보였다. 숨길 수 없는 밋밋한 억양은 그가 버펄로에서 막 도착했음을 말해주고 있었다."[28] 호프스태터는 아내인 펠리스 스와도스Felice Swados와 함께 공산당에 가입한 적이 있는데, 최근 나온 설명에 따르면 이것이 그가 "매카시즘에 조심스럽게 대응"했던 이유로 풀이된다.[29] 노동계급과 소련에 대한 환멸이 깊어지면서, 호프스태터 등의 뉴욕 좌파들은 미국 사회 내 지식인의 입지를 재검토하게 된다.

지식인에 대한 과거의 논의들을 요약한 『미국의 반지성주의』는 현실에 대한 수용에도, 거친 공격에도 치우치지 않은 중도의 길을 조심스레 택했다. 이는 "1950년대의 정치적·지적 환경"에 응답한 "개인적인 책"이었다. 매카시즘과 1952년 아이젠하워가 아들라이 스티븐슨 Adlai Stevenson을 상대로 거둔 대승은 미국의 고질적인 반지성주의를 재차 수면 위로 끌어올렸다. 이제는 존 F. 케네디의 대통령 임기와 더불어 반지성주의가 묻히고 있기 때문에 이를 재검토할 시기가 무르익었다고 호프스태터는 썼다. "당시 매카시즘과 심지어 아이젠하워 행정부를 보며 지식인이 공공 생활에서 모종의 종말을 맞았다고 여기는 경향이 있었다면, 이제는 더이상 그럴 수 없게 되었다. 이제 다시금 워싱턴은 하버드 교수와 로즈 장학생 출신들을 크게 환대하고 있다."[30]

이 책은 당대의 논쟁을 세대적 관점으로 바라보면서 끝을 맺었다. "20년에 걸친 환멸의 경험" 끝에, "나이든 지식인 세대"는 한때 도덕적·정치적 당위였던 소외 예찬을 떨쳐버리게 되었다. 그럼에도 "떠오르는 세대"의 체제 비판적 작가들에 의해 "소외에 대한 오랜 헌신"이 부활하는 것을 호프스태터는 60년대 초에 글을 쓰면서 관찰했다. 이는 "국가의 자기비판의 독립적 원천으로서 지식인의 역할이 가장 절실히 필요한…… 바로 그 시점에" 미국이 지식인들을 흡수하고 있는 현실에 반골 지식인들이 보인 반응이었다. 그들은 활발한 비판 세력이야말로 그 어느 때보다 미국에 요구된다고 "나름 타당한 이유로" 주장했다.[31]

호프스태터는 그로부터 10년 전에 어빙 하우가 쓴 에세이로 1950년대 독립 지식인의 고전적 선언문이라 할 수 있는 "이 순응의 시대This

Age of Conformity"(1954)에 비판을 가했다. 호프스태터는 이 글을 "일종의 좌파 지식인 선언"이라 일컬었다. 밀스처럼 하우도 트릴링이 지식인에게 새롭게 주어진 존경을 환영한 것을 문제삼았다. 하우는 "보헤미아의 해체"를 지식인의 순응에 대한 찬양으로 규정하며 이렇게 말했다. "과거의 젊은 작가들이 함께 세상과 맞섰다면, 이제 그들은 교외로, 시골의 집으로, 대학 도시로 빠져나간다." 대학이 지식인을 "흡수"한다는 것은, "지식인들이 전통적인 저항 정신을 상실할 뿐만 아니라 그 정도는 저마다 다를지언정 **지식인으로서의 기능을 중단**"한다는 뜻이었다.[32]

하우는 이 상황을 다음과 같이 역설했다.

> 그래도 대학은 자유 이념에 헌신하며 많은 교수들은 이 이념에 따라 살기 위해 열심히 진심으로 노력한다. 지식인이 자신의 일이나 친지의 도움을 떠나 독립적으로 생계를 조달할 수 없으면 보통 제도권 학계가 최선책이 된다. 하지만 문필 생활이 어떠했으며 여전히 어떠할 수 있는지에 대해 생생한 감각을 지닌 사람이라면······ 제도권 학계가 지식인의 당연한 보금자리라는 생각을 수용할 수 없다.[33]

이 에세이를 쓸 때 하우 자신은 독립 지식인과 교수라는 두 삶의 중간 지점에 위치해 있었다. 그는 자신의 자서전에서 이렇게 설명한다. "50년대 초쯤 되자 대학에서 가르치는 일자리를 구할 수 있을 것이라는 말이 뉴욕에 들려오기 시작했다—그전까지 내가 아는 누구도 경력으로 고려하지 않았던 일이었다." 하우 등의 문필가들은 석박사학위도, 장학금 수여 실적도 없었지만 급히 몸집을 불리고 있는 대학들로부터 구애의 대상이 되었다. 브랜다이스대학이 그에게 제안한 교수직은 거절

할 수 없는 자리였는데―여기서 하우는 많은 50년대 지식인들의 전형적인 커리어를 보여주고 있다―이것이 "안정된 직장"과 〈타임〉에 리뷰를 쓰는 성가신 일"로부터의 자유를 뜻했기 때문이다.[34]

호프스태터는 그의 책에서 하우를 '하우 교수'라고 기쁘게 지칭했는데, 1963년에 이 독립 비평가는 일전에 그 자신이 조심하라고 경고했던 안정된 교수직을 꿰차고 있었기 때문이다.[35] 호프스태터는 하우와 같은 "소외의 예언자들", "가능한 최대한도로 부정적인 태도를 취할 수 있는가"로 지적 가치를 측정하는 반골들을 질색했다. 그들은 지식인의 책무가 "사회에 대한 이해를 높이는 것이 아니라 반사회적인 주장을 펴는 것"이라고 믿었다.[36]

이 반골들은 "거칠고 공격적"이 될 위험이 있었다. 아니, 그보다 더 나빴다. 호프스태터는 노먼 메일러와 비트족을 가리켜 "도덕적 허무주의", "낭만적 아나키즘", "사춘기적 반항" 같은 표현을 썼다. 그는 창조성에 보헤미아가 필요하다든지 "공인된 제도"가 지식인들을 오염시킨다는 믿음을 비웃었다. 기성 제도에 합류하는 지식인을 배신자로 비난하는 것은 지식인과 권력의 복잡다단한 관계에 대한 미숙한 오해라는 것이었다.

성공에 대한 유혹과 고립에 대한 예찬 사이에는 "개인적 선택"이 놓여 있었다. 호프스태터는 지식인이 "권력에만 관심을 갖는 테크니션"이 되지 말아야 하지만, "자신의 이상을 실현시키기보다 자신의 순수성을 유지하는 데 더 관심을 기울이는", "의도적으로 소외를 택한" 비판가도 되지 말아야 한다고 조언했다. 그의 책은 "자유로운 사회"가 가능케 하는 "다양한 방식의 지적 삶"에 대한 의례적 찬양으로 결론을 맺었다. 그는 다만 "특정 신조에 매진하는 사람들"이 미래를 지배하게 될 가능성

을 두려워했다.[37]

호프스태터의 결론에서는 책임감과 신중함이 느껴진다. 권력의 시녀도 소외의 예언자도 다원주의적인 이 공화국의 안녕을 똑같이 위협하는 존재였다. 하지만 둘을 깔끔한 대칭 관계로 상정하는 건 오해의 소지가 있다. 호프스태터는 단순한 신념을 가진 단순한 인물이 아니었다. 케이진이 『뉴욕의 유대인New York Jew』에서 칭한 것처럼 그가 "은밀한 보수주의자"였다면, 그는 동시에 숨은 급진주의자이기도 했다. 밀스와 사이가 나빠진 후에도 그는 밀스의 입장과 활동에 대해 조심스러운 승인을 표했다.

호프스태터는 밀스가 미국의 권력 집중을 도덕적·정치적으로 규탄한 『파워 엘리트』(1956)에 대해 다소 신랄한 비판을 내놓았지만, 밀스가 베블런 이후 최초로 직설을 서슴지 않은 사회학자라고 덧붙였다. 이 미발표 서평에서 호프스태터는 이렇게 썼다. "이 위험과 안주의 시대에, 뚜렷이 저항적인 관점에서 세계의 굵직한 쟁점들과 대면하려 용감하게 시도하는 미국인 학자의 모습이란, 그 자체만으로도 주목하고 존경할 만한 것이다."[38]

그럼에도, 대외적으로 호프스태터는 트릴링의 열광과 밀스의 혹독한 비판 사이에서 거의 중간자적 위치를 고수했다. 트릴링은 사회가 지식인을 선선히, 때로는 아이러니하게 수용하는 분위기에 적응하여 자유주의 우파의 자리를 차지했다. 밀스는 미국적 반항아, 불손한 아웃사이더 역할을 맡았다. 그리고 호프스태터는 비판적 자세를 견지하면서도 원한을 품지 않으며 섬세하게 중도를 지켰다. 크리스토퍼 래시는 호프스태터의 "컬럼비아대학에 대한 믿음"과 "역사학계에 대한 절대적 신뢰"를 언급한 바 있다.[39] 컬럼비아대학의 이 세 동료가 내린 선택과 그들이 걸어간 운명은 거의 1950년대 지식인들의 축소판이라 할 수 있다.

여기서 급진주의와 유대계·비유대계 지식인에 대한 교훈을 찾을 수 있을까? 컬럼비아대학 영문학과 최초의 유대인인 트릴링은 자신의 행운에 늘 감사했으며 한결같이 책임감 있는 교수였다. 추문을 폭로하는 도덕주의자인 밀스는 뉴욕 지성계의—심지어 컬럼비아대학 안에서도—아웃사이더로서 주류와 거리를 두었다. 한번은 스스로를 가리켜 "지역적으로 이방인일 뿐만 아니라 뼛속까지 영원한 이방인"이라고 일컬으며, "이는 텍사스인인 내 조부와 관련이 있다"고 덧붙이기도 했다.[40] 그리고 트릴링과 밀스의 중간 지점에는 "반만" 유대인인 호프태스터가 있어서 좌우를 두루 살피는 비판적 자유주의를 고수했다. 케이진은 단정한 대학생 같던 그의 첫인상을 기억했다. 하지만 "그는 곧 유대인을 놀리는, 유대인끼리 통하는 농담을 던지며 유대인 성대모사를 했다". 호프스태터는 "여러 가지로 비밀스러웠다. 그는 이디시어를 쓰는 폴란드계 부친과 죽은 루터교도 모친 사이의 어느 기이한 무인 지대에 있었다".[41]

III

문화생활의 지형도를 그려보면, 독창성이 떨어지는 사상가들이 시대정신의 가장 충실한 대변인이 되는 일이 많다는 걸 알 수 있다. 노먼 포드호레츠의 변천 과정과 정견은 뉴욕 유대계 지식인들이 걸어간 궤적을 전형적으로 보여주고 있다. 다른 이들처럼 그는 무엇보다도 우선 공론가—저널리스트, 서평가, 글을 잘 쓰고 쉽게 쓰는 에세이스트—였다. 그는 목소리와 존재감을 확립했다. 그의 첫 저서 『행해진 것과 허물어진 것Doings and Undoings』의 뒤표지에 담긴 젊은 포드호레츠는 넥타이를 느슨하게 풀고 담배를 꼬나물고 살짝 찌푸린 눈으로 정면을 노려보는 모습이 무시할 수 없는 인물 같은 인상을 풍긴다. 표지 문구는 그를 "우리 시대의 가장 출중한 청년 비평가"로 소개하고 있다.

또한 그는 딱 한 번 망각했다뿐이지 처음부터 보수주의를 표방했다. 1957년 27세의 포드호레츠는 혁명과 보헤미아에 반대하여 성숙한 삶의 이점을 설파했다. 그는 전후 미국이 "종합적으로 볼 때 지식인에게 상당히 괜찮은 환경"을 제공했다고 선언했다. 이 상황에서 지식인은 새로운 의상을 걸쳐야 했는데, "혁명의 이상에 대한 헌신과 그리니치빌리지의 아파트로 대표되는 낡은 스타일의 '소외'"는 1930년대의 냄새를 풍기기 때문이었다. 1950년대는 "존재의 진정한 모험은 급진적 정치나 보헤미아가 아니라 개개인의 '도덕적 삶'에서…… 어른의 세계에서 찾아야 하는 것"이라고 가정하는 "새로운 스타일의 '성숙'"을 요구했다.[42]

포드호레츠가 말하는 "그 요령"이란, "심통 난 사춘기 청소년처럼 삶에 트집잡기를 관두고" "가능한 한 빨리 어른이 영위하는 삶의 직무에 착수"하는 것이었다. 이것은 "순응"이 아니라, 삶의 "가장 아름답고 심오한 가능성"을 "'부르주아' 사회 안에서" 찾을 수 있다는 깨달음이었다.[43]

그로부터 25년 후, 부르주아 사회—혹은 적어도 베트남전쟁—에 반대하는 길로 잠시 외도했다가 복귀한 뒤에(이제는 그의 기억에서 지워진 사실이지만)[44] 포드호레츠는 자신의 예전 지혜를 다시금 설파한다. 회고록 『대오를 떠나며Breaking Ranks』의 후기에서, 그는 자신이 수십 년 전에 썼던 것과 거의 같은 어구로—하지만 좀더 히스테릭해진 어조로—급진주의란 "어른의 세계에서…… 책임을 맡기를…… 거부하는 것"이라고 아들에게 충고한다. 이는 "미국과 중산층의 모든 것을 경멸하며 부인하는 짓"이었다. 물론 포드호레츠도 그간의 세월 동안 배운 것이 몇 가지 있었다. 그는 이 나라의 핏줄에 흐르고 있는 "정신적 전염병"을 아들에게 경고한다. 이 전염병은 "생물종 전체의 생명 유지 기관을" 공격하여 "남자들이 아버지가 되고 여자들이 어머니가 되는 것을 방해한다". 어른이 된다는 건 곧 아버지가 되는 것이라고 그는 아들에게 말한다. "남자가 아버지가 되기를 거부하거나 여자가 어머니가 되기를 거부하는 것만큼 근본적인 책임 방기는 있을 수 없다."[45]

포드호레츠는 전후 수십 년에 걸친 보수주의—혹은 신보수주의, 혹은 자유보수주의—의 지속성을 전형적으로 체현한 인물이다. 물론 그가 뉴욕의 모든 유대계 지식인을 대표하는 건 아니지만 그는 고립되거나 희귀한 사례가 전혀 아니다. 하지만 일반적인 해석을 따르면, 문화와 사회생활에서는 정치적 급진파로서의 유대인이 "과대 대표"되어 있다. 그들은 가난하지만 자부심이 크고 문화를 애호하는 이주 민족으로서 차별과 불평등에 자연스레 저항했다.

유대계의 급진주의 활동을 다룬 한 책은 이렇게 시작한다. "20세기 미국 좌파에 유대계가 기여한 공로는 모든 이주민과 민족 집단을 통틀어 가장 크다……. 미국의 유대계는 사회주의 조직과 운동에 월등히 많은 수의 지도자, 활동가, 지지자를 공급해왔다. 때로는 유대인이 전체의 대다수에 육박하거나 이를 초과하는 경우도 있었다."[46] 또다른 연구는 유대계의 우세가 신좌파운동에서도—그 초기 단계에는 특히—지속되었음을 보여준다. 미국 인구의 3퍼센트에 불과한 유대계가 신좌파운동 참여자와 지도층의 대다수를 구성한 것이다.[47]

이는 충분히 사실로 보인다. 하지만 이 명제가 익숙하기 때문에 이것이 뉴욕 지식인들에게도 유효하게 적용되는지를 냉정하게 평가하기 어렵다. 뉴욕과 비뉴욕을 아우른 여러 지식인들의 커리어를 개괄해보면 이 명제의 완전한 폐기는 아니더라도 비판적 수정이 필요하다. 미국 보수주의에 대한 한 연구는 이렇게 쓰고 있다. "1972년 한 해 동안 [네이션] 글레이저, 시드니 후크, 루이스 포이어Lewis Feuer, 시모어 마틴 립셋이 [보수지인] 〈내셔널 리뷰National Review〉에 이름을 올렸다. 이 사람들의 공통점은 무엇이었을까? 이들 중 예전부터 보수주의자로 알려져 있던 사람은 아무도 없었다. 모두가 유대계였다. 세 명(글레이저, 포이어, 립셋)은 1960년대 초에 학생 혁명의 본산지인 버클리에 있었다……. 아마도 가장 흥미로운 건, 이들 모두가 왕년에 '급진주의자'였다는 사실일 것이다."[48]

유대계 지식인이 대규모로 급진주의에 경도되었다면 그들은 퇴각 또한 빨랐다. 1950년대에는 글레이저, 후크, 포이어, 립셋뿐만 아니라 어빙 크리스톨, 라이어널 트릴링, 대니얼 벨, 레슬리 피들러Leslie Fiedler, 그 외에도 수십 명이 붉었던 과거를 블루칩 커리어와 맞바꾸었다. 이에 비해 비유대계(그리고 보통 비뉴욕) 지식인들은 경력 내내 급진주의를 고수할 의지나 능력이 조금 더 강해 보였다.

이런 식의 일반화는 일련의 설득력 있는 반박에 취약하다. 자신의 급진주의를 재빨리 저버린 비유대인들도 수월하게 열거할 수 있을 것이다. 게다가 모든 지식인이 지배적인 정치·사회 현실에 반응했다. 즉 지식인을 예전의 성벽 밖으로 내몬 것은 민족적 특수성이 아니라 역사적 사건들이었다. 어빙 하우는 유대계 지식인들의 점진적 보수화를 설명하기 위해 공산주의에 대한 환멸, 매카시즘의 충격, 전후 시기의 번영—그리고 단순한 노령화—등을 강조한다.[49] 이 점을 부인할 수는 없다.[50]

그럼에도, 굵직한 조류들을 표시한 지도에서 작은 여울목들을 무시해선 안 되겠다. 이런 지점들이 중요한 이유는 바로 미국의 급진파라는 희귀종이 때때로 서식하는 곳이기 때문이다. 또 이런 여울목은 민족이나 종교적 색채를 띠는 것처럼 보이기도 한다. 다시 말하건대 이는 미묘하고 좀체 종잡기 어려운 문제이지만, 그것이 피해야 할 이유가 될 수 없음은 물론이다.

긴 안목으로 보면, 끝까지 급진주의자이자 반골로 남은 유대계 지식인이 얼마나 많았는가가 아니라―비유대계에 비해―얼마나 적었는가를 알 수 있다. 이 점은 라이어널 트릴링(1905-1975)과 드와이트 맥도널드(1906-1982), 대니얼 벨(1919-2011)과 C. 라이트 밀스(1916-1962), 노먼 포드호레츠(1930-)와 마이클 해링턴(1928-1989) 등 동년배 유대계/비유대계 지식인을 둘씩 짝지어놓고서 봐도 거의 확인할 수 있을 정도다. 에드먼드 윌슨, 고어 비달, 폴 스위지, 존 케네스 갤브레이스, 크리스토퍼 래시 등 그 밖의 비유대계들도 여기에 추가할 수 있을 것이다. 하지만 급진적 전망에 대한 헌신을 유지한 유대계 공공 지식인의 명단은 그보다 짧은 듯하다.

1960년대의 풍경들을 들여다보자. 왕년에 뉴욕에서 사회주의자였던 UC 버클리 교수 루이스 포이어는 버클리 캠퍼스 시위에서 문명의 종말을 엿보게 된다.[51] 그는 학생운동이 "도덕적으로 타락한 자들", "약물과 성적 도착과 학생들 사이에서 유행하는 카스트로주의의 혼합"을 옹호하는 자들을 끌어들이는 자석이라고 썼다.[52] 포이어는 이 충격에서 영영 회복되지 못했다. 그 반대편인 동해안에서는 세 학생이―그중 한 명은 캔맥주를 손에 들고―뉴욕대학의 교수회를 질타하고서 박수를 받는다. 이에 경악한 왕년의 마르크스주의자 시드니 후크는 이 사건을

"내 삶에서 가장 충격적인 경험"으로 일컫는다.[53] 한편 업타운에서는, 드와이트 맥도널드가 컬럼비아대학을 이곳저곳 돌아본 뒤 학생들의 소요가 참을 수 없는 상황에 대한 정당한 반응이라고 결론 내린다.[54] 그와 그의 아내는 여러 급진파 학생들의 친구가 된다.

IV

뉴욕의 유대계 지식인이 청년들의 급진주의를 비난하고 비유대계 지식인이 공감을 표하는 것은 과연 전형적인 사례였을까? 유대계 지식인들이 급진주의를 잠깐 거쳐가는 반면 보다 많은 비유대계 지식인들은 급진주의를 고수하며 추운 겨울을 버텼다고 말할 수 있을까? 많은 유대계에게 흔한 이민자 배경보다 견고한 미국인으로서의 배경이 장기간의 월동을 버틸 자양분을 더 많이 제공해주었다고 말할 수 있을까?

기독교 문명과의 소원한 관계가 유대계를 개혁이나 혁명으로 떠밀었다는 것이 일반적인 주장이다. 하지만 이 주장은 거꾸로 뒤집거나, 적어도 다음과 같이 달리 제시할 수 있다. 즉 개인적인 소외로부터 강인한 급진주의가 태어나지는 않는다는 것이다. 고립의 고통을 표출하는 불안은 결합—혹은 그 대용품으로 인정이나 수용—또한 갈구한다. 오로지 소외에만 기반을 둔 사회 비판은 그 소외에 걸려 좌초되기도 한다.

유대계와 이민 생활의 경제적 현실은 그들이 세속적 성공과 돈과 인정에 취약한 이유를 충분히 설명해준다. 몸을 써서 너무 힘들게 일했던 사람들은 자기 자식만은 머리를 써서 좀더 편하게 살길 바랐다. "1936년 나는 CCNY[College of the City of New York, 뉴욕 시립대학 시티 칼리지]에 입학했다"고 어빙 하우는 회고한다. "나 같은 유대계 소년은 대학에 가야 한다는 암묵적 분위기가 있었다. '내 아들만은 가게에서 일해선 안 돼'가 이민자 세계의 가장 중요한 신조인 판에 어떻게 안 그럴 수 있었겠는가? 그것은 모든 열망과 교훈의 시작이자 끝이었다."[55] 게다가 유대계 지식인에게 대학을 마치거나 제도권 학계에서 자리를 얻는 것은 특히 달콤한 일이었다. 이런 일은 온 가족을 통틀어 최초인 경우가—기독교도들에 비해—많았다.[56]

경제적 박탈과 문화적 소외가 흔히 지배 문화와의 동일시—과도한 동일시—로 이어지곤 한다는 것을 설명하는 데 프로이트의 난해한 이론까지 동원할 필요는 없을 것이다.[57] 이디시어를 쓰는 가정에서 성장한 많은 유대계 지식인들—트릴링, 피들러, 하우, 케이진 등—이 영미 문학과 사랑에 빠졌다. 이는 친숙한 현상이지만 이것과 미국 지식인들과의 연관성은 그리 주목받지 못했다. "이방인"—유대계 지식인—은 새로운 문화적 모국을 열렬히 받아들였고, 때로는 인정과 승인을 받기 위해 날 선 비판적 감식안을 포기하기도 했다. 이런 소외감이 없는 토박이 미국인은 오히려 모국의 문화와 거리를 두고 외국의 것에 관심을 돌리는 경우가 많았다. 트릴링이 영미 문학에 흠뻑 빠져 있는 동안 윌슨은 러시아어를 공부했다. 시드니 후크가 존 듀이를 붙들고 있을 때 C. 라이트 밀스는 독일 신마르크스주의의 무성한 수풀 속으로 어슬렁어슬렁 걸어들어갔다.

혹시 확고한 미국인이라는 배경이 이런 거리 두기를—물론 강제하지는 않았지만—가능케 함으로써 장기간 급진주의를 지탱해준 것이 아닐까? 순수한 미국인 지식인들이라고 비합법으로 몰려 박해당할지 모른다는 불안에 시달리지 않았을까? 이따금은 더 부유하거나 귀족적인 배경이 그들에게 더 나은 입지를 제공해주었을까? 비유대계 지식인이 더 신조가 굳고 불안이 덜하다는 것이 그들의 급진주의에도 영향을 끼쳤을까? 불안에 젖은 급진주의가 결국 보수주의로 빠져드는 동안, 밀스·윌슨·비달·갤브레이스의 텍사스인·청교도·스코틀랜드인 정체성은 경제·사회적 유혹에 더 억세게 저항하는 강고한 급진주의를 낳았을까?

트릴링과 밀스는 유대계와 비유대계 지식인의 대조를 전형적으로 보여준다. 트릴링은 왕년에 급진주의자였다가 성공한 온건한 유대계 교수의 전형이고, 밀스는 타협과 적응에 의심의 눈초리를 보내는 미국적 반항아의 전형이다. 이디시어를 썼던 트릴링의 부모는(그의 부친은 재단사였고 모피 장사도 했지만 성공하지는 못했다) 아들의 공부를 격려했다. 주변에서는 그가 대학에 가는 것을 기정사실로 여겼고, 다른 유대계 지식인들처럼 그도 평생에 걸친 영문학에의 정진에 착수했다. 그의 재능과 헌신은 보답받았다. 컬럼비아대학에 학부생으로 입학한 트릴링은 이 대학 영문과 최초의 유대계 종신 교수가 되었다.

그의 이름부터 행동거지에 이르기까지 트릴링의 모든 것은 그가 앵글로-미국 문화에 성공적으로 적응했음을 암시한다. 훗날 그의 아내가 썼듯이, 최초의 유대계 교수를 찾고 있던 영문학과의 입장에서 트릴링은 "외모로 보나 이름으로 보나" "해볼 만한 도박"이었다. "그가 그의 외조부처럼 이스라엘 코헨 같은 이름을 가졌더라면 과연 그런 제안을 받았을지 매우 의심스럽다."[58] 인문학과 문학에 대한 세련되고 사려 깊은 평론가로서, 트릴링은 석좌교수직과 수많은 상과 명예 직함과 전국적 인정을 한몸에 받았다. 과거의 좌파적―그리고 많은 경우 소수민족―배경과 냉전기의 번영 사이에서 진퇴양난에 빠진 지식인들에게 트릴링의 논조는 더없이 적실하게 느껴졌다. 그는 "탈정치화된 인텔리겐치아를

그들 자신, 그리고 사회의 현상태와 화해시키는 데" 기여했다.[59]

다른 한편으로, 그의 몇몇 옛 지인들이 보기에 트릴링은 너무 멀리 가버린 것 같았다. 앨프리드 케이진은 그의 "절묘한 타협적 감각", 무기력하고 관념적인 산문, '가까스로scarcely', '변조modulation', '우리 지식계급our educated classes'과 같은 단어들을 즐겨 쓰는 성향에 질색을 했다. "트릴링의 눈에 나는 늘 '너무 유대인 티를 내고', 내 출신인 하층계급의 경험에 너무 푹 절어 있는 것처럼 보였다. 그는 늘 자신이 과거에 두고 온 산물들로부터 그 자신을 방어했다."[60]

트릴링과 밀스의 차이는 많은 것을 가르쳐준다. 밀스도 경제적으로 보잘것없는 배경 출신이었다. 그의 부친은 텍사스주 웨이코의 보험사 영업 사원이었고 모친은 가정주부였다. 그것만 빼면 트릴링과의 공통점은 없었다. 밀스는 제도권 학계에서의 경력을 추구하지도 않았고 학자가 되라는 격려를 받은 적도 없다. 원래 그는 기술자가 되려고 텍사스 농업기술대학에 등록했다가, 텍사스대학에 편입한 후에 우연히 철학과 사회학을 접했다. 그는 말년까지도 제도권 학계의 삶에 대한 의심의 눈초리를 거두지 않았고 전문 학계의 관습을 불신하며 툭하면 조롱했다. 그가 컬럼비아대학의 교수직을 소중히 여긴 건 분명하지만, 트릴링과는 달리 그는 이 자리에 만족스럽게 안착하지 못했다. 동료들의 눈에 그는 거칠고 거슬리는 존재였다.

이민자 가족에게 대학에서의 경력—그 지위, 봉급, 안정성—이란 순수한 출세의 지표였다. 바로 여기에 미국인의 경험과 이민자의 경험 사이의 중대한 차이가 있다. 밀스는 과거에 자기 가족이—그의 조부모가—독립된 목장주였다고 회상하곤 했다. 이것이 사실인지 허구인지는 별로 중요치 않은데, 바로 이것이 그의 자아관과 세계관을 형성했기 때문이다. 대학이든 정부든 출판사든 간에 사무실에 고용된 삶이란 그 직함이나 봉급이나 위신과 무관하게 그의 기대에 미치지 못했다. 윌슨이나 비달이나 갤브레이스 같은 여타 고명한 급진적 지식인들에게도 같은 말을 적용할 수 있을 것이다. 그들 자신의 회고담에 나오는 독립된 농부·정치인·반골 집안은 급진적 삶을 영위할 수 있는 안정된 기지를 제공했던 것 같다. 이 점은 갤브레이스가 스코틀랜드계 캐나다인으로 성장한 자신의 과거를 회고한 책 『오래가게끔 빚어진Made to Last』의 제목에 잘 포착되어 있다.[61]

일평생 보헤미안이었던 시인 케네스 렉스로스는 그의 자서전에서 특유한 미국적 반골을 빚어내는 데 있어 가족적 계보의 역할에 대해 고찰한 바 있다. 그는 그 자신의 과거가 "일종의 가족 서사시"를 제공한다고 믿었다. "나는 나 자신이 이 서사시에서 모종의 배역을 연기하기 위해 부름받았다고 생각했다. 이 생각은 지금도 마찬가지다." "슈벵크펠트파•, 메노파••, 1848년 독일 혁명가들, 노예제 폐지론자, 여성 참정권론자, 모피 상인과 원주민 여자, 흑백 혼혈인과 떠돌이 말장수, 챙 넓은 모자를 쓰고 수염을 덥수룩이 기르고 군복 코트를 걸친 농부들, 소읍의 술주정뱅이 투기꾼들"로 이루어진 계보가 순응에 저항하는 성격을 길러냈다는 것이었다.[62]

렉스로스는 자신의 과거가 이례적이라고 생각지 않았다. "19세기 초

• 16세기 독일의 영성주의 종교개혁가 카스파어 폰 슈벵크펠트의 주장을 따르는 교파. 그의 후예들은 이단으로 간주되어 독일에서 추방되었고 재세례파와 영국의 청교도에게 영향을 끼쳤다 ― 옮긴이
•• 재세례파의 한 분파로 종교개혁기에 유럽에서 탄압받았고 많은 신자가 미국 등 세계 각지로 이주했다 ― 옮긴이

까지 거슬러올라가는 미국인 집안들 대부분이—또 식민 정착기까지 전통이 거슬러올라가는 집안이라면 확실히—민족주의적이라기보다는 사회·문화적인 책임 의식을 가지고 있다. 이 나라가 실제로 자신들 것이고 자신들에게 속해 있다는 의식은 급진적 비판자, 반골, 개혁가, 괴짜 들을 양산해낸다."[63]

월슨과 비달도 비슷한 생각을 표명했다. 고어 비달은 자기가 미국이 특별하다는 "감각"과 청교도 전통이라는 뿌리를 월슨과 공유한다고 말한 적이 있다.[64] 그의 책 『업스테이트*Upstate*』에서 월슨은 자신이 35년 간 고향을 찾지 않았어도 여전히 어린 시절의 마을, 부모, 조부모에게 속해 있다는 느낌이 든다고 토로했다. 거기서는 모두가 그나 그의 가족을 알았고 모두가 연결되어 있었으며 몇몇 가족은 직간접적으로 그와 친척 관계였다. "루이스 카운티[뉴욕]의 이 작고 구석진 마을에서만은 누구도 우리 집안의 입지를 의심할 수 없었다. 내게 이는 어떤 확신에 찬 우월감의 끊임없는 원천이 되어주었다."[65] 미국에서 "반쯤 퇴물이 되어가는 소수 집단의 일원"인 월슨에게, 그보다 "더 구시대의 미국인"인 뉴욕주의 인디언들—이로쿼이족—과 연대하여 개발업자들과 싸우는 데는 대단한 결심이 필요 없었다.[66]

밀스의 집안(혹은 자기 집안에 대한 그의 인식)은 렉스로스나 월슨의 집안에 댈 것이 못 되었지만, 그의 저작 전반에는 텍사스의 소 목장주였고 총격전에서 사망한 조부의 희미한 이미지가 은은히 감돌고 있다. 밀스에게서는 역시 웨이코 주민이었고 역시 총탄에 쓰러진 반항적 저널리스트 윌리엄 쿠퍼 브랜William Cowper Brann의 그림자 또한 언뜻 탐지할 수 있다. 브랜이 발표한 책 『우상 파괴자*The Iconoclast*』에는 이렇게 쓰여 있다. "우리는 세상이 꾸준히 나아지고 있다는 엄숙한 확신을 품고 있다. 그리고 나도 그렇게 생각하는데, 옛적에는 진실을 말하는 사람들을 십자가에 거꾸로 못박았지만 지금은 6연발 권총으로 머리를 후려치고 밧줄로 묶어 침례교 대학 캠퍼스 안에서 조리돌리는 선에서 그치기 때문이다. 작금의 개혁가에게 필요한 것이라곤 단단한 머리와 고무처럼 유연한 목뿐이다."[67] (지나고서 하는 이야기지만 이것도 낙관적인 생각이었다. 브랜과 침례교 학교인 베일러대학과의 반목은 결국 그의 암살로—그리고 브랜이 용케도 응사했기 때문에 암살자의 피살로—끝이 났다.)[68]

목장주나 총으로 무장한 저널리스트 같은 전설적 인물들 옆에 놓고 볼 때 보험 영업 사원인 그의 부친은 영 무색해 보였다. 밀스의 『화이트칼라』에서 신흥 관료 계층을 공격한 부분은 적어도 반쯤은 자전적 성격을 띠고 있다. 이 책의 "브레인 주식회사"라는 챕터에서 그는 이런 관료 계층의 일부인 제도권 학자를 신랄하게 비판한다. 그는 옛날에 독립적이었던 집단들, 농부와 소기업가, 강건하고 민주적인 개인 들이 퇴조한 뒤 불안정하고 소심한 기업·정부 직원들이 대거 출현한 과정을 되짚는다. 밀스가 밝힌 바 있듯이, 목장주에서 영업 사원으로의 가족적 변천에는 괴로운 상실이 뒤따랐다. "『화이트칼라』의 집필은, 화이트칼라인 내 아버지가 다음 영업을 위한 출장을 준비하는 모습을 지켜보던 열 살 때부터 시작되어 줄곧 이어져왔다."[69]

한 친구의 회고에 따르면, 뉴욕이라는 세계에서 밀스는 자신을 아웃사이더, 텍사스인, 그리고 흔히 워블리*, 저 성깔 더러운 미국 아나키스트들의 일원으로 여겼다. 워블리는 "거의 모든 사람과 모든 것에 반대

---

* Wobbly 세계산업노동자동맹(IWW) 조합원의 별명 — 옮긴이

하며 무엇보다도 자신의 독립을 소중히 여기는 이들이었다. 마음에 드는 사람이 있으면 그는 이렇게 말하곤 했다. '저 친구는 진정한 워블리야.'"[70] 밀스의 첫 책인 『새로운 권력자들The New Men of Power』의 권두에는 한 익명의 워블리의 입에서 나온 시구가 실려 있다.

> 워블리가 에버렛에 우르르 몰려가니,
>
> 보안관이 말하기를,
>
> 더이상 접근하지 마라
>
> 근데 대체 너희 지도자가 누구냐?
>
> 누가 너희의 지도자냐?
>
> 그러자 그들 워블리가 곧장 받아 외치기를—
>
> 우리는 지도자가 없다
>
> 우리 모두가 지도자다
>
> 그러고서 계속 밀고 나아갔다오.[71]

물론 이런 이야기는 과장되기 쉽고, 밀스 자신도 텍사스 반골 역할을 과장해서 연기했을 수 있다. 한 친구의 회고에 따르면, "그는 마치 적과 대결하러 가는 게릴라 전사처럼 육중하게 차려입고 컬럼비아에 출퇴근했다"고 한다. "보통 캠핑 부츠를 신고…… 모터사이클용 헬멧이나 모자를 쓰고, 책과 노트가 잔뜩 든 불용 군수품 더플백이나 배낭을 둘러맸다."[72]

놀랄 일은 아니지만, 밀스는 역시 자영농 집안 출신의 매서운 비판가 소스타인 베블런에게 깊은 친밀감을 느꼈다. 밀스는 베블런이 "일종의 지적인 워블리"이며 "이제껏 미국이 낳은 미국 비판가 중에 최고"라고 여겼다. (역시 놀랄 일은 아니지만, 미국에 대한 또 한 명의 냉혹한 비판가인 루이스 멈퍼드도 베블런에 주목하며 베블런 자신이 워블리에게 호의적이었음을 언급한 바 있다.[73]) 베블런의 『유한계급론』에 실린 밀스의 해설은 마치 밀스 자신에 대한 해설처럼 읽힌다. "성격과 커리어에서, 정신적으로 또 일상생활에서도 그는 아웃사이더였다." 그는 "가식을 혐오했고, 평생의 연구뿐만 아니라 삶의 태도를 통해서도, 현실적이고도 낭만적으로 그것에 저항했다". 베블런은 "주인을 섬기지 않는 반항적 인간이었다. 우리가 그를 미국의 풍경 어딘가에 분류해 넣어야 한다면, 아마 가장 반항적인 미국인인 워블리들과 함께 묶어야 것이다. 베블런은 고등교육 기관의 언저리에서 워블리처럼 살고자 했다. 그런 시도를 감행하기에는 이상한 장소였지만".[74]

밀스에게도 이곳은 그런 시도를 감행하기에 이상한 장소였다. 물론 밀스가 모든 비유대계 반골 지식인을 대표할 수는 없지만, 그의 뻣뻣한 목에는 특유하게 미국적인 뭔가가 있었다. 드와이트 맥도널드는 밀스와 만났을 때 둘의 기질적 친연성에 대해 언급했다. "우리 둘 다, 일체의 통념과 기성의 제도를 극도로 경멸하는 선천적 반골이었다."[75]

밀스, 윌슨, 렉스로스, 비달 등의 더없이 미국적인 집안 배경이 그들이 저항을 이어나가게 해준 자원이었다는 믿음은, 어쩌면 그들 자신이 만들어낸 미신에 굴복한 결과일지도 모른다. 그럼에도 그들이 성공이라는 미끼에 저항할 수 있었던 건 이런 미신 덕분이었다. 보다 절박한 이민자들에게 이 미끼는 너무도 유혹적이었다. 부자들이 교수를 존경한다는 트릴링의 환호와 자신이 "성공했다"는 포드호레츠의 득의는, 밀스가 실패를 도덕성의 증명으로 여기고 이를 예찬한 것과 나란히 놓고 보아야 한다. "베블런의 미덕은 소외가 아니라 다름 아닌 실패에 있다……. 미국 학문의 역사에서 베블런의 그것처럼 위대한 실패는 일찍이 없었다."**76** 밀스의 입장에서 이는 찬사의 말이다.

이 논의에는 몇 가지 단서를 달아야 한다. 유대계 지식인들의 우경화는 흔히 지적되어왔다. 하지만 이러한 경향은 자칫 과장되기 쉽다. 또 눈에 잘 띄는 공공 지식인들과, 그보다 더 크고 수면 아래에 잠겨 있으며 아마도 더 안정된 급진적 유대계 사회사업가, 변호사, 편집자, 교사, 노동조합원, 정치운동가 들의 커뮤니티를 혼동하기도 쉽다. 신보수주의는 좀더 대중적인 지식인들 사이에만 한정된 현상일 수 있다. 그리고 이렇게 선별된 집단 내에서도 스스로 좌파를 표방하는 유대계 지식인들이 존속했음은 물론이다. 이 범주에 속하는 인물로는 어빙 하우 같은 〈디센트Dissent〉 관련 인사들, 노먼 번바움Norman Birnbaum과 같은 〈네이션〉 관련 인사들, 그 밖에도 또 있다. 하지만 그렇다고 이 문제가 사라지는 것은 아니다. "일부"라는 표현이 애매하긴 하지만, 특히 예전과 비교했을 때 현재는 스스로를 보수주의자로 자각하는 유대계 지식인이 많아진 듯 보인다.

유대계 급진 지식인의 짧은, 혹은 줄어드는 명단 안에는 정치적 스펙트럼의 특정 분파에 속한 인물들이 유난히 많이 포진되어 있다. 바로 아나키즘이다. 아마 비유대계 지식인에 대해서도 같은 말을 할 수 있을 것이다. 미국의 반골들이 짜낸 한 폭의 천에는 워블리와 베블런의 핑크색 실이 면면히 직조되어 있다.

유대계 급진파 가운데서 폴 굿맨, 놈 촘스키, 머리 북친, 그리고 어느 정도는 아이작 로즌펠드가 다양한 분파의 아나키즘을 대변한다. 물론 아나키스트들의 특유한 회복력은 이상한 일이 아니다. 그들은 아나키스트인 만큼 대규모 기관과 국가와 대학과 거기 고용된 관료 들을 불신한다. 그들이 직위와 봉급 앞에서 쉽게 타락하지 않는 것은 그들의 저항이 도덕적이고 거의 본능적인 성격을 띠기 때문이다.

물론 이는 마르크스주의자들이 비판하는 지점이기도 하다. 아나키스트들은 전략적이 아니라 윤리적으로 사고한다는 것이다. 하지만 바로 이것이 그들의 장기적인(또한 단기적인?) 저력을 보여주는 지점이다. 마르크스주의 지식인들은 마음과 윤리보다 흔히 눈에 보이지 않는 더 큰 목적이나 원대한 명분을 우선시해야 한다는 논리를 스스로에게 납득시킬 수 있고 정말로 그렇게 한다. 아나키스트 지식인들은 이런 논리에 좀처럼 넘어가지 않는다. 역사 유물론의 용어를 써서 말하자면, 현재 미국 대외 정책을 변호하는 지식인들을 가장 정력적으로 비판하는 인물이 놈 촘스키라는 아나키스트인 것은 우연이 아니다.

폴 굿맨과 놈 촘스키가 친숙한 인물인 반면, 머리 북친은 여전히 무시되고 있다.[77] 북친은 대중의 인지도가 어떻게 왜곡되어 있는지를 상징하다시피 하는 인물일 것이다. 그의 저작은 최고의 명사 대우를 받는 지식인들보다 더 깊고 방대하지만 그가 받는 관심은 미미하기만 하다.

뉴욕에서 러시아어를 쓰는 사회주의 혁명가 조모와 모친의 손에 자란(이디시어와 영어는 그의 제2, 제3언어였다) 북친(1921-2006)은 그의 세대에 친숙한 변동들을 온몸으로 겪었다. "30년대의 내 삶은 어빙 하우 같은 사람들의 그것과 아주 비슷한 궤적을 밟았다."(그는 어빙 하우를 개인적으로 알지 못했다.) 그는 다양한 공산주의 청소년 그룹에 가입했다. 그 중 첫번째가 '젊은 선구자Young Pioneers'였다. "우리는 고적대를 앞세우고서 안 간 데가 없었다……. 그럴 여유가 되는 아이들은 파란 제복을 차려입었고, 불끈 쥔 주먹을 치켜드는 대신 손바닥을 펴서 오른편 관자

놀이 위에 갖다댔다. 아직 사회주의에 정복되지 않은 세계의 '6분의 5'를 표시하는 제스처였다." 그후에는 청년공산주의자연맹Young Communist League의 회원이 되었다. 하지만 인민전선, 모스크바 재판, 그리고 결정적으로 소련-나치 협정이 계기가 되어 반대편으로 돌아선 그는 트로츠키주의와 반체제 트로츠키주의 그룹에 가담하게 된다. 그는 일정 기간 군에 복무한 뒤 주물공이자 전미자동차노조 소속 자동차 노동자로 자리잡았다. 10년 간의 공장 노동 끝에, 혁명 세력—심지어 급진 세력—으로서의 프롤레타리아트는 끝났다고 확신하게 된 그는 제대 군인을 위한 학비 지원을 받아 한 기술학교에 등록했다.

북친은 트로츠키주의로부터 자유주의나 보수주의가 아닌 아나키즘으로 전향했다. 게다가 북친의 아나키즘은 대부분의 급진주의자들이 습관적으로 무시했던 두 가지 주제에 일찍부터 천착했는데, 바로 생태주의와 도시였다. 북친의 첫번째 주요 저작인 『우리의 합성 환경Our Synthetic Environment』은 (루이스 허버라는 필명을 달고서) 1962년에 나왔다. 이 책의 재출간 판본에서 그가 설명했듯이, 이 책은 레이철 카슨의 『침묵의 봄』이 나오기 6개월 전에 발표되었지만 『침묵의 봄』에 거의 묻히고 말았다.

북친은 이따금 관심을 받을 때에도 레이철 카슨의 추종자로 오해되거나 유토피아주의자로 치부되곤 했다. 카슨과 달리 그는 살충제뿐만 아니라 식품 첨가물, 화학 농법, 엑스레이, 방사능 낙진, 도시 팽창에도 태클을 걸었다. 서평자들에게는 이것이 너무 과도해 보였다. 〈뉴욕 타임스〉의 서평자는 "아무도 내리고 싶은 사람이 내릴 수 있게끔 세상을 멈추거나 허버 씨처럼 우리의 시간을 거꾸로 되감아주지 않을 것"이라고 판결을 내렸다. 북친은 『우리의 합성 환경』을 끝맺으며 "인간과 자

연, 국가와 지역, 도시와 농촌의 새로운 종합"이라는 전망을 제시했다.[78]

비록 호의적인 반응을 얻지는 못했지만, 이 책으로 시작된 그의 집필 경력은 여전히 줄기차게 이어지고 있다. 그의 저서 『도시의 한계*The Limits of the City*』, 『탈희소성 아나키즘*Post-Scarcity Anarchism*』, 『스페인의 아나키스트들*Spanish Anarchists*』, 『자유의 생태학*Ecology of Freedom*』은 생태적·아나키즘적 관점을 옹호하고 있다. 그는 논객이자 역사학자이자 철학자로서 글을 쓴다.

그가 속한 공산주의자 세대의 많은 이들과 달리, 1960년대에 대한 북친의 불만은 우파가 아닌 좌파를 겨냥했다. 마르크스주의자들이 너무 보수적이고 자본주의의 땜질에만 매달린다는 것이었다. 60년대에 그가 발표한 가장 유명한 팸플릿 "들어라, 마르크스주의자들이여!*Listen, Marxist!*"는 이미 죽은, 그리고 치명적인 레닌주의 슬로건이 신좌파 내에서 부흥하는 현상을 질타했다. 북친은 "30년대의 온갖 쓰레기들이 되돌아오고 있다"며 싸움을 걸었다.[79]

학계의 급진주의자와 개혁가들에 대해 그는 여전히 신랄한 비판을 서슴지 않는다.

우리 시대의 급진 정치는 쥐죽은듯 고요한 기표소, 김빠지게 상투적인 청원운동, 자동차 범퍼에 붙이고 다니는 슬로건, 교활한 정치꾼들의 모순된 미사여구, 구경거리 스포츠로 변질된 대중 집회, 그리고 마침내는, 근소한 개혁을 비굴하고 겸손하게 탄원하는 행위를 뜻하게 되었다. 한마디로, 역사 속의 모든 혁명 기획들을 특징지었던 직접행동, 전투적 헌신, 반란 투쟁, 사회적 이상주의는 희미한 잔영만이 남았다…….

프랑스혁명의 절정기인 1793년 당통은 "대담하라"고—"대담하라! 대담하라! 더더욱 대담하라!"—부르짖었다. 제안서와 요청서가 든 서류 가방을 들고 점잖게 회의실에 들어가거나…… 확성기를 들고 집회에 나가는…… 자칭 급진주의자들에게 이는 그저 **곤혹스러운** 외침일 것이다. 바로 이것이, 현시대 "급진주의"의 가장 섬뜩한 측면이다.[80]

북친의 급진주의는 적어도 두 군데의 원천에서 유래한다. 가장 빼어난 혁명가들이 그렇듯이, 미래, 특히 미래 도시에 대한 그의 비전은 과거에 푹 젖어 있다. "우리는 문화적 게토—하지만 창의성이 강하고 경제적으로 **매우** 공동체적인 게토—에 살았다." 그는 어린 시절을 기억하며 이렇게 말한다. "당시 이민자들의 사회주의운동이 얼마나 풍부하게 유기적으로 결합되어 있었는지, 그 문화적 풍요가 오늘날 얼마나 소실되고 말았는지 망각하기 쉽다. 합창단, 강연 단체, 교육 단체, 만돌린 연주단도 있었다."[81]

북친이 볼 때 현재와 미래에 요구되는 건 다름 아닌 이런 것이다. 그가 오래 버틸 수 있는 건 그의 아나키즘 덕분이다. "나는 [아나키즘에 대한] 이 헌신을 자랑스럽게 견지한다. 적어도 이것은 눈에 보이지 않는 도덕적 경계선이 되어 내가 신마르크스주의, 아카데미즘, 그리고 마침내 개혁주의로 흐르지 않게끔 다잡아주었다."[82]

아나키즘의 역사에도 죄인과 기회주의자들이 엄연히 존재하지만, 왕년에 트로츠키주의자나 마르크스주의자였던 지식인들이 정부라는 모델에 방을 잡고자 앞다퉈 신청할 때 이 대열에 낀 아나키스트는 거의 없었다. 아나키스트의 문화적 기준점이 산업사회 이전의 질서에 있는 한, 그들은 주류 마르크스주의자보다 산업 문명에 대해 때때로 더 통렬한 비판을 제시할 수 있다. 사회를 다시 세우기보다 기름칠하는 마르크스주의자들이 5개년 계획을 꿈꿀 때 아나키스트들은 유토피아의 불꽃을 키운다. 그들이 제기하는 비판은 정치적인 만큼 윤리적이기도 하다.[83]

V

몇 년 전 대니얼 벨은, 신좌파와 비트족의 회고록이 세상에 넘쳐나지만 (테스 슬레진저Tess Slesinger와 메리 매카시의) 오래된 소설 몇 편과 회고록 하나(포드호레츠의 『성공하기Making It』)를 빼면 뉴욕 지식인이 쓴 것은 거의 나오지 않았다고 언급한 바 있다. "회고록은 거의 없고, 자전적인 이야기는 전혀 없고, 반성도 없다." 벨은 그 자신을 포함한 뉴욕 지식인들이 미국 문화에 강렬히 기여했다는 사실이 자서전의 결핍과 관련있다고 보았다. 이민자라는 자신의 칙칙한 출신을 부끄러워한 뉴요커들은 맹렬히 문화에 매달렸다. 그들은 자신의 가족사를 논하고 싶지 않았다. 그들은 관념을 논하고 싶어했다. "그들의 제한된 배경이라는 본질 자체가, 그들을 추동하고 활기를 불어넣은 것이 다름아닌 문화에 대한 허기였음을 시사한다."[84]

벨의 지적은 부정확한 것이었다―그가 이 말을 한 시점이 불운했기 때문만은 아니었다.[85] 벨이 뉴욕 지식인의 회고록이 없다고 선언한 1976년부터 회고록이 쏟아져나오기 시작하여, 어빙 하우, 윌리엄 필립스, 라이어널 에이블, 윌리엄 배럿William Barrett, 시드니 후크가 자신의 회고담을 세상에 내놓았다.[86] 또한 벨은 개중에서 가장 빼어난 회고록 두 편―앨프리드 케이진의 『두 시의 산책자Walker in the City』와 『30년대에 나와서*Coming Out in the Thirties*』―이 얼마 전에 나왔다는(케이진의 세 번째 회고록인 『뉴욕의 유대인』은 1978년에 출간되었다) 명백한 사실까지 망각했다. 그리고 포드호레츠의 『성공하기』가 1959년 메일러가 발표한 『나 자신을 위한 광고*Advertisements for Myself*』의 부분적 모방이라는 사실 또한 망각했다.

뉴욕 지식인들이 미국 문화에서 흔히 비뉴요커들을 무색게 할 만큼 뚜렷한 입지를 확립한 것은 사실이다. 그렇게 된 부분적인 이유는 벨―과 그 이전의 베블렌 등 많은 사람들―이 설명한 바 있다.[87] 유대계는 그들이 상점 주인이 되었던 것과 같은 이유로 지식인이 되었다. 즉 그들은 자동적으로 배제되지 않았고, 그 전제 조건인 재기와 진취성을 겸비했다는 것이다.

그럼에도 이 주장은 익숙하기 때문에 실제보다 많은 진실이 함유된 것처럼 들린다. 뉴욕 유대계 지식인의 우월성은 어디까지나 가정이지 확립된 사실이 아니다. 일례로 1950년대의 논의들을 보면 트릴링이나 라브나 포드호레츠에 대한 말들이 많이 나오고 윌리엄 H. 화이트나 케네스 버크나 존 케네스 갤브레이스에 대한 말들은 조금밖에 없다. 뉴요커들이 최고의 지식인 자리에 등극한 반면 나머지 사람들은 다른 무언가―대중 인기 저자*popularizer*나 해설가―가 되었다고 믿는다면야 그것도 말이 되는―심지어 정당한―주장이겠지만, 이 믿음은 의문의 여지가 있다.

저술의 질을 기준으로 판단할 때, 뉴욕 지식인과 비뉴욕 지식인의 저술을 뚜렷이 구분하기란 한마디로 불가능하다. 에세이가 되었든 책이 되었든, 뉴욕 지식인들의 저작을 집합적으로 놓고 보았을 때 나머지 모든 사람들의 저작을 무색게 할 정도로 출중하거나 재기 넘치는 건 아니다. 차라리 일반론을 거꾸로 뒤집어, 50년대의 중요한 책들은 비뉴요커들이 집필했다고 말하는 편이 더 그럴듯하다. C. 라이트 밀스나 제인 제이콥스나 레이철 카슨의 저서는 뉴요커들의 책이 거의 필적하지 못할 에너지와 독창성을 지녔다.[88]

이것이 사실이라면, 뉴욕 지식인들이 주목의 태반을 독차지하는 건 그들의 천재성보다는 사회학적인 행운—뉴욕이라는 장소에 있고 출판계와 인적·물리적으로 가까운—덕분이다. 추가로 뉴욕 지식인들의 지칠 줄 모르는 자기 모니터링은 더 많은 연구(와 신화)를 위한 토대를 제공한다. X 작가가 Y의 파티에서 Z 편집자에게 뭐라고 말했다는 기록들을 가지고 문화사에 주석을 다는 이들에게 뉴욕 문화계는 금맥이다. 주변에 패거리도 없고 가십도 거의 없었던 노먼 O. 브라운이나 케네스 버크에 대한 연구는 부풀리기가 좀더 어려울 것이다.

문화적 주목도와 내재적 가치가 일치하는 경우는 드물지만, 심지어 프로이트 연구라는 고고한 분야에서도 뉴요커가 비뉴요커를 몰아내는 경향이 있다. 일례로 프로이트에 대한 라이어널 트릴링의 저술과 노먼 O. 브라운의 저술은 대략 같은 시기에 속한다. 집중적인 지적 탐색으로 보자면, 미국의 정신분석학 연구에서 브라운의 『죽음에 맞선 삶*Life Against Death*』에 필적할 만한 저작이 없을 것이다. 이 책에 비하면 프로이트에 대한 트릴링의 저작은 가볍고 친근한 편이다.[89]

하지만 트릴링은 일부분 자전적인 성격의 소설을 썼고, 자기 자신과 주변 문화계에 대한 몇 편의 에세이를 발표했으며, 뉴욕 지식인으로서 무수한 회고록에 중요하게 등장한다. 그의 저작집은 아내 다이애나 트릴링의 회고담을 듬뿍 담고서 세상에 나왔다. 트릴링에 대한 책들이 몇 권 나왔고 그 외에도 몇 권이 더 나올 예정이다. 반면에 브라운은 뉴욕 문화계의 일부였던 적이 없다. 『죽음에 맞선 삶』은 높이 평가되며 실제로 대단히 귀하게 대접받았지만 그 저자에 대해서는 쓰인 것이 거의 없다. 미국 문화사에 브라운이 거의 존재하지 않는 건 그의 공로가 미미해서가 아니라 뉴욕 문화계에서 그의 영향력이 미미하기 때문이다.

물론 뉴욕 지식인들의 복잡한 세계를 특징짓기란 대단히 힘들다. 그럼에도 뉴욕 지식인의 비길 데 없는 출중함과 영민한 주지주의에 대한 반사적 경외는 지양해야겠다. 뉴욕 지식인들을 냉정하게 평가하면 벨의 판단은 180도 뒤집히고 만다. 즉 뉴욕 지식인들은 그들 자신의 삶을 논할 때 가장 설득력 있고 명료하고 예리하며 뛰어나지만, 뉴욕 지식인이 쓴 설득력 있는 이론적 저작은 매우 부족한 것이다. 벨은 실상을 정확히 반대로 오해했다. 바로 그 이민자로서의 과거사와 취약한 상황 때문에 뉴욕 지식인들은 자아에 천착한다. 정신분석, 개인적 에세이, 회고록, 편집자에게 보내는 편지, 모두가 그들의 자아를 본향으로 두고 있다. 스타일과 주제로 볼 때 그들의 글쓰기는 대체로 매우 주관적이다. 물론 이것이 결함은 아니다. 그들의 가장 출중한 글에는 강렬하게 개인적인 목소리가 배어 있다. 케이진의 글이 그 예다. 여기에 그의 자서전이 포함됨은 물론이다.

뉴욕 지식인 중에서 심지어 가장 철학적인 이들도 인상적인 이론서를 내놓는 데 실패했다. 트릴링이 〈뉴요커〉가 낳은 문학 비평가의 완성태로서 "글쓰기를…… 사유의 운동으로 이행시킨, 진정으로 사유할 줄 아는 영문학 교수"[90]였다면, 시드니 후크는 그들의 철학자였다. 벨은 『이데올로기의 종언』을 후크에게 헌정했다. "나는 시드니 후크에게 가장 큰 빚을 졌다……. 그는…… 우리 세대의 가장 훌륭한 스승이었다."[91] 어빙 크리스톨도 후크를 그들 그룹의 "훌륭한 스승"으로 지목했다.[92] 다른 사람들도 이에 동의했다. 드와이트 맥도널드, 윌리엄 필립스, 윌리엄 배럿, 내이선 글레이저, 심지어 하우와 케이진까지 모두가 후크를 그들 그룹의 철학적 천재로 칭송했다. "시드니 후크는 미국 제일의 마르크스주의자"라고 맥도널드는 선언했다. 그 생산성으로나 이론적 통찰력으로나 비타협적 성정으로나 후크는 온갖 칭찬을 한몸에 받을 자격이 있어 보였다.[93]

후크의 초기 저작들은 이런 평가를 받을 만했다. 그의 『카를 마르크스의 이해*Towards the Understanding of Karl Marx*』(1933)와 『헤겔에서 마르크스까지*From Hegel to Marx*』(1936)는 도그마와 지방적 편협성에 갇혀 침체된 미국 마르크스주의에 독창성과 폭넓음과 유럽적인 사유를 가져다주었다. 마르크스주의에 존 듀이식의 변화를 주고자 한 이 책들은, 미국에서 30년대 마르크스주의를 다룬 "단연 최고의" 저작으로 응당하게 일컬어졌다.[94]

하지만 후크의 후기 저작에서는 애석하게도 이 책들의 힘과 흥분이 느껴지지 않는다. 이것은 익숙한 줄거리다. 마르크스주의 동조자로서의 그는 사려 깊고 철학적인 책들을 써냈지만, 마르크스주의와 원수진 뒤의 그는 철학적으로 정해진 틀에 갇혀 같은 입장을 조금씩 고쳐가며 끝없이 되풀이하기만 했던 것이다. 물론 저서가 20권이 넘는 개인의 전작을 요약한다는 건 벅찬 일이다. 하지만 그 권수에 비하면 내용은 그리 위협적이지 않다. 후크의 책들은 그가 엮은 앤솔로지거나 그 자신이 다양한 간행물에 기고한 에세이 모음집이 거의 전부다. 『이성, 사회적 신화, 민주주의*Reason, Social Myths and Democracy*』(1940), 『학문적 자유와 학문적 아나키*Academic Freedom and Academic Anarchy*』(1970), 『혁명, 개혁, 사회 정의*Revolution, Reform, and Social Justice*』(1975), 『철학과 공공 정책*Philosophy and Public Policy*』(1980), 『마르크스주의와 그 너머*Marxism and Beyond*』(1983) 같은 책들은 에세이와 강연문으로 구성되었다. 『존재의 탐구*The Quest for Being*』(1961)나 『실용주의와 생의 비극적 의미*Pragmatism and the Tragic Sense of Life*』(1974)처럼 그 제목을 보면 어떤 일관성 있는 철학적 작업 같은 인상을 주는 책들도 강연문, 포럼 발표문, 잡지 기고문으로 채워져 있다. 일례로 『존재의 탐구』는 강연문 두 편, 기념 논총과 철학 저널에 실렸던 에세이 몇 편, 〈코멘터리〉 기고문 두 편, 〈파르티잔 리뷰〉 기고문 다섯 편, 그리고 왕복 서신 몇 편이 담긴 전형적인 구성이다.

강연문과 에세이를 묶는 일 자체가 문제될 것은 없다. 하지만 같은 주장과 논점을 반복할 때 이것들만 가지고는 철학적 입장을 상술할 수 없다. 게다가 정말로 반복의 연속이다. 1985년에 후크를 읽는 일은 1975년, 1965년, 1955년, 1945년, 그리고 거의 1935년에 그의 책을 읽는 일과 별다를 것이 없다. 후크의 책에는 공산주의와 그 지지자들이 민주주의에 가하는 위협을 거듭 강조하는 내용이 빠지지 않는다. 심지어 『철학과 공공 정책』, 『실용주의와 생의 비극적 의미』처럼 그의 평소 관심사와 얼핏 거리가 멀어 보이는 책들도 익숙한 후크의 에세이들("법과 아나키", "표현의 자유에는 제한이 있는가?" 등)로 채워져 있다. 『교육과 권력 길들이기*Education and the Taming of Power*』(1974)는 그가 1930년대 중반에 썼던 글까지 실린 전형적인 그의 잡문집인데, "국내외에서 학문과 학술의 자유를 지키기 위해 굴하지 않고 정치적 폭군, 비겁한 관료, 동료와 학생 무리의 손에 고통받아온 이들에게" 헌정했다.[95] 최근작에서도 후크는 공산주의자 교수들이 "학문 자유와 도덕성의 규범을 위반"한다는 증거로 1937년도 미국의 한 공산주의 신문을 인용하고 있다.[96]

다른 뉴욕 지식인들처럼 후크도 주로 정치 에세이스트다. 1930년대 이후로는 나름의 논거를 갖춘 책을 거의 한 권도 쓰지 않았다. 그는 철학에 기여한 것이 거의 없는 철학자다.[97] 그의 전체 저작 목록을 보면 그가 편집자에게 편지 쓰고 답장을 받고 그 답장에 다시 답장 쓰는 일을 즐겼다는 인상을 받게 된다. 이 서신들의 주제는 주로 공산주의의 위협과 누가 그것을 곡해하고 있다는 것이다.[98] 심지어 후크에 대한 칭송으로 도배된 그의 기념 논총 편집자도 그를 "응용적 지성"의 달인으로 일컫는데,[99] 그가 철학책을 거의 쓰지 않았다는 뜻이다.

문제는 에세이라는 형식이 아니라—에세이라는 형식 자체가 철학을 배제하는 것은 아니다—후크가 그것을 가지고 무엇을 했는가인데, 한 일이 거의 없다. 다른 뉴욕 지식인들의 에세이와 달리 후크의 에세이에는 우아함이 결여되었다. 그의 에세이는 성난 필자가 급히 휘갈겨 쓴 글처럼 보이며, 한데 모아놓아도 개선되지 않는다. 『교육과 권력 길들이기』의 1장은 이런 식으로 시작한다. "우리 시대의 미국 교육에 대해 직언할 시점은 오래전에 지나버렸다. 교육 '개혁', '혁신', '자유'라는 이름의 거짓말이 미국의 대중 사이에 침투하고 있다." 2장은 이렇게 시작한다. "교육 철학에 대한 헛소리들이 대단히 많이 횡행한다."[100] 후크는 철학자라기보다는 가두 선동가에 더 가깝다.

최근에 후크는 마르크스주의 연구가 르네상스를 맞은 이때에 그 자신의 저작이 인용되지 않는 이유를 고찰한 바 있다. 그는 "내가 마르크스주의의 몇몇 측면을 논한" 저서가 스무 권이 넘는데도 새로 나온 마르크스주의 "사전"에 이 책들이 언급되지 않았다며 불만을 토로했다.[101] 아마도 그 이유는 후크가 마르크스주의 연구에 수십 년간 아무 기여도 하지 않았기 때문일 것이다. 그는 마르크스주의나 철학과 씨름하기를 예전에 관두었다. 후크는 에세이스트이며 논객, 달변가이다. 정치·문화적 입장이 그의 전문 분야이지만, 듀이의 관점에서 마르크스를 주해한 1930년대 중반 이후로 그는 독창적이고 조리 있는 철학적 연구를 내놓지 못했다.

후크가 현재의 마르크스주의 연구자들에게 무시당하는 데는 "또다른" 이론상의 이유도 작용한다. 좌파들은 불순분자와 공산주의자와 급진적인 학생 들을 대학에서 배제할 근거를 확립하기 위해 밤낮으로 일하는 철학자에게 애정을 느끼지 못한다. 후크가 발표한 글들은 좌파, 공산주의자, 급진파, 또 그의 표현을 빌리면 "의례적 자유주의자들 ritualist liberals"이 자유를 위협한다고 쉴새없이 경고한다. 그 외의 다른 위협을 인지하는 데는 굼뜨지만, 바로 그 편협한 시야야말로 그가 좌파에게 들이대고 있는 것이다.

후크는 전쟁 이전 시기에 딱 한 번 나치의 반유대주의 문제를 제기했는데, 실은 이것도 공산주의를 욕하기 위한 것이었다. 1938년에 그는 이렇게 썼다. "히틀러가 무고한 시민 집단과 계층 전체를 뿌리 뽑고 쓸어버리는 기술을 다름 아닌 스탈린에게서 배웠다는 사실을 기억하자. 히틀러가 유대인을 취급하는 방식에 항의하면서…… 러시아 강제수용소를 가득 채운 6백만 명에 대해 침묵을 지키는 건 양심상 못할 짓이다." 알렉산더 블룸Atexander Bloom은 뉴욕 지식인을 연구한 책에서 이렇게 말한다. "그[후크]는 반스탈린 운동에 너무 깊이 골몰한 나머지" 나치가 유대인을 상대로 벌인 전쟁을 자체적인 관점에서 "논의하지 못했다".102

VI

최근까지 "지식인"에 대해 행해진 논의들은 1890년대에 일어난 드레퓌스 사건을 전거로 삼았다. 에밀 졸라를 필두로 정부의 드레퓌스 기소에 항의한 예술가, 작가, 교사 들은 "지식인"으로 알려지게 되었다. 반드레퓌스파의 눈에 그들은 새로 출현한 못마땅한 집단이었다. 반드레퓌스파에 속한 한 인사는 이렇게 썼다.

> 이 소설가[졸라]가 군사재판 문제에 개입한 것은, 이를테면 경찰서장이 문법이나 시작詩作 문제에 개입하는 것 못잖게 주제넘은 짓으로 보인다……. 저 지식인들 사이에서 돌고 있는 이 청원으로 말하자면! 실험실과 도서관에서 사는 개개인을 가리키기 위해—마치 그들이 귀족이라도 된다는 듯이—이 지식인이라는 말을 누가 최근 고안해냈다는 사실만으로도, 우리 시대의 우습기 그지없는 기벽 중 하나를 명백히 보여주는 것이다.[103]

나아가, 1860년대에 생겨난 러시아어 단어 "인텔리겐치아"[104]가 점차 영어에 편입되거나 적어도 영어 단어 "인텔렉추얼intellectual"에 영향을 끼쳐 저항적 색채로 물들었다. 러시아혁명으로의 길을 닦은 인텔리겐치아는, 오로지 "국가로부터의 소외와 국가에 대한 적대"로만 정의되었다.[105]

이런 역사는 이후의 논의에 영향을 끼쳤다. 사상가 중에는 이런 과거를 극복하고 싶어하는 이들도 있었고, 이런 과거를 되찾고 싶어하는 이들도 있었다.[106] H. 스튜어트 휴스는 지식인의 미래를 내다보며 1890년대의 과거 또한 들여다보았다(아마도 그의 가장 중요한 저작은 19-20세기 전환기의 지식인을 개관한 책일 것이다).[107] 그럼에도 그 원래의 색채는 1950년대와 1960년대를 거치며 표백되었다. 지식인에 대한 논의가 중단된 건 아니지만 그 방식이 바뀌었다. 과거에는 비판가와 보헤미안으로서의 지식인을 말했다면 이제는 사회학적 계급으로서의 지식인을 말한다. 이러한 어법의 변화는 삶의 변화를 조명하고 있다.

과거의 질문들이 이제 덜 긴급해 보이는 건 이 질문들에 대해―합의나 결정적 논증에 의해서가 아니라 사건들을 통해―답변이 제시되었기 때문이다. 교외를 둘러싼 논쟁과 비슷하게, "진보"에 대한 논쟁 또한 해결된 것이 아니라 그냥 버려졌다. 열띤 쟁점들이 시야에서 사라져 버린 것은 이 쟁점들이 더이상 현재로 침입해 들어오지 않는 어떤 과거를 반영하고 있기 때문이다. 1980년대에 독립 지식인이나 보헤미안 지식인의 미래를 묻는 사람은 거의 없다. 이 질문은 일단락되었다. 미래는 없다. 대신에 작금의 논객과 학자들은 지식인이 "신계급new class"에 해당하는지를 묻고 있다.

물론 아직은 어떠한 합의도 이루어지지 않았지만, 이런 질문의 재구성은 삶의 재구조화를 나타내고 있다. 지식인들은 독립 작가나 시인으로라기보다는 전문가 집단, 이익 연합체, 그리고 어쩌면 계급으로서 살아간다. 앨빈 굴드너Alvin Gouldner 같은 몇몇 이들이 볼 때 지식인과 테크니션이라는 이 "신계급"은 "현대 사회에서 가장 진보적인 세력"에 해당한다.[108] 이에 동의하지 않는 어빙 크리스톨은 신계급을 "야심이 크고 욕구불만에 찬 계급"으로 본다.[109] 〈월스트리트 저널〉의 한 에디터는 "비즈니스 제국을 통해 쌓인 엄청난 부가 이제 지식인들의 손에 들어가, 이제는…… 기업에 대한 공격과 '신계급'의 약진에…… 이용되고

있다"는 발견―혹은 망상―을 하기도 했다.[110]

대니얼 벨이 볼 때 "신계급"은 "흐리멍덩한" 범주다. 대신에 그는 지식인을 그들이 소속된 기관별로 분류할 것을 제안하며 기업, 정부, 대학, 의료, 군사의 다섯 개 분야를 꼽는다.[111] 벨이 제시한 목록을 보면 이 논의가 시초로부터 얼마나 멀어졌는지를 알 수 있다. 독립 지식인에 대한 논의가 계급과 제도라는 사회학적 용어로 대체된 것이다. 이제 독립 지식인은 진기한 존재로서만 명맥을 유지할 뿐이다.

오늘날의 지식인은 이력서와 명함을 지참하고 여행한다. 제도의 지원을 받아서 먹고산다. 제도권 학자들 사이에서 첫번째나 두번째로 나오는 전형적인 질문은 "누구?"가 아니라 "어디?"다. 그 사람이 제도적으로 어디 소속인지를 묻는 것이다. 이 부분은 중요한 변화다. 1964년 루이스 코저는 에드먼드 윌슨을 일컬어 "반쯤 잊힌 과거"의 "기념물"이라고 했다.[112] 20년이 흐른 뒤 이 과거는 완전히 잊히게 된다. 명확하게 표현하자면 이렇다. 1950년대에 아무데도 소속되지 않은 지식인들의 미래가 논의를 불러일으켰다면, 1980년대에는 지식계급의 미래가 논의의 중심이 된 것이다. 지식인이 계급으로 대체된 것은 이 변화를 요약하고 있다.

여기서도 "신계급"이―사실로서든 용어로서든―새로운 현상인지 여부는 문제가 아니다. 뉴턴 아빈은 신종 학자, 즉 경영자 스타일의 교수가 출현하고 있음을 지목하며, 사회주의자와 자본가를 넘어선 "경영자들managers"의 사회가 새롭게 부상한다고 선언한 제임스 버넘James Burnham의 『경영자 혁명The Managerial Revolution』(1941)을 언급했다. 왕년에 트로츠키주의자였던 버넘은 누가 소비에트 국가를 통치하느냐― 신종 자본가냐 신종 관료냐―를 둘러싼 트로츠키주의자들의 오래된 논쟁에서 그의 어구를 차용해왔다. 하지만 이 말은 그보다 훨씬 이전에 생겨났고 적어도 1백 년간 정치적 논쟁에 쓰여왔다.

이는 단순히 고문헌학적인 문제가 아니다. 많은 지식인이 좌파에서 우파로 옮겨갔지만, 그들은 왕년의 단어를 계속 가져다 쓰고 개조하기도 했다. 주로 보수주의자들의 글 모음집인 『신계급?*The New Class?*』은 맥스 노매드Max Nomad(1881~1973)에게 헌정되었다. 노매드는 제1차세계대전 이전에 폴란드의 혁명가 얀 마하이스키Jan Machajski(1866~1926)와 함께 몇몇 혁명 계획을 모의했던 인물이었다. 마하이스키는 지식인이 새로운 지배계급이 된다는 이론을 강하게 주장했는데, 노매드도 잇따른 저서에서 같은 이론을 펼치며 마하이스키의 생각을 미국 문화에 소개했다.[113] 노매드의 저작이 아주 분명히 보여주듯이, 계급으로서의 지식인은 새로운 단어도 새로운 개념도 아니다. 오늘날, 독립 지식인에 대한 논쟁이 사그라드는 한편으로 이 주변적인 관심사가―노매드의 저술은 한 번도 크게 주목받은 적이 없었다―조금씩 중심으로 들어오고 있다.

계급으로서의 지식인이라는 쟁점만이 시대를 암시하는 것은 아니다. 교수라는 인물군의 도상 또한 거의 모든 분야에서 재구성되어왔다. 1950년대 내내 미국 픽션에 등장하는 교수는 사회를 떠돌아다니는 무해한 부적응자였다. 블라디미르 나보코프의 『프닌』(1957)에 나오는 프닌 교수는 금요일 강의를 하러 가는 도중에 말 그대로 길을 잃고 만다. 매리 매카시의 『학문의 숲The Groves of Academe』(1952)에 나오는 뮬레히 교수의 자동차―"지붕에서 물이 샜다. 앞 유리창은 떨어지고 없었다. 와이퍼는 고장났다."―는 그의 삶을 고스란히 반영한 것이었다.[144]

아마도 이런 인물들은 여전히 존재하겠지만, 픽션에 도입하기에는―심지어 풍자하기에도―너무 희귀해졌다.[115] 동시대적 픽션에는 동시대의 분위기를 풍기는 글감이 필요하다. 교수를 공부밖에 모르는 어리바리한 꽁생원으로 등장시키는 건 책을 예스러운 시대물로 떨어뜨리는 짓일 것이다. 요즘의 교수들은 그보다 우스꽝스럽게 성애적이거나 직업적인 야심으로 가득차 있다. 돈 드릴로의 『화이트 노이즈』에서 머리는 동료인 잭을 불러 조언을 구한다. 머리는 잭을 입에 침이 마르게 칭송하며 존경을 표한다. 잭이 창시한 "히틀러학"은 학계에서 하나의 작은 산업이 되어 있다. 모두가 잭을 찬양하고 공경하며 그에게 아첨한다. 그는 수많은 학회의 초청을 받는다. "선생님은 이 인물[히틀러]을 둘러싼 시스템 일체, 하나의 구조물과 그 밑에 딸린 무수한 하부 구조……를 발전시키셨어요. 그 업적이 저는 경외스럽습니다. 대가답고 기민하고 기가 막힌 선견지명이었어요. 제가 엘비스[프레슬리]를 가지고 하려는 것이 바로 이런 일입니다."[116]

최근 나온 한 학계 풍자소설의 서평에서는 이 상황을 이렇게 요약했다.

옛날 옛적에, 사람들이 교수를 비웃게 만들고 싶으면, 실제 세상으로부터 너무나 유리되어 신발도 짝짝이로 신고 시드 캐서*식의 횡설수설 독일어로 도무지 알아들을 수 없는 소리만 늘어놓는, 놀란 토끼눈을 한 지식인의 모습으로 그들을 묘사하곤 했다. 오늘날에는…… 얼빠진 교수라는 인물상 대신에 세련되고 번지르르한 무리가 그 자리를 차지했다……. 새로이 코믹하게 등장한 교수는 세상사로부터 은둔하기는커녕 세상사에 너무 밝아서 문제다. 그는 큰돈을 갈망하

• Sid Caesar, 미국의 코미디언―옮긴이

고 스포츠카를 몰고 석좌교수직을 탐내며 사랑과 사치와 명성을 좇아 이 학회 저 학회로 옮겨 다닌다.[117]

$*$ $*$ $*$

1965년 해럴드 로젠버그Harold Rosenberg는 그전까지 행해진 지식인의 지식인 논의들을 검토했다. 애초에 변호사가 되려고 공부했던 로젠버그(1906-1978)는 시인, 공무원, 광고 컨설턴트로서 다채로운 경력을 거친 뒤 〈뉴요커〉의 미술 평론가가 되었고, 1960년대에는 시카고대학 교수가 되었다. 그의 이러한 경력은 지난 지식인 세대의 삶을 반영하고 있다.

그의 에세이 "사라지는 지식인The Vanishing Intellectual"은 호프스태터의 『미국의 반지성주의』와 코저의 『지식인이란 무엇인가Men of Ideas』를 비롯한 저작들을 재검토했다. 로젠버그는 지식인이 사라질지도 모른다는 우려를 공유하지 않았다. 그는 지식인이 다양한 외피와 위장을 취하며 주기적으로 역사의 쓰레기통에 버려졌다가도 다시 출현한다고 믿었다. 지식인들은 어떤 범주화로도 포착되지 않았고, 그들의 종말이 임박했다는 모든 예측을 피해갔다. 로젠버그는 지식인이 늘 우리와 함께할 것임을 믿어마지 않았다.

로젠버그는 코저가 공동 편집인으로 있는 잡지 〈디센트〉가 최근 캘리포니아 버클리대학의 학생운동에 대한 보도를 실었다고 지적하며 이 에세이를 마무리했다. 이 보도는 버클리를 "캠퍼스 지식인, 탐미주의자, 정치운동가 들의 용광로"로 일컬었다. 그리고 학생식당과 텔레그래프 애비뉴의 커피하우스에 모인 군중을 묘사했다. "여기에…… 캠퍼스에서 가장 지적으로 진지하고 도덕적으로 깨인 학생들이 놀랄 만큼 많은 비율로 몰려 있다." 로젠버그가 볼 때 이것이 주는 교훈은 명확했다. "20년대에 '보헤미아의 죽음'이 일어났다거나 조직에 소속되지 않은 지식인이 소멸했다는 타령은 그만하기로 하자."[118] 로젠버그와 노소를 막론한 많은 이들이 볼 때, 60년대 학생운동의 폭발은 순응주의나 사라지는 지식인에 대한 일체의 회의론에 종지부를 찍는 사건이었다. 하지만 폭발로 일어난 먼지―와 흙과 돌멩이와 바위―가 걷히자 회의론은 되돌아왔다.

THE
LAST
Intellectuals
AMERICAN CULTURE IN THE
AGE OF ACADEME

5장

캠퍼스의 신좌파 I
: 학자가 될 자유

I

잭 뉴필드Jack Newfield(1938-2004)는 『선지자적 소수A Prophetic Minority』 (1966)에서 신좌파New Left의 기원과 영향을 탐색했다. 초기에 이루어진 연구 중에서 아마도 최고작일 그의 책은 신좌파—'선지자적 소수'—가 점점 더 큰 중요성을 띠게 될 것이라고 주장했다. 그는 향후 15년 이내 에 "대학 강의실에서 밥 딜런의 시를 가르치게" 되고 비틀스의 영화가 예술 영화관에서 상영될 것이라 내다보았다. 또한 신좌파 이론가들이 사회의 걸출한 차세대 지식인으로 부상할 것이라고 과감하게 예측했다. 1980년대쯤에는 "톰 헤이든Tom Hayden, 노먼 프럭터Norman Fruchter, 롭 벌리지Robb Burlage, 마리오 사비오Mario Savio, 딕 플랙스Dick Flacks, 밥 패 리스Bob Parris, 칼 오글즈비Carl Oglesby가 주요한 사회 비평가일 것이다".[1]

　문화적 선견자로서 뉴필드는 꽤 좋은 성적을 올렸다. 비틀스의 영화는 때때로 예술 영화관에 내걸리고, 밥 딜런도—학교에서 그의 시를 배우지는 않지만—여전히 공연을 하고 있다. 하지만 지식인의 미래 예측에서 뉴필드는 빵점을 기록했다. 물론 "주요한 사회 비평가"가 좀 애매모호한 범주이긴 하다. 그럼에도 그가 이 명단을 제시하고 20년이 흐른 지금, 그중에서 조금이라도 주요한 사회 비평가나 저명한 지식인으로 여겨지는 인물은 한 명도 없다. 물론 캘리포니아의 개혁파 민주당원(이자 제인 폰다의 남편)인 톰 헤이든(1939-2016)은 지명도가 있지만 주요 지식인이라고는 할 수 없다. 몇몇은 공적 무대에서 모습을 감추었다(마리오 사비오[1942-1996], 밥 패리스[1935-]). 한 명은 사회학 교수이고(리처드 플랙스[1938-]) 나머지는 도시·지방·평화 정치 무대에서 여전히 활동중이다(노먼 프럭터[1937-], 롭 벌리지[1927-], 칼 오글즈비[1935-]). 문제는 그들이 얼마나 가치 있는 기여를 했느냐가 아니라 그들이 지식인으로서 더 광범위한 대중과 어떤 관계를 맺었는가다.

착오는 범할 수도 있는 것이고, 뉴필드는 〈빌리지 보이스〉의 선임 에디터이자 칼럼니스트로서 단순히 미래를 잘못짚은 것일 수 있다. 선견보다 후견이 더 믿을 만한 법이니, 과거를 되돌아보며 다음 두 질문에 답하는 일이 어려울 리는 없겠다. 1960년대의 지식인들은 누구였으며, 그들은 어떻게 되었는가?

물론 그중 첫번째 것은 간단한 질문이 아니다. 심지어 이 질문의 타당성에 이의를 제기하는 이들도 많다. 서로 동의하는 일이 극히 드문 보수주의자와 급진주의자도 60년대와 지식인이 같이 갈 수 없었다는 데는 때때로 동의한다. 보수주의자들에게 60년대는 이성을 잃은 성적·정치적 폭발로 문화가 파괴된 시대였다. 조지프 엡스타인은 "60년대는 미국을 휩쓴 해일과도 같았다"고 쓴다. "이 해일은 물러가기 시작했지만, 그것이 빠져나간 자리에는 깨진 유리와 동물 사체와 온갖 쓰레기가 널린 해변의 모습이 드러났다."**2** 〈뉴 크라이테리언The New Criterion〉에 따르면,

> 여전히 우리는, 60년대 급진운동의 가장 혐오스러운 특징 중 하나인 은밀한 정신 공격의 여파 속에서 살고 있다……. 그것은 문화생활에 지속적이고 파괴적인 영향을 끼치고 있다……. 그 누추한 이야기의 전모를 들려주려면 기번과 토크빌을 결합한 재능이 필요할 테지만, 굳이 천재가 되지 않아도 지성으로부터의 이런 도피가 야기한 몇몇 극악한 결과들을 알아챌 수 있을 것이다.**3**

일부 급진주의자들은 이 말에 거의 동의하면서 다만 그 영향이 그렇게 지속적이거나 파괴적이지 못했던 것을 아쉬워할는지도 모른다. 두 진영의 관점은 60년대의 "직접 행동"과 약물과 섹슈얼리티와 로큰롤이 지식인을 대체하거나 지식인에 도전했다는 시나리오를 공유하며 여기에 상반된 가치를 부여하고 있다.

이 시나리오는—어느 정도는—사실이다. 60년대를 지식인의 렌즈로만 바라보는 것은 심각한 착오일 것이다. 그렇긴 하지만 작가, 철학자, 정치 이론가 들의 영향을 무시하는 것도 마찬가지로 잘못이다. 학생평화연합SPU, 민주사회학생회SDS, 학생비폭력조정위원회SNCC, 북부학생운동NSM 등의 학생 저항 조직들은 60년대의 모든 국면에서 결정적인 역할을 했다. 대학에서 열린 "시국 토론회"•들은 베트남전쟁 반대 운동

• teach-in, 60년대 미국 대학의 교수와 학생들이 강의실에서 수업 대신 시국 토론을 하며 벌였던 농성—옮긴이

에 활력을 불어넣었다. 60년대의 대단원은 1970년 5월 주 방위군과 경찰이 시위 학생들을 쏘아 죽인 켄트 주립대학과 잭슨 주립대학에서 막을 내렸다. 물론 학생과 지식인이 일치하는 건 아니지만, 그럼에도 60년대의 캠퍼스 정치는 책이나 사상이나 지식인과 떼어놓을 수 없었고 이들 모두가 학생 사회에 퍼져나갔다.

60년대의 지식인들은 누구였을까? 아마 그 대다수—장폴 사르트르, 알베르 카뮈, 프란츠 파농, 헤르베르트 마르쿠제, 아이작 도이처, 빌헬름 라이히 등—는 미국인이 아니었을 것이다. 학생들이 사르트르의 『존재와 무』나 마르쿠제의 『일차원적 인간』을 반드시 이해했다고는—심지어 읽었다고도—할 수 없지만, 이들 개개인과 그들의 저술은 미국식 자유주의와 선명하게 구분되는 저항과 혁명과 윤리로 빛났다. 독립 마르크스주의자 아이작 도이처가 1965년 버클리대학 시국 토론회에서 강연했을 때 그는 1만 2천 명의 청중으로부터 기립 박수를 받았다.[4] 이 청중들이 그의 두툼한 세 권짜리 트로츠키 평전을 독파했기 때문은 아니었다. 그보다는 도이처가 미국(과 소련)의 공식 담론에 도전을 불사하는 참여적 지식인의 모범이었기 때문이었다.[5]

이런 반응을 이끌어낼 만한 미국 지식인을 C. 라이트 밀스 말고는 상상하기 힘들 텐데, 그는 1962년에 사망했다. 미국 지식인 중 몇몇은 60년대에 작은 역할을 했지만 그후로는 모습을 감추었다. 나머지는 본의 아니게 어쩌다 보니 역할을 맡게 되었다. 폴 굿맨, 노먼 메일러, 마이클 해링턴, 윌리엄 H. 화이트, 레이철 카슨, 존 케네스 갤브레이스, 베티 프리단 등이 그런 경우였다. 하지만 밀스는 50년대의 지식인과 60년대에 새롭게 대두한 인물들 사이의 간극을 거의 메우다시피 했다. 밀스의 지적 작업은 초창기 신좌파 문화계뿐만 아니라 그 지식인들의 운명까지 조명해준다.

II

1959년 밀스는 "오늘날 미국에 좌파는 없다"고 단호히 선언했다. 그는 갖가지 체념과 도피의 사례들을 열거했다. 전직 공산주의자들은 정치에 신물을 내고 국가주의 찬양으로 돌아섰다. 왕년에 공산주의자였다가 전문 직업인으로 변신한 이들은 분위기에 "찬물을 끼얹는다." "젊은 안주자들"은 정치를 버리고 잘나가는 직업을 택한다. 제도권 학자들은 "완벽히 합리적이지만…… 이성을 거부한다". 이렇게 암울한 정치적 풍경 자체가 밀스에게는 한 조각 희망을 주었다. "정신이 빈곤해지고 정치적 의지가 실종된 현상황이야말로, 내가 볼 때는 미국의 지식인들이 새로운 시작을 도모해볼 유일한 기회로 느껴진다."[6]

그로부터 1년 반 뒤에 밀스가 발표한 "신좌파에게 보내는 편지Letter to the New Left"에서는 어조가 확연히 달라져 있었다. 그는 새로운 시작을 선언했다. 그 사이에 피델 카스트로가 바티스타를 권좌에서 끌어내렸고, 밀스는 쿠바혁명을 열렬히 옹호하는 『들어라 양키들아!』를 발표했다. 그는 진정한 쟁점이 소멸했다고 가정했던—아니, 소멸했기를 간절히 바랐던—"이데올로기의 종언" 이데올로기의 시효가 다했다고 지적했다. 전 세계적으로 새로운 정치적 기류가 신좌파의 이론과 윤리와 유토피아주의에 기회를 선사하고 있었다. 그는 이렇게 글을 끝맺었다. "늙은이들이 눈살을 찌푸리며 ''무관심에서 벗어나'—어디로 가게?'•라고 묻게 내버려두라. '안주의 시대'가 끝나고 있다. 노인네들이 '이데올로기의 종언'에 대해 현명한 넋두리를 늘어놓게 내버려두라. 우리는 다시금 움직이기 시작했다."[7]

밀스에게 여기서의 "우리"는 지식인들이었다. 그의 모든 저작이 지식인의 책무와 영향력에 천착했다. 그는 공공 지식인이 쇠퇴한 과정을 추적했다. 그는 지식인의 각성을 추구했다. 또한 그 스스로도 공공 지식인이 되고자 했다. 밀스에게는 지식인이야말로 신좌파에 해당했다.[8] "우리가 지식인으로서 노동계급 선동가나 조직 정치가가 되는 우리의 역할을 저버리고서는 좌파를 건설할 수 없다. (……) 우리는 지식인으로서 우리의 일을 하며 당면한 쟁점을 정면으로 마주함으로써 좌파의 건설을 시작할 수 있다." 그는 우리가 지식인으로서, "공인public men"으로서 행동해야 한다고 선언했다.[9]

지식인에게 새로운 활력을 불어넣으려면 단순한 도덕적 용기만으로는 부족했다. 초창기 미국의 제퍼슨 민주주의에서는 지식인이 교양 있는 시민을 청중으로 두고 그들 가운데서 살았다는 것이 밀스의 믿음이었다. 이제 지식인들은 제도와 기업에 가로막혀 공중을 향해 발언할 수 없게 되었다. 밀스가 자주 언급한 토머스 페인이 살았던 세계에서는 "독자에게로 가는 직접 통로"—팸플릿—를 활용할 수 있었다. 오늘날 지식인이 팸플릿을 쓴다는 것은 거의 시를 써서 서랍에 처박아두는 것이나 다름없는 행동이었다. 광고와 유통에 너무 크게 의존하는 대중잡지들은 이단적 견해를 게재하는 위험을 무릅쓸 수 없었다. "지식인과 그 잠재적 청중 사이에는 그 소유와 운영이 남의 손에 좌우되는 기술·

• 밀스는 영국 역사학자 E. P. 톰슨의 신좌파 에세이집 『무관심에서 벗어나Out of Apathy』에 대한 응답으로 이 글을 썼다—옮긴이

경제·사회적 구조물이 버티고 서 있다"고 밀스는 지적했다.[10]

그래도 상관없었다. 도덕적 용기만으로는 충분치 않다 해도 그것은 필수적인 전제 조건이었다. 밀스는 언제나 모럴리스트로서, 당파적 입장에서, 비판가로서 글을 썼다. 그는 1950년대에 지식인이 항복한 것을 개탄했다. 그들의 순응주의, 조심성, 유토피아적 비전의 상실을 개탄했다. 지식인은 "계급과 지위와 자아상에서 더욱 확고하게 중산층이 되었다. 책상 앞에서 일하고 결혼해서 자녀를 키우며 교외의 좋은 동네에서 살게 되었다. (……) 남들에게 사물의 이치를 알려주는 책을 쓰는 대신 남들에게 뭘 하라고 지시하는 메모를 적게 되었다".[11] 그는 지식인들에게 "진실의 정치"를 옹호할 것을 촉구했다. "지식인은 사회의 도덕적 양심이 되어야 한다."[12] 『제3차세계대전의 원인*The Causes of World War Three*』에서 그는 "문화적 태만cultural default"을, 지적 긴장감의 상실을 규탄했다. 우리는 뭘 해야 하는가? "우리는 정치적 지식인으로서 행동해야 한다." 그리고 "공공 지식인으로서" 행동해야 한다.[13]

이 역사적인 순간에 밀스는 도처에 있는 것처럼 보였다. 그의 책 『제3차세계대전의 원인』과 『들어라 양키들아!』(이 책은 〈하퍼스〉에 발췌 게재되기도 했다)는 수십만 부가 팔렸다. 여기저기서 그의 고견을 들려달라는 요청도 많이 들어왔다. 어쩌면 너무 많았는지도 모르겠다. 쿠바에서의 텔레비전 토론을 하루 앞둔 저녁에 그만 심장마비가 온 것이다.[14] 그럼에도 밀의 정신과 말과 모범은 초창기 신좌파에 선명한 흔적을 남겼다. 새로운 캠퍼스 정치를 천명한 SDS의 창립 선언문(포트 휴런 성명 [1962])은 그의 사상과 어구를 빌려온 것이었다. 이 성명의 주필을 맡은 톰 헤이든은 이미 밀스를 주제로 학위논문을 쓴 바 있었다. 신좌파 지식인이나 지식인을 지망하는 이들에게 밀스는 반드시 거쳐야 할 인물

이자 나아가서는 영웅이었다.[15]

그 순간은 지나갔다. 물론 밀스의 저작은 신좌파의 죽음 이후에도 생명력을 잃지 않았지만, 그의 후학들은 공공 지식인이 아닌 사회학자가 되었다. 1950년대에 공개적으로 급진파인 사회학자는 밀스를 빼면 거의 없다시피 했다. 오늘날에는 좌파·마르크스주의자·페미니스트 사회학자가 호텔 회의장을 가득 채울 만큼 많고 실제로도 그런 광경을 볼 수 있다. 그들은 없는 데가 없다. 이는 대단히 놀라운 변화이지만 그중 일부분은 착시일 뿐이다. 머릿수는 증가했지만 그들이 공공 지식인으로 전환되지 않은 것이다. 수백, 어쩌면 수천 명의 좌파 사회학자 중에서 밀스와 비슷한 존재감을 지닌 인물을 단 한 명도 거명하기 힘들다.

이는 우연이 아니라 역사의 궤적에 기인한다. 급진적 사회학자가 혁명을 꿈꿀지는 몰라도 그들은 교직에 의존하고 있다. 또한 전문화는 개인화—더 광범위한 공공의 장으로부터의 철수—를 의미한다. 밀스는 비타협적인 공적 사상가였고 더불어 교수이기도 했다. 오늘날의 급진적 사회학자들은 우선 교수이고, 공공 지식인인 경우는 간혹 있다 해도 드물다. 1964년 밀스를 기리기 위해 출간된 『새로운 사회학*The New Sociology*』은 "미국에서 사회과학을 공부하는 대학원생들에게" 헌정되었다. 하지만 이 책의 젊은 미국인 필자들은 그로부터 20여 년이 흐른 지금까지 사회학으로부터 공적 글쓰기로 넘어오지 않았다. 이 점에서 그들은 보다 폭넓은 신좌파 지식인들이 취한 행보의 전형을 보여주고 있다.[16]

대학에서 자리를 따낸 신좌파 지식인들은 정기적인 봉급, 긴 방학, 자신이 원하는 내용을 집필할—그리고 때로는 가르칠—자유 등등의 혜택을 얻었다. 물론 상황이 그렇게 단순한 것만은 아니었다. 학술 산업은 거대한 불안감에 포위되었다. 동료들과 행정 관리자들이 내리는 여러 복잡다단한 판정에 의해 미래가 좌우되었다. 학문의 자유 그 자체는 취약했고 학문적 원칙은 흔히 무시되었다. 이러한 자유나 원칙의 침해가 사사건건 간섭하는 이사회나 외부 조사관들만의 전유물도 아니었다. 내부에서도 위협이 불거졌고 이는 점점 더 심해지고 있는 듯하다. 학자로서의 커리어가 학문의 자유를 잠식했던 것이다. 이는 역설처럼 들리지만, 우리는 제도가 보장하는 자유를 바로 그 제도가 무력화시킨다는 모순이 학문의 자유에 내재되어 있음을 상기하게 된다. 여러 대학의 많은 교수들에게 학문의 자유란 곧 제도권 학자가 될 자유였지 그 이상이 아니었다.

III

밀스가 대학원을 다닌 위스콘신대학 매디슨은 독립적 급진주의의 오랜 전통을 지닌 학교였다. 매디슨 캠퍼스에서 발행된 저널로 밀스와 그의 멘토인 한스 거스Hans Gerth의 흔적이 찍힌 〈좌파 연구Studies on the Left〉는 젊은 지식인들이 품었던 희망과 그들에게 닥친 운명을 예시적으로 보여준다. 50년대 말의 환멸과 매카시즘이 구 공산주의자 좌파를 송두리째 파괴했다면, 옛 신념에 대한 애착이 없는 좌파들에게는 숨쉴 공간을 열어준 측면도 있었다.[17] 〈좌파 연구〉는 신좌파 운동 초창기의 지식인들에게 중요한 잡지였다. 1959년도 창간 멤버들은 장래에 교수가 될 자신들의 모습을 상상하며 창간사에 이렇게 썼다. "우리는 학자로서의 커리어를 기대하는 대학원생으로서, 학계가 우리 자신의 삶과 매우 긴밀히 이어져 있음을 느낀다." 그들은 급진적 학문의 부흥을 요구했다. "급진적 학자들의 연구를 학계에 수용하는 것이야말로…… 미국 지성 계 전체를 부흥시키는 길이라고 우리는 확신한다."[18]

하지만 〈좌파 연구〉는 제도권 학계의 안주와 전문화로부터 도피했 다. 최소한 숨통을 틔우기 위해, 그리고 가능하다면 한 발 더 나아가 도 시의 정치적 격동에 참여하기 위해 1963년 캠퍼스 도시 매디슨을 떠 나 뉴욕으로 옮겨간 것이다. 이러한 노력으로도 지식인과 그들의 헌신 에 대한 끊임없는 논쟁은 매듭지어지지 않았다. 몇 년 뒤 이 잡지의 이 론적 자족성에 불만을 품은 편집인 세 명—노먼 프럭터, 톰 헤이든, 스 터턴 린드Staughton Lynd—은 정치적으로 보다 능동적인 역할에 뛰어 들기 위해 편집인직을 사임했다. 〈좌파 연구〉의 편집진과 회원들은 대 부분 정말로 교수가 되었지만, 이 세 명을 비롯한 몇몇은 대학 바깥 에 머물렀다. 솔 랜도Saul Landau(1936-2013)는 워싱턴 D. C. 정책 연구 소Institute for Policy Studies의 연구원이자 영화제작감독으로, 리 백샌들 Lee Baxandall(1935-2008)은 출판인이자 누드 비치 활동가로, 제임스 와 인스타인James Weinstein(1926-2005)은 사회주의 신문 〈인 디즈 타임스 In These Times〉의 발행인으로 활동했다. 문제는—마틴 스클라Martin Sklar(1935-2014), 로널드 라도시Ronald Radosh(1937-), 워런 서스먼Warren Susman(1927-1985), 마이클 리보위츠(1937-), 제임스 길버트(1935-), 조앤 월라치 스콧(1941-) 등의—제도권 학자도, 또 제도권 학자가 아닌 사 람들도 딱히 공공 지식인으로의 전환을 이루어내지 못했다는 것이다. 〈좌파 연구〉의 두 편집인 스터턴 린드와 스탠리 아로노위츠가 걸어간 궤적은 그들의 제한된 선택지를 잘 보여준다.

둘의 경력은 거의 완벽한 거울상을 이루고 있다. 린드는 교수였다가 노동운동가가 되었고, 아로노위츠는 노동운동가였다가 교수가 되었다. 스터턴 린드(1929-)는 학자 집안에서 태어났다. 그의 부모(로버트 S. 린드와 헬렌 M. 린드)는 사회학 연구의 고전인 『미들타운Middletown』을 집필했다. 기독교도로서 개혁적 목회자였다가 비판적 사회학자가 된 로버트 S. 린드Robert S. Lynd의 도덕적 가르침과 실용주의는 스터턴에게 깊이 각인되어 스터턴 자신의 글에도 윤리적 정신이 배어 있다.[19] 스터턴 린드는 하버드와 컬럼비아에서 수학한 뒤 예일대학에서 미국사를 가르치며 학자로서 탄탄대로를 걸었다. 하지만—인권, 반전, 징집 거부 등—60년대의 치열한 정치 활동이 그를 다른 방향으로 이끌면서 그와 대학의 관계는 어그러지게 된다.

1965년 버클리에서 시국 토론회가 열렸을 때, 린드는 이 행사가 학문을 "희화화"했다며 폄하한 정치학 교수 로버트 A. 스칼라피노에게 다음과 같이 응수하며 스칼라피노가 말한 훌륭한 학문의 순수성 개념에 도전장을 던졌다.

제가 고용된 예일대학은, 피그스만 침공의 기획자인 리처드 비셀Richard Bissell, 베트남에 대한 '플랜 식스'[Plan Six, 북베트남에 대한 직접 공격 계획—옮긴이] 입안자인 W. W. 로스토W. W. Rostow…… 그리고 [대통령 보좌관으로 베트남전을 극력 옹호한] 맥조지 번디McGeorge Bundy를 배출한 교육 기관입니다. 그러니 스칼라피노 교수가 베트남 반군 세력에 대한 전문가라면, 저는 미국측에서 이 반군을 소탕하는 세력에 대해 어느 정도 전문가라 할 수 있다고 자부합니다. 저는 이 선출되지 않은 전문가들이 아이비리그에서 받은 교육에 대해 다소간 아는 바가 있기 때문입니다. 속물근성, 편협한 자민족 중심주의, 인간

에 대해 냉소적이고 조작적인 태도를 주입하는 교육이 바로 그것입
니다.20

예일대학은 이러한 정서를 반기지 않았다. 예일에서 쫓겨난 린드는
대학에 불만을 품고서 다른 커리어에 도전했다. 그는 자신의 전문 분야
인 역사학에서 인도적 가치와 행동을 실천할 길이 안 보인다고 판단했
다. "내가 비록 급진주의자이지만 훌륭한 역사학자도 될 수 있음을 입
증하기 위해 남은 평생 동안 보수적인 원로 역사학자들에게 아첨해서
점수를 따지는 않을 것이다."21 린드는 역사학 교수로서의 경력을 등지
고 법학도가 되었다. 그리고 1976년 오하이오주 영스타운에서 변호사로
개업하여 이 지역의 공장 폐쇄에 저항하는 철강 노동자들을 변호했다.
  린드의 저서들은 그가 걸어간 궤적을 반영하고 있다. 그의 첫 책은
학술서인 『뉴욕 더체스 카운티의 반연방주의*Anti-Federalism in Dutchess
County, New York*』(1962)였다. 그후에는 미국 급진주의의 역사(『미국 급진
주의의 지적 기원*The Intellectual Origins of American Radicalism*』[1968]), 베트
남전 징집 거부 운동(『저항*The Resistance*』, 마이클 퍼버와 공저[1971]), 노
동계급 조직가들의 경험(『대오: 노동계급 조직가들의 개인사*Rank and File:
Personal Histories by Working — Class Organizers*』, 앨리스 린드와 공저[1973])
등을 다루었다. 그리고 보다 최근에는 노동법과 철강 노동자들의 공장
폐쇄 반대 운동에 대해 썼다. 그의 『평조합원을 위한 노동법*Labor Law
for the Rank and Filer*』(1978)은 노동조합원과 조직가들을 위해 연방 노동
법률을 요약 소개한 팸플릿이다.
  『폐쇄에 맞선 투쟁*The Fight Against Shutdowns*』(1982)은 오하이오주의
공장 폐쇄에 대한 기록이다. 린드 자신은 여기서 몇몇 노조와 공동체

조직의 법률 자문으로 일한 바 있었다. 린드는 이렇게 설명한다. "변호사가 되기 전에 나는 역사학자였다. 우리의 투쟁이 끝난 뒤, 이에 대한 기록을 내 힘닿는 선에서 최대한 남겨야겠다고 생각하게 된 건 자연스러운 일이었다." 그리고 이렇게 덧붙인다. "나는 기층 철강 노동자들을 의도적으로 내러티브의 중심에 놓았다. 그곳이야말로 그들의 자리라고 생각한다."[22] 이렇게 반엘리트주의적이고 대중주의적이고 도덕적인 관점은 린드의 글과 활동에 일관되게 각인되어 있다.

노동 변호사나 기록자로서 린드가 기울여온 노력의 가치는 의문의 여지가 없다. 또 그가 신문과 잡지에 기고할 때에는 보다 폭넓은 정치 이슈들을 다루곤 한다. 하지만 그 자신의 커리어가 무심코 증언하는 전문화는 아무도 거스를 수 없는 추세인 듯하다. 그는 대학의 편협성—아마도 엘리트주의와 불모성—과 결별했지만, 좀더 보편적인 지식인이 되지는 않았다(아마 되기를 원치 않았을 것이다). 오늘날 그는 사회적으로 헌신적인 노동 변호사로서 글을 쓰고 있다.

한편 아로노위츠(1933-2021)는 노동조합 조직가로 시작했다가 그 한계에 불만을 느끼고 대학으로 방향을 돌렸다. 몇 해 전, 소규모 학술 저널인 〈뉴 저먼 크리틱New German Critique〉과 아로노위츠가 편집진의 일원으로 있는 〈소셜 텍스트Social Text〉에서 주관한 학회가 매디슨에서 열렸다. 역사학 교수로서 한때 〈좌파 연구〉에도 관여했던 폴 브레인스Paul Breines(1941-)는 〈좌파 연구〉가 위스콘신을 떠났던 초창기를 회고하며 이제 아로노위츠가 교수이자 편집인으로서 매디슨에 오게 된 아이러니를 이렇게 곱씹었다.

잡지를 매디슨에서 뉴욕시로 이전한 이유 중 하나는, 대학의 한계를 벗어나 좌파 활동가들과 유대를 다지기에 더 적합한 곳에 자리잡기 위해서였다. 당시 '석유·화학·원전 노조'의 조직가였던 스탠리 아로노위츠를 영입한 것은 이러한 목표를 위해서였다. 그를 통해서 〈좌파 연구〉는…… 노동계급에게 가닿았을 뿐만 아니라 노동계급을 이 잡지로 데려왔다. 이제 〈소셜 텍스트〉의 세 편집인 중 한 명인 스탠리 아로노위츠는 우여곡절을 거쳐 정년직 교수가 되었다. 그리고—개중에서도—애초에 〈좌파 연구〉가 그에게서 찾았던 바로 그것을 추구하고 있다.[23]

아로노위츠 자신은 구 독립 인텔리겐치아의 소멸과 교수 집단의 부상을 실증적으로 보여주는 거의 과도기적 인물이라 할 수 있다. 그의 경력은 마이클 해링턴의 그것과 유사한 궤적을 밟아왔다. 실제로 아로노위츠는 그리니치빌리지의 유명한 보헤미안 집합소 '화이트호스'에서—그곳이 마지막 불꽃을 태웠던 1950년대 말에—해링턴을 만난 적이 있었다. 아로노위츠는 50년대 교외로의 대탈출 와중에도 여전히 도시에 남은 "정치적 인텔리겐치아 망명자들"의 대화에 귀기울였던 경험을 이렇게 회고한다.

매카시 시대든, 전투적 노동운동의 명백한 퇴조든, 소비 사회의 도래든—그 무엇으로도 '화이트호스'에서 금요일마다 말술로 맥주를 들이켜는 급진주의자들의 작은 무리를 기죽일 수는 없었을 것이다. 그들이 비트족들과 이미 저문 [30년대] 급진주의 문학의 노장들과 함께 그 빼곡한 방에 비집고 들어앉은 것이 그 얼마나 적절했는지.[24]

그의 첫 저서인 『거짓된 약속*False Promise*』(1973) 또한 과도기적 성격을 띠고 있다. 자서전과 노동계급의 삶에 대한 단상이 독창적으로 결합된 이 책은 자유분방한 인텔리겐치아의 영토를 보여준다. 아로노위츠는 1950년 대학에서 정학당한 뒤 공장을 전전하며 일하다가 노조 활동가의 길로 들어섰다. '석유·화학·원전 노조'에서 전임자 자리를 제의받고 여기서 여러 해 동안 일하다가 1967년 사임했다.[25] 그후에는 빈곤 퇴치 및 대안 학교 활동에 참여했고 결국 스태턴아일랜드 커뮤니티 칼리지에서 교편을 잡았다.

오늘날 그는 뉴욕 시립대학 대학원의 사회학 교수다. 그의 근작들은—어법으로 보나 문제점으로 보나—그가 자리잡은 새로운 환경을 반영하고 있다. 일례로 푸코, 데리다, 라캉을 참조한 대목들이 무수히 널린 (그의 책 『역사 유물론의 위기*Crisis in Historical Materialism*』에 실린) 한 에세이는 이런 식으로 시작한다. "담론들의 통약 가능성 문제는 인간 지식의 구조에 대한 이율배반을 기술하는 한 가지 방식이다. 우리는 통일된 과학을 말할 수 있는가, 아니면 이는 근본적으로 단절적인 구조들/담론들에 의해 구성된 우리 지식의 대상인가?"[26] 『거짓된 약속』과는 백만 광년 정도 거리가 있다.

물론 이런 비판은 공정치 못하다. 과거의 노조 경력에 힘입어, 아로노비츠는 단지 새로운 학계의 독자층이나 단일한 학문 분야에만 머무르지 않고—가끔 〈빌리지 보이스〉를 통해—일반 대중을 상대로 여러 광범위한 이슈를 다루기도 한다. 그의 근작인 『노동계급의 영웅*Working Class Hero*』[27]은 『거짓된 약속』에서 다루었던 테마(와 그 수정판으)로의 복귀를 표시하고 있다.[28] 어쩌면 여기에서 지성계의 윤곽에 대한 몇 가지 단서를 찾을 수도 있을 것이다. 아로노위츠의 저작들이 빛난다면, 이는 그의 순전한 재능뿐만 아니라 그가 걸어온 독특한 궤적에도 기인하는 것일 수 있다. 그는 도시 비제도권 지식인 전통의 끝자락에 서 있기 때문이다. 그 끝자락에서, 노동·빈민 운동가로부터 정교수까지 출세하려면 제아무리 수완가라도 통행료를 치를 수밖에 없다. 〈좌파 연구〉의 재능 있는 지식인들은 다채로운 선택지를 보여주면서 동시에 그 한계—제도가 지배하는 시대에 문화적 활동의 본질—또한 드러내고 있다.

IV

이렇게 많은 좌파 지식인이 대학에서 일자리를 구하고 또 자리를 얻은 적은 미국사를 통틀어 일찍이 없었다. 20세기 전반의 급진주의자들은 대학교수가 되는 일이 거의 없다시피 했다. 맥스 이스트먼은 철학 박사가 되기 위한 요건을 모두 갖추었지만 학위를 따지 않았다. 굳이 따야 할 이유가 있었을까? 매우 드문 사회주의자 교수 중 한 명이었던 스콧 니어링은 대학에서 해직당한 터였다.[29] 게다가 학위 논문을 인쇄하는 데도 30달러나 들었다. 이스트먼은 자신을 제도권 학자로 여길 수 없었다. 대신에 그는, "인기 없는 논조를 가진 파산한 잡지"의 편집인으로 부름 받으면서 자신의 소명을 발견하고 프리랜서 강사 겸 저술가가 되었다. "귀하는 〈대중〉의 편집인으로 선임되었습니다. 급료는 없습니다." 이것이 그가 받은 제안서의 전문이었다.[30]

하지만 고등교육 시스템이 점차 확대되면서 심지어 급진적인 지식인들도 일자리를 구할 수 있게 되었다. 물론 대학의 규모만이 유일한 변수는 아니었다. 정치적 분위기도 중요했다. 1930년대에는 최소 수백 명,

어쩌면 그보다 많은 교수들이 공산당과 연계되어 있었지만 대중 앞에 급진주의자로서 대담하게 나선 사람은 거의 없었다. 어찌되었든 그들에게는 미래가 없었다. 대공황으로 신규 임용이 제한되었을뿐더러 매카시즘이 대학을 사실상 좌파 금지 구역으로 만들었던 것이다. 물론 매카시즘은 1950년대 초에 상원의원 조지프 매카시가 획책한 반공주의를 가리키는 말이다. 하지만 체계적 괴롭힘과 박해를 느슨하게 가리키는 용어로서 이 말의 연원은 적어도, 뉴욕주 의회가 (허버트 랩과 프레더릭 R. 쿠더트 의원의 주도로) 대학에 재직중인 불순분자들의 조사에 착수한 1940년까지 거슬러올라간다.

대학에 공산주의자와 급진파가 얼마나 있었는지는 정확한 수치를 알아내기가 어려운 것으로 악명 높다. 하지만 확실한 것은, 다양한 외피를 뒤집어쓴 매카시즘이 학계의 급진주의자들을 숙청하거나 입막음하는 데 성공했다는 사실이다. 뉴욕시에서만 58명, 전국적으로는 아마도 수백 명의 교수가 해임되었다. 한 연구의 결론에 따르면, 매카시 시대가 끝날 무렵에는 "캠퍼스에서 마르크스주의가 소멸했다. 마르크스주의를 따르는 주요 인사 대부분이 학계에서 추방되어 좌파 학문의 전통이…… 단절되었다".[31]

해직되거나 괴롭힘에 못 이겨 물러난 사람들의 수는 그 전모의 일부분만을 말해줄 뿐이다. 대부분의 주요 대학들은 자체적으로 조사를 벌이거나 주정부의 조사를 받았다. 해직자들이 다른 곳에서 새로 교편을 잡은 경우는 드물었다.[32] 워싱턴대학의 마녀사냥을 기록한 책에서 지적한 바에 따르면 "해직된 세 교수 모두 다시는 고등교육 기관에 취직하지 못했다." 한 해직 교수는 재취업에 번번이 실패하고 정부 구호 기금으로 연명하다 세상을 떠나기도 했다.[33] 엘렌 W. 슈레커Ellen W. Schrecker

의 『상아탑은 없다No Ivory Tower』는 이 안타까운 이야기를 들려주고 있다. 그녀의 결론은 이렇다. "학계는 매카시즘과 싸우지 않았다. 매카시즘에 이바지했다."

몇몇 교수들에게 닥친 운명으로 인해 불거진 해직과 실업의 공포는 전체 교수진을 침묵시킬 수 있었고 실제로 침묵시켰다. 용기로 보면 그들은 장삼이사나 다르지 않았다. 어쩌면 그만도 못했다. H. L. 멩켄은 일찍이 니어링의 해직에 대해 이렇게 말한 바 있다. "이제, 쫓겨나지 않은 경제학 교수들의 경우를 생각해보자. 누가 그들이 니어링 사태의 교훈을 잊었다고 하겠는가?"**35** 물론 개개인의 관점에서 보면 해직당하는 것과 침묵당하는 것의 차이는 사소하지 않다. 하지만 더 광범한 문화에서 이 차이는 덜 중요하다. 이 관점에서 보면 입이 틀어막힌 급진주의자(나 보수주의자)는 존재하지 않는 것이나 다름없다.

하지만 이 "입막음"을 좀더 정확하게 표현할 수도 있다. 학문 자유의 역사에서 흔히 가려진 사실은 학문의 자유가 전문화와 거의 반비례 관계라는 것이다. 교수들에 대한 적대를 불러일으킨 것은 교실에서의 강의 내용이 아니라 그들의 공적 발언이나 정치적 소속이었다. 위협을 받았을 때 그들은 자연스럽게도 자신의 전문 분야로 철수했다. 전문화는 피신처 역할을 했고, 여기에는 학문의 자유를 적출하는 개인화 또한 수반되었다.

이는 학문의 자유에 대한 한 유명한 사례의 교훈과도 일치하는 듯 보인다. 1894년 위스콘신대학의 리처드 T. 일리Richard T. Ely는—구체적으로 말하자면 이 지역 어느 공장의—파업과 보이콧을 "정당화하고 조장했다"는 이유로 고발당했다. 그러나 이에 대한 위스콘신대학 평의회의 심리는 학문의 자유에 대한 강력한 옹호로 마무리되었다. 평의회는 최종 보고서에서 이렇게 선언했다. "탐구의 자유를 속박하는 그 어떤 제약이 다른 곳에 있다 하더라도, 진리는 부단하고도 두려움 없는 체질과 키질sifting and winnowing에 의해서만 발견될 수 있으며 우리 위스콘신 주립대학은 이를 언제나 독려해야 한다고 믿는다."[36] 이 명문은 지금도 위스콘신대학 교정을 장식하고 있다.

하지만 이런 웅변적인 말 뒤에는 미래를 더 잘 예견해주는 패배가 감추어져 있었다. 온건한 사회주의자였던 일리는―그의 전기에 쓰인 내용에 따르면―이 심리가 끝난 뒤 "앞으로는 '대중적' 글쓰기보다 '과학적' 연구에 집중하는 편이" 더 낫겠다는 결론을 내렸기 때문이다.[37] 몇 년 뒤 그는 한 도서 시리즈의 편집인이 되었는데 이 시리즈의 타이틀인 "시민 도서관The Citizens library"이 너무 대중적이고 비과학적인 인상을 준다는 이유로 불만을 표했다고 한다. 일리가 직접 겪은 경험에서 터득한―공적으로 논란될 만한 일을 멀리하라는―교훈은, 그의 제자였던 에드워드 W. 베미스Edward W. Bemis가 시카고대학에서 곤경에 휘말려 불운을 겪으면서 한층 더 굳건해졌다.

베미스는 철도의 공공 소유를 오래전부터 지지해온 터였다. 시카고를 뒤흔든 풀먼 철도 대파업이 터진 그해에 시카고대학에서 교편을 잡고 있던 베미스는 파업 노동자들의 편을 들었다. 존 D. 록펠러의 돈으로 설립된 시카고대학의 총장은 베미스의 입장을 탐탁해하지 않았다. 그는 베미스 때문에 자기가 "시카고의 어떤 클럽에도 무사히 발 디딜 수 없게 되었다"고 불평하며, "사람들의 심기를 동요시키는 문제에 대한 공개적 발언에 극도의 주의를 기울이라"고 베미스에게 지시했다.[38] 해당 학기가 끝났을 때 베미스는 쫓겨났다. 이 조치를 바로잡으려는 온갖 노력은 실패로 돌아갔다.

둘의 운명은 어째서 달라졌을까? 그 이유의 일부를 추측해보자면, 베미스는 공적 담론에 끝까지 구제불능으로 헌신했다는 것을 들 수 있다. 사실 베미스는 일리가 면책된 것을 축하하는 편지를 써 보낸 바 있었다. 하지만 아쉬운 감정을 덧붙였다. "다만 선생님께서 노조 간부를 환대하거나 파업 노동자들을 상담했다는 데 대해—마치 그런 일이 잘못이라도 되는 양—강하게 부인하신 듯하여 애석했을 따름입니다."[39] 베미스는 일리가 공공 생활에서 철수해버린 것을 계속 유감스러워했다. 몇 년 뒤 그는 일리에게 이런 편지를 썼다. "여러 해 전에는 선생님께서 가장 대중적인 잡지에 사회 개혁에 대한 수준 높은 글을 쓰셨는데 가끔씩이라도 그런 일로 복귀해주시면 얼마나 좋을까 싶습니다."[40]

두 사람이 공공과 맺은 상반된 관계는 둘의 학문적 미래에 그대로 반영되었다. 월터 P. 메츠거Walter P. Metzger가 쓴 대로, 일리는 "남은 평생 동안 학문적 품위를 마지막 한 올까지 사수했다". 하지만 베미스는 "학계의 이스마엘•"이 되었다. 그는 "당파적인 불평분자라는 평판을 끝내 씻어낼 수 없었다". 캔자스 주립대학에서 잠깐 정교수로 재직했다가 역시 불운하게 물러난 뒤로는 더이상 학계에서 자리를 얻지 못했다.[41]

물론 일리와 베미스의 사례만으로 학문 자유의 역사와 그 교훈을 모두 아우를 수는 없다. 또다른 사건, '사회 연구를 위한 뉴스쿨New School for Social Research'의 설립 과정에서도 학문의 자유와 전문화의 관계에 대한 교훈을 배울 수 있다. 뉴스쿨의 창립자들은 학문의 자유를 열렬히 옹호했을 뿐만 아니라 대학이라는 울타리의 편협한 삶과 사고방식

• 〈창세기〉에서 이스마엘은 아브라함의 서자로 적자인 이삭이 태어나자 아버지에 의해 추방되었다. 여기서는 학계에서 추방된 서자와 같은 존재라는 뜻으로 쓰였다―옮긴이

에도 저항했다. 흔히들 뉴스쿨을 1930년대에 유럽에서 망명한 학자들의 유입과 연관시켜 보지만, 사실 이 학교는 제1차세계대전 이후 미국인 망명 학자들―기성 대학을 박차고 나온 교수들―에 의해 설립되었다.

제1차세계대전중에 니컬러스 머리 버틀러Nicholas Murray Butler 컬럼비아대학 총장은 체제 전복적이고 불충한 교수들을 색출하기 위한 위원회를 설치했다.[42] 그렇게 해서 몇 명이 끌려나왔다. J. 매킨 커텔J. McKeen Cattell은 대학을 [총장과 재단이 아닌―옮긴이] 교수진이 통제해야 한다고("더 폭넓은 민주주의에 이바지하는 학자들의 민주주의"[43]) 오래전부터 주장해온 터였다. 헨리 워즈워스 롱펠로 데이나Henry Wadsworth Longfellow Dana는 미국의 참전에 반대했다. 둘 다 해직되었다.[44] 그들의 해직은 강한 저항을 불러일으켰고 몇몇은 항의의 뜻으로 사직했다. 사직한 교수는 컬럼비아의 가장 저명한 역사학자인 찰스 A. 비어드Charles A. Beard와 제임스 하비 로빈슨James Harvey Robinson이었다. 그들은 소스타인 베블런과 존 듀이를 비롯한 다른 교수들과 함께 '사회 연구를 위한 뉴스쿨'을 창설했다. 간섭하는 행정가들 없이 오로지 교수와 학생들로만 한정된 교육기관이었다.[45]

학계의 불모성에 대한 공통된 불만이 뉴스쿨의 창립 동기였다. 창립자들은 "미국의 대학은 주로 학교의 위신을 위한 발표를 독려하며 수재만큼이나 범재를 포상하고 비판적 교수들을 순응시키기 위해 엄청난 압력을 행사하기를 계속해왔다"는 베블런의 규탄에 수긍했다. 또한 도덕적·정치적 이슈에 눈을 감는 "신전문가주의의 가정"을 거부했다.[46] 이 새로운 팀을 총괄하게 된 앨빈 존슨Alvin Johnson은 런던정경대학을 모델로 삼아 "성인 고등교육"에 특화된 새로운 교육기관을 만들고 싶어했다.[47] 학계의 경직된 틀과 순응주의에 질린 제임스 하비 로빈슨도 성인 교육을 뉴스쿨의 심장으로 구상했다.[48] 비어드는 이런 제안들이 마음에 차지 않았다. 그는 기성 대학과—심지어 그 향취와도—철저히 단절하기를 갈망했다. 그래서 "관행 교육의 후각적 흔적까지도 효과적으로 지워버릴 수 있는 말 대여소나 차량 정비소나 양조장 자리에" 뉴스쿨을 세우자고 제안했다.[49]

1930년대에 존슨은 유럽에서 망명한 학자들을 위해 뉴스쿨에 '망명 대학University in Exile'을 세웠다. 이는 나중에 정치사회과학 대학원Graduate Faculty이 되었다. 이것은 "인가된" 대학원이었지만, 루이스 코저에 따르면 "그럼에도 미국 문화계와 지성계의 일부로 완전히 편입되지는 않았다".[50] 그래서 뉴스쿨이 다른 데서는 설 자리를 못 찾은 학자들을 지원할 수 있었기 때문에 이 점은 오히려 축복이었다. 요즘에는 이런 초기의 분위기가 거의 눈에 띄지 않는다. 하지만 저항적 교수들에 의해 뉴스쿨이 창설된 과정과 반체제 사상가들의 피신처로서 뉴스쿨이 지닌 빛나는 역사는 교훈을 담고 있다. 학문의 자유가 전문화에 굴복할 때 그것은 순수하게 학문적인 것이 된다.

V

60년대 초에 이르러 매카시즘의 동력이 거의 고갈되자 대학들은 더이상 적대적인 정부와 사회 분위기를 두려워하지 않게 되었다. 오히려 고등교육이 몸집을 불리면서 자신감에 부풀게 되었다. 인구 구조의 변화도 여기에 한몫했다. 전후에 새로 형성된 가족의 자녀들이 그 이전의 어느 세대보다 대규모 집단을 이루었던 것이다. 베이비붐 세대가 유례없이 대거 대학에 입학하고 있었다. 거의 모든 통계가 절대적·상대적 급증을 보여준다. 1960년에는 대학에 입학하는 청년의 수가 1900년에 비해 수백만 명 늘어났다. 그뿐만 아니라 고등학교를 마치고서 바로 대학에 진학하는 청년의 비율도 꾸준히 증가했다. 1900년에 대학은 철저한 엘리트의 전유물로 18세에서 22세 사이 연령대의 약 4퍼센트만이 입학했는데, 60년대 말에는 18세와 19세 연령대의 약 50퍼센트가 고등교육기관에 진학하고 있었다.[51]

소련이 스푸트니크를 발사한 1957년 이후로는 연방·주 정부 예산이 대학으로 쏟아져들어왔다. 몇몇 주(일례로 뉴욕주와 매사추세츠주)에서는 단 10년(1960-1970) 사이에 예산이 6-7배나 증가했다. 클리블랜드 주립대학, (일리노이대학) 시카고 서클, 뉴욕 주립대학 올버니 등 거대한 신축 캠퍼스들이 60년대에 개교했다. 기존의 캠퍼스들은 확장·개보수되었다. 한 평자의 지적에 따르면, "오래된 사립 칼리지, 도시의 허름한 대학, 농촌의 황량한 칼리지 들이 1960년대에 수백 개의 학생회관, 도서관, 공연장 건설을 계획하고 완료했다……. 조그마한 웰스 칼리지에는…… 엄청난 규모의 신축 도서관이 들어섰다……. 검댕으로 뒤덮였던 웨인 주립대학은 컨벤션 센터를 대리석과 크리스털로 꾸몄다."[52]

이런 추세는 학생과 교수 숫자의 폭증으로 현실화된다. "1900년에는 미국 전체에 대학생이 25만 명 정도였다. 오늘날에는 뉴욕 시립대학 한 곳에만 그보다 많은 학생이 있다."[53] 대학원생─학사학위를 받은 뒤 대학원 과정에 등록한 사람들─숫자도 1939-1940년에는 10만 명가량이었는데 1970년에는 1백만여 명으로 불어났다.[54] 1910년에는 3만 6천 명이었던 교수도 1970년에는 50만 명 이상으로 불어났다. 한 역사적인 순간에, 좌파 지식인들에게 이들 대학의 교수직은 단지 취직 기회뿐만 아니라 다른 것으로도 유혹의 손짓을 보냈다. 문화·정치적 불길이 캠퍼스에서 밝게 타오르고 있었던 것이다.

신좌파와 대학의 관계는 그 연도와 정파에 따라 천차만별이었다. 어떤 이들에게, 번창하는 대학은 단지 고등학교를 졸업한 뒤에 머무를 생각으로 옮겨온 새로운 보금자리일 뿐이었다. 하지만 어떤 이들은 대학을 제국주의의 도구나 진정한 정치 활동으로부터의 도피처로 보고 맹렬히 비난했다. 또 〈좌파 연구〉에 참여한 이들을 포함한 많은 젊은 지식인들은 대학이 새로운 급진적 문화의 은신처가 될 수 있을 것이라고 믿었다.

몇몇은 교수들이—학생들과 더불어, 혹은 학생 없이도—"신"노동 계급을 형성한다는 이론을 제시했다. 대학이 자본주의의 중심으로서의 공장을 대체·보완했다는 것이었다.[55] 대학의 마르크스주의자들은 교수와 학생을 "새로운" 노동자로 지명함으로써 그들 자신의 활동을 정당화할 수 있었다. "신자본주의neo-capitalism"하에서 "지식 산업이 잉여 가치 생산 기계의 필수적인 톱니가 됨과 동시에 학생과 학자들의 프롤레타리아화"가 일어난다는 주장이 제기되었다.[56] 좌파들은 스스로가 노동 계급의 일원이라는 꿈을 꾸며 더 편하게 잠을 청할 수 있었다.

심지어 공동체나 노동운동 조직가로 일하기 위해 떠났던 이들도 에너지가 넘실거리는 듯 보이는 대학의 유혹에 이끌려 돌아왔다. 더 큰 사회적 소요가 가라앉자 되돌아온 이들도 있었다. 학교 밖에서 몇 년을 보내고 난 지식인 성향의 신좌파들은 사유하고 글을 쓰며 살기에 최적의 기회를 보장해주는 곳이 바로 대학임을 흔히 깨닫곤 했다. SDS의 회장을 지낸 한 인물은 1968년 "나는…… 더이상 학업을 지속할 계획이 없다"고 말했다.[57] 그는 토드 기틀린(1943-)으로 오늘날 캘리포니아대학 버클리의 사회학 교수다. 이는 많은 이들이 걸어간 길을 단적으로 보여준다.

더 광범위한 "운동"과 여기 참여한 지식인들 사이에서 대학에 대한 견해가 일치한 적은 아마 한 번도 없을 것이다. 운동가들이 흔히 학계를 경멸한 반면, 신좌파 지식인들은 주로 미래에 교수가 된 자신의 모습을 꿈꾸었다. 바로 여기에 제도의 힘을 암시하는 아이러니가 놓여 있다. 구좌파와 달리 신좌파는 대학을 정면으로 공격했다. 그럼에도 젊은 지식인들은 구좌파에 비해 별다른 유감 없이 대학으로 들어갔다. 모리스 이서먼Maurice Isserman은 신좌파의 형성 과정을 꼼꼼하게 서술한 책에서 이에 대해 이렇게 논평했다.

> 하우가 시티 칼리지에 입학했을 때 그는 절대 제도권 학계에 취직하지 않으리라는 "확신"을 가지고서 입학한 것이었다……. 1960년대 초에는 "어디서 종신 재직권을 얻을 것인가가 [신좌파 지식인들에게] 유일한 문제였다." 신좌파들은 정치적으로 대학에 대해 하우보다 훨씬 더 적대적인 관점을 취하겠지만, 동시에—역설적이게도—바로 그 대학의 울타리 안에서 커리어를 쌓는 것에 대해서는 훨씬 더 편안해하며 모순을 덜 느낀다. 캠퍼스에서 급진주의가 일시적으로 우세를 점한 것과 무관하게, 1960년대의 지식계급은 주변적·적대적인 역할로부터 안정된 제도적 역할로 빠르게 옮겨갔다.[58]

솔 랜도와 폴 제이콥스Paul Jacobs는 1966년 (C. 라이트 밀스에게 헌정한) 『새로운 급진주의자들The New Radicals』을 펴내며 1959년도 〈좌파 연구〉에 실렸던 긴 논설을 재수록했다. 그들은 당시 급진파 대학원생이었던 〈좌파 연구〉 편집진이 "그들과 유사한 대학원생 그룹들이 다른 대학에도 존재하며 〈좌파 연구〉가 신좌파 이론의 기관지가 될 것이라고 여겼다. 하지만 그와 비슷한 모임들은 발전하지 못했다"고 지적했다. 그리고 이렇게 덧붙였다. "급진주의자들이 대학을 떠나야 한다는 생각은 나중에 받아들여지게 되지만 그때는 아직 폭넓은 승인을 얻지 못했다."[59]

랜도와 제이콥스의 이 말은 그 시대의 한계에 의해 편향된 진술이었다. 급진적인 대학원생과 젊은 교수들이 무수히 많을 것이라는 1959년 〈좌파 연구〉 사설의 예측은 거의 빗나가지 않았다. 1966년에는 급진주의자가 대학에 머무를 수 있으며 머물러야 한다는 생각이 유례없이 널리 받아들여졌고, 대학원생과 젊은 교수들의 유사한 그룹이 여러 학교에서 속속 생겨났다. 1960년대 중반에는 〈좌파 연구〉의 회원을 비롯한 몇몇 교수들이 급진적 학문을 위한 포럼으로서 '사회주의 학자 회의 Socialist Scholars Conference'를 출범시켰다. 그들은 논문을 투고할 학자가 전국적으로 50명은 되며 첫 회의에 몇백 명쯤은 참석할 것이라고 낙관적으로 예상했다. 1965년 개최된 첫 회의에는 1천 명이 몰렸다. 1967년에는 신좌파 학자와 그 주변인들 거의 3천 명이 참석한 가운데 맨해튼 미드타운에서 열광적이고 자유분방한 포럼이 열렸다.[60]

다수가 진입하기 전에 문이 쾅 닫혀버리기는 했지만, 대학의 교수진 사이에서 신좌파는 가시적이고 종종 자신만만한 존재감을 확립했다. 그 존재감이 얼마나 클까? 이런 문제에 관한 한 믿을 수 없는 출처인 〈월스트리트 저널〉은 현재 미국의 대학에서 가르치고 있는 마르크스주의자가 1만 2천 명이라고 계산한다.[61] 하지만 정확한 확인은 불가능하다. 50년대 중반과 80년대 중반을 비교해보면 그 규모—와 변화폭—에 대해 대충 감을 잡을 수 있을지도 모른다. 1955년 대학의 공개적 급진주의자들을 논하는 글을 쓰려면 잘해야 10여 쪽이나 그 이하로 끝날 것이다. C. 라이트 밀스와 폴 배런Paul Baran에 대해 조사하고 나면 기력이 소진되기 시작할 것이다.[62]

오늘날에는 대학의 급진주의자들에 대한 논의로 책 몇 권을 채울 수 있고 실제로 그런 책이 나왔다. 정치학 교수 버텔 올먼Bertell Ollman(1935-)과 교사 겸 편집자 에드워드 버너프Edward Vernoff가 편집한 세 권짜리 조사서 『강단의 좌파: 미국 캠퍼스의 마르크스주의 학문The Left Academy: Marxist Scholarship on American Campuses』은 좌파 교수들의 저술을 그 학문 분과별로 나누어 검토하는데, "미국의 대학에서 마르크스주의 문화혁명이 일어나고 있다……. 주로 책과 강의를 가지고 투쟁하는 평화롭고 민주적인 혁명"이라고 운을 떼며 논의를 시작한다.[63]

이 책에 실린 각각의 에세이는 주요 인물과 저서들을 훑은 뒤 추가 서지 목록을 열거하는데, 〈변증법적 인류학Dialectical Anthropology〉, 〈저항적 사회학Insurgent Sociology〉, 〈뉴 폴리티컬 사이언스New Political Science〉, 〈래디컬 히스토리 리뷰Radical History Review〉, 〈안티포드 Antipode〉 등 거의 모든 학문 분과에 비판적 학술지가 존재함을 알 수 있다. 올먼과 버너프의 조사가 빠짐없이 철저한 것도 아니다. 급진주의자들은 칼리지와 대학에 확실히 자리잡았다. 좌파 교수나 서적이나 잡지도 흔하다. "사회주의자 학자"와 페미니스트 역사학자들의 학회에는 수천 명이 모여든다.

툭하면 대학이 좌익에 굴복했다고 규탄하는 보수주의자들에게 이건 새로운 소식이 아니다. 〈코멘터리〉나 〈아메리칸 스콜라American Scholar〉나 〈모던 에이지Modern Age〉 같은 보수 간행물에는 좌파 학자들이 대학을 장악했다고 한탄하는 기사가 거의 매달 실린다. 그중 한 전형적인 기사는 이렇게 포문을 연다. "1960년대에 미국 대학에서 인문학을 전공하고 대학원을 졸업한 사람이라면 그 무렵 학계에 큰 변화가 일어났음을 알고 있다." 필자는 이 변화를 "변증법적 방법론"을 옹호하는 좌파 교수들의 "침공이자 정복"으로 일컫는다.[64]

밝은 대낮에 대학을 시찰해보면 보수주의자들의 이런 악몽은 말끔히 걷힐 것이다. 학계의 그 많은 좌파들에게 무슨 일이 일어난 것일까? 놀랍게도 그 답은, 아무런 놀라운 일도 일어나지 않았다는 것이다. 관료화와 임용이라는 평범한 현실이 모든 걸 집어삼켜버렸다. 캠퍼스에 남은 신좌파들은 알고 보니 부지런하고 행실이 점잖았다. 그들은 학부생에서 대학원생으로, 부교수에서 정교수로 흔히 일말의 주저함도 없이 순순히 갈아탔다.

이 평범한 현실은 상존하는 압력과 위협으로 이루어져 있다. 자유주의 사회의 최종적 위험은 실업—정교수 승진에서 탈락하거나 재임용이 거부되는 일—이다. 치열한 취업 시장에서 이런 일이 닥치면 학자로서의 커리어가 끝날 수도 있다. 제도권 학계가 누린 풍요의 시절은 교수지망생이 떼 지어 모여들기에 충분할 만큼 길었지만, 결국에는 그들 모두가 "빈방 없음" 팻말을 보게 될 만큼 짧기도 했다. 전문화는 실업의 위협 아래서 진행되었다. 멀게는 매카시즘으로부터 가깝게는 최초의 외부인에게 첫번째 돌멩이가 던져진 순간에 이르기까지, 과거의 교훈은 누구에게나 명백했다. 섞여들 것. 주어진 시간을 최대한 활용하여 학자로서의 자격을 따고 주류에 몸을 숨기라는 것이다.

교수들을 위협하는 데 그리 대단한 노력이 필요한 것도 아니다. 뉴스는 빠르고 잘 전달된다. 전문가로서 부족했기 때문이 아니라 그 이상의 무엇—공공 지식인이거나 급진주의자—이었기 때문에 해직당한 교수들의 사례를 누구나 알고 있다. 불가피하게 뉴스에 보도되는 사례들은 엘리트 아이비리그 대학에서 일어난 일들이다. 이런 일들은 순전히 매스컴의 주목 때문에 흔히 "원만하게" 해결되곤 한다.

일례로, 하버드대학의 젊은 사회학자 폴 스타(1949-)는 몇 해 전 『미국 의료의 사회사The Social Transformation of American Medicine』를 발표하여 〈뉴욕 타임스〉의 표현에 따르면 "이례적 찬사"를 한몸에 받았다. 1984년에는 사회학자로서는 최초로 퓰리처상을 받았다. 하버드에서 그의 미래는 보장된 듯 보였다—그런데 1985년 돌연 해직되었다. 아니, 더 정확히 말하자면 정교수 승진에서 탈락하여 사실상 방출되었다. 왜 그랬을까?

스타는 더 폭넓은 대중을 상대로 글을 쓰는 것처럼 보였기 때문에 전문 사회학에 대한 기여를 의심받았던 것이다. (전) 학과장은 스타가 전문 사회학의 외곽에 머물며 저널리즘 글쓰기를 너무 많이 한다고 넌지시 경고했다. 그는 이 교수에게 "프리랜서 저널리스트가 되고 싶다면 하버드를 관두고 프리랜서 저널리스트가 되라"고 제안했다고 한다. 〈뉴욕 타임스〉의 지적에 따르면 스타는 "혼자서 일했고, 공적인 이슈에 관심을 기울였다……. 전문 사회학자인 독자를 상대로는 거의 글을 쓰지 않았다……. '주류'의 행동 방식은 매우 다르다……. 그들의 대화는 학술적이며, 전문적인 학술지 내에서 이루어진다."[65]

스타가 허허벌판으로 내쫓긴 것은 아니었다. 미디어의 주목과 그간의 성취 덕분에 즉시 프린스턴에서 자리를 구할 수 있었다. 공교롭게도, 프린스턴은 최근 젊은 역사학자 데이비드 에이브러햄David Abraham(1946-)을 내보냈다. 그를 폄하하는 이들의 주장에 따르면 부실한 연구 때문이었고, 지지하는 이들의 주장에 따르면 정치적 견해 때문이었다. 하지만 이 일을 두고 신문과 잡지에서 끝도 없이 기사가 쏟아졌기 때문에 이것도 전형적인 사례는 아니었다.[66] 아이비리그 대학에서 스타와 에이브러햄에게 일어난 일은 언론에 제때 보도되었지만, 다른 곳에서는 똑같은 일이 끊임없이 벌어지면서도 보도되지 않은 채로 넘어가곤 한다. 거의 아무런 주목도 끌지 못한 몇 건의 사례를 찾으려면 하버드대학에서 찰스강을 건너 보스턴대학으로 가보기만 해도 된다.

젊은 교육학 교수 헨리 지루(1943-)는 비판적이고 비타협적인 전통을 옹호했다. 그는 폭넓은 저술 활동을 했다. 많은 논문과 몇 권의 책을 펴냈고 그중 하나는 브라질의 교육 사상가 파울루 프레이리에 의해 소개되기도 했다. 몇몇 학장과 적법한 위원회들이 만장일치로 그를 정교수 자리에 추천했다. 하지만 최종 결정권은 민권에 대한 헌신과는 전연 무관한 보수주의자 존 실버John Silber 총장의 손에 달려 있었다. 그는 "보스턴대학에서 헨리 지루를 제거하면 기쁘겠다"고 말했다고 전해진다. 그는 임시 위원회를 급조하고 신보수주의자인 네이선 글레이저를 임명해서 다른 모든 위원회와 추천서들을 재검토하게 했다. 글레이저는 지루를 정치적으로 맹렬히 공격하는 글을 썼다. 그리고 지루가 특정한 정치적 "파벌"에 소속되어 있으며 고등교육 종사자로서 부적격이라고 제언했다. 지루는 임시 위원회의 표결에서도 (2 대 1로) 심사를 통과했지만, 실버는 글레이저의 권고를 수용하여 지루를 해직시켰다.[67]

이에 대해 어느 누구도 크게 주목하거나 보도하지 않았다. 그리고 보스턴대학 정도면 대도시의 꽤 큰 대학이다. 하버드나 프린스턴에서의 정치적 함의가 실린 해직은 뉴스거리가 될 수 있다. 보스턴대학에서 유사한 일이 벌어지면 지나가는 말로 한두 마디 정도 언급될 수 있다. 하지만 오클라호마주 웨더퍼드의 사우스웨스턴 오클라호마 주립대학에서—아니, 세인트루이스의 워싱턴대학처럼 통상적 뉴스 영역의 바깥에 위치한 유명 대학에서—젊은 교수가 정치적 이유로 쫓겨날 때는 무슨 일이 벌어질까? 해당 지역사회 밖으로 나가면 알거나 신경쓰는 사람이 거의 없을 것이다.

조명받지 못한 학계의 한 사례를 요약 소개한다. 폴 피코네Paul Piccone (1940-2004)는 유럽 사회사상과 마르크스주의를 주제로 번역·편집·집필 활동을 했다. 그는 자신이 편집한 〈텔로스Telos〉뿐만 아니라 다른 저널에도 광범위하게 글을 발표했다. 그의 에세이는 대개 선집으로 묶여 6개 국어로 출간되었다. 학자이자 편집인으로서 그는 진정한 정력가였다. 캘리포니아대학 출판부에서 출간한 이탈리아 마르크스주의에 대한 책으로 학술상을 받기도 했다. 그는 세인트루이스의 워싱턴대학에서 정교수 후보로 추천되었다. 그를 열렬히 지지한 광범위한 분야의 학자들 중에는 대니얼 벨("저는 피코네 씨의 승진과 종신직 수여를 주저 없이 추천할 것입니다. …… [그는] 미국 사회학의 사유에 철학적으로 한층 폭넓은 차원을 도입하기 위해 반드시 필요한 노력의 최전선에 자리하고 있습니다.")과 헤르베르트 마르쿠제("피코네 교수의 연구는 지극히 크나큰 중요성을 띠고 있습니다.") 그리고 위르겐 하버마스("……사회 이론을 발전시키려 시도하는 철학자들 가운데 가장 영향력 있는 인물 중 한 명으로…… 저는 폴 피코네의 연구와 영향력을 높이 평가합니다.")도 포함되어 있었다.[68]

소속 학과는 그의 실적을 평가한 뒤 피코네의 정교수 진급을 만장일치로 추천하며, "그는 그의 전문 분야에서 가장 탁월한 인물 중 한 명으로 전국적으로 또한 세계적으로 명성이 높다……. 특별히 유능한 학자이자 연구자이며…… 그의 업적물들은 …… 많은 경우에 출중하다……. 워싱턴대학이 이처럼 높은 지적 역량과 걸출한 명성을 가진 인

물을 보유한 것은 진정한 행운"이라고 지적했다.[69]

워싱턴대학은 이런 인물을 보유한 것이 불운이라고 판단했다. 피코네는 종신직에서 탈락했다. 그는 재심을 청구하고 또 청구하고 거듭 청구했지만 거기서도 매번 탈락했다. 그의 실적과 추천서에도 불구하고 대학 당국은 피코네가 주류에서 너무 멀리 벗어났다고 판단했다. 이 문제를 검토한 한 학장은 그의 연구 업적이 "사회과학 발전의 주된 추세와 문제적 관계를 맺고 있다"고 지적하며 마치 주된 추세만이 유일한 추세라는 듯한 뉘앙스를 풍겼다. 다른 말로 하면 우리의 추세에 따르든지 아니면 나가라는 뜻이다. 피코네는 이후로 영영 정규직을 얻지 못했다. 물론 이 모든 일은 외부에서 일말의 관심거리도 되지 못했다.[70]

학문 자유의 전통이 거의 존재하지 않는 커뮤니티 칼리지들은 상황이 더 심각하다.[71] 게다가, 모든 고등교육기관에서 조금이라도 관심을 불러모으는 사례들은 전부 종신직과 연관된—위원회와 관리자들이 만나서 추천서를 쓰는—사례들이다. 하지만 "테뉴어 트랙tenure-track(종신 교수직으로 연결되는 과정)"에 임용되지 않는 학자들이 늘고 있다—아마 전국 교수의 3분의 1은 될 것이다. 그들은 시간제나 1년 단위로 계약(재계약이 가능한 경우도 있고 아닌 경우도 있다)하여 가르친다. 이런 사람들을 내보내는 데는 위원회의 보고서나 권고도 필요 없다. 재임용이 안 되면 그냥 해고다. 그래서 그들은 전문화의 압력에 특히 취약하다. 모두가 가는 길에서 반 발짝만 벗어나도 실업수당을 청구하는 신세가 된다(그마저도 자격 요건이 안 되는 경우가 빈번하다).[72]

사회학자들과 개중 냉철한 보수주의자들은 좌파 교수들이 좌파보다는 교수에 더 가깝다는 데 수긍한다. 한 사회학자는 대학이 급속히 팽창하면서 60년대 학생운동 출신의 젊은 교수들이 많아졌고 이 상황은 위기와 세대 갈등으로 이어질 수 있다고 지적하기도 한다. 하지만 조바심을 낼 필요가 없는 것이, "기존에 확립된 제도를 대체로 뒷받침하는 교수 사회의 정상 정치가 다시금 효력을 발휘했다"[73]는 것은 이미 명백하다.

이것은 일부 보수주의자들이 이미 도달한 결론이었다. 보수주의 싱크탱크인 후버 연구소에서 펴낸 연구서 『대학의 급진주의자들Radicals in the University』은 급진주의자들이 현대언어학회Modern Language Association, MLA를 장악한 1968년 이후로 아무것도 변한 게 없음을 인정한다. "1968년 급진주의자들이 거둔 휘황찬란한 성공은 지금 되돌아보면 그 때뿐이었다. 현재 MLA는 1968년 이전의 모습과 별로 다르지 않다."[74] 미국철학회의 학술 대회에 들른 한 보수주의자는 뜻밖의 즐거운 발견을 했다. 급진주의자들이 거의 아무런 인상도 남기지 않았던 것이다.[75]

THE
LAST
Intellectuals
AMERICAN CULTURE IN THE
AGE OF ACADEME

6장

캠퍼스의 신좌파 II
: 제도권으로의 대장정

I

지식인의 마지막 세대가 대학에 입성했을 때, 그들은 보헤미아와 독립 사상가—그들 자신의 과거—의 종말을 이따금 향수에 젖어 반추하곤 했다. 이 세대는 심지어 교수가 되어서도 더 큰 공공에 대한 헌신을 유지했다. 한편 신좌파는 대학가에서, 대학에 반기를 들며 출현했다. 그들의 반감은 뱃속에서부터 우러나온 것처럼 보였다. 그럼에도 신좌파 지식인들은 뒤돌아보지도 곁눈질하지도 않는 교수가 되었다. 그들은 학술지와 논문과 학회만을 주시했다. 아마도 그들의 삶이 거의 캠퍼스 안에서만 펼쳐졌기 때문인지, 그들에게는 학계의 규범에 도전할 역량이나 의지가 없었다.

하지만 젊은 교수들이 학계의 규율을 수동적으로 받아들인 것은 아니었다. 그들은 급진주의·페미니즘·마르크스주의·신마르크스주의의 확고한 학문 체계를 수립함으로써 그들 분야에서 공경받는—때로는 거의 공식적인—지배적 해석에 공격을 가했다. 좌파 학자들이 쏟아낸 문헌의 규모는 미국 문필계에서 유례가 없을 정도로 대단하다. 몇몇 분야에서 신좌파 지식인은 부인할 수 없는 업적을 세웠다.

하지만 그들의 연구는 또다른 이유로도 이례적인 것이, 대부분 전문적이고 읽기 힘들며—전문가들한테 말고는—읽히지 않기 때문이다. 신좌파 지식인들이 주요 기관에서 안정된 자리를 확보하는 한편으로 그들의 성취에는 지극히 깊은 아이러니가 새겨진다. 그들의 학문적 작업이 이를 통해 전복시키고자 했던 작업을 점점 더 닮아가는 것이다. 신좌파 교수들이 출현했고 그와 동시에 사실상 소멸했다는 것은 지난 25년 사이에 일어난 아주 놀라운 일이다. 결국은 신좌파 지식인이 대학을 침공한 것이 아니라 오히려 그 반대였다. 학술적인 어법과 개념과 관심사가 젊은 좌파 지식인들을 점령했고 결국에는 사로잡았다.

"우즈, 페리, 호킹 교수는 적당한 재능과 사업가 기질을 갖춘 젊은이들로, 그들에게 철학은 단지 출세하기 위한 수단일 뿐이다." E. B. 홀트E. B. Holt 교수는 자기 과의 몇몇 젊은 교수들을 가리키며 이렇게 선언했다. "나는 그들을 존경하지 않는다. 그들과 협력하지도 않을 것이다. 지금 내가 단지 명목상으로라도 그들의 '동료' 중 한 명이라는 낙인을 지워 없앨 수 있는 위치에 있어서 기쁘다." 홀트는 1918년 이 성명을 내고 하버드대학을 사임한 뒤 메인주 앞바다의 섬으로 이주했다.[1]

하지만 예로부터 학계에서 배출되어온 불구대천의 원수와 신랄한 비판가들을 단순히 실패하거나 퇴짜 맞은 학자들로 치부해버릴 수는 없다. 교수로서 아주 크게 성공한 막스 베버도, 모름지기 학자를 지망하는 사람이라면 다음 질문에 답할 수 있어야 한다고 말한 바 있다. "가슴에 손을 얹고 생각해보라. 당신은 범용한 사람들이 당신보다 높은 자리로 올라가는 것을 해마다 거듭거듭 지켜보면서도 원한을 품거나 무너지지 않고서 버틸 수 있겠는가?" 그리고 이렇게 덧붙였다. "내가 알기로 이런 상황을 견딜 수 있는 사람은 몇 명에 불과하다."[2]

미국의 대학을 상대로 행해진 가장 맹렬한 두 건의 공격은 20세기 초에 성행한 추문 폭로 저널리즘에 깊이 물들어 있었다. 소스타인 베블런의 『미국의 고등교육』(1918)과 업턴 싱클레어의 『거위걸음』(1923)은 대학을 질식시키는 기업의 철권을 비판했다. 싱클레어의 책에는 "스탠더드오일 대학"(시카고대학)과 "철강 트러스트 대학"(피츠버그대학) 같은 제목을 단 챕터들이 실렸다. 하지만 그들의 활동은 기업의 통제와 빗나간 통제의 사례들을 열거하는 데서 그치지 않았다. 싱클레어와 베블런 둘 다 그것이 교수와 연구에 끼치는 영향을 다루었다.

싱클레어는 자신이 컬럼비아대학 학생일 때의 경험을 회고했다. "시간이 가면서 나는 한 기이한 현상을 관찰하게 되었다. 어떤 방면으로든 나를 가르칠 자격이 있었던 사람들은 한 명도 빠짐없이 이런저런 방식으로 컬럼비아대학에서 쫓겨났다. 남은 사람들은 고루한 교수나 처세에 밝고 약삭빠른 교수들이었다."[3]

정신 나간 비판가들은 보수주의적 통제가 사회과학자들의 연구를 제약한다고 비판하지만 그렇지 않다는 것이 베블런의 주장이었다. 교수들은 완전한 연구의 자유를 부여받으며 "그들이 연구를 통해 도달한 결론이나 확신을 마음껏 공표할" 수 있다. 교수에게 제약을 가하는 어떤 외부적 장애물도 없다. 하지만 문제는 "그들의 지적인 지평"이, 그들을 감독하는 보수주의적 제도와 "똑같은 상투적 식견과 선입견의 한계에 둘러싸여 있다"는 것이다. 학계에서 성공하려면 "호방하고 저돌적인 범용함이야말로 최우선적인 자격 요건"이다.⁴

제도권 학계에 대한 H. L. 멩켄의 신랄한 공격은 이 시대에서 유래했다. 그는 자신의 편견을 이렇게 제시했다. "나의 본능은 오로지 교수들 편이다. 나는 한 가지 대상에 아주 근면하게 헌신하는 사람을 높이 평가한다……. 나는 타고나길 수도자형 인간이다." 하지만 그가 살펴본 학계의 풍경은 그리 아름답지 않았다. 위와 아래로부터 동시에 위협받는 교수는 "거의 예외 없이 듣기 좋은 공허한 소리로 보신을 추구하는 경향을 보인다—사상의 용감한 대변인이나 이를 자유롭게 전파하는 사도와는 거리가 멀다……. 그는 세상에서 가장 신중하고 겁 많은 인간에 가까워진다". 제1차세계대전중에 교수들이 보인 행동이 그 증거였다.

> 그들은 미처 날뛰는 무리를 저지하는 영향력을 발휘하기는커녕 그중에서도 가장 저능한 소리를 가장 소리 높여 대변하는 장본인으로 자리매김했다. 그리고 거기에 가짜 역사, 가짜 철학, 가짜 이상주의, 가짜 영웅주의를 공급했다……. 나는 후대인들을 가르치고 경악시킬 목적으로 그 위대했던 시절 학자들의 입에서 나온 주장과 해설과 선언들을 아주 방대하게 수집했다. …… 그 내용은 엄숙한 증오의 찬가와…… 공식적인 얼간이짓으로부터…… 유치한 장광설까지 아우른다.⁵

베블런과 멩켄 이후로 제도권 학계에 대한 통렬한 비판은 약해졌지만, C. 라이트 밀스에 와서 다시금 되살아났다. 밀스는 지식인을 중히 여겼지만 대학이 반골 지식인을 보호하거나 육성할 수 있는지에 대해서는 의심의 눈초리를 보냈다. 대학들이 팽창하기 직전의 시기에 밀스는 대학을 "아직은 일하기에 가장 자유로운 장소"로 규정했다. 그럼에도 "결국 교수는 법적으로 피고용인이며, 이 사실과 연관된 모든 것에서 자유롭지 못하다". 대학은 "언제 어떻게 무엇에 의거하여 연구하고 집필할지에" 영향을 끼칠 수 있는 고분고분한 사람을 "자연스럽게 선택"한다. 블랙리스트나 비밀경찰이나 체포 따위가 없어도 불안감이 강단의 지식인을 위협한다.

> 교직의 자유의 가장 심각한 문제는 이따금 터지는 해직 사건이 아니라―가끔씩 "분별", "좋은 취향", "균형잡힌 판단" 등의 점잖은 말로 통용되곤 하는―막연한 보편적 두려움이다. 이 두려움은 스스로에 대한 위협으로 이어진다. …… 외부로부터의 금지가 아니라 학계 신사들의 합의에 의한 반란 분자의 통제가 진짜 속박이다.[6]

학계를 대상으로 최근 이루어지는―좀더 사회학적이고 통계적인―분석에는 베블런이나 밀스의 결기가 빠져 있다. 하지만 이런 분석에서 제시되는 상황도 심각하기는 마찬가지다. 여기서 교수들에게 "이따금 터지는 해직 사건"이나 거대 기업의 역할은 고려되지 않는다. 그보다 학계에서 임용되고 승진해야만 하는 당위가 평가된다. 성공에 중요한 것은 출중함이나 공적 기여가 아니라―둘 다 프로페셔널하지 않은 성향을 암시하므로 의심스러운 눈초리를 받는 요소다―순응과 "연줄", 즉 평판 좋은 기관이나 인물과의 관계다.

미국의 교수들에 대한 한 조사는, 경력 초반에 "좋은 자리에 임용되려면 명문 대학에서 최종 학위를 따고 장학금을 지원받는 것이 학문적 생산성보다 훨씬 더 중요"하다고 건조하게 기술하고 있다. 하지만 후년의 학문적 성취는 이런 불균형을 시정하기는커녕 오히려 더 강화한다. 초년기의 성공이 장래의 성공을 보장하기 때문이다. "처음 임용되는 자리는 입증된 실력보다는 위신에 비례한다. 일단 처음에 좋은 자리를 확보하면…… 그 이후에 가게 되는 자리는 첫 직장의 위신에 의해 결정된다." 마틴 핑켈스타인Martin Finkelstein이 학계에서의 커리어에 대한 연구들을 요약하며 내린 결론에 따르면, 대학에서의 성공은 "학술 출판물의 질이나 양"보다 "소속 기관이 부여하는 위신과 가시성", "연줄의 명성과 힘", "박사학위 취득 기관의 위신"에 달렸다.[7]

라이어널 S. 루이스Lionel S. Lewis의 연구도 최초 박사학위 수여 기관이—즉 대학원을 어디로 갔는지가—학문적 성공의 결정적 요소임을 확증하고 있다. "오로지 교수 역량과 연구 실적만을 가지고 구직을 희망하는 이들은 가장 주변적인 학과를 제외한 어느 곳에도 진입이 제한된다."[8]

루이스는 학계에서의 성공에 대한 비밀문서—구직자들이 교수 자리에 지원하기 위해 부탁한 추천장—를 입수했다. 그는 이 추천장들을 읽고서 대인 관계 기술과 매력이 학식과 심지어 지적 능력까지도 능가한다는 것을 알게 되었다. "여러 학문 분야에서 나온…… 3천여 건의 추천서를 꼼꼼히 읽어본 결과…… 전체적으로 볼 때, 학자들이 매력과 순응적인 성격과 상호작용 기술을 갖춘 사람들로 둘러싸이고픈 욕망에 사로잡혀 있다고 말해도 무리는 아닐 것이다." 협력성, 즉 잘 어울리는 능력에 비하면 도덕성이나 천재성이나 생산성은 교수들에게 뒷전이었다—흔히 안중에도 없었다. "집단적 심리가 지배하는 사회에서 개인적 진취성이 머무를 최후의 피신처"인 듯 보이는 대학들이 "정실주의, 위원회에 의한 결정, 사교, 냉담함, 편협성"의 "안식처"가 되었다고 루이스는 마무리한다.[9]

쉽게 표현하면, 이 연구들은 내가 무엇을 하느냐가 아니라 어느 학교를 갔고 누구와 아는 사이냐가 중요하다고 말하고 있다. 학문적 성공에는 연구의 질이 아닌 사회적 관계가 스며들어 있다. 물론 이는 과장일 수도 있다. 게으른 하버드 졸업생이 미들 테네시 주립대학 졸업생보다 못할 수도 있다. 확실한 보장이나 자동적인 보상은 없다. 하지만 학계의 커리어들을 살펴보면 연줄이 든든한 이들에게 확실히 쏠리는 현상이 관찰된다. 사우스다코타대학에서 박사학위를 받고 네브라스카대학 출판부에서 양질의 저서를 펴낸 사우스다코타주 스피어피시의 블랙힐스 주립칼리지 교수는 학계에서 보이지 않는 존재일 것이다. 예일대학에서 박사학위를 받고 MIT출판부에서 학위논문을 펴낸 프린스턴대학 교수는 존경받는 전문가로서 자주 인용되고, 초청되고, 연구비 지원을 받을 것이다.

심지어 최신 연구로 고안된 각주 인용 "색인"도 공손하고 이빨 빠진 학문 관행을 조장하는 데 한몫한다. 1년에 세 차례 발표되는 방대한 분량의 〈사회과학논문 인용 색인〉은 수천 개 저널에서 특정 논문이나 책을 인용한 각주 참조들을 뽑아 색인화한 것이다. 예를 들어 C. 라이트 밀스나 대니얼 벨 같은 특정 저자를 찾아보면, 밀스나 벨을 인용한 저널 논문들의 목록을 찾을 수 있다. 원칙적으로, 연구자는 이 색인을 통해 밀스나 벨 또는 그들과 연관되는 주제를 논의한―아니면 적어도 이에 대한 각주가 달린―자료를 찾을 수 있다.

하지만 길이 갈수록 이 색인은, 해당 분야에서 영향력 있는 학자들을 확인하기 위한 과학적 방법으로 추천되고 있다. 또 승진과 포상의 지표로도 활용된다. 인용이 많이 되는 교수일수록 위상이 높다고 짐작할 수 있다. 누군가의 연구가 많이 인용되는 건 그가 중요한 인물이라는 뜻이다. 역으로, 누가 드물게 인용되거나 인용되지 않는 건 그가 무명이거나 무의미한 인물이라는 뜻이 된다. 존 위너Jon Wiener는 이렇게 말한다. "인용 색인이 승진과 종신 재직권 심사, 지원금과 장학금 수여의 근거가 된다면, 이 사실이 나 자신의 각주에 미치는 함의는 명백하다. 사상의 시장에서 각주는 화폐 단위다……. 내 친구를 각주에 확실히 인용해주어야 하며…… 그 보답으로 친구들이 나를 각주에 인용하게끔 갖은 노력을 다해야 한다……."[10]

평판에 대한 양적 연구들이 모두 그렇듯이 이 색인도 순환적이다. 연구의 질이 아니라 그 영향력과 연결성을 측정한다. 하지만 이것이 커리어 평가에 사용되었을 때 노력하는 교수에게 주는 교훈은 명백하다. 그물을 넓게 쳐서 최대한 많은 상호 관계를 수립하고 주류로부터 고립되지 말라는 것이다. 단순히 각주에만 신경쓰는 것이 아니라, 내 연구를 다른 사람들의 연구와 원활히 맞물리게끔 설계하는 데에도 신경을 쓰라는 것이다. 내가 그들을 참조할 때 그들도 나를 참조해준다. 이토록 상냥한 학문에 힘입어 모두가 번창한다.

II

전문직에 대한 연구는 그 자체로 하나의 직업이다. 하지만 학계의 전문화―봉급, 계급적 배경, 민족·성별 분포, 지위―에 대한 연구들은 그 근본적인 문화적 차원을 가늠하지 못한다. 자주 간과되거나 과소평가 되는 부분은, 전문화가 개인화나 탈정치화로 이어진다는—지적인 에너지가 사회의 더 광범위한 영역으로부터 철수하여 협소한 학문 분야에 집중되는 결과를 낳는다는—것이다. 대학에 들어간 좌파들이 이런 과정을 만들어낸 것은 아니지만 이를 수용하고 심지어 가속화한 것은 사실이다. 마르크스주의도 여기서 예외가 아니었다. 근년의 마르크스주의는 전문가들이 일구는 전문 "분야"가 되었다.

몇몇 학문 분야들이 어떻게 전문화에 굴복했는지를 아주 대략적으로나마 제시할 수 있다. 여기서도 밀스가 교훈을 주는데, 그의 첫번째 저작이 미국 철학이 캠퍼스라는 성채로 철수한 과정을 기록하고 있기 때문이다. 그의 박사학위 논문은 남북전쟁 이후 "철학의 전문화", 즉 철학이 대학으로 옮겨가게 된 과정을 검토했다. 지난날 미국 철학을 구성했던 법률가, 사서, 과학자 등 "상대적으로 자유로운 인텔리겐치아"가 20세기 들어 그들만의 조직과 학술지를 갖춘 전업 철학 교수들로 교체된 것이다. 밀스는 철학의 "쇠퇴"—공공 영역에서 철학의 존재감 축소—를 보여주는 몇 가지 수치까지 제시했다. 그는 일반 잡지에 게재된 철학 관련 글의 개수를 조사해보고, 전문 학술지가 증가함에 따라 일반 매체에서 철학에 대한 "주목의 양"이 줄어들었음을 발견했다.[11] 철학자들은 날이 갈수록 끼리끼리 상대하는 편을 더 선호하게 되었다.

밀스는 듀이의 업적에 대해 다소 의구심을 내비치면서도 이 실용주의자를 최후의 공공철학자로서 높이 평가했다. 민주적 대중과 "리버럴하고 자유로운" 지식에 대한 이 사상가의 헌신은 그를 전문화의 길로 빠지지 않게끔 막아주었다.[12] 이는 철학에서 듀이가 차지하는 위치를 씁쓸히 특징짓고 있는 것 같다. 물론 듀이가 잊힌 것은 아니다. 그럼에도 철학과에서 그의 위상은 심리학과에서 프로이트의 위상과 유사한 것 같다. 개론 수업에서 그는 존경받아 마땅하지만 비과학적이었던 선구자 정도로 처리된다.

듀이는 그의 길고 생산적이었던 생애 내내 강단 철학에 대한 비판을 멈추지 않았다. 그는 자신의 사상을 대중 앞에서, 대중을 위해 제시했다. 그는 공론가로서 중세 스콜라주의를 연상시키는 철학 연구 관행을 개탄했다. "수도원 골방이 전문 강의실이 되었다. 끝도 없이 많은 '권위자들'이 아리스토텔레스의 자리를 차지했다." 그는 초기의 한 에세이에서 이렇게 썼다. "아리스토텔레스 주석가들의 빈자리는 끝없는 연감, 논문, 저널로 채워진다. (……) 옛 스콜라 철학자들이…… 수고로운 시간을 들여 낡은 양피지에 적힌 글을 지우고 그 자리에 자기 글을 적었다면, 요즘의 신종 스콜라 철학자들은…… 다른 스콜라 철학자가 다른 비판 논리를 비판하기 위해 동원한 비판 논리를 비판한다……"[13]

그의 『철학의 재구성』은 "현장으로부터 후퇴"하는 철학을 비판했다. 듀이가 볼 때 "철학의 독특한 직무와 문제와 주제는 공동체 생활의 스트레스와 긴장으로부터 출현한다". 철학은 "잃어버린 활력을 되찾기 위해" 이 공동체 생활로 복귀해야 한다.[14] 이 말은 그가 1920년 발표한 저서의 1948년판 서문에 나온다. 이는 그의 신념이 일관적이었음을 시사한다. 그리고 20세기 철학이 듀이의 견해에 귀기울이지 않았다는 사실 또한 시사한다.

듀이는 경력 초기부터 대중을 지향했다. 젊은 강사 시절에는 일상 세계에 철학을 뿌리내릴 계획으로 리플렛과 잡지를 접목한 〈사상 소식 Thought News〉을 발간하고자 했다. 그는 이 "신문"이 "철학 사상 그 자체"를 논하지 않고 "과학, 문학, 국가, 학교, 교회의 문제들을 변화하는 인간

생활의 일부로, 그러니까 공동의 관심사로서 다룰 것이며, 단지 전문가들만 관심을 갖는 별개의 문서들로 전락시키지 않을 것"이라고 약속했다.[15] 교수로 자리잡은 뒤에는 〈뉴 리퍼블릭〉에 정기적으로 기고하고 대중에게 이런저런 해악을 경고하기 위해 무수한 대의와 위원회에 투신했다. 한 예로, 듀이는 78세(!) 때 소련이 트로츠키에 대해 내린 판결을 심리하는 멕시코시티의 조사 위원회 위원장을 맡기도 했다.[16]

하지만 듀이는 예외적인 사례가 아니었다. 그는 철학의 한 세대를 거의 대표하는 인물이었다. 하버드대학의 철학 연구를 다룬 책 『미국 철학의 발흥The Rise of American Philosophy』(듀이는 시카고와 뉴욕에서 교편을 잡았기 때문에 이 책은 듀이를 다루지 않았다)에서 브루스 쿠클릭Bruce Kuklick이 내린 결론에 따르면, 윌리엄 제임스와 조지 산타야나George Santayana 이후로 하버드 교수들은 대중을 저버렸다. 쿠클릭은 "전문화의 승리"에 대한 성찰로 책을 마무리한다. 제2차세계대전 이후 부상한 철학 교수들은 "미국 철학이 한때 대학 바깥에서 중요한 역할을 했음"을 인식하지 못했다. "그리고 설령 인식했다 할지라도 선학들의 애매함, 명료성 부족, 비논리성을 경멸했다. (⋯⋯) 19세기에 삶의 안내자로서 출중한 역할을 했던 하버드대학의 철학이 20세기 중반에 와서는 삶과 무관한 사변을 반영하게 되었다." 신진 철학자들은 "행정, 위원회 업무, 대학원생 배정, 학술회의 조직, 학술지 운영에 시간을 쏟는다. 협소한 전문가들이 학문에 임할 때 그들은 자신의 연구를 게임처럼 여긴다. (⋯⋯) 존재의 문제에 직면하는 수단이 아니라 그것을 회피하는 수단으로 여긴다."[17]

이것은 역사학자이자 철학의 외부자인 쿠클릭의 결론이다. 하지만 최근 들어서는 전문가들 스스로도 자신의 학문 분야에 대해 조심스러운 경보를 올리기 시작했다. 전문화나 개인화가 너무 멀리 진행된 것 아닌지, 공공 문화를 되찾아올 필요가 있는 것 아닌지를 묻고 있다. 철학, 문학, 경제학, 정치학, 국제학 분야에서 전문화로 치러야 할 대가에 대해 묻는 책과 논문들이 나왔다. 윌리엄 M. 설리번William M. Sullivan의 『공공철학의 재구성Reconstructing Public Philosophy』, 제럴드 그라프Gerald Graff의 『자신의 적이 되어가는 문학Literature Against Itself』, 데이비드 M. 리치David M. Ricci의 『정치학의 비극The Tragedy of Political Science』 같은 저술들은 해당 학문 분야 전체에 도전하며 많은 경우 그 기저의 전문화를 고발하고 있다.

적어도 공공철학의 활성화를 추구해온 윌리엄 M. 설리번에게 존 듀이의 철학적 노력은 큰 산처럼 다가왔다. 설리번은 "존 듀이가 사망한 이후로…… 미국의 전문 철학자 중에 전문 학계 바깥의 미국 문화·정치 생활에서 중요한 역할을 수행한 사람은 한 명도 없었다"고 쓴다.[18] 그리고 "사회의 관습과 긴밀히 연결된" 공공철학, "일상생활에 대한 실질적 이해"를 촉구한다. "철학이 개개인의 공적 행동에 의미를 불어넣는 힘과 진정성을 유지하고자 한다면, 철학은 현실과 지적으로 유리된 정치 이론이 될 수도, 단순한 슬로건 모음이 될 수도 없다."[19]

존 E. 스미스John E. Smith도 『미국 철학의 정신The Spirit of American Philosophy』에서 같은 견해를 표시했다. 역시 듀이의 영향을 강하게 받은 스미스는 미국의 철학이 "철저히 학술적인 문제"가 된 것을 애석해했다. 영국 분석철학의 압도적 승리는 철학을 "전문가들 사이의 내적 대화"로 축소시켰다. 대부분의 철학자들이 역사, 문학, 종교, 예술을 무시하고 더 폭넓은 이슈들과의 접점을 저버렸다. 철학이 더 폭넓은 경험과 이성 개념을 재전유한다면, 문화생활에서 "영향력 있는 목소리로서

의 철학이 쇠퇴"하는 현상이 역전될 수도 있으리라고 그는 희망했다.[20]

존 듀이에 대한 책을 집필한 리처드 J. 번스타인은 "점점 커져가는 철학의 불안"을 기록하며, 이런 유익한 불안감을 일부분 뒷받침하는 것이 바로 듀이에 대한 재평가라고 덧붙인다. "최근 철학의 불모성과 비적실성을 탁월하게 비판한 리처드 로티 같은 철학자가 듀이를 인용하며" "듀이의 실용주의 정신으로 복귀할 것을" 촉구하는 것은 "우연이 아니다".[21]

철학이 개혁에 거의 영향을 받지 않는다는 것이 입증된 만큼, 이런 호소들은 별다른 충격을 주지 못할 공산이 크다. 물론 모든 학문 분야에서 나름의 속도로 자성이 이루어지고 있다. 하지만 철학 분야의 자기반성은 개중에서도 가장 미약할 것이다. 미국 철학이 기술적 전문성을 고취하며 비판적 사고를 밀어냈기 때문이다. 논리·언어 페티시에 경도된 미국 철학이 철학 전반을 재고할 만한 이들을—몇 명만 남기고 전부—배제하는 동안, 이따금 정치학, 사회학, 역사학 분야의 동료들이 그러한 노력을 경주하기도 했다.

여느 학문 분야에서처럼, 때로는 가장 기대치 않았던 곳에서 개혁과 자기비판의 기미가 엿보이기도 한다.[22] 그럼에도 철학은 인문학 가운데 가장 틀에 박히고 변화에 다가가기가 가장 어려운 학문이다. 이런 이유로 사회학이나 문학이나 역사학과는 달리 철학에서는 비판적 저널의 수명이 짧고 그 영향력도 미미하다. 철학 잡지 〈텔로스〉가 걸어온 길이 그 예시가 될 수 있겠다. 〈텔로스〉는 1967년 뉴욕 주립대학 버펄로 캠퍼스의 철학과 대학원생들이 창간했다. 교수들이 유럽 철학을 무시하는 데 불만을 품은 그들은 장폴 사르트르에 대한 세미나를 독자적으로 조직했고, 그후에는 새로운 저널을 발간하기로 했다.

편집인—폴 피코네—의 말에서 그들은 "사소함과 무의미"로부터 철학을 구출하자고 제안했다.[23] 이 창간호에서 확립된 기조가 〈텔로스〉에 정기적으로 실리는 글들의 기조가 되었다. 잘 알려지지 않은—엔조 파치와 카렐 코지크처럼 주로 현상학적 경향성을 띠는—유럽의 철학자들을 소개·분석하는 장문의 밀도 높은 글들이 그것이었다. 3호와 4호에서 〈텔로스〉는 프랑스 구조주의, 안토니오 그람시, 헤르베르트 마르쿠제, 게오르크 루카치(당시만 해도 그의 주저들은 영어로 구해볼 수 없었다)에 대한 논평으로 넘어갔다. 이 저널의 역사를 되짚어본 글에서는 이렇게 말하고 있다. "이제야 인정되는 사실이지만, 〈텔로스〉는 영어권 독자에게 대륙 마르크스주의를 소개한 가장 중요한 매개체 중 하나였다."[24]

그로부터 거의 20년이 흐른 지금도 〈텔로스〉는 여전히 발간되며 유럽 철학과 사회사상을 논평하고 있다. 이 잡지가 미국 철학계에 끼친 영향은 얼마나 될까? 한마디로 말하자면, 전무하다. 알고 보니 강단 철학의 딱딱한 기반을 갈아엎기란 불가능했다. 이 점은 〈텔로스〉 스스로의 자기규정에도 반영되어 있다. 처음에는 "뉴욕대학 버펄로 캠퍼스 대학원생 철학회 공식 간행물"이었던 이 잡지의 별칭이 나중에는 "미국 주류 철학 사상의 **뚜렷한 바깥**에 놓인 철학 저널"로 바뀐 것이다. 실은 이것도 현실을 축소한 표현이었다. 결국 이 저널은 철학이라는 말도 떼어버렸다. 이후로는 "국제적 학제 간 계간지" 등으로 별칭을 다시 바꾸었고, 최근 들어서는 "비판적 사상 계간지"를 표방하고 있다.

강단 철학으로부터의 이런 거리 두기는 단순한 이론적 문제가 아니었다. 〈텔로스〉를 창간한 젊은 철학자들 가운데 철학 교수로서 학계에 자리잡은 사람은 없다시피 하다. 이 저널 자체도 그들을 기꺼이 후원해줄 철학과를 어디서도 찾지 못했다. 한동안은 (워싱턴대학의) 사회학과에서 〈텔로스〉를 발행하게끔 용인해주었지만, 창간 이후 70호 남짓 쌓이기까지 〈텔로스〉(그리고 이 잡지의 오랜 편집인 폴 피코네)는 어느 학과나 대학과도 결연을 맺지 않았다. 게다가 이 잡지가 대규모로 거느린— 25명이 넘는—편집 자문 위원 가운데 철학과에서 교편을 잡고 있는 사람은 두세 명에 불과하다. 대부분은 정치학과, 사회학과, 역사학과, 문학과 등에서 가르치고 있다.

물론, 〈텔로스〉가 제시하는 이론적 모형이 그들이 전복하지 못한 철학의 이론적 모형보다 더 명쾌하거나 대중적이지 못했을 수도 있다. 그럼에도 이 잡지가 철학계에서 미미한 존재감조차도 확립하지 못했다는 것은 학계가 비판적 탐구에 굳게 닫혀 있음을 암시한다. 한 학문 분야가 비판적 사상가나 저널을 뒷받침한다는 것은 그 학문 분야가 스스로의 어법과 과제를 재고하고 나아가 언젠가는 대중을 되찾아올 의지가 있다는 증거다.

문학이나 국제학 같은 여타 학문 분야의 자기반성은 그보다 희망적이다. 이들 분야에서는 자기 파괴가 그렇게 철저하지 않았다. 제2차세계대전 전까지만 해도 거의 미지의 학문 분야였던 국제학은, 전문화와 그로 인해 치러야 할 대가의 고전적 사례를 보여준다. 특히 전시와 그 이후에 세계를 재발견한 미국 정부와 민간 재단들은 세계를 연구하기 위해 대학에 돈을 뿌렸다. 로버트 A. 매커헤이Rabert A. McCaughey가 "미국 지식 인클로저의 한 단면A Chapter in the Enclosure of American Learning" 이라는 부제를 붙인 최근의 국제학 저서에서 주장한 바에 따르면, 국제학 프로그램의 창설과 펀딩을 통해 지식과 관심사가 "미국 지식인 공동체 전반으로부터 대학으로" 이전되었고 그 결과가 그리 좋지만은 않았다.[25]

그는 대학에서 학문이 평범한 현실에 굴복했다고 말한다. 젊은 학자가 일반 독자를 상대로 집필하거나 일반 간행물에 기고하면 "충분히 진지하지 못하다고 여겨질 위험"이 있었다. "국제학 신임 교수를 지망하는 사람은 자기 전공이나 해당 학문 분야의 학술지에 논문을 발표해야 더 높은 위상을 얻을 수 있고 종신직에 접근할 가능성도 커졌다." 이러한 압력은 큰 손실을 가져왔다. 학문 분야가 내향적으로 변한 것이다. 매커헤이는 신생 분야로서 번창하는 국제학이 공적인 문화생활을 살찌우기는커녕, "주로 그리고 거의 배타적으로" 제도권 학계가 독점하는 영토가 되었다고 결론 내린다.[26]

매커헤이는 신랄한 평가를 자제하면서도, 국제학자들이 이전 시대의 독립 자문역들에 비해 재단과 정부에 더 영합했다고 지적한다. 학계 전문가들이 공식 정책에 과감히 반기를 드는 일은 드물었다. 베트남전 반대 시위가 한창일 때—국제학자가 뭔가를 기여해야 할 것 같은 시점에—그들은 "눈에 띄게" 부재했다.[27] 물론 이 사실은 다양하게 해석될 수 있다. 이 학자들이 부재했던 건 그들이 두려움 없이 진리를 체질한 결과 미국의 전략을 지지하게 되어서였을까? 아니면 미국의 정책에 공공연히 의문을 제기함으로써 장래의 연구 지원금과 출세에 위협이 되지 않을까 우려해서였을까?

이 문제를 평가한 또다른 연구에 의하면, "자격을 갖춘 전문가들"이 "학술" 문헌을 통해 많이들 정부에 의문을 제기했지만 공공연한 반대자로서 앞에 나서지는 않았다고 한다. 왜 그랬을까? 성향으로, 돈으로, 가치로 행정부와 연결된 동료들의 비호감을 살 만한 처지가 아니었기 때문이다. "정치학자가 정치적 문제에 대해 입장을 취할 때 그는 명백히 자신의 경력을 희생할 위험을 무릅쓰게 된다."[28]

매커헤이는 세대적 관점을 추구하지 않지만, 외교와 외무직에서 더 젊고 고분고분한 학계 전문가들이 나이든 독립 자문역을 대체해나간 운명적 전개 양상은 다른 연구에서 지적되어왔다. 예전의 이른바 중국통들China Hands은 가족이나 출생이나 사업 등의 연줄로 중국을 잘 알았고 장개석에 대한 정부의 공식 입장에 반기를 들 만한 수단을 자력으로 갖추고 있었다. 결국 그들은 해고당하거나 한직으로 좌천되어 그 대가를 치렀다. 국제학 대학원과 엘리트 연구 기관에서 배출된 최근의 전문가들은 중국에 대해 아는 것이 적고 정부의 결정에 의문을 제기하는 데도 소극적이다.

데이비드 핼버스탬은 중국통을 숙청하고 그 자리를 하버드 지식인들—아시아를 글과 논문으로만 아는 "최고 인재들"—로 채운 것이 베트남전 실패의 요인 중 하나였다고 지적한다. 중국에서 살았던 경험이 있는 미 외무국의 존 페이튼 데이비스John Paton Davies는 아홉 차례의 공안 수사를 받은 뒤 1954년 결국 정부에서 쫓겨났다(정부는 그로부터 14년 후 마지못해 그의 혐의를 풀어주었다). 핼버스탬은 데이비스의 축출로 미국에서 "아시아에 대한 어떤 종류의 보고와 전문성이 종막을 고했다"고 논평한다. "최고는 말살되었고 새로운 전문가들은 사뭇 다른, 그보다 못한 사람들이었다……. 존 데이비스의 후임으로 온 미국인들은 매우 달랐다. 그들은 미국의 관점에서 본 사건의 해석과 정의를 아시아인에게 강요할 태세를 갖추고 있었다. 성찰하기보다는 기능적이 되는 편이 더 수월했다."[29]

정치학은 국제학보다 훨씬 더 광범위하고 분산된 분야이지만, 최근 데이비드 M. 리치의 『정치학의 비극』, 레이먼드 사이덜먼Raymond Seidelman과 에드워드 J. 하펌Edward J. Harpham의 『환멸에 찬 현실주의자Disenchanted Realists』에서 살펴본 바로는 전신 질환의 후기 증상이 탐지되고 있다. 정치학이 따분하고 자족적인 전문가들의 소일거리로 축소된 것이다. 중요한 정치학자로 누가 있는가? 리치는 묻는다. 없는 것 같다. 그는 "위대한 사상가의 수적 감소와 대학의 중요성 증가"가 서로 연관되어 있다고 제시한다. 게다가 일반 지식인의 소멸로 이제 미국 시민들은 전문가에게 정보를 의존하게 되었다. 그럼에도 이런 전문가들의 연구는 대중의 필요가 아니라 그들이 속한 대학의 상황을 반영하고 있다.[30]

사이딜먼과 하펌은 직업적 학문으로서의 정치학이 부상하고 파편화된 과정을 되짚으며, 지식을 교양 있는 시민과 융합시키고자 하는 희망이 바로 이 학문 분야가 확립된 시점부터 퇴조하기 시작했다고 결론 내린다.

> 미국 정치학을 인도해온 믿음과 초점이 둘 다 실종되고 과도한 전문화가 그 자리를 차지하면서 중요한 정치적 이슈와 질문이 무시되는 결과를 초래했다. …… 동시에, 정치학의 외부 독자층은 협소해졌고 때로는 아예 사라지기도 했다. …… 미국의 정치학은 많은 대중과 계몽·진보 엘리트의 주목과 존경을 얻겠다는 기대와 희망 속에서 형성되어 성장했다. ……〔그러나〕지금의 정치학은 운동이 아닌 제도가 되었다.[31]

리치 역시 다른 소재를 가지고서 비슷한 주장을 하고 있다. 미국정치학회는 팽창했지만 그 학회와 간행물들은 "학자가 아닌 일반인들에게 덜 흥미로워졌고 이해하기도 어려워졌다". 특정 분야에서만 통하는 전문용어의 축적은 진리를 탐구할 필요성이 아니라—그 밑의 세부 분야에 교수들이 군림할 수 있는—학문적 세력 확장을 의미한다. 정치학과 사회학·국제학이 공유하는 어휘들은 인간·사회 갈등을 도식과 컴퓨터 출력물로 환원시킨다. 이런 학문 분야들은 사회를 공학적 문제로 취급한다.

리치가 쓴 바에 의하면, 한 표준 교과서에서는 전통적인 단어들을 열거하고 이를 전문 용어로 대체할 것을 정치학자에게 권고하고 있다.

> 오래된 단어로는 "절대주의", "정의", "민족", "애국적", "권리", "사회", "폭정" 등을 들 수 있을 것이다. 새로운 단어로는 "태도", "갈등", "교차 압력", "게임", "상호작용", "다원주의", "사회화", "가치판단"…… 등이 있다. 이를 공식적으로 정당화하는 논리에도 불구하고, 그 주된 이유는…… 새로운 정치학 용어를 끊임없이 만들어내는 것이 학문의 실질적 내용보다는 조직화된 형태의 사업과 더 밀접한 관련이 있기 때문이다.[32]

커리어와 논문 발표의 압박은 지식의 구분을 강화한다. 발표물의 질 (한 연구에 따르면 이는 그 중요성에서 5위에 랭크되었다)이 아니라 양이 중시되는—그리고 그 수를 헤아릴 수 있는—한, "정치학의 범위가 갈수록 더 작은 전문 영역들로 끊임없이 재편되는" 경향이 두드러지게 된다. 지식의 장이 분화될수록 경쟁자의 수도 따라서 감소하며 전문가로서 자리잡기가 더 수월해진다. 이 학계에서 단 6년 동안 33개의 하위 분야가 새롭게 공식 승인되었다. 과거에 읽을 만했던—적어도 외부인에게 흥미를 끌던—논문들이 철저히 폐쇄적으로 울타리 안에 갇히게 되었다.[33]

심지어 발의되는 연구 주제들도 조심성과 커리어를 반영하고 있다. 정치학자들은 가장 긴급한 이슈들을 예사로 무시하는 듯 보인다. 일례로 1959년부터 1969년까지 10년간 정치학 대표 학술지 세 곳에 게재된 총 924편(!)의 논문 가운데 베트남에 대한 논문은 단 한 편뿐이었다. 같은 기간에 주요 학술지인 〈미국 정치학 리뷰American Political Science Review〉에 발표된 연구 중에 빈곤을 다룬 것이 한 건, 도시 위기를 다룬 것이 세 건이었다. 젊은 정치학자들이 연구 지원금과 추천서의 뒷받침을 필요로 하는 한—그리고 추천서는 많으면 많을수록 좋다— 밋밋한 주제와 기술관료적 접근이 대세가 되면서 반대의 목소리는 최소화된다. 정치학자를 진리를 탐구하는 모습으로 묘사한다면 실소를 불러일으킬 것이다. 그들 대부분은 지원금을 찾아 헤매고 있다.[34]

사회학의 사정도 딱히 나을 것은 없다. 15년 전 앨빈 굴드너는 사회학을 자유분방하게 비판적으로 평가한 『현대 사회학의 위기: 서구 사회학의 다가오는 위기와 전망The Coming Crisis of Western Sociology』을 발표했다. 강단 사회학과 마르크스주의 사회학이 서로를 변화시킬 것이라던 그의 희망은—그가 바란 모습대로는 아니지만—아이러니하게 실현되어, 둘을 구분하기가 점점 더 어려워지고 있다. 하지만 전문적 어휘를 대폭 수용한 사회학적 기능주의가 폭력, 권력, 불평등이 사회적 이슈로서 갖는 가치를 평가 절하한다는 그의 비판은 여전히 유효해 보인다. 무려 800페이지에 달하는 텔컷 파슨스의 두툼한 사회학 저서 『사회적 행위의 구조The Structure of Social Action』는 폭력에 불과 4페이지를 할애하고 있다.[35]

굴드너는 사회학자들 자신의 삶이 그들의 학문 분야에 영향을 끼친다고 주장했다. 굴드너에 의하면, 그들 중 몇몇은 "젠틀맨 교수"●이며

"젠틀맨 농장주"다.

> 그들 대부분이 교외 생활을 영위한다. 적잖은 수가 여름 별장을 갖고 있다. 멀리까지 여행을 다니는 이들도 많다. …… 사회학자가 영위하는 삶의 일상적인 질감은 그를 기존의 세상에 통합시킨다. …… 그 세상에서 사회학자는 영달과 출세를 이루었다……. 그들이 사회에서 성공을 거둔 만큼, 이 사회학자들의 사회 개념에는 그들 자신의 개인적 성공 경험에서 우러난 만족스러운 정서가 배어 있다.[36]

굴드너는 파슨스의 기능주의가 학계를 지배하는 것이 그 이론적 우월성 때문이 아니라 파슨스의 하버드 연줄이 그의 이론 체계에 자동적인 위신을 부여했기 때문이라고까지 공격했다. 대폭 증가한 사회학과들이 하버드 졸업생을 채용하면서 파슨스의 이론은 널리 광범위하게 퍼져나갔다.[37]

굴드너의 저서 이후로 상황은 변했지만 많이 변하지는 않았다. 심지어 한동안 거의 실종되었던 파슨스의 이론도 다시금 복귀하는 조짐을 보인다.[38] 최근 한 사회학자가 사회학 공식 학술지인 〈미국 사회학 리뷰 American Sociological Review〉 45년 치(1936~1982)를 살펴보았다. 퍼트리샤 윌너Patricia Wilner는 사회학자들이 냉전, 매카시즘, 시위 활동 같은 굵직한 정치·사회적 사건을 연구 주제로 다루었으리라 예상했다. 그녀는 이 모든 논문을 어떻게 다 분류할지 걱정하면서 조사를 시작했지만, 알고

• 여기서 젠틀맨은 영국에서 귀족 아래의 유산 지주 계층 중 하나를 가리키던 말이다─옮긴이

보니 총 2559편의 논문 중에서 그런 이슈를 다룬 것은 5.1퍼센트 미만으로 극소수였다. 이 거대한 사회·정치적 혼란의 시기에 사회학자들에게 가장 매력적이었던 주제는 다름 아닌 배우자 선택 역학관계였다— 가장 많이 다루어진 주제가 바로 그것이었다. 게다가 단일 저자 논문이 대폭 감소하고 팀과 그룹 단위로 집필된 논문이 그 자리를 차지했다. "단일 저자 논문으로 채워진 권호가 69.4퍼센트에서 2.4퍼센트로 급감했다! 이 주목할 만한 변화는 '진취적entrepreneurial' 연구에서 '협업corporate' 연구로의 이행, 그리고 자금 지원을 받은 연구의 증가를 시사한다."[39]

그럼 무엇을 할 것인가? 정치학에서 리치가 제안하는 전략은 업계가 휘두르는 힘을 안타깝게도 증언하고 있다. 그는 학계에 정면으로 도전하는 젊은 학자들이 예외 없이 퇴출될 것임을 잘 알고 있다. 그의 조언은 이렇다. "교직 경력의 초반에는 건전한 견해를 표명하고 크게 주목을 끌지 않을 만한 글을 발표하는 등 전문적 능력에서 튀지 않는 자질을 보이는 것이 바람직하다. 젊은 학자들은 이런 전술을 통해 종신직을 얻을 수 있을 것이다." 일단 학계에 자리잡으면 "대담한 언행이 좀더 실현 가능해진다". 심지어는 "쉬운 영어"로 "몇 가지" 생각을 써서 발표하는 일도 가능해질지 모른다.[40] 안타깝게도 리치는 그의 전략이 예로부터 전해내려오는 조언과 비슷하다는—그리고 예로부터 죽 실패해왔다는, 즉 아무것도 바꾸지 못한다는—것을 깨닫지 못했든지 잊은 듯하다. 그렇게 해서 필요한 지위와 안정을 마침내 획득했을 때, 대담한 사유를 위한 재능은—심지어 욕망까지도—시들어버린 지 오래인 것이다.

사이덜먼과 하펌은 리치의 제안에 대해 일부분 답변을 내놓고 있다. 수축하는 학술 시장에서 "출판하지 못하면 도태된다publish or perish"라는 오래된 금언만으로는 더이상 충분치 못하다.

　　오늘날에는, 괜찮은 출판사를 끼고 괜찮은 학술지에 출판되어 찬사 일색의 리뷰를 받지 못하면 출판하고도 도태되는 일이 얼마든지 가능하다. 천민들을 환영하기 위해 설계된 시스템이라고는 절대 말할 수 없다……. 운 좋은 득점자들이 명문 대학에서 종신 재직권이라는 희귀한 보상을 획득하는 시점이 되었을 때, 그 누가 평지풍파를 일으킬 수 있겠는가—아니, 일으키겠는가?[41]

　　경제학 분야도 유사한 특성을 드러낸다. 『경제학의 빈곤*The Poverty of Economics*』에서 독립 경제학자 로버트 커트너는 이 학계의 순응주의와 비적실성irrelevance을 비판한다. 경제학자들이 점점 더 복잡한 수리 모형을 도입하는 것은 그것이 현실을 조명해주어서가 아니라 출판을 용이하게 해주기 때문이다. 이런 모형들은 경제학자들이 새로운 정보를 축적하지 않고서도 논문을 쓸 수 있게 해준다. 그는 이 학계에서 가장 저명한 수학자이자 노벨상 수상자인 바실리 레온티예프Wassily Leontief(1906-1999)가 수리화된 공식의 구축을 숭배하는 경제학계의 경향을 자주 개탄했음을 우리에게 일깨운다.[42]

　　레온티예프는 1970년 경제학자들을 상대로 한 연설에서 "수리 모형 구축이라는 산업은 경제학에서 가장 명망 높은 분과 중 하나—어쩌면 가장 명망 높은 분과—로 성장했다"고 불만을 토로했다. 유감스럽게도, "수학적 공식화에 대한 무비판적 열광은 주장하는 내용의 덧없음을 흔히 은폐하는 경향이 있다". 이런 모형은 대부분 적용성이나 유효성이 떨어지기 때문에 발표 후 "창고에 사장된다". 나머지는 더 새롭

고 정교한 모형이 나왔다는 이유로 인기를 잃는다. 게다가 이러한 상황
은 갈수록 자가발전하는 것처럼 보인다. 이런 메시지를 받은 젊은 경제
학자들이 "점점 더 복잡한 수리 모형을 구축하는 식으로 자신의 경력
을 발전"시키고 있는 것이다. 레온티예프는 경제학자들에게 실증적 탐
구로 복귀할 뿐만 아니라 그들이 저버린 "더 폭넓은 대중"에게로 돌아
올 것을 촉구했다.[43]

최근 레온티예프는 학계의 대표 학술지인 〈미국 경제학 리뷰The
American Economic Review〉 8년여 치(1972-1976, 1977-1981)를 검토하고
이 기간에 발표된 논문 중 대다수가 아무런 데이터 없는 수리 모형을
활용했음을 발견했다. 저자가 생산한 직접 정보를 활용한 논문은 1퍼
센트에 불과했다. "경제이론가들은 매년 많은 수리 모형을 계속 생산해
낸다……. 그리고 계량경제학자들은 가능한 모든 형태의 갖가지 대수
함수들을 기본적으로 동일한 데이터셋에 끼워맞춘다." 이중 아무 것도
"현실 경제 시스템의 구조와 작동"에 대한 이해를 증진시키지 못한다.
기성세대 경제학자들이 "젊은 교수들의 교육·승진·연구 활동에 대한
엄격한 통제를 계속 시행"하는 한 이런 상황은 영속될 것 같다고 레온
티예프는 결론 내린다.[44] 커트너에 따르면, 레온티예프는 "그가 속한 학
계에 너무 절망한 나머지 경제학 저널에 논문을 발표하기를 중단"했다
고 한다.[45]

학계를 조사하는 과정에서 커트너는 어떤 세대적 리듬을 탐지했다.
경제적 현실을 아직까지 정면으로 명쾌하게 마주하는 경제학자들은
모조리 나이를 먹었거나 은퇴했다는 것이다. "한 세대 이전의 경제학
은 관찰과 논쟁과 자기 분야의 지성사에 훨씬 더 전념했다. 20세기 중
반의 대가들은 대공황과 전쟁을 몸으로 겪었고 현실 경제 제도가 비틀

거리는 것을 지켜보았으며 경제 기관에서 일했다……. 이제 그들 대부분은 가고 없다." 커트너가 "지난 세대의 위대한 괴짜 경제학자"라고 일컬은 존 케네스 갤브레이스(1908-2006)와 앨버트 허시먼(1915-2012) 등은 "자신의 연구를 광범위한 독자들에게 전파했지만 학계 내부에는 거의 씨앗을 퍼뜨리지 못했다". (로버트 하일브로너[1919-2005]와 로버트 레카크먼Robert Lekachman[1920-1989]도 이 목록에 추가할 수 있을 것이다.) 이 이단자들은 "자신이 오늘날 자기만의 경제학을 실행에 옮기고자 시도하는 젊은 조교수였다면 정교수로 승진하지 못했을 것"이라는 데 동의했다. 정통성은 "학계의 사회학적 역동에 의해, 누가 논문을 발표하거나 승진하고 누구의 연구가 지원금을 받을지에 얽힌 정치적 역동에 의해" 강화된다.[46]

최근 들어 학계 깊은 곳으로부터 조심스러운 (자기) 비판이 고개를 들고 있다. 시카고대학 경제"학파"와 오랫동안 연을 맺어온 도널드 N. 매클로스키Donald N. McCloskey는 영미 경제학이 "그 견고한 출중함의 광휘에도 불구하고" 이제는 "역사를 지루해하고" "자신의 문명에 무지하고" "자신의 윤리에 무심하고, 방법론에 대한 성찰이 없는" "많은 무능한 경제학자들"을 낳았다고 진단한다.[47]

매클로스키는 1981-1983년 〈미국 경제학 리뷰〉에 실린 논문들을 검토하고 이 기간 전문이 게재된 159편의 논문 중에서 "글만으로 이루어진 것은 6편뿐"임을 발견했다. 통계와 다이어그램과 "명확한 시뮬레이션"의 활용에 대한 강박은 이 분야에 손상을 입혔다. 이들 논문을 "일반인은 심지어 피상적으로도 이해하기 힘들다. 젊은 경제학자들은 테크닉의 협소한—그리고 때로는 하찮은—재간을 과대평가한다". 매클로스키가 볼 때, "과학주의, 행동주의, 조작주의, 실증경제학"—대체로

과학에 대한 맹목적 숭배―을 내건 성전은 "그 효용을 다했다."[48]

매클로스키는 경제학자들이 이런 성전에 합류한 이유를 설명하지 않지만, 뉴욕 지식인들이 과학 숭배에 특이하게 취약함을 넌지시 암시하고 있다. 그는 『철도와 미국의 경제 성장Railroads and American Economic Growth』(1964)이라는 책을 샅샅이 살핀다. 이 책은 그가 "경제사에서 계량경제학 혁명의 나폴레옹"이라고 일컬은 로버트 W. 포겔Robert W. Fogel의 명성을 확립한 저서다.[49] 포겔이 경제사에 과학적 접근 방식을 처음 도입한 이후로 그의 방식은 폭넓게 모방되었다.

브롱크스 태생의 포겔(1926-2013)은 청년 시절 급진 정치에 투신했다가 뒤늦게 경제학에 입문했다. 불확실한 학문 분야―매클로스키에 따르면 "우익적 경향이 두드러지는, 비유대인들의 분야"―내에서의 불확실한 입지는 그가 과학주의적 수사법과 접근 방식을 취하게 만든 요인이었다.

> 그래야 했던 것은 학계 내에서의 정치적 필요성 때문이었다. 그때나 지금이나 북미에는 경제사를 다루는 학과가 없다. (……) 1964년에 미국 대학의 경제학과에서 경제사는 수세에 몰려 있었고, 번쩍이는 갑옷 차림으로 거들먹거리며 막사를 누비는 신흥 테크노크라트들에 의해 케케묵은 학문으로 치부되었다……. 젊은 경제사학자들은 스스로가 테크닉 면에서 유능함을 반드시 입증해야 했다. ……포겔은 자신이 두른 경제학적 갑옷의 광휘를 거듭 과시했다.[50]

철도 책을 발표한 이후로 포겔이 수행해온 연구는 전문화가 어떤 대가를 치러야 했는지를 아주 잘 보여준다. 그는 자신이 ("전통적" 역사와 대비하여) "과학적" 역사라고 부르는 것을 계속해서 전투적으로 옹호하고 있다. 포겔이 제시하는 이상에서 "과학자"란 실험복을 걸치고 복잡한 통계를 이용하여 부지런히 일하는 연구자다. 반면에 전통적 역사학자는 몽상가, 시인─문인이다. 과학적 경제학자들의 발견과 보고는 애초부터 일반 대중에게 읽힐 것을 염두에 두고 쓰인 것이 아니다. 포겔의 말에 따르면, "대다수의 계량경제사학자들"은 "재미로 역사책을 읽는 부류가 아니라"─이 대목에서 피부에 와닿는 경멸을 느낄 수 있다─"과학적 노고의 성과를 평가하고 승인할 능력을 갖춘 부류─광범위한 대중이 아니라 고도로 훈련된 소수 전문가들의 그룹"이야말로 그들의 저술에 "합당한 독자"라고 여긴다.[51]

포겔에 따르면 대규모 팀워크야말로 계량경제사학의 "품질 보증 마크"다. "최근의 한 논문에는 자그마치 열 명의 저자가 참여했다"고 그는 자랑스럽게 선언한다. 그들은 "사실과 행동 규칙성"을 귀하게 여기기 때문에 개인적인 "목소리"는 "결함"으로 여겨진다. 포겔과 그의 전문가들은 새로운 식민지를 꿈꾸며 기관들을 접수해나간다. 그는 과거의 승리들을 열거한다. "계량경제사학적 접근 방식은 경제사학 내에서 가장 급속히 발전하여 이 분야의 지배적 연구 형태가 되었다……. 이제는 미국의 주요 경제사 저널에 발표된 논문 중 대다수가 수학적 논문이며, 계량경제사학자들이 경제사학회의 지도부를 차지하고 있다"라고 포겔은 환호성을 지른다.[52]

포겔은 학문적 성공을 누리고 있지만, 그가 제시하는 숫자들이 역사적 현실을 얼마나 잘 조명하는지는 여전히 의문의 여지가 있다. 1974년 포겔은 스탠리 L. 엥거먼Stanley L. Engerman(1936-)과 함께 『고난의 시대: 미국 흑인 노예제의 경제학Time on the Cross: The Economics of American*

Negro Slavery』을 발표했다. 두 권으로 된 이 책은 과학적이고 정량적인 접근 방식을 취하여 노예제의 역사를 새로운 기반 위에 올려놓았다고 자평했다. 하지만 이 책의 결함들은 방법론에 대한 페티시의 고질적 병폐를 드러내고 있다. 수치와 방법론이 현실 그 자체를 감추어버리는 것이다. "과학적" 역사는 과학적 허구로 변하고 만다.

적어도 부분적으로, 『고난의 시대』는 노예 노동이 그전까지 학자들이 생각했던 것보다 더 생산적이었고 이 생산성이 외적인 처벌보다는 내적인 노동 윤리에 더 좌우되었음을 입증하고자 했다. 허버트 G. 거트먼Herbert G. Gutman은 『노예제와 숫자 놀음*Slavery and the Numbers Game*』에서 이 책을 맹렬히 공격하며, 그 저자들이 제시한 증거와 접근 방식이 통탄할 만큼 부적절했음을 발견했다.[53] 일례로 포겔과 엥거먼은 한 플랜테이션 소유주가 남긴 기록을 검토한다. 이 소유주는 자신이 언제 노예를 채찍질했는지를 몇 년에 걸쳐 기록으로 남겼다. 그들은 필요한 계산을 한 뒤 이런 결론을 내린다. "이 기록에 의하면 2년간 총 160회의 채찍질이 시행되었다. 일인당 연간 평균 0.7회꼴이다."[54] 포겔과 엥거먼에게 이는 노예들이 처벌 때문에 강제로 노동하지 않았다는 거의 과학적인 증거다. 채찍질이 효과를 발휘하기에는 그렇게 자주 시행되지 않았기 때문이다.

거트먼은 포겔과 엥거먼이 플랜테이션에 있었던 노예의 수를 잘못 계산했다는 것을 보여준다. 하지만 그들이 제시한 수치를 따르더라도 그 수치의 의미에는 의문을 제기할 여지가 있다. "일인당 연간 평균 0.7회의 채찍질"이 과연 무엇을 의미할까? 실제로, 다시 해석했을 때 이는 "노예들이—'평균'—4.56일마다 한 명꼴로 채찍질을 당했고, 매 2주마다 세 명씩이 채찍질당했다"는 뜻이다. 이는 보다 끔찍한 수준의 폭력을 암시한다. 거트먼은 포겔과 엥거먼의 방법론에 결함이 있으며 이것이 현실을 제대로 못 보게 만들 위험이 있다고 주장한다. "예를 들어보자. 1889년부터 1899년까지 매년 '평균' 127명의 흑인이 린치당했다고 알려져 있다. 이 평균치를 어떻게 평가할 것인가? 1889년 미국에 살고 있던 흑인을 600만 명으로 가정하자. (……) '기록에 의하면 흑인 일인당 1년에 평균 0.0003건의 린치가 행해졌으므로 1889년에 약 99.9997퍼센트의 흑인은 린치당하지 않았다'는 것을 알았다 치자. 과연 이것이 유용한 지식인가?" 거트먼에게 이런 사회적 폭력의 의미는 평균치로부터 연역될 수 없는 것이었다.[55]

거트먼의 개입은 전형적인 사례였다. 이는 전문화의 시류를 거스르는 역사학자들이 있다는 신호다. 역사학은 민족, 노동, 여성, 소수자 등의 알려지지 않은 역사를 재발견하고자 하는 급진주의자와 마르크스주의자들을 늘 끌어들여왔다. 거트먼처럼 좌파 출신으로 학계에 들어온 사람들은 이 사명에 충실히 임해왔는데, 이는 그들이 단순한 과거의 복구가 아니라 거기 참여한 사람들—대중—을 위한 과거의 복구를 바랐다는 점에서 이중의 의미를 띤다. 이러한 이유로, 노동, 노예제, 가족, 여성, 그리고 냉전의 기원을 다룬 미국 역사학자들의 저술은 공적 논의에 정보를 제공하고 나아가서는 영향을 끼쳤다. 윌리엄 A. 윌리엄스William A. Williams(1921-1990), 유진 제노비스Eugene Genovese(1930-2012), 하워드 진(1922-2010), 크리스토퍼 래시(1932-1994) 등은—『미국 외교의 비극The Tragedy of American Diplomacy』(1959)으로부터 『나르시시즘의 문화』(1979)에 이르기까지—공적 쟁점에 대해 발언하는 읽을 만한 책들을 내놓았다.

허버트 거트먼 자신의 저작은 역사를 강단 바깥으로 끌어내려 했다는 면에서 전형적이다. 유대계 이민자의 아들로 좌파 정치 활동을 했던 거트먼(1928-1985)은 퀸스 칼리지와 컬럼비아대학에 다니다가, 독립 좌파와 노동 연구의 전통적 본산인 위스콘신대학 매디슨으로 옮겨 박사 과정을 밟았다.[56] 그후에는 뉴저지주 페어리디킨슨대학과 로체스터대학에서 교편을 잡았다가 뉴욕에 돌아와 뉴욕 시립대학에 자리잡았다.

거트먼의 저술은 학술적인 논문이라기보다는 공적인 개입에 더 가까웠다. 그가 『노예제와 자유 아래에서의 흑인 가족, 1750-1925*The Black Family in Slavery and Freedom 1750-1925*』을 집필한 직접적 동기는 "대니얼 P. 모이니핸Daniel P. Moynihan의 『미국의 흑인 가족: 국가적 조치를 촉구하기 위한 논거*The Negro Family in America: The Case for National Action*』를 둘러싼 격렬한 대중적·학술적 논쟁"이었다고 이 책의 첫 문장에서 밝힌 바 있다.[57] 거트먼은 흑인 가족이 미국 사회에 의해 파괴·와해되었다는 믿음을 깨고자 했다. 그는 흑인 가족이 지닌 놀라운 회복력과 생명력을 보여주고 싶어했다. 아울러, 흑인 빈곤의 원인이 (거트먼이 생각한) 구조적 실업과 인종주의가 아니라 흑인 가족에게 있다는 모이니핸 보고서의 정책적 함의를 둔화시키고 싶어했다.[58]

역사의 무시되는 이면—비가시화된 노동자, 흑인, 소수자—을 연구하는 "신"사회사의 선구자로서, 거트먼은 이 역사학이 그 공적 본분을 망각할까봐 우려했다. 그리고 "신사회사 내의 분열적 추진력"을 주의하라고 경고했다. 역사학의 많은 부분이 "너무 세세하게 분류되고, 너무 협소한 통계와 행동에 갇혀 있다……. 신사회사는 제약이 심한 과도전문화에 시달리고 있다".[59] 이런 학문화에 불만을 품은 거트먼은 역사 대중화 사업인 '미국 사회사 프로젝트American Social History Project'를 출범시켰다. 이 프로젝트는 지금도 진행중이며, 미국 노동사를 다룬 두 권짜리 대중서 『누가 미국을 세웠는가?*Who Built America?*』를 비롯하여 보다 폭넓은 관객을 위해 제작한 슬라이드쇼와 영화들을 내놓았다.[60]

거트먼의 작업이 강렬하고 영향력 있다는 데는 의심의 여지가 없다. 하지만 이런 작업을 이제는 거의 버려진 문화적 세계의 일부로 볼 수도 있을까? 윌리엄스나 거트먼이나 래시가 학계 바깥의 대중에 대한 빛바랜 헌신을 간직한 "과도기적" 지식인일 수 있을까? 한때 거트먼과 제노비스의 동료였던 래시는, 자기 세대의 역사학자와 스승인 리처드 호프스태터 세대의 역사학자 사이에 존재하는 차이에 대해 언급한 바 있다. 그의 세대는 호프스태터의 확신에 찬 프로페셔널리즘을 좀처럼 공유하지 못했다. "우리는 학계에서의 삶이 불편했고 학계나 대학과 자주 불화를 겪었다."[61] 하지만 바로 이런 불편함이 그들을 떠밀어 대학 밖에서 청중을 찾아 나서게 만들었을 것이다. 아이러니하게도 신좌파 역사학자들은 대학에 더 잘 적응하고 캠퍼스 내의 청중에 더 만족하는 듯 보인다. 이들 역사학자 중 일부가—다시금 부분적으로 거트먼에게서 영감을 받아—아주 최근에 "대중 역사학과 일반 대중에 대한 경시"를 "바로잡으려는" 움직임을 보이기는 했지만,[62] 윌리엄스나 거트먼이나 래시의 후계자를 찾아보기는 힘들다.

정확히 이 문제가 한 젊은 역사학자에 의해 제기되었다. "젊은 좌파 역사학자는 어디 있는가?" 리드 칼리지 교수인 케이시 블레이크Casey Blake(1956-)의 질문이다. "학문적 출세 과업에 여념이 없는 대략 25세에서 35세 사이의 급진 역사학자들은 최근의 보다 굵직한 이슈에 거의 관심을 기울이지 않았다……. 젊은 좌파 역사학자들은 이전의 논문을 단순 보충하든지 이를 새로운 사회 집단이나 지리 영역에 적용해서 뻔

히 예측되는 결과를 얻는 식의 연구를 너무 많이 생산한다."[63] 이것이
정확한 관찰이라면―블레이크는 몇몇 페미니스트 역사학자들을 여기
서 제외하고 있다―급진 역사학의 미래는 다른 학문 분야들의 미래와
거의 다르지 않을 것이다.

III

신좌파가 대학에 끼친 영향력으로 말하자면 마르크스주의 사상만한
분야가 없다. 25년 전까지만 해도 마르크스주의는 캠퍼스에 거의 없다
시피 했는데, 오늘날은 대부분의 주요 대학에서 정치학, 사회학, 역사학,
문학 이론, 기타 학문 들의 하위 분과로 마르크스주의를 가르치고 있다.

미국의 많은 산업이 그렇듯 마르크스주의 학술 시장 또한―자동차
와 대충 비슷한 이유로―수입품이 지배했다. 가끔 그 최종 생산물이
미국 내에서 조립되기도 하지만, 외제 마르크스주의가 더 말쑥하고 디
자인이 좋아 보이며 가속도 더 수월하다. 마감이 더 훌륭하고 광택이
난다. 투박한 미국식 모델을 고수할 이유가 있을까? 최근 미국의 한 교
수가 철학적 마르크스주의에 대해 수행한 연구에는 게오르크 루카치,
카를 코르슈Karl Korsch, 안토니오 그람시, 막스 호르크하이머, 장폴 사
르트르, 위르겐 하버마스를 논하는 장들이 실렸지만 미국인 저자들에
대해서는 지나가는 말로만 언급하고 있다.[64]

하지만 마르크스 연구의 보다 광범위한 영역에서 유럽인들과 어깨를
겨룰 후보자로 자주 지목되는 미국인이 한 명 있다. 프레드릭 제임슨은
오늘날 가장 독창적이고 영향력 있는 젊은 마르크스주의 사상가로 일

컬어진다. 한 저널은 한 호 전체를 제임슨 특집으로 꾸미고 서문에서 그가 "우리 시대를 이끄는—어쩌면 최고의—마르크스주의 비평가"로 "보편적으로 인정된다"고 말하고 있다.[65] 『맑스주의와 형식』(1971)에서부터 『정치적 무의식』(1981)에 이르는 그의 저작들은 근본적 기준점이 되었고, 그 저자는 학계의 정상에 올랐으며, 예일대학, 캘리포니아대학 산타크루즈, 그리고 현재 교편을 잡고 있는 듀크대학 등 명문 대학들의 구애를 한몸에 받았다. 제임슨이 드물게 정력적이고 헌신적인 사상가라는 것을 반박할 수 있는 사람은 거의 없을 것이다. 또한 그가 대학이라는 세계에 속해 있음을—그 세계의 전문 용어, 그 세계의 문제, 그 세계의 위기를 고스란히 구현하고 있음을—의심할 사람도 거의 없을 것이다. 루이스 멈퍼드, 맬컴 카울리 등 지난날의 마르크스주의자와 급진적 비평가들이 한 번도 대중을 저버리지 않았다면, 제임슨은 한 번도 대중을 찾아 나선 적이 없다. 그의 저술은 세미나를 염두에 두고 집필된 것이다.

제임슨의 저작이 이미 상당량의 이차 문헌을 낳았다는 사실은 이러한 변동을 잘 보여주고 있다. 멈퍼드나 윌슨이나 트릴링을 읽기 위해 독자를 안내해줄 사람이 필요 없었던 이유는 단순하게도, 그들이 그들 자신을 가장 잘 소개하는 해설자였기 때문이다. 그들은 읽히기 위한 글을 썼다. 하지만 제임슨의 『정치적 무의식』이 나오고서 3년 만에, 한 대학 출판부에서는 초심자의 이해를 돕기 위한 책을 펴냈다.[66] 이 책, 『제임슨, 알튀세, 마르크스: "정치적 무의식"의 이해Jameson, Althusser, Marx: An Introduction to "The Political Conscious"』는 학계에서 펼쳐지는 변칙적 술수의 풍경을 고스란히 보여준다.

고명한 교수들이 아는 바에 따르면, 제임슨의 저작에는 "서사에 대해 최근 몇 년간 진행되어온 상당량의 진지한 사유"가 깔려 있다고 한다. 또한 그의 궁극적 목표는 "개별 텍스트를 그것이 인식하지 못하는 저 '텍스트 바깥hors texte' 즉 '말해지지 않은non-dit' 견딜 수 없는 모순의 장을 향해 열어젖히는 것"이라고 한다.[67] 하지만 "그것"이—아니 보다 정확히 말하자면 우리의 저자가—인식하지 못하는 것은, 커리어의 발전과 자가 발전이야말로 진짜 텍스트라는 것이다.

세상은 핵 재앙과 전 지구적 오염과 기아를 향해 미끄러져나가고 있지만, 마르크스주의 비평가는 다른 마르크스주의 비평가에 대해 글을 쓰며 밝은 얼굴로 마르크스주의의 학문적 미래를 거래한다. 이 시장의 현황은 어떨까? 비록 그 품질은 파리지앵의 기준에 딱히 미치지 못하지만 향후 전망은 더없이 밝다. "우리는…… 이론의 폭발적 증가 한복판에 있다. 그리고 특히 많은 젊은 이론가들이 급속한 발전의 신호를 보여주고 있지만, 아직까지는 제임슨이 영어로 저술하며 프랑스의 포스트구조주의자 동료들처럼 글을 쓰는 유일한 이론가다."[68]

열광적인 추종자들의 죄를 제임슨에게 뒤집어씌울 수는 없지만, 제임슨이 공적 쟁점을 다룬 글을 부분적으로 발췌하여 살펴볼 가치는 있다. 최근의 한 에세이에서 제임슨은, 문학 비평에서 가장 인기 있는 주제인 "포스트모더니즘"의 두드러진 사례로 건축을 지목한다. 제임슨이 볼 때 포스트모더니즘은 고급문화와 소위 대중·상업 문화 간 경계의 "소멸"을 의미하며, 이는 신종 "텍스트"의 출현을 암시한다. 포스트모더니스트들은 대중문화를 경멸하던 예전 비평가들의 엘리트주의와 결별했다. "사실 포스트모더니스트들은 바로 이 온갖 싸구려와 키치, 텔레비전 시리즈와 〈리더스 다이제스트〉 문화, 광고와 모텔로 이루어진 '타락한' 경관에 매료된 것이다……."[69]

이런 관점에서 제임슨은 다양한 포스트모더니스트 "텍스트들"을 검토한다. 그중 하나는 "포스트모던이 만개한 건축물"로 "포스트모더니즘적 공간의 독창성에 대해 인상적인 교훈"을 제시한다. 이 빌딩은 존 포트먼이 설계·개발한 로스앤젤레스의 보나벤처 호텔로, 그는 애틀랜타의 피치트리 플라자 호텔과 디트로이트의 르네상스 센터를 설계한 건축가이기도 하다. 층층의 아트리움, 발코니와 고급 상점가로 내벽을 두르고 개방된 로비와 반사연못과 폭포로 격을 높인 광활한 내부 공간이 포트먼의 시그니처다.

유리 엘리베이터들이 이 일렁이는 공간을 통과하여 미끄러지듯 올라가—보나벤처 호텔의 경우에는—거의 탁 트인 옥외로 나오면 발아래 로스앤젤레스의 전경이 펼쳐진다. 메인 타워의 꼭대기 층에는 회전식 바가 천천히 돌아가며, 이를 둘러싸고 등거리에 위치한 네 동의 동일한 원통형 빌딩에는 호텔 객실이 들어차 있다. 심지어 포트먼을 가장 신랄하게 비판하는 이들도 그가 수익성 높은 대중적 빌딩에 노골적으로 바치는 헌신이 신선하다는 데는 수긍한다. 한 이탈리아 비평가의 지적에 따르면 그는 "유럽 지식인들을 괴롭히는 그런 콤플렉스"에 찌들지 않았다.[70] 사람들이 그의 건축물을 좋아하는 건 아마 이런 이유에서일 것이다. 적어도 타지에서 온 방문객들은 흔히 친구 손에 이끌려 이곳의 엘리베이터를 타곤 한다.

이것을 제임슨은 어떻게 이해했을까? 보나벤처 호텔에 대한 그의 칭송은 이루 다 말로 표현할 수 없다. 그는 이 건물이 전통적인 관점—심지어 전통적인 경험—을 초월한다고 제시한다.

건축 공간 그 자체의 돌연변이가 비슷한 무언가가 우리 앞에 놓여 있다. (……) 우리…… 이 새로운 공간에 우연히 발을 들여놓은 인간 주체는 저 진화를 따라잡지 못했다. (……) 우리는…… 이 새로운 초공간에 걸맞은 인지 장치를 아직 갖추지 못했다. …… 이 새로운 건축은…… 우리 몸에 새로운 기관을 길러내야 할 필요성, 우리의 감각 중추와 신체를 모종의 새로운, 아직은 상상할 수도 없는…… 차원으로…… 확장시켜야 할 필요성 같은 것으로서 거기에 서 있다.[71]

이 흥분한 도입부를 시발로 제임슨은 거침없이 달려나간다. 보나벤처 호텔은 포스트모던 기풍에 걸맞게 엘리트주의를 단호히 거부한다. 위용과 거리감이 느껴지는 전형적 모더니즘 건축과 달리, 보나벤처 호텔은 도시의 짜임새 안에 "삽입되어" 있다. 이 건물의 입구는 도시와의 바로 이 상이한 관계를 보여준다. 지난날의 호화로운 호텔들은 "도시의 가로로부터 더 예스러운 실내 공간으로 연결되는 통로"를 연출했다. 인터내셔널 양식의 건축물들은 "단절"의 표시였다.[72]

하지만 보나벤처에서 이러한 입구는 작고 "측면적"이고 "차라리 뒷문과 같은 성격"을 띤다. "이처럼 이상하리만치 눈에 안 띄는 입구에 대해 내가 우선 말하고 싶은 것은, 호텔 자체의 내부 공간을 지배하는 어떤 새로운 범주의 폐쇄성이 이를 강제하는 듯 보인다는 것이다." 이 새로운 공간은 "새로운 집단적 실천, 개개인이 이동하고 모여드는 새로운 양식…… 새롭고 역사적으로 독창적인 종류의 초군중hyper-crowd"과 상응한다.[73]

여기서 끝이 아니다. 제임슨은 보나벤처의 포스트모더니즘적 "초공간"이 개개인의 지각과 인지를 초월하는 관계로 자신이 할 말을 잃었음을 거듭 고백한다. 하지만 이 건물의 엘리베이터와 에스컬레이터—"변증법적 대립물"—에 열광하면서 또다른 생각들을 추가로 떠올린다. 엘리베이터와 에스컬레이터가 다채로운 경로로 방문객을 인도하는 특정 형태의 서사를 조명하고 있다는 것이다.

하지만 보나벤처에서 우리는 이 과정이 변증법적으로 고조됨을 발견한다. …… 이곳의 에스컬레이터와 엘리베이터들은 이제부터 이동을 대체할 뿐만 아니라, 무엇보다도 이동 자체를 표상하는 새로운 반사적 기호와 엠블럼으로서 자리매김한다. …… 여기서 서사적 산책은 구식 산보의 알레고리적 기표가 되는 운송 기계에 의해 강조·상징·구체화·대체된다……. 그리고 이로써 모든 현대 문화가 지닌 자기지시성은 변증법적으로 강화된다.[74]

보나벤처에 대한 이 마르크스주의적 경외에는 몇 가지 문제점이 있다. 첫번째 문제는 보나벤처 그 자체다. 포스트구조주의와 기호학의 최신 이론으로 화려하게 치장한 이 마르크스주의 문화 비평가는 가장 단순한 탐색으로 알 수 있는 것조차 발견하지 못한다. 제임슨이 이를 이해하려면 새로운 신체 기관이 필요할 만큼 초월적으로 탈근대적이라고 믿는 이 건축물은 사실 확연히 전근대적이다. 미래주의적 공간보다는 해자와 봉건시대 성을 연상시킨다. 보나벤처는 거대한 벽과 조그만 입구를 통해 외부인과의 접촉을 최소화한다. 이 빌딩은 요새 건축의 완벽한 사례로 제시되어왔다.

제임슨은 기묘하게 눈에 안 띄는 입구들이 어떤 새로운 범주의 공간을 표상한다고 여기지만, 딱히 그렇지 않다. 입구들이 조그맣고 이렇다 할 표시가 없는 것은 대부분 가난한 히스패닉계인 인근 주민들을 안에

들이지 않기 위해서다. 한 비평가는 주 출입구를 "4층 높이의 광활한 콘크리트 장벽에 뚫린 조그만 구멍"이라고 부르기도 했다.[75] 도시 재개발 부지에 세워진 보나벤처 호텔은 지역 주민을 위한 건물이 아니기 때문이다. 진짜 입구는 관광객과 비즈니스맨을 위한 차량 출입구다. 걸어서 들어가려고 해본 사람이라면 누구라도 확인해줄 수 있겠지만, 이 호텔은 보행자의 접근이 사실상 불가능하다. 인도에서 보았을 때 이곳은 "벙커"다.[76]

거의 모든 방문객을 혼란에 빠뜨리는 보나벤처의 부조리함은 새로운 변증법적 공간이라기보다는, 설계보다 번드르르한 외관에 더 신경쓰는 건축가들의 낡은 부조리와 더 관련이 있다. 이 빌딩에 대해 긍정적이면서도 무비판적이지는 않은 한 비평은 이렇게 지적했다. "복합단지 전체는 랜드마크이자 시각적 초점으로서 제구실을 하지만, 타워를 떠받친 거대한 콘크리트 포디움은 주변 환경과 잘 어울리지 않는다." 가로에서의 접근을 제한한 설계는 단지 전체를 위협한다. 계속해서 이 비평은, 내부 공간이 "널찍하고 확실히 흥미진진"하지만 "방향 감각을 교란시키고 명료함과 초점이 부재하다"고 적고 있다.[77]

이 호텔의 무수한 기둥과 곡선으로 이어지는 회색 콘크리트 계단은 중앙 공간의 임팩트를 강화하기보다는 혼란스럽게 하는 데 기여할 뿐이다……. 보나벤처 호텔이 너무나 복잡한 미로여서, 투숙객들은 엘리베이터를 잘못 타서 다른 동으로 올라가거나 말 그대로 뺑뺑이 돌며 헤맸다며 합당한 불만을 토로했다. 동일한 네 동의 타워를 구분하기 위해 최근 색색의 기다란 배너를 내걸었지만, 그 배경에 놓인 중앙 공간의 거대한 협곡 때문에 효과는 미미했다.[78]

대표적 마르크스주의 비평가가 보나벤처 호텔이 도시 속에 "삽입"되어 있다며 웅변을 토할 줄 알면서 이 건물이 도시를 명확히 배제하고 도시의 활력을 빼앗는다는 사실을 깨닫지 못했다는 것은, 마르크스주의의 이론적 "폭발"이 세미나 중간 휴식 시간 정도의 화력을 갖는다는 것을 암시한다. 대표적―최고의?―마르크스주의 비평가가 초공간과 새로운 집단 활동과 초군중에 대해 열변을 토한다는 것, 보행자 접근권과 공간적 부조리의 문제를 제기하기 위해 "마르크스주의 용어 사전"(개정판)에 익숙지 않은 평자가 필요하다는 것은 이 이론의 자가증식하는 성격을 말해준다. 문제는 제임슨이 쓰는 학술 용어의 과잉뿐이 아니라 학술 용어 그 자체. 이것도 텍스트, 저것도 텍스트, 모든 것이 텍스트다. 대도시 그 자체는 증발해버린다. 물론 제임슨에게 이것은 그냥 연습 삼아 끄적여본 글일 뿐이다. 그의 저술의 주된 관심사는 문학이다. 그럼에도 그의 글은 신종 강단 마르크스주의의 결함을 예시하고 있다.

이 신종 마르크스주의는 텍스트·기호·기표 해석에 집중하는 "포스트구조주의"로 수렴된다―사실 포스트구조주의를 일부분 고쳐하는 측면이 있다. 자크 데리다와 롤랑 바르트에게서 영감을 받은 이 방법론이 "텍스트 바깥에는 아무것도 없"고 "그 어떤 의미화 사슬의 해석도 필연적으로 또다른 기호의 사슬일 뿐"이라고 상정하는 한,[79] 이는 사회적·물질적 맥락에 주목하기를 포기하―거나 그 중요성을 인정하지 않―고 끝없는 논평들의 소용돌이를 부추길 뿐이다.

영문학 교수인 제럴드 그라프는 문학은 오로지 문학의 문제일 뿐이라고 암시하는 이런 접근 방식을 비판해왔다. 그는 메타 해석―점점 더 억지스러워지고 장황해지며 자가증식하는 해석들―의 유행을 선진 자본주의 시대에 만연한 전문화의 한 형태로 여긴다. 그라프는 살짝

비꼬는 말투로 이렇게 말한다.

경제의 탈희소성이 전통적인 도덕적 제약의 청산을 요할 수 있듯이, 학계의 전문화 또한 그것이 확대될 조건으로서 비평의 급진적 혁신을 요할 수 있다. 학문과 비평의 양적 "생산"이 학문적 성취의 주된 척도일 때, 증명, 증거, 논리적 일관성, 표현의 명료성 같은 협소한 규범은 사라져야 한다. 이런 규범을 고집하는 것은 진보를 가로막는 짓이다. 실로, 엄격한 객관성과 증거 규범을 오늘날의 학술 출판물에 적용하는 것은 미국 경제를 금본위제로 되돌리는 일에 비견할 수 있다. 그 결과는 체제의 즉각적인 붕괴일 것이다. 비평에서 의사비평·메타비평적 즉흥성이라는 신사조는 …… 전통적 방식의 학술 출판이 미약해진 시대에 산업 성장에 필요한 자극일지도 모른다.[80]

찰스 뉴먼도 이에 동의하며 메타 이론에 대한 학계의 강박을 반성한다. "이론은 무한히 소모 가능한 통화가—궁극의 인플레이션 대비책이—된다."[81] 다른 말로, 문학이 위축되면서 문학 이론은 팽창한다. 마르크스가 제시한 물신주의 이론은 그 정반대의 것—이론에 대한 물신주의—으로 변질된다.

사회·경제적 현실에 필연적으로 더 주목하는 마르크스주의 경제학 교수들은 마르크스주의(와 비마르크스주의) 문학 사상가들이 몰두하는 자기소모적 이론에 감염될 수 없을 것이라고 여길지도 모르겠다. 마르크스주의 경제학 교수라는 종 자체가 미국이라는 환경에서 새로운 부류다. 업턴 싱클레어는 1923년 미국 학계를 돌아본 두툼한 책에서 이렇게 썼다. "미국에 정치경제학을 가르치며 사회주의자임을 자인하는 교수가 단 한 명이라도 있다면, 그 교수는 우리 학계라는 짚더미 속에서 내가 찾아내지 못한 바늘일 것이다."[82] 오늘날이라면 싱클레어가 바늘 수십 개 정도는 찾아낼 수 있을 것이다.

급진 마르크스주의 경제학자들은 몇몇 대학에서 존재감을 확립했다. 그들의 조직인 급진정치경제학자연합URPE과 그들의 저널인 〈급진 정치경제학 리뷰Review of Radical Political Economics〉는 지난 수년간 가장 성공적인 신좌파 학술 기관이었다. 다른 좌파 학계들과 달리, 급진 경제학자들은 폭넓은 대중에 대한 헌신을 유지하고 있다. 그들은 학회와 특히 관심 있는 외부인들을 겨냥한 여름 "학교"를 정기적으로 개최한다. 그들의 조직은 좌파 학술 단체 중에서는 거의 유일하게 일반인 독자들을 위한 팸플릿과 서적을 펴낸다. 일례로 URPE는 정부의 사회복지 예산 삭감 위기에 대한 책을 엮어내기도 했다. 이 책, 『공공 부문 위기에 대한 입문서Crisis in the Public Sector: A Reader』는 일반인을 교육할 뿐만 아니라 "공공 부문의 위기와 현재의 '삭감' 분위기에 대한 대응을 조직하는 과정을 돕기" 위한 책이다.[83]

이 모두는 칭송할 일이지만, 좀더 폭넓은 관점에 놓고서 볼 필요도 있다. 급진 경제학자들의 늘어난 머릿수와 부인할 수 없는 재능에도 불구하고 이들의 성취에는 한계가 있다. 젊은 급진 경제학자가 집필한 책 가운데, 폴 스위지나 존 케네스 갤브레이스 같은 지난 세대의 급진 경제학자들과—필력으로든 열정으로든—동일한 반열에 오를 만한 책을 거명할 수가 없는 것이다. 일례로, 심지어 이 젊은 학자 그룹에서 나온 최고의 성과라 할 수 있는 제임스 오코너James O'Connor의 『국가의 재정 위기The Fiscal Crisis of the State』도 장황하고 난삽한 경향을 보인다. 대학에서 행해지는 "대화"의 동질적 특색이 글에서 점점 더 짙게 드러나는 것 같다.

일례로, URPE의 출중한 사상가인 새뮤얼 볼스Samuel Bowles와 허버트 긴티스Herbert Gintis의 신작 『민주주의와 자본주의Democracy and Capitalism』는 기존의 정치 이론에 도전하지만, 이 책도 기존 이론의 어법과 관심사에 푹 젖어 있기는 마찬가지다. 저자들은 20세기 유럽 마르크스주의와 그 (심리학과 철학 같은!) "우아한 비판적 탐색"에 대한 무시를 정당화하기 위해 이런 "이론들이 개인적 선택의 논리를 그 개념적 장치에 통합시키지 못했고, 거시사회적 활동의 미시사회적 측면이 갖는 결정적 중요성을 이해하지 못했으며, 개인적 자유의 해방적 중요성을 받아들이지 않았다"는 이유를 든다.[84] 이런 (미심쩍은) 진술은 강단 정치 이론의 언어와 개념으로 통하는 길을 열어준다—아니, 이미 그런 길이 되었다.

급진 경제학자들이 건실한 노력을 기울이며 이따금 성공을 거두기도 하지만, 장기적으로 볼 때 학계의 명령에 저항할 수 있는 이들은 드물어 보인다. 급진 정치경제학은 주류 경제학의 형식과 문체를 꾸준히 도입해—아니, 거기에 굴복해—왔다.[85] 사실 이것은 폴 A. 애트웰Paul A. Attewell이 그의 연구서 『60년대 이후의 급진 정치경제학Radical Political Economy Since the Sixties』에서 내린 결론이다. 그가 제시한 바에 따르면, 초기에는 60년대 세대가 낳은 "강단 좌파 학문"이 경제학의 지배적인 지식에 도전했다. 하지만 급진 정치경제학의 열정과 정체성과 어쩌면 존재 이유는 해가 갈수록 퇴색되고 있다.

애트웰이 들려주는 이야기는 익숙하다. 젊은 마르크스주의자 교수들이 학계의 적대에 직면한다는 것이다. 테뉴어 체제하에서 그들은 소정의 시간 내에 자신이 존중받을 만한 학자임을 입증해야 하는 "의존적 처지"다. 애트웰은 이렇게 쓴다. "이런 압력은 학계의 스타일을 채택하고 마르크스주의 연구를 '과학화'하려는 시도로 나타난다." 애트웰의 보고에 따르면, 대다수 급진 경제학자들은 날이 갈수록 "자신의 연구를 정당화하기 위해 학술적 문체를 도입하고, 명망 높은 학술지에 논문을 발표하고, 자기 주장의 철저한 (흔히 계량적 분석 기법을 활용한) 경험적 근거를 강조"하고 있다. 주로 주제 선정을 통해 급진적 정체성을 유지하지만 다른 한편으로는 "학계의 압력"에 떠밀려 "학문적 방법론과 담론에서 주류의 규범을 수용"하고 있는 것이다.[86]

학계의 통제에 취약하다는 점에서 신진 마르크스주의자들은 대학의 외부나 외곽에 머물렀던 지난 세대의 마르크스주의 경제학자들과 다른 상황에 놓여 있다. (『독점자본*Monopoly Capital*』에서) 마르크스주의를 명쾌하게 업데이트할 수 있었던 폴 배런Paul Baran · 폴 스위지와 달리, 머릿수로는 그보다 많은 젊은 마르크스주의 경제학자들의 연구가 종합적으로 놓고 볼 때 내용과 영향력 면에서 오히려 더 미약한 것은 아마 이런 이유 때문일 것이다. 마르크스주의 정치경제학의 세계에서도 세대의 간극은 다른 분야만큼이나 크게 벌어져 있다.

흔히 간과되는 사실이지만, 〈먼슬리 리뷰Monthly Review〉 회원들의 글과 폴 배런, 폴 스위지, 해리 브레이버먼, 해리 맥도프Harry Magdoff의 책은 그 일관성과 독창성과 대담성에서 미국의 다른 어떤 마르크스주의도 필적하지 못할 학파를 이루었다. 다른 나라의 마르크스주의자가 미국에 고개를 돌릴 때 그들이 우선 주목하는 인물은 바로 이 저자들이다. 하지만 〈먼슬리 리뷰〉 학파는 그 작업을 계승해나갈 후학이 부재하다. 다른 분야의 부재 또한 지적할 수 있지만―트릴링이나 윌슨이나 멈퍼드나 밀스도 후계자가 없다—스위지와 배런의 후계자 부재는 너무나 확연히 두드러진다.

물론 〈먼슬리 리뷰〉의 마르크스주의를 학계를 초월한 하나의 "학파"로 지목하는 것은 너무 단순한 처사다. 폴 배런(1910-1964)[87]은 여러 차례의 망명과 여러 나라와 여러 직업을 거쳤다는 점에서 유럽 좌파 지식인의 전형적인 삶을 살았다. 그는 러시아 태생으로 프랑크푸르트와 모스크바에서 교육받았지만 히틀러의 부상과 스탈린주의의 강화가 그를 타지로 내몰았다. 폴란드에서 잠시 가업에 종사하던 그는 미국으로 이주하여 하버드대학에 등록했다. 전시에는 다양한 기관에서 복무했는데, 그중 미국 전략폭격조사국에서 일할 때 배런의 상관이었던 존 케네스 갤브레이스는 그를 두고 "내가 아는 경제학자 중에 가장 출중하고 단연코 가장 흥미로운 인물"이라고 평하기도 했다.[88]

전후에 다시금—상무부, 연방준비은행 등으로—떠돌아다니던 그에게 1949년 스탠퍼드대학에서 자리를 제안했다. 머잖아 대학 당국은 이 행동을 후회하게 된다. 폴 스위지의 설명은 이렇다. "냉전과 마녀사냥이 초기 단계여서 이 나라의 캠퍼스에 아직 그 해로운 그림자를 드리우지 않았던 관계로, 그의 공공연한 마르크스주의 신념에 대해 아무도 지나치게 불안해하지 않았다. 아직은 많은 자유주의자들이, 심지어 일부 보수주의자들도 그들과 급진적으로 다른 관점을 해설할 수 있는 사람을 환영할 정도로 순진했다."[89]

이런 순진함은 사라졌다. 배런은 강의 시수와 봉급과 근태 등을 놓고 그를 은근히 괴롭히는 대학 당국에게 크게 시달렸고 이따금 기가 꺾이기도 했다. 대학이 그를 치워버리고 싶어한 건 거의 명백했다. 이런 압력은 쿠바혁명 이후로 한층 더 심해졌다. 배런은 쿠바혁명을 공개적으로 환영했고 1960년에는 이 섬을 찾아가 카스트로와 만나기도 했다.

배런의 해고를 요구한 스탠퍼드 동문회의 편지와 이에 대한 스탠퍼드 총장의 공식 답장을 한 친구가 읽고서 이를 배런에게 알려주었다. 배런의 말에 따르면, 총장의 답장은 "이 대학의 학문 자유 원칙에 대한 헌신 같은 건 지적하지 않고 나의 종신직 수여가 아주 골치 아픈 문제라는 것만을 강조했다. 내 봉급을 동결한 일은 비밀로 취급되기는커녕 (기부자들을 상대로) 널리 광고되고 있었다. '나를 여기 머물게끔 부추기는' 일은 절대 하지 않을 것임을 보여주려는 것이었다". 배런은 자신이 "이 모든 일에 초연"해야겠지만 "이것 때문에 분통이 터지고" "신경이 완전히 너덜너덜해졌다"고 덧붙였다.[90] 3년 뒤인 1964년 그는 심장마비로 세상을 떠났다.

폴 스위지(1910-2004)는 이와 거의 정반대의 경로를 밟았다. 명문 사립학교인 필립스 엑서터 아카데미에 입학한 후 하버드로 도배된 커리어를 밟아 경제학과 학부, 대학원, 전임 강사를 거쳤다. (영국의 석탄 무역에 대한) 박사학위 논문도 하버드대학 출판부에서 펴냈다. 전시에 스위지는 학교를 휴직하고 전략사무국OSS에서 직책을 맡았는데 이곳은 여러 학자와 좌파 지식인들의 은신처였다. 전쟁이 끝나고 잠시 연구 기간을 거친 후, "그의 정치적·지적 관점 때문에 하버드에서 종신직을 얻지 못할 것"임을 깨닫고서 하버드를 사직했다.[91]

몇 년 뒤 스위지는 독립 사회주의 정기간행물인 〈먼슬리 리뷰〉를 창간하여 오늘날까지도 편집인을 맡고 있다. 그 창간호에는 앨버트 아인슈타인의 "왜 사회주의인가?"가 게재되었다. 이 저널에 딸린 작은 출판사 '먼슬리 리뷰 프레스'도 세워졌다. 여기서 펴낸 첫번째 책은 한국전쟁에 대한 I. F. 스톤I. F. Stone의 『비사 한국전쟁The Hidden History of the

Korean War』이었다. 〈먼슬리 리뷰〉의 다른 주역들도 짧게 언급하겠다. 해리 브레이버먼(1920-1976)은 금속 노동자 출신으로 트로츠키주의 활동가였다가 '그로브 프레스'의 편집자가 되었다. 몇 년 뒤 출판사에서 버트런드 러셀의 베트남에 대한 책 출판을 거부한 데 항의하여 사직하고 먼슬리 리뷰 프레스에 합류했다. 해리 맥도프(1913-2006)는 뉴딜 및 제2차세계대전 유관 기관에서 경제 전문가로 일했다. 50년대의 많은 좌파들처럼 그도 안정된 직장 없이—주식 중개인, 보험 세일즈맨 등으로—떠돌아다니다가, 1969년 출판계에 들어와 스위지와 함께 〈먼슬리 리뷰〉의 공동 편집인이 되었다.

전성기 〈먼슬리 리뷰〉에서 나온 책들은 마르크스주의 저술에서 보기 드문 명료함과 독창성을 갖추었다. 스위지의 『자본주의 발전의 이론』(1942)은 고전 마르크스주의 이론 및 논쟁에 대한 해설서로서 아직도 타의 추종을 불허한다. 배런의 『성장의 정치경제학*Political Economy of Growth*』(1957)은 "저개발"에 대한 논의를 연 결정적 연구서다. 신좌파의 흔적이 새겨진 배런과 스위지의 『독점자본』(1964)은 미국 사회에 대한 마르크스주의적 비판 가운데 가장 다가가기 쉬운 책이다. 맥도프의 『제국주의의 시대*The Age of Imperialism*』(1969)는 미국의 대외 정책에 대한 마르크스주의적 입문서다. 그리고 브레이버먼의 『노동과 독점자본』(1974)은 노동의 "탈숙련화"에 대한 논의를 촉발시킨 사려 깊은 연구다.[92]

이들 저작이 갖는 힘을 단지 저자들이 살아온 삶의 산물로만 돌릴 수는 없지만, 그것과 깔끔하게 분리할 수도 없다. 〈먼슬리 리뷰〉의 저자들은 대체로 대학 외부에 있으면서 교양 있는 독자를 위해 집필했다. 그들의 책은 단순한 마르크스주의 교리의 재탕이 아니며, 그들의 논문도 동료들을 위해 집필된 것이 아니다. 배런은 이렇게 썼다. "진실을 말하고픈 욕구는 지식인이 되기 위한 한 가지 조건일 뿐이다. 나머지 조건은 용기, 합리적 탐구를―그 탐구가 어디로 이어지든 상관없이―수행하려는 의지 (……) 편안과 이득을 가져다주는 순응에…… 저항하는 것이다."[93] 그들은 마르크스주의 지식인의 마지막 세대로서, 그 뒤를 이은 강단 마르크스주의자들보다는 에드먼드 윌슨·루이스 멈퍼드와 더 공통점이 많다. 『미국 대도시의 죽음과 삶』과 마찬가지로, 『독점자본』과 『노동과 독점자본』도 학문적 후계자들이 있지만 그만한 힘과 언어를 지닌 후계자는 없다.

어쩌면 다음의 사례에서 마르크스주의의 세대 변동에 대한 통찰을 엿볼 수 있을지 모르겠다. 1964년 폴 배런이 작고했을 때 〈먼슬리 리뷰〉는 "한 집단 초상화a collective portrait"라는 추모 특집호를 냈다.[94] 배런에 대해 친구와 동료들이 쓴 38편의 추모글이 실렸는데, 필자의 절대 다수는 나이든 지식인들―외국인이거나, 외국에서 출생했거나, 외국에서 교육받은 미국인들―이었다. 필자 명단은 조앤 로빈슨Joan Robinson, 아이작 도이처, 에르네스트 (체) 게바라로부터 에릭 홉스봄, 오토 키르히하이머Otto Kirchheimer, 헤르베르트 마르쿠제까지 아울렀다. 또한 배런의 제자이거나 친구인 젊은 북미인 네 명―피터 클레캐크Peter Clecak(1938-), 존 오닐John O'Neill(1933-), 모리스 자이틀린Maurice Zeitlin(1935-), 프레디 펄먼Freddy Perlman(1934-1985)―의 회고도 포함되었다.

이 네 명은 누구였으며 그들은 어떻게 되었을까? 앞의 세 명은 배런이 사망했을 때 전임 강사이거나 조교수였다. 오늘날 그들은 북미 주요 대학(캘리포니아대학 어바인, UCLA, 토론토 요크대학)의 미국학 혹은 사회학 교수로 자리잡았다. 그들은 학문에 상당한 기여를 했지만 배런의 스타일이나 기질을 따르지는 않았다. 네번째 인물인 프레디 펄먼은 디트로이트에 아나키스트 출판사인 '블랙 앤드 레드Black and Red'를 세우고 수년에 걸쳐 팸플릿과 서적을 펴냈다. 좌파 문헌에 조예가 깊은 몇몇 사람들은 이 출판사와 그의 이름을 알아볼지도 모르겠다.[95]

그로부터 20년 뒤, 스위지와 맥도프의 기념논문집에 많은 북미 기고자들이 이름을 올렸다.[96] 약 17명의 젊은 미국인 필자 가운데『독점자본』이나『노동과 독점자본』에 필적할 만한 책을 써낸 사람은 아직까지 한 명도 없다. 또 그중 한 명을 제외한 모두가 대학에서 가르치고 있다. 물론 여느 명단처럼 이 안에도 각기 다른 상황과 열망들이 감추어져 있다. 이 기고자들 중 〈먼슬리 리뷰〉 스타일로 저술하고자 하는 사람이 전혀 없을 가능성도 다분하지만, 일부 있을 가능성도 있다. 그럼에도, 마르크스주의 및 급진 정치경제학을 개괄해보면 이 분야의 발전 양상이 다른 학문 분야나 그 하위 분과들과 유사하다는 것을 알 수 있다. 대중은 동료로 대체되고 일상 언어는 학술 용어로 대체되었다. 이제 미국의 마르크스주의자들은 캠퍼스에 자기 연구실과 주차 공간을 배정받았다.

IV

급진 지리학의 부상은 마르크스주의·신마르크스주의 학문을 따라다니는 보편적 문제를 보여준다. 바로 성공이다. 리처드 피트Richard Peet(1940-)는 자신과 친구들이 연구를 시작했을 때만 해도 급진 지리학 전통에 대해 아는 것이 "전혀 없었다"고 말한다. "급진 지리학이라는 개념 자체가 우리의 이해 너머에 있었다." 그들이 캘리포니아대학 버클리

대학원에 다닐 때 학생운동의 자극을 받아 이 전통을 재발견·재창조하게 되지만, 지리학은 급진주의의 영향이 "마지막으로" 미친 학과였다.

그들은 초임 교수로 임용되어 전국 각지로 흩어졌다. 피트 등은 매사추세츠 우스터의 클라크대학에서 친구들과 동조자들을 위한 포럼을 결성하기로 했다. 1969년 이 젊은 학자들은 급진 지리학 저널인 〈안티포드〉를 창간했다. 이 저널은 창간 초기부터 전통 지리학이 거의 다루지 않는 주제들―빈곤의 지리학, 저개발, 어바니즘 등―을 발의하며 대학원생과 젊은 교수들을 위한 촉매 구실을 했다. 그때 막 나오기 시작한 데이비드 하비의 저작들도 다른 지리학자들에게 영감을 주어 마르크스주의에 천착하게 만들었다.

80년대에 들어 시류가 변하면서 급진 지리학자들은 학계에서의 입지 구축에 주력했다. '사회주의 지리학자 연합The Union of Socialist Geographers'은 미국지리학회의 공식 하위 분과(사회주의 지리학 분과)가 되었다. "심지어 안정된 종신직에 있는 급진 학자라도", "학생들을 강의에 불러들이거나, 출판물로 학문적 존경을 얻고 싶다면" 시류에 부응해야 했다고 피트는 말한다. 비판 지리학 저널에 투고되는 논문의 수가―이에 대한 관심마저―줄어들었다. "우리가 급진화시켰던 바로 그 마르크스주의 지리학자들의 세대가" 더이상 〈안티포드〉에 기고하지 않았다. "'운동을 지원하라'는 지상 명제는 '명망 있는 저널에 논문을 발표하라'로 바뀌었다"라고 피트는 말한다.[97]

그럼에도 〈안티포드〉는 명맥을 유지했고, 적어도 그 형식에서는 전문화로 나아간다는 결단을 내렸다. 1986년부터 이 저널은 유명한 학술 출판사인 블랙웰스에서 간행되고 있다. "이에 대한 내 감정은 기본적으로 낙관적이다―전문 출판사에 의해 부여된 학술적 명망이 다시금 새로워진 에너지·헌신과 만나 …… 〈안티포드〉가 그 질과 영향력에서 새로운 차원으로 발돋움할 수 있을 것이라고 본다."[98]

이런 변신은 전형적인 사례의 하나일 뿐이다. 또 피치 못할 현실에 도전하거나 그 성취를 부인하는 것은 경솔한 처사일 것이다. 좌파 학문의 번성, 정치적 저항의 약화, 대학이라는 교두보의 방어는 거의 자연스럽고도 불가피한 진행 과정으로서 모든 학문 분야의 급진주의자와 마르크스주의자와 신마르크스주의자들에게 영향을 끼친 듯하다. 게다가 그로 인해 얻은 이득은 영구하지는 않을지라도 유례가 없어 보인다. 주변부에 머물거나 실종되었던 급진 지리학·사회학·역사학·기타 분야의 전통이 처음으로 각광을 받으면서, 이 전통을 재검토하고 가르치고 추가로 학생을 받을 수 있게 되었다. 장기적으로 보면 이것이 중대한 구실을 했다고 평가될지도 모른다.

하지만 알려져야 할 한 가지 찜찜한 문제가 있다. 좌파 지식인들이 그들을 대학으로 몰아넣은 명령에 굴복했다 치더라도 그들은 무고한 희생자가 아니었다. 좌파 지식인들은 순진해서 혹은 마지못해 학계의 지배를 수용한 것이 아니었다. 그들은 대학 또한 자진해서 받아들였다. 학술화에 대한 대학 내 좌파의 비판은 이상하리만치 잘 들리지 않는다—심지어 보수주의자들의 비판 목소리보다도 작다. 물론 급진적 비판이 전혀 없는 것은 아니다. 뒤를 돌아보면 베블런과 밀스가 있고, 앞을 바라보면 아마도 이 시대의 가장 담대한 수호자일 놈 촘스키가 있다.

촘스키의 접근 방식에는 권력 브로커로서의 지식인에 대한 아나키스트의 의구심이 배어 있다. 촘스키는 미국의 지식인을 비판하며 바쿠닌 같은 고전적 아나키스트가 아니라 뉴욕 지식인 중에 정치적으로 가장 이단이었던 드와이트 맥도널드를 든다. 촘스키는 "지식인의 책무"

(1969)라는 그의 에세이를 맥도널드로 시작한다. "20년 전, 드와이트 맥도널드는 『폴리틱스*Politics*』에…… 지식인의 책무(……)에 대한 여러 편의 글을 발표했다. 나는 전쟁이 끝나고 몇 년 후인 학부생 시절에 그 글들을 읽었는데, 몇 달 전에 다시금 이 글들을 읽을 기회가 있었다. 내가 볼 때는 그 힘이나 설득력이 전혀 퇴색되지 않은 것 같다."[99] 촘스키는 맥도널드에게서 동류의식을 느꼈고, 제도와 좌파 교조주의를 들이받는 개인을 보았다.[100]

촘스키가 볼 때 신흥 자유주의·기술 인텔리겐치아는 전문화와 권력을 위해 진리와 도덕성을 폐기처분했다. 그는 이러한 변동에 찬사를 보내는 즈비그뉴 브레진스키의 말을 인용한다. "대체로 휴머니즘을 지향하며 이따금 이념적으로 경도된 비판적 지식인은 …… 특수한 정부 사업에 참여하게 된 전문가와 숙련가로…… 급속히 대체되고 있다."[101]

하지만 촘스키는 좌파 지식인들이 정부와 기관에 들어가는 경향이 있다는 민감한 쟁점을 제기한다. "사회주의 혁명의 약속이 배신당한 한 가지 요인은 신흥 지배 계급에 동화되려는 기술 인텔리겐치아의 의지였다." 이 의지는 서구 민주 국가는 물론 동유럽에서도 요인으로 작용했다.[102] 촘스키가 볼 때 좌파 지식인들은 단순히 패배한 것이 아니었다. 때때로 협력하고 부역하기도 했다. 하지만 촘스키는 유별나고 다소 고립된 인물이다. 제도권 지식인에 회의적인 아나키스트는 미국 좌파에 희귀하다.

그보다 훨씬 영향력이 큰 혁신주의, 자유주의, 마르크스주의는 지식인이 사회를 지배하지는 않더라도 개혁하는 세상을 구상했다.[103] 이런 세상에서는 정부 부처와 기관에 지식인이 배치될 것이었다. 이러한 전망은 지식인에 대한 비판을 약화시켰는데, 상황을 잘못 이해했을 가능성을 늘 염두에 두어야 하기 때문이었다—어쩌면 지식인들이 실제로 사회를 개혁하고 있을 수도 있지 않은가?[104] 다른 식으로 표현하자면 좌파 지식인의 학문화는 단순한 강제가 아닌 욕망의 산물이었다. 좌파들에게, 정부나 학계의 관료로 임명되는 것은 권력으로 가는 길의 작은 한 걸음에 해당했다. …… 아니면 그렇다고 상상했다. 출세주의와 혁명은 하나로 수렴했다.[105]

20세기 초반에 혁신주의 역사학자인 프레더릭 J. 터너Frederick J. Turner는 공직 개혁가로서의 지식인에 거는 희망을 다음과 같이 간결하게 표현했다.

> 대학은 과학, 법학, 정치학, 경제학, 역사학을 교육함으로써, 충돌하는 이해관계를 사심 없이 명철하게 중재할 행정가, 입법가, 판사, 지방 행정 전문가를 민주주의의 구성원 가운데서 길러내어 공급할 수 있다. (……) 경제·사회 입법과 행정의 지적이고 원칙 있는 진보를 위한 최선의 희망은 미국 대학의 영향력 증대에 놓여 있다고 해도 과언이 아닐 것이다.[106]

부분적으로는 이런 생각이 좌파 지식인들을 대학으로 밀어넣었다. 이는 "변절"의 문제가 아니었다. 오히려 급진 지식인들은 본래부터 제도 권력을 반대하지 않았고, 이런 제도에 편입될—어쩌면 이런 제도를 활용할—가능성이 떠오르자 주저 없이 편입되었다. 그들은 학문적—때로는 인종적·성적—자유 침해를 밝히는 데 기민했지만, 제도화의 대가를 감지하는 데는 대체로 둔했다.

일례로, 사이덜먼과 하펌에 따르면 정치학에서의 급진주의자들은

"정치학의 전문화를 포기하지 않았다. 그보다는 학계를 통해 그들의 정치적 입지를 다졌다". 1967년 급진파 학자들이 결성한 '새로운 정치학을 위한 코커스The Caucus for a New Political Science'는 정치학 공식 조직을 민주화하는 데 성공하고, 학문 분과 내에서 치러지는 선거에 출마하고, 학회에 새로운 패널을 신설하고, 새로운 저널인 〈정치와 사회Politics and Society〉를 창간했다. 하지만 그들은 학계 내의 신생 그룹으로서 성공한 것이지 "단합된 지식인운동으로서, 또는 학문 분과 자체의 외부에 놓인 대중과의 연계를 추구하는 지식인 그룹으로서 성공한 것이 아니었다. 사실 이 코커스의 활동은 정치학 그 자체의 내부 정치에만 초점을 맞추었다". 결국 "그들의 목표는 학문 분과 내 특정 이익 집단의 구체적·물질적·한정적 요구로 협소화되었다. (……) 논쟁과 비판과 정치적 행동은 학계의 다른 전문가들을 가르치고 동원하기 위한 활동이 되었다".107

지금도 대체로 그렇다. 학계의 내부 "정치"가 더 광범위한 정치를 대체했다. 좌파 교수들 중에서도 마르크스주의 학자들이 제도의 책무(와 그 혜택)를 가장 열렬히 수용했다는 점에서 가장 죄가 무거울 것이다. 마르크스주의 그 자체로부터 냉철한 과학적 접근 방식을 물려받은 그들은 무익한 도덕적 저항을 경시한다. 대학을 수용하고 활용하는 것은 정치적으로 매우 합리적인 일이다. 아마도 이런 이유로, 현실적인 마르크스주의 학자들은 단지 그들이 제시하는 개념의 신뢰성을 확립하는 데서 그치지 않고 많은 경우에 제도나 권력 기반, 교수·대학원생·출판물·재단 지원금의 긴밀한 네트워크를 확립하고자 노력한다. 그들은 연구 기관의 영향력과 위신을 원한다.

최근에 나온 한 "역사사회학" 저서는 좌파 교수들에 의한, 좌파 교수들에 대한 책인데, 이 "분야"의 위상과 성공에 대한 보고로 가득차 있다. 시다 스코치폴Theda Skocpol은 그중 몇몇 주요 인물이 좋은 성과를 거두었다고 선언한다.

〔찰스〕틸리는 지난 몇 년간 거액의 연구 자금을 유치하여 미시간대학에 대규모 연구센터를 설립, 서너 개 학문 분과의 전문적 게이트키퍼 구실을 하고 있다. 〔이매뉴얼〕 월러스틴은 국제적으로 광범위한 명성을 누리고 있으며…… 연구센터와 저널…… 매년 대학마다 돌아가며 열리는 학회…… 매년 열리는 연례회의의 몇몇 세션을 관할하는 미국사회학회의 한 분과에서…… 그의 세계체제론적 관점을 구현해 냈다.108

학문 분야에 대한 끝없는 모니터링, 주요 연구자와 그들의 성공에 대한 기록은 페미니스트 역사로부터 마르크스주의 인류학에 이르기까지 모든 마르크스·신마르크스주의 저술에 단골로 나타나는 특징으로, 학문적 사유보다는 재산과 커리어에 대해 더 많은 것을 말해준다.109

필생의 과업으로 화제를 돌려보면, 대부분의 좌파 학자들이 말하는 그들의 동기는 물론 제도적 권력의 확립이 아니다. 그들이 확립하려는 것은 미국에 한 번도 존재한 적 없는 "대항"문화, 혹은 마르크스주의 문화의 조직이다. 좌파 학자들은 흔히 그람시와 그의 이데올로기적 헤게모니 개념을 참조하여,110 자신의 강의와 저술이 정치적 부흥을 위한 문화적 기반이 되는 미래를 상상한다. 그들은 설득력 있는 "새로운" 사회학, "새로운" 정치학, "새로운" 역사학을 발전시키고자 한다.

이는 확실히 어느 정도 개연성 있는 것이, 다른 나라에 비해 미국의 좌파는 자신들의 과거와 보다 광범위한 급진주의 역사에 무지하기 때문이다. 대부분의 서구 민주국가에서 사회주의자와 마르크스주의자들은—흔히 대학과 결부된—명예로운 문화적 전통을 내세울 수 있다. 하지만 미국에서는 반체제 혹은 마르크스주의 문화가 확고히 뿌리 내린 적이 없다. 분산되어 있고 허약하고 툭하면 소실된다. 좌파 학자들이 과거와 국가와 경제를 연구하는 것은 이런 실패로부터 최종적으로 벗어나기 위해서다.

그럼에도 좌파 학문이 그 기백을—나아가 존재 이유를—상실하는 건 어느 시점인가? 어느 시점에, 단지 더 전문적일 뿐 다른 저술과 별로 다르지 않은—그냥 고만고만한—지식이 되어버리는가? 다는 아니더라도 많은 마르크스주의 학문이 구조적 혹은 "과학적" 학파의 본을 따른 것은 전문가주의와의 은밀한 친연성 때문이었다.[111] 철저히 과학적이 되기를 갈망한 마르크스주의는 그것이 전복하고자 했던 사회과학과 흔히 닮아가기 시작했다.

마르크스주의 사회학자들은 주류의 가치·문화와 절연했지만, "객관적"이고 "구조적"인 분석에 너무 집착한 나머지 문화와 이데올로기와 주관성을 하찮은 시적 감흥으로 치부하면서 결국 주류의 가치·문화로 복귀해버렸다.[112] 마르크스주의 정치학자들이 보수주의적 이론화를 평가 절하했다면, 그들이 대안으로 제시한 기술적 국가 모형도 딱히 나아 보이지는 않았다. 마르크스주의 이론들은 자본주의의 깊은 비밀을 꿰뚫어보는 듯한 아우라를 지녔지만 난해한 공식 너머로 진전되는 일은 드물었다. "강단 마르크스주의자들은 생산력, 국가 기능, 계급 관계에 대한 추상적 논의를 선호하며 명백히 정치적인 현상으로부터 후퇴하는 전형적인 경로를 택했다"고 칼 보그스Carl Boggs는 결론 내린다.[113]

냉혈한 스키마에 대한 마르크스주의적 애호를 그들 스스로도 인정하며 과시하는 경우가 많다. 마르크스주의 사회학자인 에릭 올린 라이트Erik Olin Wright는 그의 책 서론에서 "이 책의 에세이들은 이것들이 집필된 학술적 맥락에 의해 주로 형성되었다"고 쓰고 있다. 그는 "주류 사회 이론과의 논쟁에 참여"하는 "동시에…… 마르크스주의 이론을 발전시킬 경험적 연구 방식을 개발"하고 싶어한다.[114] 이는 아마도 칭찬할 만한 태도이겠지만, 여기에는 몇 가지 결함이 있다. 그 자신도 인정하듯이 경험적 연구가 없다는 것이다. "이중 어떤 에세이도 경험적 탐구에 해당하지는 않지만…… 모두 이론적 전제 조건의 확립을 돕기 위한 의도로 집필되었다."[115]

게다가 라이트의 이론적 전제 조건들은, 이따금 제시되는 사례와 복잡기괴한 도해를 생기 없는 정의와 선언들로 장식한—니코스 풀란차스와 루이 알튀세에 의해 딱 한 번 수출되었다가 중대한 설계 결함 때문에 이제는 리콜된—프랑스제 브랜드에서 파생된 것이다. 이 과업을 덜기 위해, 라이트는 국가, 경제 구조, 국가 개입, 계급투쟁의 관계를 명료하게 보여줄 수 있는 "구조적 인과관계의 좀더 차별화된 스키마"의 여섯 가지 모드("구조적 제한", "'긍정'과 '부정'의…… 두 가지 상호보완적 형태를 띠는…… 선택", "재생산/비재생산", "기능적 적합성의 한계", "변형", "중재")를 제시한다. 그의 지적에 따르면 "물론 이 모델은 더 복잡하게 만들 수도 있다. 이데올로기의 역할 같은 다른 요소들도 추가할 수 있다."[116]

진짜 문제는 이런 종류의 마르크스주의가 더이상 나쁠 수 없을 정도로 최악의 성적을 거두었다는 것이다. 이는 실제로 주류에 편입되지는 못했지만 마르크스주의의 활력을 저버리는 데는 성공했다. 라이트가 집필한 한 장의 결론 부분은 이를 조명하는 좋은 사례일 것이다.

그림 2.3에 나타난 결정 모델의 중심 메시지는 계급 구조, 계급 형성, 계급투쟁 간의 복잡한 변증법적 관계를 분석하는 작업이 모든 계급 분석에서 반드시 필요하다는 것이다……. 주어진 사회구성체에 존재하는 가능성과 한계에 대한 충분한 정치적 이해는, 계급 구조가 계급투쟁과 계급 형성의 한계를 설정하는 방식, 계급투쟁이 계급 구조와 계급 형성 모두를 변형시키는 방식, 그리고 계급투쟁이 계급 구조와 계급 형성의 관계를 중재하는 방식을 드러내는 데 달려 있다.[117]

이쯤 되면 가히 마르크스주의 부두교라 일컬을 수 있을 것이다.

60년대에 나온 또다른 책은 마르크스주의 학자들을 위협하는 위험을 보여준다. 이매뉴얼 월러스틴과 폴 스타는 대학가·학생 시위에 대해 다양한 견해들을 망라한 두 권짜리 책을 편집했다. 이 책『대학의 위기를 읽다*The University Crisis Reader*』(1971)의 결론에서 월러스틴은 대학의 급진파에 대한 몇 가지 생각을 제시했다. 그는 "좌파 진영에서 행해져야 할 힘겨운 지적 작업이 산적해 있다"고 썼다. "이러한 지적 작업이 실천과 유리되고 정치 운동 및 정치 행동에 대한 참여와 유리된다면 절대 순조롭게 이루어지지 못할 것이다. 하지만―미국에서는 여전히 대학에 자리잡고 있는―지적 논쟁의 주류에서 경합하는 지적 개념들의 압력으로부터 유리되어도, 마찬가지로 순조롭게 이루어지지 못할 것이다."[118]

이 어구들은 그 시대를 반영하는 신호였지만, 그 시대의 정서와 같은 운명을 밟았다. 즉 70년대를 멀쩡히 통과하지 못했다. "정치 행동"의 가능성이 퇴조하면서, 그가 제시한 과업 중에 절반―혹은 그 이하―만이 남았다. "지적 논쟁의 주류에서 경합하는 지적 개념들의 압력" 아래서 수행하는 "힘겨운 지적 작업"이 그것이었다. 수준 높은 학문을 촉구하는 것은 탓할 일이 아니지만, 여기에는 한 가지 질문이 따라붙는다. 급진적 학문은 어느 시점부터 급진적이기를 관두었는가? 60년대의 많은 책들처럼 『대학의 위기를 읽다』도 "C. 라이트 밀스의 영전에" 헌정되었다. 이 에세이집이 나온 지 15년이 흐른 지금 돌이켜보면 주류와의 경쟁에는 대가가 따랐던 것 같다.

시다 스코치폴이 언급했듯이, 윌러스틴 자신은 사회학과 역사학을 아우르는 광폭 행보를 선보이고 있다. 몇 가지만 들자면 그는 『근대세계체제』라는 제목의 두 권짜리 묵직한 책을 펴냈고, 저널 〈리뷰Review〉를 창간했을 뿐만 아니라 '경제, 역사체제, 문명 연구를 위한 페르낭 브로델 센터'(뉴욕 주립대학 빙엄튼)라는 연구 조직까지 세워 자신이 센터장을 맡고 있다. 그는 큰 업적을 세웠고 국가 경제와 역사에 대한 표준적 접근 방식을 확대하기 위해 부단한 노력을 기울여왔다.

최근 그는―학생운동을 축소하는 요즘의 유행에 거슬러―이것이 실은 중요한 이데올로기적 "폭발"로 이어졌다고 썼다. 하지만―학술 신조어로 도배된―그의 이러한 인정 자체가 그사이에 상당한 시간 간격이 벌어졌음을 암시한다.

> 인식론의 관점에서, 우리는 보편화와 분획화 둘 다에 대한 심각한 도전, 총체론적 연구 방법론을 탐색하려는 시도, 법칙정립적-개성기술적 방법론 간의 사이비 논쟁에 의해 배제되었던 '중도via media'의 실행을 보고 있다. …… 하지만 정말로 새로운 것은 역사기술적 도전이다. …… 우리는 자본주의에서 다른 무언가(가장 가능성 높은 것은 아마도 사회주의)로의 세계적 이행을 반영하는 거대한 지적 급변의 소용돌이

한가운데 살고 있다. …… 이 이데올로기적 변동은 그 자체로 이 전 지구적 이행 과정의 결과 중 하나인 동시에 수단 중 하나이다.[119]

월러스틴의 전 지구적 접근 방식과 논리가 얼마나 큰 가치를 띠든 간에—아마도 귀중한 가치를 띨 것이다—이는 추문 폭로자이자 도덕가이자 공공 지식인이었던 C. 라이트 밀스의 정신과 거리가 멀다. 게다가 많은 마르크스주의·신마르크스주의 저술에서처럼 여기서도 학자 군대의 북소리를 들을 수 있다. 월러스틴은 세계 경제에 대한 "시스템적" 접근을 옹호했을 뿐만 아니라 그 스스로 하나의 시스템—저널, 연구센터, 출판물 들로 이루어진 그 자신의 작은 제국—을 수립했다.[120]

대학과 신좌파에 대한 최종 보고서는 도착하지 않았다. 고등교육의 복잡성과 규모 때문에 확실한 결론을 내는 건 불가능하다. 하지만 전반적인 경향성은 분명하다. 학술 산업은 확장되는 동시에 수축한다. 승인된 회원들만을 위한 배타적 클럽을 수립하는 동시에 더 광범위한 문화에 꾸준히 침투한다. 교양 있는 성인 미국인이 정치학자나 사회학자나 철학자의 이름을 한 명도 대기 어려워하는 것을 순전히 그들의 잘못으로만 볼 수 없는 이유는 전문가들이 공론장을 저버렸기 때문이다. 좌파 학자들의 유입도 상황을 바꾸지는 못했다. 그들은 존경받는 지위를—때로는 마지못해, 때로는 열심히—획득하고 그 대가로 정체성을 포기했다. 전문 직업인으로서의 커리어를 정당화하기 위해 독일 좌파로부터 빌려온 슬로건—"제도권으로의 대장정"—은 예기치 못한 결과를 낳았다. 적어도 아직까지는, 제도권이 이기고 있는 것이다.

THE
LAST
Intellectuals
AMERICAN CULTURE IN THE
AGE OF ACADEME

7장
마지막 지식인 이후

I

루이스 멈퍼드(1895-1990)와 에드먼드 윌슨(1895-1972)은 마지막 지식인 세대의 모범으로서 거의 너무 완벽해 보인다. 그들의 삶과 글이 불러일으키는 세계는 신흥 제도권 학자들의 그것과는 아득히 거리가 멀다. 미국 최후의 재야 학자로 일컬어지는 멈퍼드는 물려받은 재산도 거의 없었고 재단의 풍족한 지원금 수혜도 거의 입지 못했다. 또 편집자나 연구자나 교수로서 봉급을 받고 일하지도 않았다. 제도의 시대에 멈퍼드는 그 어떤 제도에도 소속되지 않았다. 그는 과거에도 매우 어려웠고 지금은 거의 불가능한 일—글을 써서 먹고사는 일—을 했다. 『유토피아 이야기』(1922)와 『기술과 문명』(1934)으로부터 『역사 속의 도시』(1961)와 『기계의 신화』(1967-1970)에 이르기까지, 그가 쓴 28권의 책은 미국 문필계에서 거의 필적할 바가 없을 만큼 독보적인 전작을 이루고 있다.

그의 삶에는 그의 시대―옛 뉴욕과 그리니치빌리지―의 흔적이 찍혀 있다. 멈퍼드는 뉴욕의 박물관과 도서관과 페리 선상을 거닐고 음미하고 이에 대해 글을 썼다. "확실히 페리보트는 19세기의 가장 위대한 발명품 중 하나다. …… 심지어 다운타운 뉴욕에서 저지시티까지 가는 짧은 여정에서도 불확실성과 모험의 향취를 느낄 수 있다. 조수의 흐름을 계산하고 다른 보트와 배들을 요리조리 피해 가며 항해하는 내내 바다와 하늘과 도시의 전경 그 자체가 바로 곁에 드넓게 펼쳐진다……." 보헤미안 그리니치빌리지는 없어서는 안 될 분위기를 제공했다. "……나 또한 반항적이고 인습을 무시하지만 완전히 환멸에 빠지지는 않은 '젊은 세대'의 일원이었다. 그리니치빌리지가 우리의 집결지였다." 베블런은 모델 역할을 했다. 〈다이얼〉의 편집인으로서 베블런과 친분이 있었던 멈퍼드는 그를 "학계의 동료 이단아"로 묘사했다. 멈퍼드 자신처럼 베블런도 전문가들이 세워놓은 "무단출입 금지 팻말을 인정하길" 거부했다.[1]

나중에 그 자신도 술회했듯이, 멈퍼드는 학자들을 건너뛰고 지적인 독자들을 상대로 주로 집필했다.[2] "1930년대 대공황 이전까지만 해도 주간지와 월간지들이 충분히 광범위하고 다채롭게 존재했다. 단어당 2센트의 저렴한 고료를 지불하는 〈다이얼〉이나 〈아메리칸 머큐리The American Mercury〉 같은 곳들도 있었고 그보다 많이 주는 〈하퍼스〉나 〈스크리브너스Scribner's〉 같은 곳들도 있었으니 나 자신의 목적에 맞지 않는 주제의 글을 억지로 써야 하는 일은 한 번도 없었다." 젊은 저술가들의 황금기였던 이때에는 출판사들이 대담한 기획에 두둑한 선금을 제시하곤 했다. "현세대의 저술가들에게, 거의 모든 분야에서 자유로웠던 당시의 출판 상황에 대해 들려주는 건 거의 가학적인 일처럼 느껴질 것이다."[3] 후년에 그는 가끔 대학에서 가르치기도 했지만 방문 교수 자격으로 강의했고 영구직을 맡는 일은 피했다. 대학의 의무와 규약을 짊어지면 그가 소중히 여기는 독립이 자칫 시들어버릴까봐 두려웠던 것이다.[4]

문화를 야금야금 잠식해들어오는 학술화에 대항하여 마지막 세대의 최후 돌격을 개시한 사람이 멈퍼드라는 것은 적절해 보인다. 1968년 멈퍼드는 그가 미국 문필계 전체를 단비처럼 적시는 "산속의 샘물"이라 일컬으며 가장 애호한 저술가인 랠프 월도 에머슨의 신간 편집본을 우연히 보게 되었다.[5] 하버드대학 출판부에서 간행된 이 에머슨 일기 전집은 현대어문협회MLA에서 "인증한" 텍스트가 실린 비평판이었다.

멈퍼드는 학자들로 이루어진 연구팀이 에머슨의 물 흐르는 듯한 산문을 진창으로 만들어버린 것을 보고 기겁했다. 이 고명한 교수들은 정확성이라는 명분하에 여러 종류의 수고와 출간된 판본들 간의 미세한 차이들을 낱낱이 표시해놓았던 것이다. 그들이 동원한 20가지 구분 기호가 본문의 일부로 인쇄되어 "독자를 향해 씩씩대며 침을 튀겨댔다. 취소했거나 삽입했거나 판본에 따라 차이가 있는 어구들, 그뿐만 아니라 복원 불가능한 부분, 복원 불가능한 취소된 부분, 뜻하지 않게 훼손된 원고, 심지어 삭제된 부분까지 일일이 표시하기 위해서다."[6]

멈퍼드가 볼 때 학술 산업은 미쳐 돌아가고 있었다. "그러니까 이 『일기』는 한 천재 작가에 대한 현 미국 학계의 최고 경의를 그들 나름대로 표한 것이었다. 그들은 그의 글을 읽을 수도 없게 만들어버렸다." 한 친구는 그에게 이 비평판을 비판하지 말라고 간청했는데, 멈퍼드는 인가받지 않은 외부인이기 때문이었다.

맞다. 하지만 나는 에머슨의 충실한 독자다. 그리고—알고 보면—아마도 학자들의 무능력이야말로 내가 이 비판을 쓸 수 있는 주된 자격 요건일 것이다. 이런 권위 있는 사업에 대해 비판적인 소견을 표명해서 명성과 승진을 위협받을 걱정이 없는 사람이 아니면…… 누가 여기에 의문을 제기하겠는가?**7**

기득권 학계를 겨냥한 멈퍼드의 정면 공격은 다른 한 명의 노병을 움직여 행동하게 만들었다. 멈퍼드와 동갑인 에드먼드 윌슨은 지극히 미국적인 성장 배경에 독립 저술가로서 길고 생산적인 삶을 이어온 데다 전문화를 거부했다는 점에서 그와 공통점이 많았다. 오히려 윌슨은 자신의 독립성을 더 열렬히 사수했고 대학에 대한 의구심도 더 컸다. 제2차세계대전 이후 널리 명성을 얻게 되자, 그는 무슨 일을 의뢰해오는 이들에게 미리 인쇄해둔 엽서를 보냈다. 이 엽서에는,

에드먼드 윌슨이…… 의뢰를 받고서 글이나 책을 쓰지 않으며, 서문이나 해제를 쓰지 않으며, 홍보 목적의 발언을 하지 않으며, 일체의 편집 작업, 문학상 심사, 인터뷰, 방송, 텔레비전 출연을 하지 않으며, 질의에 대한 응답 및 심포지엄 참석·발표를 하지 않는다……는 내용이 (해당 항목 옆의 박스에 체크 표시를 곁들여) 찍혀 있었다…….**8**

윌슨은 거의 일부러 자신을 퇴물로 만듦으로써 외따로 떨어져 세상을 등지게 되었다. 벌써 1944년에, 이제껏 발표된 그의 전작 목록을 보내달라는 한 교수의 요청을 받고서 윌슨은 자신의 시대와 세대가 끝났음을 깨달았다. 그는 연구 대상이자 그냥 넋 놓고 우러러보아야 할 인물이

되어 있었던 것이다. 그는 "문필이 보편적 기예였고 그 가치에 대한 믿음이 보편적 동기였던", 이제는 거의 "멸종된 전설적" 그룹의 일원이었다. 이제 많은 이들은 "자신의 생각을 창안하고 자신의 이름을 서명하는 작가"에게 위화감을 느낀다. 교수들이 원하는 것은 분류와 분석이지 문학이라는 무대에서 배역을 맡는 것이 아니다. "판이한 가치의 위계 서열과 지위 경쟁에 종속된, 제도권 학계라는 판이한 조직체의 일부인 대학의 문학자에게, 20년대의 문학자는 다른 머나먼 지적 세계의 주민처럼 등장한다. 그리고 연구 대상인 물체의 마지막 시료 구실을 한다."[9]

멈퍼드에게서 영감을 받은 윌슨은 현대어문학협회의 지원을 받은 다른 몇몇 판본들을 확인해보았다. 그리고 똑같은 현학의 낭비, 비대한 학자적 리비도가 본문의 주석에 발현되어 미국의 저자들을 망가뜨리고 있다는 것을 깨달았다. 35명의 학자들이 마크 트웨인의 이본들을 샅샅이 훑느라 분주했다. 그중 18명은 "'폴리 아주머니Aunt Polly'가 '폴리 아줌마aunty Polly'로 인쇄된 부분이 몇 군데인지 확인하려고 『톰 소여』를 뒤에서부터 거꾸로 읽어내려갔는데, 줄거리나 문체에 정신이 팔려 이 지루한 작업에 집중하지 못하는 사태를 방지하기 위해서였다". 대학들이 흔히 별로 중요하지도 않은 책이나 저자의 읽기도 힘든 비평판에 연구와 자금을 쏟아붓는 한편으로, 아주 중요한 미국 저작의 저렴하고 읽을 만한 판본은 거의 존재하지도 않는다. 윌슨이 볼 때 이 모두는 학술 산업이 비대한 무용지물이 되었음을 실증하고 있었다.[10]

미국의 연로하지만 지도적인 문필가가 불을 댕긴 이 맹폭은 작은 저항의 폭풍을—그리고 일부의 동의를—이끌어냈다. MLA는 이에 대한 답변으로, 불길하게도 「전문적 기준과 미국 판본들: 에드먼드 윌슨에 대한 답변Professional Standards and American Editions: A Response to Edmund

Wilson」이라는 제목의 소책자를 발표했다. 구겐하임 재단 이사장이 그 서문을 썼다는 사실은 이 책자가 기득권의 목소리를 대변했음을 유감 없이 말해준다. 이 책자의 편집인인 고든 N. 레이Gordon N. Ray는 윌슨 과 그 지지자들이 고역량 전문가의 시대에 한물간 아마추어주의를 대 변하고 있다며 오해를 바로잡았다. 윌슨의 공격은,

> 그들이 관심 있는 주제에 엄밀한 전문적 기준이 적용된 것을 본 아마 추어들의 불안감에서 초래된 것이다. 적어도 이 점에 있어 쟁점은 명 백하다. 제2차세계대전 이래로 미국이 완숙기에 접어듦에 따라, 식물 학부터 민속학에 이르는 여러 분야에서 이와 유사한 반감이 고개를 들었지만 호응을 얻지 못했다. 장기적으로 승리하는 것은 늘 전문적 기준이다.[11]

II

사실의 기술로서 이 판단에 이의를 제기할 사람은 거의 없을 것이다. 고차원적 이론 전문가, 대중문화 전문가, 국제 테러 전문가 들이 미래 를 선점했다. 1980년대에 "문필가man of letters"라는 칭호는 동네 시인이 나 족보 연구가를 넌지시 가리키는 말로 거의 멸칭에 가까워졌다.[12] 하 지만 기술관료적 학자의 지배를 소리 높여 성토하는 고집 센 문필가들 이 예상치 못한 곳에서 배출되었으니, 바로 신보수주의―와 별로 새롭 지 않은 보수주의―진영이다. 학자들의 궤변과 출세주의에 대한 맹렬 한 폭로와 비판을 〈뉴 크라이테리언〉, 〈코멘터리〉, 〈아메리칸 스콜라〉

같은 보수 저널에서는 흔히 찾아볼 수 있지만, 좌파나 자유주의 저널에서는 찾아보기 힘들다. 보수주의자들은 문필가를 존경하는 한편 교수와 학자들을 사기꾼이라고 공격하곤 한다. 왜일까?

원칙적으로, 보수주의자들은 사회 병폐에 대한 제도적이거나 정부주도의 해결책을 그리 달가워하지 않았다. 적어도 에드먼드 버크 이후로 그들은 전문가나 법률가나 교수들이 정부나 사회에 개입하는 데 반대해왔으며, 바로 이것이 계몽주의에 대한 보수주의적 비판의 요체다. 그들은 정치가 아니라 문필에 전념하는 문필가를 더 높이 평가해왔다. 토머스 제퍼슨의 반대파들이 그를 비난한 지점도 그것이었다. 그는 "문필가이므로, 문필가로서 은거해야 한다. 그가 있을 자리는 내각이 아니라 서재다". 제퍼슨의 강점이 "그에게 대학교수로서의 자격을 부여할는지는 몰라도 서부의 군대를 지휘하기에는 맞지 않는 것처럼, 마찬가지로 대통령의 직무에도 어울리지 않는다".[13]

이런 귀족적 문필가에 대한 애착이 대학에 대한 비판을 촉발하는 것인데, 좌파에는 이에 상응하는 것이 없다. 로버트 니스벳의 『학술적 도그마의 퇴화*The Degradation of the Academic Dogma*』, 애덤 울람Adam Ulam의 『미국 대학의 몰락*The Fall of the American University*』, 러셀 커크 Russell Kirk의 『고등교육의 타락과 재생*Decadence and Renewal in the Higher Learning*』, 토머스 S. 몰너Thomas S. Molnar의 『지식인의 쇠퇴*The Decline of the Intellectual*』 등 보수주의자들이 쓴 책의 제목만 보아도 그들의 우려를 짐작할 수 있다. 이 모든 책들이 비대해진 대학의 고질적 출세주의와 타락을 규탄하고 있다. 그 저자들이 지원금과 승진을 따려고 몰려드는 학자들을 비판하는 건 구식의 문필가에 대한 충심 때문이다. 제2차 세계대전 이후 보수주의의 중심인물인 러셀 커크는 50년대 초에 이미

대학의 필연적인 성장과 학계의 관료화에 대한 항의의 표시로 대학교
수직을 사임했다.

　대학에 대한 보수주의적 공격의 강도는 보수라는 정치적 꼬리표를
무색게 할 정도다. 니스벳의 『학술적 도그마의 퇴화』에서는 동료의 가
면을 벗기고 그가 실은 자본주의의 도구임을 폭로하는 급진주의자의
흥분한 목소리가 언뜻언뜻 느껴진다. "대학에 최초로 1백만 달러가 주
어졌을 때" 이건 너무나도 막대한 돈이었다. "최초로 어느 대학에 말뚝
을 박고, '이것은 나의 연구 기관'이라고 선포할 생각을 하고, 교수들이
그 말을 믿을 만큼 순진하다는 것을 발견한 인간, 바로 그가 대학 내
고도화된 자본주의의 진정한 창시자였다."•14

　사업가와 장사꾼이 사심 없는 학자와 연구자를 몰아내고 그 자리를
차지했다. 조악한 상품과 튀는 연구로 무장한 "학자 부르주아지"들이
여기저기서 나타났다. 니스벳이 전하는 말에 따르면, "요즘 교수는 한
꺼풀 벗기면 거의 다 기업가"다. "기업가 정신"이 대학 전체에 만연하여
모든 사람과 사물을 타락시킨다.

> 진짜 '제트족'•• 교수들이 출현하여 부러움을—그리고 모방 심리
> 를—자극한다……. 나는 학술 공동체 내에 기관, 센터, 사무국, 기
> 타 본질적으로 자본주의적인 사업을 수립할 목적으로 정부와 재단
> 으로부터 대학교수 개개인이나 회사 비슷한 교수 소그룹에게 직접

• 이는 루소의 『인간 불평등 기원론』의 한 구절을 패러디한 것이다. "최초로 어느 땅에 말
뚝을 박고, '이 땅은 내 것'이라고 선포할 생각을 하고, 다른 사람들이 그 말을 믿을 만
큼 순진하다는 것을 발견한 인간, 바로 그가 문명 사회의 진정한 창시자였다."—옮긴이
•• 제트 여객기로 전 세계를 돌아다니는 상류층을 지칭했던 말—옮긴이

수여되는 연구 자금이야말로 대학의 오랜 역사에서 가장 강력한 변화의 동인이 될 것이라고 굳게 믿는다. 서구 역사상 최초로, 교수와 학자들이 부단히 새로운 자금줄, 새로운 수익, …… 이윤을 찾아 기업가라는 원치 않는 자리로 밀려들어왔다……. 대학 자본주의academic capitalism라는 이 새로운 자본주의는 대학 안에서 하나의 세력으로 떠올랐으며 교수들을 그 가장 열렬한 지지자로 거느리고 있다.[15]

몇몇 보수주의자들의 성공과 대중적 존재감 또한 이런 귀족적 문필가에 대한 경의로 설명할 수 있다. 그들은 학계의 기업가주의와 거기서 통용되는 어법에 반발한다. 전문 저널과 전문 용어와 전문 직업인의 삶에 더 쉽게 유혹되는 좌파 학자들과 달리, 보수주의자들은 명료한 산문에 좀더 집중한다. 이런 이유로 그들의 글은 읽기가 수월하고 실제로도 많이 읽힌다. 최근 〈샐머건디Salmagundi〉나 〈그랜드 스트리트Grand Street〉 등 일반 독자를 위한 좌파 정기간행물이 몇 종 나오기는 했지만, 빠르게 늘어나는 급진적 저널들은 다양한 학문 분야의 동조자들을 겨냥하고 있다. 특별한 사전 지식이 없는 사람은 〈인클리틱Enclitic〉이나 〈소셜 텍스트〉를 읽어내려가기도 버겁다. 반면에 보수 저널들은 대중적 어법을 채택한다. 학계 외부인이라도 〈뉴 크라이테리언〉을 집어들고 읽어내려갈 수 있다.

나아가 보수 저널들은 학계의 새로운 상식에 도전할 뿐만 아니라, 그―자기 확신이 부족한 교수들의 자신감을 떠받쳐주는―기능을 조명하는 데도 적극적인 듯하다. 〈코멘터리〉에 실린 한 전형적 에세이는 어문학부에서 이론에 열광하는 현상에 의문을 제기한다. "이제 보기만 해도 심박수가 빨라지는 용어들―해체, 산종(散種, dissemination),

에피스테메, 거울 단계 등등―은 문학적 디테일을 기술하는 데 너무나 무능해서, 문학을 설명하기보다는 그것을 대체해버리는 경향이 있다." 필자인 프레더릭 크루스Frederick Crews의 인용에 따르면, 예일대학의 문학 비평가 제프리 H. 하트먼은 자신과 동료들이 "[문학 비평의―옮긴이] 비문학적 위상과 보조적 기능에 대해 비판하거나 논평하는 필자를 비난하는" 태도에 반대한다고 말한다. 문학 비평가들은 고차원적 '이론' 숭배로 이에 대응한다. 여기에는 고차원적 '이론가'―그들 자신―에 대한 숭배도 포함된다.16 〈코멘터리〉에 실린 또다른 글은 이런 평가를 내린다. "문학을 둘러싸고, 문학 뒤에서, 문학을 초월하여 조작될 수 있는 이 모든 신조어에 대한 열광은, 산업이 시대에 뒤떨어졌음을 발견하고 그 시스템을 전면 개편하려는 프로그램의 외양을 띠고 있다."17

좌파가 흔히 손을 놓고 있는 동안, 보수 진영의 비판은 학계에서 권모술수가 행해지며 산문의 질이 저하되는 낌새를 맡고 활기를 띤다. 하지만 우익의 격렬한 공격은 금방 시들해진다. 전문가에 대한 보수 진영의 반발은 모든 지식인―적어도 자기 주제를 모르는 모든 지식인―에 대한 그들의 의구심에 걸려 좌초하고 만다.18 그들은 반지성주의를 향해 조금씩 다가가며, 그들이 가끔씩 시비를 거는 전문가를 추켜세운다. 그들의 문필가는 본업에 충실함으로써 말썽을 피한다.

드레퓌스 사건으로부터 베트남전쟁에 이르기까지, 보수주의자들은 지식인이 그들의 전공 바깥 문제에 간섭한다며 소란을 피웠다. 보수주의자들은 졸라와 드레퓌스 옹호자들을 상대로 쓰였던 것과 거의 동일한 어구를 동원하여 베트남전쟁에 항의하는 학자들을 공격했다.

교수를 대변하는 소수의 패거리가 …… 해당 분야의 학자로서가 아니라 교수로서, 단지 교수라는 자격으로…… 앞에 나선다. 단지 교수—생물학 교수, 영문학 조교수, 로망스어 강사—라는 이유만으로, 그들은 그들 입맛에 맞는 아무 쟁점이나 공론화하여 정부에 도전할 권리를 주장한다. 배관공이 단지 배관공이라는 이유만으로 그런 권리를 가진다고 주장할 사람은 없을 것이다. 의사든, 변호사든, 기술자든, 상인이든, 은행가든, 노조 지도자든, 그들의 이해관계와 능력이 걸린 특수한 분야와 맞닿은 쟁점이 아니고서는 모두가 다 마찬가지다.[19]

보수 진영의 학계 비판은 아이러니하게도 그 반대의—특수한 이해관계와 분야를 방어하는—형태로 변한다. 마치 노동의 분업이 하늘에서 정해진 것이라도 되는 양, 그들은 시와 싱크대 대신 대외 정책에 대해 발언하는 시인이나 배관공을 반대한다. 보수의 학계 비판이 아나키스트의 학계 비판과 이따금 겹칠 때도 있지만 바로 여기에 둘 사이의 결정적인 차이점이 있다.

촘스키 같은 아나키스트가 권력의 시녀로서의 지식인을 비판하는 것은 지식인을 연구실과 전문 분야 내에 가둬두기 위함이 아니다. 오히려 그는 지식인이 시민으로서 발언하고 시민이 지식인으로서 자기주장을 하길 바란다. 인가받지 않은 외부인에 대한 적대는 전문가를 그들의 본업에 가두어놓는다. 이는 외부인일 수밖에 없는 비판자들—이를테면 전문 언어학자로서 대외 정책을 비판하는 촘스키 자신—의 입을 막는 데도 효과적이라고 촘스키는 지적한다.

촘스키는 이렇게 쓰고 있다. "사회적 쟁점이나 미국 대외 정책에 대해 토론하고 논쟁할 때마다 이 문제가 끊임없이—흔히 상당한 독기를 품고서—제기된다. 사람들은 거듭 내게 자격 요건을 이유로 시비를 걸거나, 이 문제에 대해 발언할 자격을 부여하는 어떤 전문적인 교육을 받았느냐고 따져 묻는다. 여기에는, 전문적 관점에서 봤을 때 외부자인 나 같은 사람들이 그런 일에 대해 발언할 자격이 없다는 전제가 깔려 있다." 문제는 바로 그 해당 학문 분야가 내부의 반골들을 효과적으로 걸러낸다는 것이다. "따라서 대체로 봤을 때 '학문적 전문성'에 대한 의존은, 정설에서 벗어난 관점이나 분석이 거의 표출되지 않게끔 틀어막아준다."[20]

보수주의자는 자기 분야에만 전념하는 전문가에 대해 좀더 자비로운 견해를 품고 있다. 하지만 이것도 일관된 원칙은 아니다. 그들의 문필가는 문예만을 고수하며 논란의 너머나 바깥에 머무는 것이 아니라 논란의 우익 쪽에 붙어 있다. 그들은 독립 지식인이 사회 비평가 또한 되는 것을 용인하지 않는다. 대부분의 보수주의자에게 이는 모순이자 타락의 증거이자 외부 세력에 대한 충성이자 비미국적인 활동이다. 보수주의의 용어 사전에서 "정치"란 그 자체로 더러운 단어인데, 좌파가 어떤 식으로든 대학 안으로 가지고 들어온 것이다. 최소한 정치는 정치가의 전문 영역이며 정치가는 예술과 학문에 절대 간섭하지 않는다. 옛날 옛적에는 문화와 학문이 정치와 거리를 두고 떨어져 있었는데, 좌파가 이것들을 한데 몰아넣었다.

기준과 가치를 옹호하는 그들의 논리에는 정치에 대한 이런 왜곡된 관념이 팽배해 있다. 힐튼 크레이머Hilton Kramer의 〈뉴 크라이테리언〉과 조지프 엡스타인의 〈아메리칸 스콜라〉는 좌파가 문화에 정치를 주입한다고 집요하게 비판한다. 엡스타인은 "정치의 문화 침투"가 지난 25년의 "주된 모티프 중 하나"라고 말한다.[21] 그들은 문화가 정치에 오염되지 않았던 시절이 있었다고 상상하는 데서 그치지 않는다. 그들에게 정치란 오직 좌파 정치만을 의미한다. 그들 자신이 하는 정치는 정치가 아니다. 그럼에도, 현재 예술과 학문을 다루는 일반 정기간행물 중에서 〈뉴 크라이테리언〉과 〈아메리칸 스콜라〉만큼 단호히 정치적인 간행물은 보기 드물다. 앨프리드 케이진의 증언에 따르면, '파이베타카파 협회 Phi Beta Kappa Society'의 회지인 〈아메리칸 스콜라〉가 예전에는—한 신보수주의자의 손에 들어가 '정치로부터 구제'되기 전까지는—그 어떤 특정 정파와도 무관했다고 한다.[22] 〈코멘터리〉에 대해서도 같은 말을 할 수 있을 것이다. 이 잡지가 한때 자유주의적이고 급진파에 관용적이었을지는 몰라도, 보수 잡지가 되기 전까지는 이렇게까지 그악스레 정치적이지 않았다.

정치에 대한 이런 반쪽짜리 정의는 보수주의자들의 대학 비판을 불구로 만든다. 보수주의자는 대학의 좌파를 보면서 "정치적"이라고 아우성치지만, 훨씬 많은 무수한 보수주의자들에 대해서는 침묵한다. 왜일까? 그들이 정치 바깥에 있어서일까? 보수적인 학과에 있는 한 명의 급진적 법학 교수, 케인스주의나 통화주의를 신봉하는 학문 분야에 있는 두 명의 마르크스주의 경제학자, 거대한 문학 산업 안에 존재하는 한 줌의 좌파 문학 비평가. 이렇게 고립된—때로는 그렇게까지 고립되지는 않은—개개인이, 보수주의자로 하여금 대학과 문명의 쇠퇴를 선언하게 만드는 장본인인 것이다. 과연 정치가 대학을 장악했다.

하지만 적극적이고 헌신적인 보수주의자가 온갖 급진파와 좌파를 수적으로 월등히 능가한다는 것을 어렵지 않게 실증할 수 있다. 좌파 문학 이론가들의 부상은 보수 저널에서 행해지는 주기적인 공격의 빌미가 된다. 하지만 그보다 훨씬 더 영향력 있는 러시아 연구나 국제 정세 연구 기관, 심지어 비즈니스나 경영 대학원들은 왜 공격하지 않을까? 몇몇 예외를 제외하면, 보수주의자들은 이런 기관의 연구 인력을 구성할 뿐만 아니라 대개의 경우 포위된 처지인 좌파 교수들보다 훨씬 더 중요한 정치·문화적 역할을 수행하고 있다. 하버드나 UCLA의 경영대학원이 비정치적인가? 정치학과와 경제학과에는 미국 정부에 자문하는 학자들이 헤아릴 수 없이 많이 포진해 있다. 이 또한 "정치화된" 학문이다. 어째서 대학이 몇몇 좌파 학자에 의해 정치화되었다는 허구가 통용되는 것일까?

"학문의 정치화"에 대한 한 보수적 심포지엄은 "미국 대학에서 학문과 강의가 급진 이데올로기에 의해 변질"되었다고 따진다. 볼치Balch 교수는 "사실상 이 모든 것의 기원이 좌파에 있음"을 우리에게 알려준다. 상황이 심각하고 어쩌면 손쓸 수 없는 지경에 이르렀다. "가장 경각심을 갖고 우려해야 할 일은 열린 포럼이었던 교육 기관이…… 이념적 노선이 확립된 조직으로…… 점차 변해가는 것이다." 미래는 암울해 보인다. "종신 재직권을 확보하고, 여러 학과, 학교, 저널, 학회에 대한 통제권을 확보한…… 좌익이 학계를 정치화"하는 과정을 거의 막을 수 없다.[23]

또다른 기고자들도 마르크스주의가 "여러 학과와 일부 학문 분야들까지" 지배했다며 경각심을 일깨운다. "이데올로기"가 학문을 몰아내고 "서구 문화에 대한 급진적 공격"이 "전통적 학문 분야"를 몰아냈다. 스미스 칼리지 정치학과의 메리 허긴스 갬블 기금 교수라고 소개된 스탠리 로스먼Stanley Rothman에 따르면, 급진주의자들이 힘있는 자리를 차지하고서 "그들과 같은 세계관을 가진 학자들을 임용하라는 압력을 넣는다"고 한다. 전통적인 학자들의 "사기가 꺾인다". 특정 주제는 터부시된다. 이를테면 "일부 집단 간의 IQ 테스트 점수 차이에 유전적 요소가 작용할" 가능성이라든가, 빈곤이 "단순히 체제의 탓이라기보다는 개인적 한계의 작용"이라는 점 등을 논의하기 어렵다. 로스먼에 따르면, "1980년대 미국의 칼리지와 대학은 1950년대와는 매우 다른 곳이 되었다."[24]

보수주의자들의 대학 비판은 보수 이데올로기로 빠져든다. 이 말만 들으면 더없이 행복했던 1950년대에는 정치화된 학자와 대학 따위는 모르고 살았던 것 같다. 하지만 그때는 정부가 칼리지와 대학 내의 좌파를 겨냥하여 숙청을 교사했던 시절이다. 어째서 이것이 메리 허긴스 갬블 기금 정치학 교수에게는 새로운 소식일까? 이 막연한 암시만으로 우리는 마르크스주의자들이 학과와 분야를 "지배한다"고 결론 내리게 되지만, 대부분의 경제학과, 철학과, 정치학과, 심리학과를 지배하는 보수주의자들에 대해서는 아무런 말도 들려오지 않는다. 급진주의자들이 급진주의자를 채용하려 한다는 아우성이 들린다. 보수주의자들은 수년, 수십 년, 수백 년간 대학을 보수주의자 일색으로 채워오지 않았다는 듯이. 우리는 보수적 생각이 발언권을 얻기 힘든가보다 하고 짐작하게 된다. 대통령부터 대학 총장 대부분에 이르기까지 정부 구조 전체가 우측으로 크게 쏠려 있지 않다는 듯이.

보수주의자들에게 비판적 통찰은 그 자체로 개인적 결함이나 외래 사상의 증거다. 루이스 멈퍼드는 큰 정부, 큰 대학, 큰 지원금을 멀리하는 진정한 문필가라는 점에서 보수주의적 영웅처럼 보일 여지가 있다. 문제는 멈퍼드가 슬슬 미국 사회를 매섭게 비판하기 시작했다는 것이다. 보수주의자인 에드워드 실스Edward Shils는 이것을 어떻게 설명할까? 쉽다. 실스는 멈퍼드의 독립성과 지성을 인정하면서도 그가 "오도될 소지가 있는 전통의 힘을 견딜 만큼 강하지는" 못하다고 결론 내린다. 이 "오도될 소지가 있는 전통"이란 뭘까? "현대 미국 사회와 문화에 대한 반감은 많은 미국 지식인들의 공리. …… 그들의 이러한 태도는 유럽으로부터 습득한 것이다. …… 루이스 멈퍼드는…… 이런 전통이 그에게 주입한 근본적인 반계율주의적 편견에서 벗어나는 데 성공하지 못했다."[25]

비판적 사고에 대한 반감과 심지어는—비판적 사고가 잘못일 뿐만 아니라 외래의 것이라는—경멸이 표현의 자유를 틀어막으려는 보수적 성향과 결합되면 그 순수성은 더더욱 의심스러워진다. 그들이 학문의 자유에 반대하는 건 그것이 너무 미미하거나 협소해서가 아니라 너무 강하고 광범위하기 때문이다. 윌리엄 버클리가 예일대학에 대해 써서 그의 경력의 출발점이 된 책에는 "'학문의 자유'라는 미신"이라는 부제가 달려 있다. 많은 보수주의자들처럼 버클리도 학문의 자유를 위협하는 것이 학문의 자유 그 자체라고 믿었다.

버클리는 이렇게 썼다. "그러므로 끔찍하면서도 반박 불가한 사실은, '학문의 자유'라는 제한 때문에…… 많은 영향력 있는 교수들이 느슨한 제약 안에서 그들 마음대로 가르치고 그들이 골라잡은 아무 가치나 밀거래하게끔 허용—사실은 격려—받았다는 것이다."[26] 그는 이 밀거래에 가담했으므로 진작에 파면시켰어야 할 교수들의 명단을 매우 길게 나열했다. 여기에는 사회주의자, 케인스주의자, "집산주의자"뿐만 아니라, 미국 사회위생협회 총회에서 혼전 성관계에 대한 윤리·종교적 제재를 "비현실적"이며 "낡았다"고 비판한 한 예일대학 교수도 포함되었다. "머독 씨는 교수로서 폭넓은 영향력을 지닌 만큼, 그의 언행과 태도가 학생들에게 영향을 끼치지 않으리라고는 도저히 여길 수 없다"고 버클리는 위협조로 지적했다.[27]

러셀 커크는 학문 자유에 대한 신념을 단언했다—가 거두어들였다. "그러나 학계의 특정 인물들이 주어진 권력을 남용하고 나아가 인간 존엄성과 전면적인 질서·정의·자유를 조롱할 때는 이런 사람들의 자격을 정당하게 제한할 수 있을 것이다."[28] 그는 "학문 자유의 혜택을 누릴 권리를 상실한" 교수들을 축출할 때에 "원칙 그 자체"를 훼손해선 안 된다고 경고하며, 사려 깊게도 대학 관리자들에게 "얼마간의 재량권"을 부여했다. "어떤 교수가 비록 공산주의자임에도 학계의 명예를 손상시키지는 않았다고 판단했다면 그의 자리를 지켜줄 수 있게끔 허용되어야 한다." 커크가 봤을 때, 어쨌든 학문 자유에 대한 "징징거림의 상당 부분"은 권태에서 야기된 것이니만큼 이런 자유를 필요로 하는 사람은 선택된 극소수였다.[29]

수십 년간 시드니 후크를 위시한 보수주의자들은 교육기관에서 공산주의자와 불온분자를 제거하는 데 힘썼다. 후크의 활동은 자유주의자들의 눈에 곱게 보이지 않았다. 하지만 윌리엄 오닐William O'Neill은 시민 자유주의자들이 후크를 "오독"했다는 견해를 제시한다. 후크야말로 자유의 가장 든든한 동지라는 것이다. 허나 딱히 그렇지 않다.[30] 『이단이 맞다, 음모론이 아니다Heresy, Yes. Conspiracy, No』(1953)에서 후크는 교육계에서 공산주의자를 배제하는 것이 합리적이고 바람직하다고 주장했다. 게다가 그의 표현과 접근 방식은 이단 심문의 효과를 극대화하기 위해 계산된 것이었다. 그는 뉴욕시에서만 약 1천 명의 공산주의자가 교편을 잡고 있다고 추산했다.

이런 교사 한 명이 보수적으로 잡아서 1년간 1백 명의 학생만을 가르쳤다고 해도, 뉴욕시 한 곳에서만 매년 10만 명의 학생들이 교육적으로 유해한 의식화의 영향을 받았다는 말이 된다. 이들 중에서……
교사에게 영향을 받은 수백 명이 공산주의 청년 조직에 가입하게 된
다. 공산주의 운동의 광신적 추종자는 대부분 이런 청년 조직에서
공급된다.[31]

그는 "성장기의 정신"을 공산주의라는 "어둠의 표식"에 노출시키는
짓은 어떤 식으로도 정당화할 수 없다고 결론 내린다.[32] 보수 진영의
대표적 철학자가 뉴욕시에서만 1천 명의 공산주의자 교사를 숙청하라
고―그러니까 실제로 일어난 것보다 훨씬 더 끔찍하고 광범위한 숙청
을―촉구한 것이었다.

학문 자유의 한계를 규정하려는 후크의 열성은 50년대가 지난 뒤에
도 사그라지지 않았다. 학생운동은 그를 자극하여 학문 자유와 "아나
키"를 집요하게 구분하게끔 만들었다.[33] 수정헌법 1조에서 보호하는 권
리는("역사적 우연에 의해 수정헌법 1조에 있다는 이유로 그것이 최우선이 되
는 것은 아니다…….") "전략적"인 것이다. "바람직한 자유의 전체 구조를
보존하기 위해, 이런저런 전략적 자유를 부득이하게 제한해야 할 때도
있다."[34]

보수주의자들이 큰 대학과 큰돈을 기꺼이 받아들인다는 사실 또한
큰 대학과 큰돈에 대한 그들의 비판을 적잖이 퇴색시킨다. 러셀 커크처
럼 과감히 사표를 던지고 나온 사람은 거의 없다. 그들은 기업 본사로
부터 받는 돈의 유해한 영향력을 공격한다. 좌파 학자가 직위와 임용
을 놓고 초조해하며 안달하는 것처럼 보인다면, 아마도 이는 그들이 전
통적으로 블랙리스트에 등재되어 길거리로 내몰렸기 때문일 것이다. 좀
꼴사나워 보이기는 한다―보수주의자들이 학문의 쇠퇴를 한탄하고 있

는 꼭대기 층에서 내려다보면 아마 그렇게 보일 것이다. 보수 지식인에게 제공되는 거액의 자금을 끌어다 쓸 수 있는 좌파 학자는 없다. 아무리 번드르르하고 값비싸 보이는 좌파 저널도, 올린 코퍼레이션 산하 보수 재단으로부터 두둑한 후원을 받는 〈뉴 크라이테리언〉 같지는 않다. 이 재단은 크레이머가 잡지를 창간할 때 파크 애비뉴의 빌딩에 사무실 공간을 마련해주기도 했다.[35] 또한 금융 재벌인 멜론 창업자의 증손자로 보수 프로젝트와 저널에 수백만 달러씩을 후원하는 리처드 멜론 스카이프Richard Mellon Scaife 같은 인물도 좌파 진영에는 없다.[36]

미국의 재계는 그들의 정치적 관점을 확산시키기 위해 날이 갈수록 보수 지식인을 지지하거나 돈으로 후원하고 있다. 일례로 대형 제약 회사인 스미스클라인은,

전국적 미디어 예산으로 넉넉한 몫을 배정한다. 콘탁 정이나 사인오프 캡슐 같은 감기약을 홍보하기 위해서가 아니다. …… 주요 지식인들을 내보내어 시사 쟁점에 대한 의견을 표명할 수 있게끔 지면을 사기 위해서다. 〈뉴스위크〉 등에 [양면에 걸쳐] 실린 한 광고의 제목은 시사적이다. "삶의 질에서 장기적인 혜택을 얻을 수 있으려면 노령화되는 미국의 산업 기반을 재생해야 한다는 것이 저명 사회학자 아미타이 에트지오니의 결론입니다."[37]

이런 기업이 급진적 교수의 견해를 게재한 양면 광고에 마지막으로 돈을 지불한 것은 언제였을까? 그런 적이 있기는 했을까?

좌파 교수가 명문 대학에서 기금을 지원받는 석좌직에 많이 임명된 것도 아니다—아니, 있기는 한지 모르겠다. 보수지인 〈퍼블릭 인터레스

트Public Interest〉의 특정 권호[38]에 기고한 일부 필자들의 명단을 보면 다음과 같다. 하버드대학 헨리 포드 2세 사회학 석좌교수(대니얼 벨), 뉴 욕대학 존 M. 올린 사회사상 석좌교수(어빙 크리스톨), 컬럼비아대학 앨 버트 슈바이처 인문학 석좌(명예)교수(로버트 니스벳), 하버드대학 섀턱 정치학 석좌교수(제임스 Q. 윌슨). 이런 사람들이 학문에 대한 돈의 영향 력을 개탄하고 있다고?

그들이 돈의 영향력을 개탄하지 않을 때도 있다. 오히려 거의 반대 로, 그들은 금권을 경시하거나 금권에 저항하는 노력에 반대한다. 바로 이것이 버클리의 입장이다. 대학은 그 뒤를 받쳐주는 돈을 위해 봉사해 야 한다는 것이다. 자유는 아무런 제한도 받지 않는다. 소비자―예일 대학을 후원하는 부자―의 자유는 강화되기 때문이다.

> 예일대학 경제학과의 사회주의자 교수인 존 스미스 씨의 상황을 검토 하고 내가 제안한 계획에 의거하여 그의 운명을 따라가보기로 하자. 우선 첫번째로, 그는 예일대학 이사회가 볼 때 공공복리에 반하는 가 치를 주입하고 있으므로 그의 강의를 금지하기로 하자. ……스미스 교수의 경우에는 아무런 자유도 제한되지 않았다. 오히려 소비자의 자유가 유지되었다.[39]

버클리의 "계획"에서는 가능한 모든 상황들을 예측하고 있다. 예일대 학에서 해직된 스미스 씨는 "사회주의 선전에 관심 있는" 어느 칼리지 에서 자유롭게 일자리를 구한다. 불운하게도 그런 칼리지가 없다면? 그 렇다면 스미스 씨는 시장의 수요에 부응하여 다른 일―이를테면 목수 일 같은 것―에 도전해야 한다.

이것은 계산서를 지불하는 쪽이 갑이라는 단순한 에토스다. 자본주의가 문화와 학문을 먹여 살리므로 문화와 학문은 자본주의를 찬양해야 한다. 이 계율을 위반하는 개개인들 때문에 많은 보수주의자들은 미칠 지경이다. 굶지 않는 좌파 지식인보다 더 그들의 신경을 긁는 존재는 없다. 그들의 관점에서 봤을 때 사회를 비판하는 자들은 가난하거나 배고프거나 병들어야 마땅하다. 사회를 맹렬히 비난하면서 사회에 의지하여 먹고산다는 것은 그들에게 견딜 수 없는 모순처럼 느껴진다.

이것은 엡스타인의 『야망Ambition』과 케네스 S. 린Kenneth S. Lynn의 『시애틀행 항로The Air-Line to Seattle』에서 줄기차게 되풀이되는 테마다. 이 저자들은 마치 은둔한 농부만이 사회를 비판할 수 있다는 듯이, 자신을—때로는 상냥하게—부양해주는 체제에 감히 날을 세우는 좌파 지식인을 향해 분노를 토한다. 엡스타인은 "맨해튼의 25만 달러짜리 콘도미니엄에 살며 혁명을 논하는 변호사, 사우샘프턴에 별장을 가지고 있으면서 미국의 물질주의를 비판하는 자, 별 세 개짜리 레스토랑에서 식사하면서 급진적인 책을 펴내는 출판사 사장"을 향해 으르렁거린다.[40]

이런 개개인을 두둔할 필요는 없지만, 유복한 지식인이라면 사회를 찬양해야 마땅하다는 명제가 사상에 대한 설명을 대체해버리는 것이 문제다. 린은 랠프 월도 에머슨의 삶을 재검토한 뒤 그가 돈을 위해, 유산 상속을 받기 위해 결혼했다는 견해를 제시한다. 이것이 사실이라면 알아둘 만한 일이겠지만, 린은 에머슨이 상업 문명을 온건하게 비판했다는 점에서 지극한 위선자였다고 결론 내린다. 에머슨은 천박한 번영에 의문을 제기하는 대신 모두에게 자기처럼 처신하라고 권해야 했다는 것이다. 에머슨은 학생들에게 돈벌이의 유혹을 물리치고 정신을 위한 삶에 몸 바치라고 권고하면서, 정작 그 자신은 "보조금에 의존해서

사는 미국 학자이며 이 보조금의 원천은 한 보스턴 상인이 장사로 모은 재산"이라는 사실을 덧붙이지 않았다.[41]

이런 주장에는 지극한 아이러니가 도사리고 있다. 보수주의자들은 경제 결정론을 구실로 마르크스주의에 반대하면서 그들 자신이 경제 결정론을 애호한다는 것을 고백하지 않는다. 오히려 정신이 물질에, 사상이 경제적 힘에 종속된다고 항의한다. 하지만 그들은 대부분의 마르크스주의자보다 더 철저한 결정론자다. 보수주의자에게 문화 비즈니스는 사실일 뿐만 아니라 윤리적 명령이다. 미국 지식인은 자본주의 사회 안에서 자본주의 사회에 의존하여 살기 때문에 자본주의 사회에 대한 찬가를 불러야 한다는 것이다. 많은 보수주의자는 밧줄을 끊는 것이 아니라 올가미를 조이기를 원한다.

전문가―와 교수―에 대한 보수주의적 비판은 대담하게 시작했다가 맥없는 결론으로 끝난다. 물론 학문의 자유나 문화에 대해 단일한 입장을 취하는 하나의 보수주의는 없다. 교수와 헛소리 선동가들에 대한 독설로 보수주의자들의 많은 사랑을 받은 H. L. 멩켄이 좀더 복잡하고 이단적인 입장을 취했다는 사실은 기억할 만하다. 그는 좌파에 우호적이지 않았지만 양쪽을 똑같이 저격했다. 사회주의자 스콧 니어링의 사상은 멩켄의 호감을 얻지 못했다. "그것이 내게는 근거 없고 공허해 보였다. …… 그리고 내가 멍청이로 취급하는 사람들이 그 사상을 주로 수용하고 찬양했다." 멩켄은 자신의 신조를 이렇게 힘주어 표명했다. "나는 모든 인간사에서 자유 경쟁을 지지한다. …… 나는 성공한 악당을 존경하며, 감리교도를 질색하는 것처럼 사회주의자 역시 질색한다."[42]

하지만 펜실베이니아대학이 니어링을 해고했을 때 멩켄은 그 내막을 알고 있었다. 니어링은 "진짜로 잘못"을 해서 내쫓긴 것이 아니었다. "그가 쫓겨난 건 진리에 가닿으려는 그의 노력이 어쩌다 대학을 지배하게 된 부유한 무식자들의 안정과 평정을 어지럽혔기 때문이었다……. 세 마디로 말하자면, 그는 안전하고 멀쩡하고 정통적이지 않았기 때문에 쫓겨났다. 그의 일탈이 다른 방향으로 행해졌다면, 아동노동을 그가 규 탄한 만큼의 강도로 열렬히 옹호했다면 …… 그의 직위는 아주 든든히 보장되었을 것이다."[43] 멩켄은 사회주의에 대한 반감을 거듭 표하며 니 어링에 대한 성찰을 마무리했다.

> 하지만 박학한 교수들이 학문의 자유를 정말로 온전히, 절대적으로 누린다고 확신할 수 있었더라면, 일자리와 강의 일정과 책 판매와 안 전을 위협받지 않고서도 이따금 다른 길을 택하는 그들의 모습을 상 상할 수 있었더라면, 나는 그러한* 확신과 본능을 지금보다 훨씬, 훨 씬 더 편안히 간직했을 것이다.[44]

보수주의자에게 H. L. 멩켄의 존재는 급진주의자에게 C. 라이트 밀 스의 존재와 비슷하다. 둘 다 존경받고서 잊혔다.

III

보수주의자들이 공론을 독점하는 동안 모든 좌파·자유주의 학자가 전

---

* 사회주의에 반대하는─옮긴이

문 분야의 성채 속으로 숨어버린 것은 아니다. 좌파 중 일부는 폭넓은 청중을 향한 발언을 계속 이어나가고 있다. 그중 압도적인 다수가 뉴욕시에 있다면 그 이유는 쉽게 말할 수 있다. 뉴욕 지식인 전통이 아직 남아 있고, 잔존한 비학술 정기간행물들이 여기 집중되어 있고, 이 도시가 가진 힘 그 자체가 있다. 소도시의 대규모 캠퍼스와는 달리, 뉴욕에서는 고립되어 존재할 수 있는 가능성이 적다. 앤아버의 미시간대학이나 로렌스의 캔자스대학에서 강의를 끝내고 나온 교수가 점심 먹으러 가는 길에 마주치는 사람은 학생과 연구자와 교수 들뿐이다. 하지만 뉴욕에서는 도시 전체와 마주치게 된다.

리처드 세넷(1943-)과 마셜 버먼(1940-2013)은 뉴욕(뉴욕대학과 뉴욕시립대학)의 젊은 교수일 뿐만 아니라 뉴욕 지식인의 마지막 환호성—어쩌면 나팔 소리—일 것이다. 그들은 도시인으로서 도시인을 위해 글을 쓴다. 지난 세대와 비슷하게, 그들의 재능은 광범위하고 그들의 접근 방식은 차갑고 방법론적이기보다는 문학적이고 인상주의적이다. 일반적인 논문과 달리 그들의 저술은 손쉽게 범주화할 수 없다. 『공적 인간의 몰락The Fall of Public Man』, 『권위Authority』, 『현대성의 경험: 견고한 모든 것은 대기 속에 녹아버린다All That Is Solid Melts into Air』는 사례 연구, 소설, 시, 개인적 경험 등을 기반으로 다방면을 포괄한다. 그들의 저술에는 뉴욕의 근성과 객기가 스며 있다. 가장 중요한 점은 도시 생활, 공적 담론, 권위, 모더니즘 등 생생한 이슈를 주제로 선정하여 생생한 방식으로 다룬다는 것이다. 이 모두가 그들을 대부분의 학자와 차별화하는 지점이다.

그들이 철저히 혼자인 것은 아니다. 뉴욕 지식인 명단에는 스탠리 아로노위츠와 모리스 딕스타인Morris Dickstein도 있고 그 밖에도 몇 명이

더 있을 것이다. 모두 일반 정기간행물에 기고하는 필자들이다. 하지만 경향성은 속일 수 없다. 시대정신이—무장하지는 않았더라도—눈을 부릅뜨고 있다. 현시대 뉴욕 교수들이 지난날의 뉴욕 지식인과 옷차림은 비슷할지 몰라도 오늘날의 교수임에는 변함이 없다. 차이는 명확하다. 평균적인 학술 저술과 비교하면 세넷과 버먼의 글은 빛이 난다. 하지만 지난 세대와 비교하면 생기가 덜하고 허세가 심하며 감상적이기까지 하다.

세넷은 『무질서의 효용: 개인의 정체성과 도시 생활Use of Disorder: Personal Identity and City Life』의 첫 문장에서 이렇게 말한다. "이 책을 착안한 것은 어느 날 아침, 내가 에릭 에릭슨Erik Erikson과 함께 뉴잉글랜드의 한 묘지를 산책하던 중이었다."[45] 산책이 아니라 이 문장이 지난 세대로부터의 거리를 암시하고 있다. 위트와 아이러니를 몰아내고 웃음기 없는 허세가 그 자리를 대신했다. 버먼은 자신의 연구가 발터 벤야민의 선구를 따랐지만 "좀더 논리정연하다"고 겸손하게 말한다. 벤야민은 "휘청"거렸지만, "나는 신진대사적·변증법적인 흐름의 가장 일관된 경향성을 다시금 포착하고자 한다."[46]

지난 세대 저술가들의 가장 뛰어난 저작은 신랄하고 논쟁적이고 유려했다. 『공적 인간의 몰락』이나 『현대성의 경험』 같은 책들은 그 정반대의 원칙에 기반한 듯 보인다. 장황하고 모호하고 무비판적이다. 명료하거나 숙련된 필치를 거의 찾아볼 수 없다. 그 자신도 학계의 이단아인 셸던 월린은 『공적 인간의 몰락』에 대해 "글솜씨가 형편없"으며 방법론이 자의적이고 반복이 심하고 문장이 어긋나 있어서 해석이 거의 불가능할 정도라고 평했다.[47] 명료한 대목이 짤막하게 몇 군데 있긴 하지만 전체적으로는 모호함을 거의 의도한 것처럼 보인다.

『공적 인간의 몰락』이 흐릿하다면, 세넷의 『권위』는 불투명하다―혹은 단조롭다. 출처들이 표시되지 않았고, 주장에는 확신이 없다. 책을 쓰다 만 것 같다. "나는 지금 사람들이 권위, 형제애, 고독, 의례를 어떻게 느끼는지에 대한 탐색으로부터 좀더 정치적이고 예지적인 종류의 사유를 이끌어내는 일이 가능하다고 생각한다."[48] 어쩌면 이런 문체를 열화된 아카데미즘 혹은 열화된 저널리즘이라고 부를 수도 있을 것이다. 학술 문헌을 주석 없이(이건 괜찮다) 인유한 대목이 많이 있지만 박력이나 우아함 또한 찾아볼 수 없다. 죽은 말들이 텍스트에 엉겨붙어 있다.

> 본 장에서 탐색할 것은 어떻게 이런 독해의 계기들이 생겨나는 가…… 나의 목표는 이렇게 특수한 방식을 통한 지휘 계통의 교란이 혼란을 초래하거나 힘있는 자가 왕이라는 인식을 파괴하는 것이 아니라, 오히려 피치자가 지배자와 협상하고 지배자가 할 수 있는 것과 할 수 없는 것―해야 하는 것과 하지 말아야 하는 것―을 더 명확히 파악할 기회를 부여한다는 사실을 보여주는 것이다.[49]

『공적 인간의 몰락』과 『권위』에서 세넷은 수많은 저자와 평자를 참조하지만 그중 아무도 비판하거나 정정하지 않는다. 세넷은 권위에 대한 책을 쓰지만 어떤 권위에도 도전하지 않는다. 세넷의 지적 세계에서는 모두가 이야기에 한 조각씩을 덧붙인다. 모두가 세넷이 흥미롭게 여기는 뭔가를 지적하거나 환기시키거나 발견한다. 이런 다원성과 너그러움은 감복할 만하지만 무정형의 패스티시로 귀결된다는 점에서 치러야할 대가도 있다. 세넷은 뉴욕 지식인이라는 종족의 특성인 신랄한 지성을 결여한 뉴욕 지식인이다. 그는 마주치는 모든 이에게 인사와 찬사를 보낸다. 그의 책 전체에 흐르는 따뜻한 협력적 분위기는 사유의 불꽃에 찬물을 끼얹는다.

마셜 버먼은 그보다 좀더 혈기가 있다. 하지만 모더니즘에 대한 그의 주장은, 모든 소가 검게 보인다는 헤겔의 밤•을 마치 대낮처럼 보이게 만든다. 용어와 주장이 너무 포괄적이고 산만해서 누구든 어느 것이든 포함될 수 있는 것이다. 모더니즘은 정력적이고, 멋지고, 비극적이고, 고통스럽고, 신나고, 변증법적이다. 마르크스의 사상 또한 그렇다. 니체의 사상도 마찬가지다. 모두의 사상이 그러하다. 누가 이에 반대할 수 있겠느냐만, 또 누가 버먼의 명백히 박력 있는 주장을 따라갈 수 있을 것인가? 그의 주장은 확장을 거듭한 끝에 느슨한 일반화와 낙관적인 연설이 되고 만다. 마르크스에 대한 그의 논의는 이렇게 결론 맺는다.

> 이 에세이에서 나는 마르크스 사상과 모더니스트 전통이 수렴되는 공간을 정의 내리려 했다. 우선 무엇보다도, 둘 다 독특하게 현대적인 경험을 불러일으키고 포착하려는 시도다. 둘 다 경외와 희열이 공포감과 융합된 복잡한 감정을 띠고서 이 영역과 대면한다. 둘 다 현대의 삶이 모순적 충동과 잠재력으로 가득차 있다고 보며, 둘 다 이런 모순을 관통하고 초월하는 방법으로서 궁극적이거나 극단적인 현대성의 비전을…… 수용하고 있다.[50]

이 말이 맞을 수도 있지만 이것은 19세기와 20세기의 많은 사상가에

• '밤에는 모든 소가 검게 보인다'는 것은 헤겔이 셸링의 '절대자' 개념이 무차별적 동일성을 가리키며 따라서 무의미하다고 비판하면서 끌어온 속담이다—옮긴이

게도 마찬가지로 적용된다. 이런 막연한 생각을 버먼처럼 스무 가지 형태로 스무 번씩 반복해서 말하면 정확성이 모두 증발되고 만다. 버먼의 글에서는 견고한 모든 것이 대기 속에 녹아버린다.

심지어 도시 생활과 거리에 대해 논의하며 최고의 기량을 선보일 때에도 버먼은 모순과 재생과 고뇌의 형광색 스프레이를 표면에 떡칠해버린다. 그는 개발과 도시 재생에 맞서 (물론) 투쟁했던 제인 제이콥스에 대해 웅변을 늘어놓는다. 버먼이 볼 때 그녀의 『미국 대도시의 삶과 죽음』은 "모더니즘의 발전에서 결정적 역할"을 수행한 근본적인 모더니즘 텍스트다. 하지만 그는 "그녀의 모더니즘적 텍스트 밑에는 일종의 노스탤지어적 저류라 할 수 있는 반모더니즘적 서브텍스트가 존재함"을 발견한다. "너무나 많은 모더니스트들처럼, 제이콥스 또한 가장 풍요롭고 복잡다단한 모더니즘과 모더니즘적 반모더니즘의 가장 고약한 배신을 가르는 선이 매우 가느다랗고 포착하기 힘든—그런 선이 실제로 있다면 말이지만—희뿌연 지대에 머물러 있다."[51]

여기서 아주 조금만 발걸음을 옮기면, 제이콥스와 그녀의 역사적 적대자인 로버트 모지스가 둘 다 모더니스트라는 판단에 다다르게 된다. 버먼은 모지스가 브롱크스를 어떻게 파괴했는지를 통렬히 묘사하기 때문에 이는 물론 선뜻 받아들이기 어려운 결론이다. 그는 이것을 설명하기 위해 한 가지 구분법을 도입한다. "1950년대 모지스와 그의 작업이 진화한 과정은 전후의 사회·문화적 진화에 대한 또다른 중요한 사실을 잘 보여준다. 바로 모더니즘과 현대화의 급격한 분리다."[52] 이것이 무슨 말인가? 버먼은 모순, 재생, 변증법이라는 그만의 믿음직한 어구를 적용하여 그 시범을 보인다.

이 모두는 모더니즘 안에 그 자체의 내적 모순과 변증법이 내포되어 있음을 암시한다. 모더니즘적 사고와 비전의 어떤 형태들이 교조적 정설로 굳어져 고물이 되고, 다른 형태의 모더니즘은 수면 아래로 감추어질 수 있는 것이다……. 우리가 어떤 모더니즘을 통해 우리 공간과 우리 자신에게 후광을 두르는 법을 배웠다면, 또다른 모더니즘—가장 오래된 모더니즘 중의 하나이면서, 이제 보면 가장 새로운 모더니즘 중의 하나—을 통해서는 우리의 후광을 벗기고 우리 자신을 새롭게 발견하는 법을 배울 수 있을 것이다.[53]

구제불능의 장황함은 물론이고 끝없는 긍정성이라는 면에서 세넷과 버먼은 뉴욕 지식인의 스타일을 포기했다. 부정적이라는 비판을 면하기 위해서인지 그들의 책 곳곳에는 건설적 아이디어들이 흩어져 있다. 인생 문제에 대한 자잘한 팁들이 담긴 세넷의 책은 통속 심리학의 언저리에 아슬아슬하게 걸쳐 있다. 『권위』의 끝부분에서 그가 내놓는 제안은 직장에서의 불만에 대한 지침서의 한 대목을—엉망인 영어 문장까지 포함하여—오려낸 것처럼 보인다.

그러니까 이것이 지휘 계통을 교란하는 다섯 가지 방법으로, 이 모두가 토론을 통해 상부의 결정을 변경할 수 있는 권리와 권력에 근거하고 있다. 적극적인 목소리의 활용, 범주화에 대한 논의, 지시에 대한 다양한 복종 반응의 허용, 역할 바꾸기, 배려에 대한 면대면 협상이 그것이다. 이런 교란은 추상적인 경제·관료적 힘을 인간적 관점으로 연결시킬 기회다……. 그리고 전능한 권위에 대한 두려움이 현실적으로 감소할 수도 있는 것은 바로 이런 교란에 의해서다.[54]

버먼은 이보다 더 야심적이다. 그는 인간 정신의 전도사이자 도시의 포퓰리스트다. 그는 눈 돌리는 곳마다 재생과 힘과 공동체의 신호가 있음을 본다. 그의 목표는 "모더니즘"을 전유함으로써 "우리 삶에 생각보다 심오한 깊이가 있음을 알게 될 것이다. (……) 전 세계의 사람들과 더불어 우리 공동체를 느끼게 될 것이다. 그리고…… 놀랄 만큼 풍요롭고 활기찬 모더니즘적 문화…… 그것을 우리 것으로 인식하기만 한다면, 힘과 건강의 방대한 원천이 담긴 문화를 다시금 접하게 될 것이다……".**55** 뿌리, 공동체, 힘, 건강 등등 요즘 뜨는 말들은 다 갖다붙이고 있다. 이것은 늙어가는 좌파들을 위한 엉터리 심리학이다.

그는 들뜬 분위기로 책을 마무리하며 브롱크스를 살려내는 데 도움이 될지도 모를 한 가지 제언, 아니 좀더 정확히 말하자면 "모더니즘적 꿈"을 제시한다. "나는 모더니즘을 활용하여 나 자신의 과거…… 나의 브롱크스……와의 대화를 불러일으키기를 원한다." "모더니즘의 비전과 상상력은 불구화된 우리의 도심에 살맛을 선사하고, 도시의 운명에 우리 대다수 비도시인의 이해가 걸려 있음을 직시하게끔 만들며, 삶과 아름다움의 풍요를 낳을 수 있다."**56**

버먼은 '브롱크스 벽화'를 꿈꾼다. 이 자치구에 치명상을 입힌 크로스브롱크스 고속도로, 이 도로를 따라 세워진 옹벽에 벽화를 그린다는 구상이다. "이 벽화는 서로 전혀 다른 갖가지 양식으로 그려져야 할 것이다……. 브롱크스의 아이들을 돌아오게 해서 이 벽화에 그들 스스로를 그려넣게끔 독려할 수도 있을 것이다. 고속도로 옹벽은 그들을 전부 담을 수 있을 만큼 크다. ……이 모두를 차로 지나쳐 통과하는 일은 풍요롭고 기이한 경험일 것이다. 운전자는 그 인물들, 환경들, 환상들에 사로잡힌 듯한 느낌을 받을지도 모른다……."**57**

벽화를 출근길에 슝 지나치거나 뉴욕의 교통 체증에 갇혀 거북이걸음으로 지나치는 일이 충분히 풍요롭고 기이한 경험이 아니라는 듯이, 버먼은 여기에 그 못지않게 풍요롭고 기이한 아이디어를 덧붙인다. 고속도로가 끝나는 지점에 "거대한 아치 기념물"을 세운다는 것이다.

이 아치는 자동차 타이어와 베이글을 둘 다 연상시키게끔 둥글고 부풀릴 수 있는 형태를 띨 것이다. 빵빵하게 부풀었을 때 이것을 베이글로 보면 소화할 수 없을 정도로 딱딱해 보이지만 타이어로 보면 급출발하기에 제격일 것이다. 또 말랑말랑할 때 이것을 타이어로 보면 펑크가 난 것 같고 위험해 보이지만 베이글로 보면 앉아서 먹고 싶어질 것이다.[58]

이것이 버먼의 모더니즘적─반모더니즘적 꿈이다. 물론 세부 사항까지 전부 고려한 것은 아니다. 언제 아치를 부풀리고 언제 바람을 뺄 것인가? 무슨 색깔을 입힐 것인가, 타이어 색으로 할 것인가, 베이글 색으로 할 것인가? (버먼 교수가 과연 베이글에 친숙한가에 대한 난처한 의문도 있다. 그는 베이글이 오래되면 그 모양이 변한다고 생각하는 것 같다.) 이것이 판타지임은 명백하지만, 비전으로서는 패스트푸드 업장 앞의 거대 도넛이나 핫도그에 비길 만한 수준이고, 아이디어로서는 설익었다.

언제나처럼 버먼은 자신의 아이디어에 장황한 말의 당의를 입히고 있다.

나는 지난 10년간의 보다 흥미진진한 모더니즘 작업들에 대해 얼마든지 더 이야기할 수 있다. 하지만 나는 그러는 대신에 브롱크스를 가지고…… 마무리해야겠다고 생각했다. 이 책의 막바지에 다다른 지금은, 내게 너무나 오랜 시간이 소요된 이 프로젝트가 우리 시대의 모더니즘과 어떻게 어우러지는지 알게 되었다. 나는 우리 시대의 사람들이 미래의 모더니티를 창조할 수 있게끔 돕고자 하는 희망으로, 묻혀 있던 과거의 모던한 정신 중 일부를 발굴함으로써 그 경험과 우리 자신의 경험 사이의 변증법적 관계를 열어젖히고자 시도했다.[59]

이 문장은 끝도 없이 장황하게 이어지는 강연문의 한 대목처럼 들린다. 본래 뉴욕 지식인들은 허풍스러운 말버릇과 검약한 글쓰기로 정평이 있었다. 그들은 우아하고 정밀하게 조율된 에세이를 썼다. 그 후계자들은 이 재능을 상실했다. 세넷과 버먼은 글을 장황하게 쓰는 필자다. 우아한 에세이는 너저분한 책이 되었다. 세넷은 이렇게 쓴다. "다양성의 경험과, 친밀한 교제 범위로부터 거리를 둔 한 사회 영역의 경험. 이런 공공성의 두 원칙을 '미디어'는 모두 위반한다. 그렇기는 하지만 이것을 자족적인 공식으로 취급하는 것은 불편하다."[60]

이런 것은 어쩌다 눈에 띄는 사례가 아니다. 이 책들은 균형과 우아함이 부족하다. 그 스타일은 같지 않지만—버먼은 개인적인 문투를, 세넷은 관료적인 문투를 택했다—그들의 책은 쓰다 만 것처럼 보인다. 글은 여기저기 찔러보며 두서없이 흘러가고 본론에서 벗어난 여담은 주장을 연마하는 데 쓰이지 않는다. 이 지점에서 형식은 내용의 일부가 된다. 『공적 인간의 몰락』과 『현대성의 경험』은 둘 다 놀랄 만큼 불분명한 책이다. 여기서 제공하는 것은 빛이 아니라 어떤 막연한 위기감—아마도 느낌—이다.

바로 이러한 이유로 많은 독자와 평자는 이 책들을 애호한다. 책의 주제와 분위기 앞에서 그 주장과 내용은 희미해진다. 약간의 독창성이라도 갖추고서 독서 대중을 위해 폭넓은 사회적 쟁점을 검토하는 책은 희귀한 실정이라, 그런 책이 있으면 독자들은 만족한다. 책이 어떻게 진행되는지, 아니 진행이 되기는 하는지, 한두 챕터를 넘긴 후에도 읽을 만한지, 아니 심지어 말이 되는지, 세넷이 주장하는 바를 파악할 수 있는지, 350페이지쯤에서 버먼이 부풀릴 수 있는 베이글을 꿈꾸고 있는지 등은 거의 문제시되지 않는 것 같다. 아무것도 문제시되지 않는다. 이 책들은 그 제목과 주제와 대중을 위한 글쓰기를 하려는 저자의 대체적인 노력에 힘입어 생명을 유지한다. 하지만 이 책들의 성취는 사유와 언어가 여전히 중시되는 생생한 뉴욕 문화가 아니라 그것의 말년을 보여주고 있다.

뉴욕 문화생활의 지표로서 추가로 언급해야 할 것이 하나 더 있다. 바로 〈뉴욕 리뷰 오브 북스〉다. 〈뉴욕 리뷰 오브 북스〉의 변천은 독립 저술과 젊은 사상가와 유대계 뉴욕 지식인의 운명을 축약해서 보여준다. 〈뉴욕 타임스 북 리뷰〉 중독자들이 금단 증상을 겪기 시작한 1963년 신문 파업 기간에 〈뉴욕 리뷰 오브 북스〉가 탄생했을 때부터 이 잡지는 뉴욕 문화계의 허세를 물씬 풍기고 있었다.

익히 예상할 수 있듯이, "서평 쓰기와 내가 아는 모든 이들Book Reviewing and Everyone I Know"(1963)에서 "내가 아는 거의 모든 이들이 그 창간호에 기고했다"고 자랑한 인물은 노먼 포드호레츠였다. 그는 엘리자베스 하드윅Elizabeth Hardwick, 드와이트 맥도널드, 어빙 하우, 앨프리드 케이진, 필립 라브, 노먼 메일러, 윌리엄 필립스, 메리 매카시, 그리고 "내가 전에는 들어본 적 없는" 한 기고자를 포함하여 몇 명을 더 거

명했다.[61]

〈뉴요커〉에 글을 쓴 한 젊은 비평가는 포드호레츠(와 다른 몇몇 서평가)가 자신과 자신이 속한 그룹을 노골적으로 홍보하는 것에 대해 맹비난을 퍼부었다. 1964년 레나타 애들러Renata Adler는 포드호레츠가 훗날 밟게 될 경력을 비범하게도 예지하며 이렇게 썼다. "이 에세이에는 주목할 만한 것이 몇 가지 있다. 첫째로, '내가 아는 모든 이들'이라는 말이 (제목에 나온 것을 제외하고) 열네 번 등장한다……. 포드호레츠 씨는 자신을 고립된 화자로 여기지 않는 것이 분명하다. …… 게다가, '(내가 아는 거의 모든 이들을 비롯한) 우리의 가장 재능 있는 문학적 지식인 사이에서 서평 쓰기는 돈을 노리는 젊은이들이 하는 일로 취급된다'처럼 창피함을 모르는 진술은, 이 '신진 서평가들'이 비평을 문학에 대한 교감하는 반응이라기보다는 자기 개성을 주장할 기회로 여긴다는 것을 암시한다."[62]

애들러는 미래를 엿보았다. 그녀는 이런 식의 서평 쓰기를 "……서로 밀어주고 끌어주기로 수렴되는 정교한 상호 참조 시스템, 쉬어서 반동이 되어버린 자유주의…… 논거가 놀라우리만치 엉성한 가짜 지성주의…… 표면상 비평중인 책으로부터 서평자 개인에게로 독자의 주의를 돌리고자 혈투를 벌이는 태도와 테크닉들의 패스티시……"로 묘사했다.[63]

이런 가시 돋친 말은 (《코멘터리》의 편집인이자 훗날 〈뉴욕 리뷰 오브 북스〉와 "결별"하게 되는) 포드호레츠를 향한 것이었지만 뉴욕 지식인의 배타적인 세계를 겨냥한 것이기도 했고, 그들이—한동안—가장 애호한 정기간행물이 〈뉴욕 리뷰 오브 북스〉였다. 그로부터 10여 년 후, 책 한 권 분량의 한 연구는 〈뉴욕 리뷰 오브 북스〉가 거의 '클로즈드

숍'*에 가깝다고 주장했다. "당신이 젊고 재능 있는 백인이라면 〈뉴욕 리뷰〉에 전화하지 마라. 아마 그들도 당신에게 전화하지 않을 것이다. …… 젊고/젊거나 '중요치 않은' 작가의 처우에 한해서 볼 때 〈리뷰〉의 평판은 대체로 끔찍하다……."[64]

하지만 이런 비판은 뭔가를 놓치고 있었다. 창간 후 10년간 〈뉴욕 리뷰 오브 북스〉는—아마도 그 끈끈하게 얽히고설킨 관계 덕분에—에너지와 흥분으로 넘실댔다. 하지만 오늘날의 이곳은 매우 달라 보인다. 이제 창간 25주년을 앞둔 이 잡지는 좌에서 우로 논조를 바꾸었다. 더욱 흥미로운 것은 그 정체성을 쇄신했다는 점이다. 기고자의 면면으로 볼 때, 〈리뷰〉는 그냥 교수도 아니고 아이비리그 교수, 석좌교수, 특히 옥스퍼드나 케임브리지 교수에 의존하는 비중이 높아졌다. 몇 안 되는 독립 필자들은 고어 비달이나 시어도어 드레이퍼Theodore Draper 같은 오래된 필진이다. 진지하고 이따금 도발적인 글들이 꾸준히 게재되긴 해도, 〈뉴욕 리뷰〉를 읽는 건 뉴욕의 식료품점보다는 옥스퍼드의 찻집을 더 연상시키는 경험이다.

나는 1985년도 초부터 발행된 권호 중 무작위로 10권을 뽑아 비과학적으로 집계해보았는데 그 변화가 확연했다. 시와 짧은 기사를 제외한 주요 서평 116편 중에서 영국 필자와 교수가 쓴 것이 절반을 넘었고, 다시 그중에서 20편이 옥스퍼드와 케임브리지에서 써 보낸 것이었다. 영국인 학자와 아이비리그 교수의 이런 적극적 영입은 〈뉴욕 리뷰〉가 한때 옹호했던 자유분방한 뉴욕 지성계의 종말을 자백하는 것이다.[65]

• closed shop, 협약에 의해 노동조합원만을 고용할 수 있는 사업장―옮긴이

물론 이는 그 이상을 자백하는 것일 수도 있다. 〈뉴욕 리뷰〉에 젊은 신진 필자가 부재하다는 사실은 오래전부터 지적되어왔다. 이것이 단지 문화계 내의 부재를 반영하는 현상일까, 아니면 편집진의 맹목성 또한 반영하는 것일까? 젊은 저술가 리처드 코스텔라네츠Richard Kostelanetz(1940-)가 자기 세대의 상황을 면밀히—어쩌면 강박적으로—검토한 뒤[66] 젊은 저술가들이 주목받지 못하는 건 재능 때문이 아니라 〈뉴욕 리뷰〉에 본부를 둔 뉴욕 지식인들의 겸임 이사회 때문이라는 결론을 내렸다. 코스텔라네츠는 뉴욕의 지식 중개상들이 수전 손태그와 필립 로스—둘 다 1933년생이다—보다 어린 작가의 1부 리그 진입을 불허하고 있다는 증거를 긁어모아 책 한 권 분량의 팸플릿을 썼다. 코스텔라네츠가 볼 때 실종된 젊은 작가들은 억압받고 있는 작가들이다.[67]

물론 이런 주장은 재능이 없어서 거절당한 저자들의 위안거리일 뿐이라며 쉽게 폄하될 수 있다. 자신이 성공하지 못한 이유를 설명하기 위해 자신과 친구들을 겨냥한 음모가 있다고 망상하는 것이다. 어쩌면 코스텔라네츠가 없는 문제를 만들어서 스스로를 괴롭히는 것일 수도 있다. 하지만 〈뉴욕 리뷰〉를 비판하는 사람들이 앙심을 품었다고 해서 그것을 이 잡지에 대한 탐문을 회피하는 구실로 삼아서는 안 되겠다.

〈리뷰〉에 대한 가장 심각한 비판들은 그 실체가 없다. 젊은 필진의 부재를 한 잡지나 몇몇 잡지의 편집 방침 탓으로 돌릴 수는 없다. 하지만 어떤 정기간행물도 문화적 추세를 그저 반영하지는 않으며, 〈뉴욕 리뷰〉를 좀더 면밀히 들여다보면 개탄스러운 기록이 드러난다. 젊은 미국 지식인을 육성하거나 그들에게 주의를 기울인 적이 한 번도 없는 것이다. 사반세기 동안 이 잡지는 문화의 저장고에 아무것도 투자하지 않고 그냥 뽑아다 쓰기만 했다. 오늘날 이 사업은—주로 영국에서—수입한 지식인 자본에 의존해야 한다. 심지어 그 정치적 결과가 한발 늦게 표면화되고 있다. 〈뉴 크라이테리언〉과 〈코멘터리〉 같은 보수 저널들은 부지런히 그리고 현명하게도 젊은 필자를 육성한다. 〈뉴욕 리뷰〉는—비록 이제는 급진주의를 포기했지만—그런 역사가 없다. 공론장에서 목소리를 낼 기회를 얻는 작가가 좌파 진영에 더 적은 것은 일부분 그 결과이기도 하다.

하지만 〈뉴욕 리뷰〉의 변덕은 그리 중요치 않을 수도 있다. 잡지 편집인이 문화의 수문을 통제하는 장본인은 아니다. 인과관계가 촘촘하게 얽혀 있다. 〈뉴욕 리뷰〉가 젊은 필자를 환대하지 않은 건 사실이지만, 지식인 세대가 등장하기 위해 꼭 손으로 주소를 눌러쓴 초청장을 받아야 하는 것은 아니다. 젊은 지식인의 보편적 부재, 특히 젊은 뉴욕 지식인의 부재는, 오랜 도시·문화 중심지를 그들이 못 들어오게 걸어 잠갔기 때문이 아니라 그 중심지 자체가 폐쇄되었기 때문이다.

IV

지식인을 제도권 학자와 동일시할 때 그들의 운명은 역사의 수레바퀴에 굴복한다. 이는 지식인이 되려면 캠퍼스 주소가 있어야 함을 의미한다. 그렇지 않으면 접근이 금지된다. 왜일까? 지식인일 수도 있는 배관공이나 목수와는 달리, 일부 전문 직종은 지식인 그룹에 가입할 권리까지는 아니더라도 전제 조건을 보유한 듯 보인다. 일례로 미국의 전업 사서 13만 6천 명 가운데[68] 일부 또는 상당수는 지식인일 수 있지 않을까? 책방 주인과 편집자, 변호사와 의사, 기자와 재단 관리자는 어떠한가? 그들은 대학에 주소지를 갖지 않았다는 이유만으로 지식인의 대열에서 영영 배제되는가?

물론 아니다. 하지만 여기서의 결정적인 범주는 지식인, 즉 사색과 아이디어를 중히 여기는 사람이 아니라 공공 지식인, 즉 공론에 기여하는 사람이다. 명백히 아무도 목수나 사서나 신경외과 의사가 공공 지식인이 될 수 없다고 말하지 않지만, 그런 사람은 일부 있긴 해도 매우 드물다. 이런 결핍은 공적 개입을 북돋거나 꺾는 일상적 근무 환경에 기인한다. 변호사는 글을 쓸 일이 많을지 모르나, 그가 교직을 겸임하지 않는다면 그가 쓴 변론서를 읽거나 읽고 싶어할 사람은 판사나 다른 변호사밖에 없을 것이다. 사서는 책을 사랑할지 모르지만 이미 출간된 책들을 하루 8시간 동안 다루고서 퇴근한 뒤에는 너무 지친 나머지 글을 못 쓸 수도 있다.

마르크스 이후 1백 년이 경과한 지금(어쩌면 그 1백 년 전에도), 우리가 어떤 사람에 대해 첫번째나 두번째로 묻는 질문은 '그가 무슨 일을 하는가?'다. 이 질문에는 노동이 삶의 전부인 억압적 사회질서의 낌새가 배어 있다. 이 물음에는 '그가 나를 위해 무슨 일을 해줄 수 있는가?'라는 뜻도 있다. 특정 업계의 친목 모임에—변호사 모임의 목수, 영화계 인사들 사이의 교사처럼—어쩌다 "잘못" 끼게 된 사람이라면 인간의 유용성에 대한 교훈을 얻게 된다. 직업이 드러나면 사람들의 흥미가 식는다. "고등학교 선생님이시라고요? ……. 아주 흥미롭네요……. 흐음……. 근데 제가 음료를 다시 채우러 가야 될 것 같아서, 이만 실례……." 다른 사회질서하에서라면, 질문은 '그가 무슨 생각을 하는가, 무슨 꿈을 꾸는가, 혹은 무슨 믿음을 가졌는가?'가 될지도 모른다.

하지만 그 무신경한 뉘앙스를 벗겨내고 보면 이 질문은 악의적이지 않다. 억압적인 것은 사회질서다. 우리가 누군가의 직업을 알면 그 사람 개인에 대해 뭔가를 알게 된다. 누가 인테리어 장식가나 가죽 제품 수입업자라면 우리는 그의 생각과 관심사에 대한 단서를 갖게 된다. 그리고 별다른 정보가 없으면 우리는 그가 작가나 공공 지식인이 아닐 것으로 가정한다. 물론 이 가정은 틀렸을 수 있다. 사람들은 자신이 직업과 동일시되는 것에 대해 때때로 분개하기도 하며 여기에는 정당한 이유가 있다. 하지만 이 가정은 도덕적 판단이 아니라, 단순히 직업이 삶에 영향을 끼친다는 경험에 근거한 일반화다. 박물관 행정가나 치과의사는 공공을 위해 글을 쓸 시간이나 상황이 별로 없다.

학자를 제외하고, 그 근무 조건상 공적 글쓰기가 요구되는 집단이 하나 더 있다. 바로 저널스리스트다. 저널리스트는 대학 외부에서―부분적으로는 대학에 맞서서―공적 쟁점에 대해 대중적 언어로 글을 쓰는 전통의 명맥을 이어나가고 있다. 비록 논픽션 저서의 대부분을 교수들이 쓰기는 하지만 저널리스트도 상당히 많은 책을 내놓는다.[69] 미국의 고전적 문필가라 할 수 있는 에드먼드 윌슨은 저널리스트를 자처한다. "나 자신을 저널리스트라 칭할 때 내가 늘 시사 문제를 다룬다는 뜻이 아님은 물론이다. …… 이는 내가 주로 정기간행물에 글을 써서 생활을 영위한다는 뜻이다."[70]

저널리스트들은―매일 쓰는 기사보다는 주로 책을 통해―문화 전반을 점점 더 떠받쳐왔다. 사회는 이들을 신화화함으로써 거의 감사하다시피 화답했다. 학계의 삶과 글쓰기가 그 힘을 잃으면서 저널리즘이 팽창하여 실제보다 더 대단해 보이게―정력적이고 헌신적이고 공적인 것처럼 보이게―되었다. 저널리스트 자신은 〈대통령의 음모All the

President's Men〉부터 〈킬링필드〉, 〈언더 파이어Under Fire〉에 이르기까지 무수한 영화에서 낭만적으로 묘사되었다. 저널리스트는 자신의 목숨이나 경력을 걸고서 진실을 찾아 헤맨다. 그들은 변함없이 공공에 헌신한다. 교수들과는 정반대다.

현실은 사뭇 다르다. "저널리스트"는 두루뭉술한 단어다. 여기에는 텔레비전·라디오 종사자와 "인쇄" 매체 종사자가 포함되며, 후자는 전속(전업) 기자와 파트타임 또는 프리랜서 기자로 세분된다. 주요 지상파와 시사 오피니언 프로그램의 텔레비전 저널리스트는 그들만의 부류를 형성한다. 수적으로는 소수이지만 높은 연봉과 때로는 많은 주목을 받는다. 텔레비전의 모든 것이 그렇듯이 그 저널리스트의 악덕(과 미덕) 또한 전국으로 퍼져나간다.

순회강연은 텔레비전 저널리스트를 새롭게 발견해냈다. 제임스 팰로스James Fallows의 보도에 따르면 요즘에는 심지어 소규모 동업 단체도 업계 박람회를 개최해서 워싱턴의 삶에 대한 교양과 재미를 충족해줄 연사를 섭외한다고 한다. 회원들이 피땀 흘려 낸 회비 덕에 재정이 넉넉한 이런 협회들이 텔레비전에서 본 적 있는, 토크쇼 양식을 완성해주는 저널리스트를 선정하는 것은 뻔한 수순이다. 팰로스는 그 해로운 결과에 대해 성찰한다. "학구적으로 들리는 촌철살인"에 재능이 있는 보수적이고 전투적이고 과시적인 인물들이 텔레비전 오피니언 프로그램과 순회강연을 지배하는 것이다. "모두가 이런 식으로 행동하는 것은 아니지만, 젊은이들이 볼 때 성공 모델은 명백하다. 10년 전에 그 모델은 우드워드나 번스타인이었고, 20년 전에는 리처드 로베어나 시어도어 H. 화이트였으며, 30년 전에는 제임스 레스턴이나 월터 리프먼이었다. 이제 그들의 모델은 조지 윌George Will이다……. 이 새로운 모델은 정치 논쟁에 다른 시대보다 더 악의와 경멸이 판치게 만드는 데 한몫했다."[71]

이런 영향력을 갖지 못한 인쇄 매체 저널리스트는 훨씬 대규모 집단으로 보다 전통적인 지성계에서 일익을 담당한다.[72] 그럼에도 학자가 캠퍼스로 규정되는 것처럼 저널리스트는 신문사에 의해 규정된다. 그들은 할당된 취재와 마감의 제약 아래서 일한다. 이는 모든 신문사 업무에 내재된 제약이지만, 역사적으로 특정한 시대를 반영하는 제약도 있다. 최근 들어 신문의 수가 감소하고 "연성" 기사와 "라이프스타일" 기사로 유복한 독자층을 끌어들이려는 노력이 강화되면서 저널리스트를 옥죄고 있는 것이다. 대학이 물리적으로 팽창하는 동안 신문은 쇠퇴했다. 한 암울한 연구는 신문이 "정보·교육·문화 전달자"로서의 역할을 저버리는 것이 아닌지 묻고 있다.[73]

이렇게 된 이유를 놓고 많은 논의가 이루어졌다. 그중 한 가지 원인은 친숙하다. 도시를 파괴하고 미국인을 교외로 실어나른 바로 그 힘이 대도시 신문사에도 타격을 주었다는 것이다. 대중교통을 저버린—또 대중교통에게 버림받은—개개인은 자동차로 옮겨갔고, 신문 1면이 아니라 도로를 주시하며 출퇴근하게 되었다. "대도시의 신문사 입장에서 볼 때 도시 중심부와 대중교통이 둘 다 쇠퇴했다는 것은, 도심의 사무실과 공장에서 쏟아져나와 퇴근길 버스나 기차 안에서 읽을 신문을 찾는 독자가 더이상 없다는 뜻이었다. (……) 새로 생겨난 교외와 (……) 자동차 통근으로 수백만 가구가 신문 구독 습관을 버렸다."[74]

한 가지 예를 들겠다. 뉴저지에서 최고로 꼽히는 신문인 〈뉴어크 뉴스〉는 다섯 명의 논설위원, 워싱턴 통신원, 자체적인 공연·예술·책 리뷰, 일요판까지 완비했고 한때는 "뉴저지의 〈뉴욕 타임스〉"로 이름을 날렸다. 이 신문은 1972년에 문을 닫았다. 그 이유는? 교통 체증에 간혀 허우적거리는 시내의 배달 트럭들이 신흥 인구 밀집 지역까지 도달하지 못했기 때문이었다. "독자들을 따라 교외로 나가기를 거부한 것은 대도시의 신문이었다."[75]

물론 이것이 이유의 전부는 아니다. 텔레비전 시청 또한—특히 석간 신문의—구독자를 대거 떨어뜨린다. 기업 합병으로 일간지는 그 수가 줄어들거나 그들 사이의 차별성을 지워버린다. 소규모 가족 경영 신문사의 시대는 저물고 있다. "미국의 일간 신문들은 신문 체인이라는 사슬에 얽매이고 있다. 1982년 매각된 35개 일간지 가운데 32개가 신문 그룹에 흡수되었다. …… 이 추세대로라면 2000년에는 가족 소유 일간지가 하나도 남지 않을 것이다."[76]

매입과 매각과 폐업으로 일간지의 숫자가 급격히 감소했다. "1920년에는 서로 경쟁하는 지역 일간지들이 있는 도시가 700곳이었다." 벤 H. 바그디키언Ben H. Bagdikian의 지적이다. "1982년에는 인구가 전국적으로 2배 이상 증가했음에도, 서로 경쟁하는 일간지들이 있는 도시가 27곳에 불과하다."[77] 폐업과 합병뿐만 아니라 신문 대기업의 소규모 일간지 매입도 대체로 채용을 감소시킨다. 대규모 체인은 직원을 감축하고 신디케이트나 규격화된 통조림 기사를 활용하는 경우가 많다. 서로 멀리 떨어진 지역에서도 거의 동일한 신문들이 생산되어 나올 수 있는 것이다.

이런 경제적 요인들은 저널리스트에게 타격을 주었다. 대도시 신문이 줄어든다는 것은 일터에서 큰 정치·경제·문화적 쟁점을 제기할 기회가 줄어든다는 뜻이다. 심지어 대규모 신문사도 집 꾸미기나 레저에 대한 섹션을 최대한 늘리며 "연성" 뉴스를 줄기차게 확대하고 있다. 어려운 채용 상황 때문에 기자나 논설위원의 삶은 조금도 나아지지 않는다. 취재 대상이나 기사 문구를 놓고 투쟁을 벌일 수 있는 건 늘 사표를 내고 다른 일자리를 찾아갈 가능성이 있다고 믿기 때문이다. 하지만 그런 가능성이 줄어들면 저널리스트적 근성은 허약해진다. 명확하고 비판적인 저널리즘의 목소리가 절실히 필요한 이 시대에 그런 것이 사실상 전무한 이유는 아마 이 때문일 것이다.

파트타임·프리랜서 필자들의 대부대는 전속 기자를 머릿수로 압도한다. 여기서 "저널리즘"이라는 용어는 어폐가 있는 것이, 직업적으로 글을 쓰는 사람이라면―어린이책이든 요리책이든, 많이 먹으면서 살 빼는 법에 대한 책이든 간에―모두가 프리랜서 필자에 포함되기 때문이다. 하지만 실제 집필로 생계를 영위하는 필자는 매우 드물다. 그들이 프리랜서인 것은 자유의지이지만 필요에 의해서이기도 하다―필시 다른 직업이 있다. 이는 프리랜서 필자 풀이 들어가는 사람만큼 나가는 사람도 많고 항시 유동적이라는 뜻이다. 개중 성공한 이들은 요리, 여행, 스포츠, 영화 등 시장이 확대되는 분야로의 전문화를 요구받는 것이 보통이다.

드물게 상세한 한 연구에서 발견한 바에 따르면, 1979년 미국의 저자 중 절반은 글로 벌어들이는 수입이 5천 달러 미만이었다. "입수된 데이터가 전달하는 주된 메시지는 저자들이 집필로 돈을 많이 못 번다는 것이다. 작가들이 집필 소득에만 의존해야 했다면 대다수는 경제적으로 심각한 곤란에 처했을 것이다. 심지어 전미도서상이나 퓰리처상처럼 진짜로 큰 상을 받은 저자들도 예외가 아니다." 이건 평균 수치이고, 연구자들이 "헌신적 전업" 작가라고 칭하는 이들은 그보다 많이 번다. 특히 가장 수익성이 좋은 분야인 "장르 소설"이라는 영토를 일군다면 더더욱 그렇다. 그렇지만 평생 전업 작가는 전체 저자의 5퍼센트에 불

과하다. 대부분의 저자는 경제 상황에 따라 전업 집필과 파트타임 집필 사이를 오가며 생활한다.[78]

이 모두는 집필이 힘든 직업임을 가리키고 있다. 프리랜서 글쓰기가 경제적으로 유일한 생계 수단일 때 저자는 쉽게 소진된다. 경제적으로 실현 가능한—편집자가 사줄 만한—기획을 제안하고 조사하고 완수하려면, 그보다 현금 가치가 떨어지는 기획을 추진할 여력은 거의 남아나지 않는다. 프리랜서 작가는 시장의 힘에 휘둘릴 수밖에 없는데, 멈퍼드가 지적했듯이 진지한 일반 산문에 대한 시장의 지원은 날로 줄어든다. 유명 연예인의 취미나 운동 요법에 대한 기사를 제안하면 편집자의 관심을 끌 수 있겠지만, 도시 위기에 대한 기사를 제안한다면 아무런 반응도 얻지 못할 것이다.

프리랜서 작가들이 〈뉴요커〉에 쏟는 강박적 관심은 이런 상황을 반영하고 있다. 무명작가에게 〈뉴요커〉는 진지한 논픽션(혹은 픽션) 연재물을 생활을 유지할 만한 고료로 지원해주는 거의 유일한 정기간행물이다. 프리랜서에게 〈뉴요커〉는 왕도일 뿐만 아니라 유일한 길이다. 〈뉴요커〉에서 퇴짜 맞으면—그러기가 십상이다—다음 선택지는 편집자 스무 명에게 백 가지 기획을 제안하는 것뿐이다. 이 〈뉴요커〉 자체가 수익성 악화에 대한 보도들이 나오는 가운데 최근 거대 미디어 기업에 매각되었다는 사실은, 이 마지막 남은 판로들도 얼마나 취약한지를 암시하고 있다.[79]

프리랜서 작가 대부분이 겪는 운명을 극복하고 문화 전반에 기여하려면 엄청난 재능이나 헌신 또는 순전한 행운이 필요하다. 이는 가능한 일이며 실현될 때도 있다. 하지만 프리랜서 작가의 전체 작품 목록은 일관성 있게 종합하기 힘들 만큼 들쭉날쭉하다. 게다가 바로 그들의 위태로운 경제적 상황 때문에, 어느 해에 글을 쓴 프리랜서 작가들이 이듬해쯤 되면 증발해버린다. 정기적인 청탁과 봉급을 받는 전속 필자가 되었거나 어디 다른 곳으로 옮겨가버린 것이다. 젊은 저자들의 힘있는 저널리즘적 목소리를 좀처럼 듣기 어려운 데는 이런 이유가 있다.

1960년대 "뉴 저널리즘"의 출현과 폭로 저널리즘의 부활은 미국 저술의 얼굴을 변신시킬 것이라는 기대감을 주었다. 뉴 저널리즘은 전통적 언론의 주변부 또는 신생 "언더그라운드 언론"에서 부상했다. 또 그 주제 선정이나 사적인 어조를 통해 기성 언론의 딱딱한 중립성과 단절했다. 모리스 딕스타인은 뉴 저널리즘의 특징을 "분위기, 개인적인 감정, 해석, 옹호와 의견, 소설적인 묘사와 인물 조형, 외설스러운 암시, 패션과 문화의 변화에 대한 관심, 정치적 식견"으로 규정했다.[80]

톰 울프의 선언문이자 앤솔러지인 〈뉴 저널리즘The New Journalism〉은 사뭇 다른 정당화 논리와 성격 규정을 제시했다. 뉴 저널리스트는 언더그라운드 언론이나 개인적인 목소리와는 무관하다는 것이었다. 그들은 "3인칭 시점"을 선호하는, 정규 언론의 젊은 구성원들이었다. 뉴 저널리스트는 나이든 문필가와 도덕가들을 식겁하게 만드는 "정밀한 리얼리즘과 그 기이한 힘이 내뿜는 기쁨"을 발견했다.[81]

두 설명 사이에는 거의 일치하는 부분이 없다. 양쪽 다 순간의 기분에 휩쓸려 마치 진실의 전부인 것처럼 과장된 진실의 일부를 담고 있다. 대부분의 "새로운" 운동들이 그렇듯이, "뉴" 저널리즘도 오래된 것으로 어떤 기억이자 복원이었다. 뉴 저널리즘의 배경에는 이 장르의 고전인 제임스 에이지James Agee와 워커 에번스Walker Evans의 걸작으로 대공황기 남부 소작농에 대한 연구인 『이제 유명한 사람들을 찬양하자Let Us Now Praise Famous Men』의 그림자가 드리워져 있다. 그들의 책에는 순수한 사실과 날것 그대로의 열정이 동등한 비율로 함유되어 있다. 〈포춘〉 매거진의 청탁으로 썼다가 퇴짜 맞은 기사를 기반으로 집필된 이 책은 1941년 세상에 나왔지만 1960년 복간될 때까지 무시당했다.

"우리의 의도는 아무리 하찮아 보이는 사실이라도 빠짐없이 다루어 철저히 기록·분석하는 것이었다"고 에이지는 썼다. 이 "기록"에는 시, 사진, 커튼콜, 연설, 신발과 작업복에 대한 지칠 줄 모르는 묘사, 서정적 글쓰기, 간절한 호소 등이 포함되었는데, 이 모두가 기성 저널리즘의 지반을 약화시키기 위한 것이었다. 에이지는 서두에서 말의 폭포수를 쏟아내며 이렇게 썼다.

> 필요와 우연을 통해 그리고 이익을 위해 모여들어 한 회사, 한 저널리즘 기관을 이룬 인간들의 결사체가, 끔찍한 피해를 입은 무방비한 인간 집단을, 무지하고 무기력한 농촌 가족의 삶을, 그러한 삶의 결핍과 약점과 굴욕을 또다른 인간 집단 앞에 전시할 목적으로, 그것도 과학이라는, "정직한 저널리즘"(이런 역설이 뭘 의미하든 간에)이라는, 휴머니티라는, 사회적 대담성이라는, 돈이라는 이름으로, 그리고 충분히 노련하게 단서만 붙이면 아무 은행에서나 돈과 교환 가능한, 정의를 위해 싸우며 불편부당하다는 명성의 이름으로, 속속들이 엿보고 파헤치자는 발상을 떠올릴 수 있었다는 것이 내게는 외설적이거나 뼛속까지 무시무시하게까지는 아니더라도 기이하게 느껴진다······.[82]

오늘날 글쓰기 방식으로서가 아닌 한 세대로서의 뉴 저널리즘은 거의 존재하지 않는다. 울프가 앤솔러지로 엮었던 작가들은 대체로 문필계에 머물러 있지만 어떤 일관된 운동을 대표하지는 않으며 아마 그런 적도 없을 것이다.[83] 최근의 한 조사에서는 "문학적 저널리스트literary journalists"라는 새로운 부류의 존재를 확인했다. 그들은 뉴 저널리즘의 세례를 받았지만 이 시대 자체를 닮아서 보다 조용하고 더 전문적이다. "이제, 반드시 자신을 뉴 저널리스트로 여기지는 않지만, 몰입, 목소리, 정확성, 상징주의를 자기 작품의 특징으로 여기는 신세대 작가들이 출현했다."[84] "문학적 저널리스트"에는 몇몇 좋은 작가들―개중에서도 존 맥피, 조앤 디디온, 제인 크레이머Jane Kramer, 트레이시 키더, 새러 데이비드슨Sara Davidson―이 포함되지만, 이들이 모여 새로운 종류의 글쓰기나 문화적 존재감을 창조해낸 것은 아니다.

뉴 저널리즘의 좌파 버전은 보다 정치적인 **동시에** 더 개인적인 성격을 띠었지만, 이들 역시 뿔뿔이 흩어지며 정체성을 잃었다. 전성기에는 소도시와 큰 대학마다 "언더그라운드" 신문을 자랑했다. 언더그라운드 언론의 정보 센터 격인 '해방 통신사Liberation News Service'는 정기적으로 정보 꾸러미를 받아보는 구독자가 6백 명 있었다. 저널리스트의 소규모 부대가 이들 신문사에서 일했다. 그런데 어떻게 되었을까? 언론이 소멸했다. 개중 가장 성공한 간행물들은 엔터테인먼트 가이드로 변신했다.

물론 이런 판단은 공정치 못하다. 60년대 전반이 그러했듯이, 그들이 거둔 성공은 결과적으로 그들이 실패한 원인의 일부가 되었다. 기성 언론이 언더그라운드 언론의 요소들을 흡수한 것이다. 좀더 개인적인 성격을 띤 글이 주류 일간지 지면에도 모습을 드러냈다. 섹슈얼리티, 약물, 그리고 잠깐이나마 미국 정부에 대한 좌파적 비판까지 허용되었다. 〈뉴욕 타임스〉가 위험을 무릅쓰고 「펜타곤 페이퍼」를 게재한다는 결단을 내리기 전까지, 대니얼 엘스버그Daniel Ellsberg는 이 문서를 언더그라운드 신문에 발표할 계획이었다.[85]

언더그라운드 저널리스트들 자신은 해산하여 무수히 많은 곳으로 뿔뿔이 흩어졌다. 헌신적이고 재능 있는 사람들은 남았지만, 한 명의 것이든 여러 명의 것이든 뚜렷하고 지배적인 목소리가 떠오르지는 않았다. "언더그라운드 언론"에 대한 책을 쓴 에이브 펙Abe Peck은 그 주요 인물들의 근황 조사로 이야기를 마무리했다. 그 자신이 걸어온 궤적은 대표성을 띠지는 않지만 친숙하다. "1967년부터 1971년까지…… 나는 시카고의 가장 유명한 언더그라운드 언론 〈시드Seed〉에서 글을 쓰고, 편집하고, 타이핑하고, 쓸어 담고, 팔고, 체포되었다." 이후 그는 프리랜서로 활동하여 AP 통신사의 음악 칼럼니스트가 되었고, 그후에는 시카고의 〈데일리 뉴스〉와 〈선타임스〉에 기자로 합류했다. "1980년 나는 〈선타임스〉에 휴직계를 냈고 결국 그대로 퇴사했다……. 너무 많은 일간지 저널리즘의 '공장 돌리는 듯한' 분위기에 갇혀버린 느낌이었다." 현재 그는 노스웨스턴대학의 저널리즘 교수다.[86]

펙은 언더그라운드 언론에 참여했던 나머지 75명의 근황을 보고한다. 여전히 집필에 종사하는 사람으로는 『꿈은 죽지 않는다Dreams Die Hard』를 쓴 데이비드 해리스David Harris, 록음악 비평가 그레일 마커스Greil Marcus, 〈마더 존스Mother Jones〉 창립자 겸 기고자 애덤 호크실드Adam Hochschild, 『하비 와서먼의 미국사Harvey Wasserman's History of the United States』를 쓴 하비 와서먼Harvey Wasserman, 『로큰롤 컨피덴셜 Rock and Roll Confidential』을 쓴 데이브 마시Dave Marsh 등이 있다. 그 외에도 많은 사람이 있고, 몇 명(대니 셰처Danny Schechter, 로웰 버그먼Lowell Bergman)은 텔레비전 뉴스에서 활동중이다.[87] 펙의 철저하고 상세한 명단은 아무런 결론도 없기 때문에 내놓은 결론처럼 보인다. 과거 한 세대의 뚜렷한 목소리를 낼 기회와 희망이 있었던 곳에 지금은 그냥 많은 작가들이 있다.

1960년대는 폭로 저널리즘, 권력 구조에 대한 감시로의 복귀, 정부의 거짓말과 은폐를 맹렬히 공격하는 저널리즘의 부흥기였다.[88] 한동안, 특히 워터게이트 사건이 폭로된 시기에 폭로 저널리스트들은 문화적 영웅이었다. 이 부흥이 사그라든 것은 단지 정치적 분위기가 바뀌었기 때문이었다. 좌파 폭로 저널리즘과 가장 긴밀한 관계였던 〈램파츠Ramparts〉는 문을 닫았다. 그 뒤를 이은 한 언론(《세븐 데이스Seven Days》)은 제 궤도에 오르지도 못했고, 다른 하나(《마더 존스》)는 불안불안하다―그리고 석탄 광부들을 이끈 위대한 노동운동가의 이름을 딴 그 제호를, 너무 거슬린다는 이유로 버릴지 말지 고려중이다.[89]

몇 가지 이유로 초기 부담금이 늘어났다. 폭로·탐사 보도는 돈이 많이 들고, 기나긴 시간이 소요되며, 그러고도 아무런 성과를 못 내는 경우가 허다하다. 도심 슬럼가나 제3세계 소재 미국 기업의 부동산 소유 관계를 조사하는 일은 발행인이나 출판사 측의 두둑한 선불금 아니면 명확한 독자층이 있어야만 할 수 있는 길고 지루한 작업이다. 전자는 매우 드물고 후자도 의문의 여지가 있다. 게다가 점점 잦아지는 소송도 프리랜서의 취재를 중단시킬 수 있다. "신진" 폭로 저널리스트에 대한 한 연구는, 메이저 신문사에서 끌어다 쓸 수 있는 "돈과 변호사를 갖추지 못한 프리랜서들은 명예훼손 소송전을 치르는 데 드는 비용 때문에 파산할 수 있다"고 말한다.[90] 물론 탐사 기자를 채용하는 메이저 신문사들도 기자에게 전권을 부여하지는 않으며, 편집인과 경영진의 눈에 적절해 보이는 주제들을 검토한다.[91]

1963년 I. F. 스톤은 이렇게 썼다. "나는 시대착오적인 인물이다. ……
저널리즘으로 경력을 시작하는 젊은이들이 몇몇 거대 신문사나 잡지
사 그룹에서 틈새를 찾아야만 하는 이 시대에, 나는 뒤를 받쳐주는 조
직이나 파벌 하나 없이 홀로 선, 완전히 독립적인 신문기자다……"**92** I.
F. 스톤(1907-1989)은 그 후계자가 없어 보이는 마지막 세대의 폭로 저널
리스트를 보여주는 좋은 귀감이다. 언제나 저널리스트였던 스톤은 여러
좌파 신문에서 일했다. 그중 그가 마지막으로 몸담은 뉴욕의 〈데일리
컴퍼스Daily Compass〉는 50년대 초의 암울한 시기에 폐간되었다. 실직한
스톤은 폐간된 급진 신문사의 독자 주소록을 활용하여 4페이지짜리 주
간 뉴스레터를 발행한다는 계획을 짜냈다. 1953년 스톤은 〈I. F. 스톤
스 위클리I. F. Stone's Weekly〉의 첫 호를 발행하여 약 5천 명의 구독자에
게 발송했다.

1인 사업체인 〈위클리〉는 그에게 19년간 삶의 의의이자 주 수입원이
었고, 판매 부수가 7만 부에까지 이르렀다. 의도적으로 수수한 외관을
띤 이 잡지는 정부와 언론의 거짓말과 모순을 지칠 줄 모르고 폭로하
여 급진주의자에게 없어선 안 될 정보원이 되었다. 로버트 스클라Robert
Sklar는 스톤의 글을 모은 책의 서문에 이렇게 썼다. "일간지·주간지 저
널리즘에 반세기에 걸쳐 종사해온 사람을 묘사하기에 '지식인'은 안 어
울리는 단어처럼 들릴 수도 있다." 그러나 "스톤이 과거에 쓴 기사들이
날로 가치를 더해가는 듯 보이는 것은 바로 그가 지식인이기 때문이다.
그는 역사학자이자 철학자이며 문필가다……"**.93**

1971년 스톤의 은퇴는 좀처럼 매우기 힘든 공백을 남겼다. 정부와 언
론에 대해 폭로하고 비판하는 이들은 수없이 많지만 스톤만한 끈기와
시야를 갖춘 사람은 없다. 그중 상당수는 다른 본분이 따로 있고 사안

에 이따금씩만 관여하는 교수들이다. 또 일부는 정부의 부정행위를 파헤치는 데 풀타임으로 전념할 장이나 수단을 갖지 못한 저널리스트다. 이런 문화적 궤적은 익숙한 것이다. 과거에는 몇 없었고 지금은 많이 있지만 그중 다수는 전보다 얌전해진 것이다.[94]

"우리의 지식인들은 어디 있는가?" 60년대의 한 슬로건이 (혁명가를 가리켜) 말했듯이, '우리는 어디에나 있다'. 해럴드 로젠버그가 보헤미아의 실종과 뿌리 없는 지식인에 대한 기사를 반박하는 증거로서 버클리를 제시했을 때 그가 완전히 틀린 것은 아니었다. 여기에는 한 가지 교훈이 있다. 현재를 역사로서 이해하는 것은 위험하며 어쩌면 불가능하다는 것이다. 이것이 과거의 숨결인지 미래의 숨결인지를 구분하기란 쉽지 않다. 60년대가 거의 예고 없이 도래했음을 깨닫는 것은 보수주의자에게는 간담이 서늘한 일이고 급진주의자에게는 기운 나는 일이다.

그럼에도 역사를 순환으로 보려는 유혹에 저항해야 한다. 장기적인 시야로 보면 지적 작업이 부단히 다시 쓰여왔음을 알 수 있다. 이는 지식인이 살고 기능하는 방식 또한 다시 쓰여왔다는 뜻이다. 연구나 학회 발표에 매몰된 교수들과 그들의 문화적 기여를 1 대 1로 짝지어 삶과 사상을 일직선으로 잇는 건 너무 단순한 처사다. 또한 둘의 관계를 부정하는 것도 어리석은 처사다. 철학의 역사는 철학자의 역사이기도 하다. 저널리즘의 역사는 저널리스트의 역사이기도 하다.

전통적 지식인의 서식지에 일어나는 변화는 즉각적이지 않다. 이는 도시의 쇠퇴, 교외의 성장, 대학의 팽창과 나란히 진행된다. 패스트푸드점이 싸구려 식당을 퇴출시키거나, 자동판매기가 신문 가판대를 몰아내거나, 캠퍼스 녹지가 훼손된 도시공원을 대신할 때 문명의 붕괴를 선언할 필요는 없다. 하지만 그것이 문화생활의 리듬에 미치는 영향력을 무시할 이유도 없다. 사람들이 도시의 거리에서 성장하느냐, 교외의 쇼핑몰에서 성장하느냐는 중요하다. 지식인이 목을 매는 상대가 자신의 원고를 검토하는 편집자 한 명이냐, "심사위원" 세 명과 동료 열 명과 위원회 몇 군데와 학장 여럿이냐는 중요하다.

대학은 어떤 정해진 지적 형태를 권장한다. 거기에 맞출 능력이나 의지가 없는 사람은 그냥 채용하지 않는다. 심지어 선전의 달인이라는 비난을 받곤 했던 〈타임〉 매거진 제국의 헨리 루스도 이단아와 반골들을 채용했고 좋아하기까지 했다. 한편 대학의 채용은 위원회를 통해 이루어지므로, 학위, 증빙서류, 적절한 경의, 싹싹한 태도를 갖추어야 한다. 위원회가 학과에 추천하고 학과는 학과장에게 조언하고 학과장은 학장에게 충고하고 학장은 대학 총장에게 제안하는 시스템에서 위원회를 내 편으로 만들려면 일개인의 찬동을 얻어내는 능력과는 사뭇 다른 재능이 필요하다. "에드먼드 윌슨 교수"나 "H. L. 멩켄 교수"를 상상하는 것이 터무니없다시피 한 이유다.

책에서 감사의 말과 헌사라는 의외의 부분에 문화적 변동이 기록될 수도 있다. 엘리자베스조 전기의 책들은 후원자에게 헌정하는 미사여구의 서문으로 치장되는 것이 보통이었다. 후원자는 작가를 금전적으로 지원한 사람이자 바라건대 그 책을 통한 교육·교화의 대상이기도 했다. 17세기와 18세기에는 책을 읽고 구입하는 대중이 후원자를 대신하게 된다. 책은 종종 교양 있고 관심 있는 독자들을 겨냥하여 그들에게 헌정되곤 했다. "책을 읽는 집단은 더이상 궁정과 젠트리에만 한정되지 않았다." 엘리자베스조에 대한 한 연구서의 서문은 이렇게 설명한다. "작가는 모든 계급의 독자층에 무리 없이 호소할 수 있었다." "젠틀맨 독자

제위", "영국의 점잖고 고상하신 부인 제위", "런던시의 바르고 명예로운 시민 제위" 등을 전형적인 헌사 문구의 예로 들 수 있다.[95]

다시 현재로 돌아와서, 진지한 논픽션 책을 펼쳐보는 건 마치 개인의 전화번호부를 훑어보는 일과도 비슷하다. 본문으로 들어가기에 앞서 동료, 친구, 연구 기관, 재단 목록이 빽빽이 열거되어 있는 경우가 많다. 익명의 독자는 거명되고 부름받고 인사를 받게 되었다. 이는 양식상의 변화이지만 그것이 전부는 아니다. 이는 민주주의 시대의 인쇄 허가장이라 할 수 있다. 저자 또는 책이 시험을 통과했고, 너저분하거나 용납할 수 없는 것을 걸러내는 특정한 네트워크의 승인을 얻었음을 암시한다. 이것이 진지하고 훌륭한 작품임을 알려준다. 또한 이는 독자와 서평자를 안심시키는 동시에 위협하는 구실을 한다. 이 책의 모든 견해와 오류는 오로지 저자의 것이라는 필수 수식어구가 있다 하더라도, 수십 명의 학자가 검토하고 명문 대학에서 출판되고 몇 개 재단의 후원을 받은 책에 그 누가 도전하고 싶겠는가?

이는 자연의 법칙이 아니라 경향성이다. 이 나라는 너무나 광대하며 그 문화는 깔끔하게 범주화하기에는 너무나 모순투성이다. 그럼에도 이 부인할 수 없는 진실은, 그 어떤 일반화도 참이 될 수 없으며 모든 것이 가능하다는 변증론으로 쉽게 환원되어버린다. 모든 일이 가능할지는 몰라도 모든 일이 개연성을 갖는 것은 아니다. 지식인이 어디에나 있을지는 모르지만 그들은 거의 어디에서나 비슷비슷하고 제한된 선택지에 직면한다. 특히 젊은 지식인이 취약한 것은 바로 지적 선택지가 줄어드는 국면에서 그들이 출현했기 때문이다. 비합리적이고 과격하고 자유분방했던 60년대의 지식인들이, 선대의 지식인보다 오히려 더 보수적이고 전문적이고 비가시적인 집단으로 성숙했다는 역사의 농담은 바로 여기서 유래한다. 급진적 사회학자 1천 명이 있지만 밀스 같은 인물은 없다. 비판적 문학 이론가 3백 명이 있지만 월슨 같은 인물은 없다. 무수한 마르크스 경제학자들이 있지만 스위지나 브레이버먼은 없다. 도시 비평가는 많지만 멈퍼드나 제이콥스는 없다.

사적/공적, 가시적/비가시적, 전문가/아마추어, 이들은 무수한 의미가 실린 까다로운 용어다. 이들은 단순한 반대말이 아니다. 오늘날 조용하고 전문적인 것이 미래에는 개방적이고 공적인 것이 될 수 있다. 젊은 지식인들이 주로 그들끼리만 가르치고 집필한다면 당장은 영향력이 거의 없을 것이다. 하지만 그들에게는 다른 곳을 거쳐 다른 곳으로 전달하는 학생들이 있다. 모두에게는 영향력 있는 교사가 있다. 이런 교사는 더 넓은 세상에서는 무명이지만 한 사람의 발달에 결정적 영향을 끼친다. 그들은 영감을 주고 구슬리고 가르쳤다. 문화의 전파 경로 전체가 변동될 수 있지 않은가? 그것이 더이상 과거의 방식처럼 공개적으로가 아니라, 이제는 대학 강의실과 읽기 과제물을 통해 비가시적으로 일어날 수 있지 않은가?

이것이 보수주의자의 악몽이다. 급진·자유주의자들이 공적이고 가시적인 직위에서 쫓겨나긴 했어도 그들은 실제로 교육 시스템에 종사하며 공화국을 안으로부터 좀먹고 있다는 것이다. 보수주의자들은 자녀를 명문 대학에 보내놓았는데 크리스마스 휴가 때 보니 마르크스주의를 공부하고 있더라는 식의 불만을 자주 격하게 토로하곤 한다. 물론 여기서 "마르크스주의를 공부한다"는 말은, 교수가 40명인 학과에 마르크스주의를 가르치는 교수가 한 명 있다는 뜻이다. 그 한 명도 너무 많다. 진리에 대한 그들의 믿음은 윌리엄 버클리 주니어가 그랬던 것처럼 제한적이다. 그들은 다른 사상이 배제될 때에 보수주의 사상이 더 설득력을 갖는다고 믿는다.

하지만 이는 그들의 악몽일 따름이다. 적어도 대학과 공적인 문화 사이에―전자는 전복적이고 후자는 현상 유지를 옹호하는 식으로―간극이 벌어지고 있다고 상정할 이유는 거의 없어 보인다. 대체로 학부생에 대한 연구들은 그들이 과거보다 더 보수적이고, 커리어와 돈에 더 관심이 많으며, 늙어가는 몇몇 신좌파 교수들의 생각에는 별 관심이 없다는 것을 보여준다. 이런 추세 또한 전문화를 조장하고 좀더 수용적인 내부의 동료들만을 상대하게 만든다. 하지만 과거에 그랬듯이 오늘날에도 대학은 사람들이 마르크스―와 애덤 스미스―를 공부하며 문화적으로 숨통을 틔울 공간을 보존한다. 이 점이 무시되어서는 안 되지만―좌파 문학 비평가들이 서로가 아닌 다른 누구를 위협하기라도 한다는 듯이―신화화되어서도 안 된다.

"공공 지식인"은 그보다도 더 난관으로 점철된 범주다. 과거 국가와 법률에 대한 참여를 함축했던 "퍼블리시스트publicist(공론가)"는 할리우드와 "홍보public relations"의 희생물로 사어가 되다시피 했다. 현재 이 단어는 미디어를 다루고 조작하는 사람, 홍보 요원 혹은 대외적으로 내세우는 인물을 의미한다. 공공 지식인, 혹은 옛날식의 공론가는 다른―어쩌면 정반대의―뜻으로, 아무도 섬기지 않으며 아무도 어찌할 수 없는 독립적 인간이다. 하지만 이것만으로는 충분치 않다. 이 정의에는 단지 전문적이거나 개인적인 영역뿐만이 아니라 공적 세계―그리고 공공의 언어, 즉 대중어―에 대한 헌신이 포함되어야 한다.

학술 엘리트의 언어로 화석화되는 라틴어에 대항한 새로운 도시 계급의 목소리, 자국어와 대중어의 정련은 르네상스 이래 근대 문화의 특징이다. 에리히 아우어바흐Erich Auerbach의 설명에 따르면, 라틴어가 약화되는 한편으로 "유럽 전역에 걸쳐, 이탈리아를 시발로 이베리아반도, 프랑스, 그리고 영국에서, 그들만의 표준어Hochsprache를 가진 교육받은 대중이 바야흐로 모습을 드러냈다."96 대중어의 채택이 늘 간단하거나 평화롭지만은 않았는데, 이는 과거 종교·과학적 논쟁에서 배제되었던 집단들이 이제 투쟁에 가담한다는 뜻이었기 때문이다.

일례로 갈릴레오의 "범죄"는 그가 발견했거나 말한 내용보다는 그것을 어디에서 어떻게 말했는지와 더 관련이 깊었다. 그는 라틴어를 버리고 새로운 대중을 위해 유창한 이탈리아어로 썼다. 교황청과 갈릴레오의 면담 이후 피렌체 대사가 보고한 내용에 따르면, 교황청은 갈릴레오에게 "코페르니쿠스의 견해를 견지하고 싶으면 조용히 견지하되 그것을 다른 사람들과 공유하는 데 너무 많은 노력을 들이지 말라고 지시했다."97 갈릴레오는 바로 이것을 거부했다. 이에 대해 현대에 쓰인 한 설명에 따르면, 그는 "대학을 건너뛰고 교양 있는 일반 대중에게 직접 속어로 말을 걸기로" 결심했다. "그러려면 라틴어의 국제적 가치를 당연히 희생해야 했지만, 갈릴레오는 점점이 흩어져 햇빛을 피해 숨어든 학자들 사회의 배타적 일원으로 자리매김하는 데 관심이 없었다……. 그는 거리에서, 광장에서 편안함을 느꼈다……"98

젊은 지식인들이—더 폭넓은 교양인의 세계에 헌신하는—역사적 기획을 가로막는다고 비난하는 것은 불공정하고 호들갑스러운 처사일 것이다. 아무튼 그것이 어느 한 세대의 어깨에 짊어지울 일은 아니다. 하지만 더 폭넓은 공공 생활로부터 절연된 현대판 라틴어, 현대판 스콜라 철학에 자리를 내줄 위험은 미래에 암울한 빛을 겹겹이 드리운다. 전문적이고 난해한 언어는 하나의 피난처이자 불가결한 요소일 수도 있지만 어떤 구실이자 도피처일 수도 있다.

선택의 여지가 있을까? 모든 비판적 역사 연구는 근본적 이율배반을 낳는다. 세계를 형성했을 수도 있는 크고 작은 경향들을 개괄하고—이에 대해 반박하는 것이다. 공공 지식인의 종말이 공공 그 자체의 재구성을 반영한다는 데는 의심의 여지가 없으며, 이는 텔레비전의 엄청난 성공, 교외의 확대, 도시의 쇠퇴, 대학의 비대화와 시기적으로 일치한다. 〈룩Look〉이나 〈라이프〉 같은 대형 일반 잡지들의 쇠락 자체가 과거에는 더 동질적이었던 대중이 분화되었음을 보여준다. 이런 잡지는—테니스, 컴퓨터, 여행, 스포츠 등을 다루는—"특수 관심사" 잡지로 대체되고 있다. 이런 변화의 관점에서 볼 때, 일반 지식인이 전문 직업으로 흡수되어 사라지는 것은 충분히 이해할 만하고 불가피하며 어쩌면 바람직한 현상이다.

그럼에도, 이 책이든 다른 어떤 연구든, 되어온 것과 되어야 할 것을 추인하는 데서 그친다면 그 연구는 무의미할 것이다. 젊은 지식인들은 자기 시대에 당연하게도 대응해왔고, 또한 불필요하게 굴복하기도 했다. 인간이 제 마음대로 역사를 만들지는 못하지만, 인간이 역사를 만드는 건 사실이다. 선택은 뒷문을 통해 역사의 구조물로 들어온다.

주

머리말

1 Harold Stearns, "Where are our intellectuals?" in his *America and the Young Intellectual* (NW York: Gearge H. Doran, 1921), pp. 46-51.

2 심지어 성공한 소설가들도 글로 벌어들이는 수입을 다른 부업으로 보충해야 한다. "For a Young Novelist Success but No Riches," *New York Times*, January 2, 1986, p. C19 참조.

3 Michael Anania, "Of Living Belfry and Rampart: On American Literary Magazines Since 1950," in *The Little Magazine in America: A Modern Documentary History*, ed. E. Anderson and M. Kinzie (Yonkers, N.Y.: Pushcart, 1978), pp. 12-13. 이것은 소규모 잡지들이 처한 상황과 운명을 가장 잘 요약한 글이다.

4 David M. Ricci, *The Tragedy of Political Science: Politics, Scholarship and Democracy* (New Haven: Yale University Press, 1984); Donald M. McCloskey, *The Rhetoric of Economics* (Madison: University of Wisconsin Press, 1985); Robert A. McCaughey, *International Studies and Academic Enterprise: A Chapter in the Enclosure of American Learning* (New York: Columbia University Press, 1984); Paul A. Attewell, *Radical Political Economy Since the Sixties: A Sociology of Knowledge Analysis* (New Brunswick, N.J.: Rutgers University Press, 1984).

5 Robert L. Jacobson, "Nearly 40 Pct. of Faculty Members Said to Consider Leaving Academe," *Chronicle of Higher Education*, October 23, 1985, p. 1.

1장 지식인의 실종?

1 James Atlas, "The Changing World of New York Intellectuals," *New York Times Magazine*, August 25, 1985, and replies; Alexander Cockburn, "Beat the Devil," *The Nation*, September 7, 1985, and Ellen Willis, "Atlas Shrugged," *Village Voice*, October 1, 1985.

2 John Keane, *Public Life and Late Capitalism* (Cambridge: Cambridge University Press, 1984) 참조.

3 Neil Postman, *Amusing Ourselves to Death: Public Discourse in the Age of Show Business* (New York: Viking, 1985), pp. 44-63 참조. *[닐 포스트먼, 〈죽도록 즐기기〉, 홍윤선 옮김, 굿인포메이션, 2009]

4 James Gilbert, *Writers and Partisans* (New York: John Wiley, 1968), p. 36에서 재인용. 〈더 세븐 아츠〉에 대한 논의는 Arthur Frank Wertheim, *The New York Little Renaissance* (New York: New York University Press, 1976), pp. 176-83 참조.

5 Charles Kadushin, *The American Intellectual Elite* (Boston: Little, Brom, 1974).

6 〈뉴욕 리뷰 오브 북스〉의 편집인 로버트 실버스는 명단에 왜 올랐는지 의아한 이름이다. 그는 대표적 편집자일지는 몰라도 전통적인 관점에서 대표적 지식인은 아니다.

7 Kadushin, *The American Intellectual Elite*, pp. 26, 32.

8 Daniel Bell, "The 'Intelligentsia' in American Society" (1976), in his *The Winding Passage* (New York: Basic Books, 1980), pp. 127-29.

9 〈뉴욕 리뷰 오브 북스〉에 젊은 지식인이 부족한 건 혹시 젊은 지식인에 대한 환대가 부족하기 때문이 아닐까? 이 점에 대해서는 7장에서 좀더 논의할 것이다.

10 Harold Stearns, *America and the Young Intellectual* (New York: George H. Doran, 1921), p. 47.

11 Bell, *Winding Passage*, p. xiii.

12 1954년 9월 13일 슈워츠가 칼 샤피로(Karl Shapiro)에게 보낸 편지, *Letters of Delmore Schwartz*, ed. Robert Phillips (Princeton: Ontario Review Press, 1984), p. 291: 하지만 대학에서 자리를 얻기 위한 그의 구직 활동은 잘 풀리지 않았다. James Atlas, *Delmore Schwartz* (New York: Avon, 1978)를 보라.

13 Edmund Wilson, "Paul Rosenfeld," in *Paul Rosenfeld*, ed. J. Mellquist and L. Wiese (New York: Creative Age Press, 1948), p. 16.

14 Joseph Dorfman, *Thorstein Veblen and His America* (New York: Viking, 1934), p. 353.

15 Thorstein Veblen, *Higher Learning in America* (New York: Huebsch, 1918), p. 222. *[소스타인 베블런, 〈미국의 고등교육〉, 홍훈·박종현 옮김, 길, 2014]

16 Stearns, *America and the Young Intellectual*, p. 46.

17 Peter Loewenberg, *Decoding the Past* (New York: Knopf, 1983), pp. 48-80 참조.

18 Lionel Trilling, "Some Notes for an Autobiographical Lecture," in Trilling, *The*

Last Decade: Essays and Reviews, 1965-1975, ed, D. Trilling (New York: Harcourt Brace, 1979), p. 239.

19 Alexander Bloom, *Prodigal Sons: The New York Intellectuals and Their World* (New York: Oxford University Press, 1986), p. 430에서 재인용.

20 Michael Harrington, *Fragments of the Century* (New York: Dutton, 1973), pp. 38, 50.

21 H. L. Mencken, *Prejudices: Second Series* (1920; reprint, New York: Octagon books, 1977), pp. 26-28.

22 Jerrold Siegel, *Bohemian Paris* (New York: Viking, 1986), p. 396.

23 Russell Jacoby, "Los Angeles Times Book Review," *LA Weekly*, January 15-21, 1982. 〈로스앤젤레스 타임스〉의 솔직한 자체 조사이자 자아비판인 "Choosing the Best of the Book Reviews," *Los Angeles Times*, December 13, 1985를 참조하라.

24 Lionel Trilling, *The Liberal Imagination* (1950; reprint, Garden City, N.Y.: Doubleday Anchor, n.d.), p. 1.

25 Mark Krupnick, *Lionel Trilling and the Fate of Cultural Criticism* (Evanston, Ill: Northwestern University Press, 1986), pp. 155-72.

2장 보헤미아의 쇠퇴

1 Jerrold Seigel, *Bohemian Paris* (New York: Viking, 1986), pp. 31-58 참조.

2 Robert Michels, "On the Sociology of Bohemia and Its Connection to the Intellectual Proletariat" (1932), in *Catalyst* 15 (1983): 14, 22-23.

3 미헬스가 이러한 현실을 알았던 건 그 자신도 이따금씩 "잉여" 지식인이었기 때문이다. Arthur Mitzman, *Sociology and Estrangement: Three Sociologists of Imperial Germany* (New York: Knopf, 1973), pp. 267-89 참조.

4 화가들에게 초점을 맞춘 연구로 Michael Jacobs, *The Good and Simple Life: Artist Colonies in Europe and America* (Oxford: Phaidon Press, 1985) 참조.

5 Alfred Polgar, "Theorie des Cafe Central," in his *Auswahlband* (Berlin: Ernst Rowohlt, 1930), pp. 60-65.

6 Albert Salomon, *The Tyranny of Progress* (New York: Noonday Press, 1955), pp. 28-29.

7 이 주제에 대한 방대한 개설서인 Helmut Kreuzer, *Die Boheme. Beitraege zu ihrer Beschreibung* (Stuttgart: Metzlersche Verlag, 1968) 참조.

8 William M. Johnston, *The Austrian Mind: An Intellectual and Social History 1848-1938* (Berkeley: University of California Press, 1983), p. 119에서 재인용. *[윌리엄 존스턴, 〈제국의 종말 지성의 탄생〉, 변학수·오용록 외 옮김, 글항아리] 아이러니한 일이지만, 잘로몬은 이 말을 한 사람이 사회주의자 루돌프 힐퍼딩(Rudolf Hilferding)이었다고 주장한다. Albert Salomon, *The Tyranny of Progress*, p. 29 참조.

9 Benedikt Livshits, *The One and a Half-Eyed Archer*, trans. John E. Bowlt (Newtonville, Mass.: Oriental Research Partners, 1977), p. 214.

10 Walter Benjamin, *Charles Baudelaire: A Lyric Poet in the Era of High Capitalism* (London: NLB, 1973), pp. 28-37. *[발터 벤야민, 〈보들레르의 작품에 나타난 제2제정기의 파리〉, 김영옥·황현산 옮김, 길]

11 Walter Benjamin, "A Berlin Chronicle," *One-Way Street and Other Writings* (London: NLB, 1979), pp. 310-11. *[발터 벤야민, 〈베를린 연대기〉, 윤미애 옮김, 길]

12 예를 들어 Ernst Blass, "The Old Cafe des Westens," in *The Era of German Expressionism*, ed. Paul Raabe (London: John Calder, 1980), pp. 27-33 참조.

13 Henry Pachter, *Weimar Etudes* (New York: Columbia University Press, 1982), p. 338.

14 Milton Klonsky, "Greenwich Village: Decline and Fall," in *Commentary*, 6 (November 1948) 5: 459.

15 Ibid., p. 457.

16 Ibid., pp. 458-59, 461.

17 Albert Parry, "Greenwich Village Revisited: 1948," in *Garrets and Pretenders: A History of Bohemianism in America*, rev. ed. (New York: Dover, 1960), pp. 367, 374-75.

18 Michael Harrington, *Fragments of the Century* (New York: Dutton, 1973), pp. 38-39.

19 John Gruen, *The Party's Over Now* (New York: Viking, 1972).

20 Joyce Johnson, *Minor Characters: The Romantic Odyssey of a Woman in the Beat Generation* (New York: Washington Square Press, 1984), pp. 27-34.

21 Floyd Dell, *Homecoming: An Autobiography* (New York: Farrar and Rinehart, 1933), pp. 324-25.

22 Floyd Dell, *Love in Greenwich Village* (New York: George H. Doran, 1926), pp. 16-17.

23 Ibid., p. 321.

24 *New York Times*, July 26, 1963, p. 30.

25 C. William Domhoff, *The Bohemian Grove and Other Retreats* (New York: Harper and Row, 1974), p. 54에서 재인용.

26 John van der Zee, *The Greatest Men's Party on Earth: Inside the Bohemian Grove* (New York: Harcourt Brace, 1974), pp. 22-23.

27 "Early Bohemia," Domhoff, *The Bohemian Grove*, p. 55에서 재인용.

28 John van der Zee, *The Greatest Men's Party*, p. 28에서 재인용.

29 Kevin Starr, *Americans and the California Dream 1850-1915* (Santa Barbara: Peregrine Smith, 1981), p. 270.

30 스털링과 비어스 등의 회고록은 Elsie Whitaker Martinez, *San Francisco Bay Area Writers and Artists* (Berkeley: University of California Press, Bancroft Library,

Regional Oral History, 1969)와 Gelett Burgess, *Bayside Bohemia: Fin de Siècle San Francisco and Its Little Magazines* (San Francisco: Book Club of California, 1954) 참조.

31 Manuel Castells, *The City and the Grassroots* (Berkeley: University of California Press, 1983), pp. 140-42 참조.

32 시티라이츠 서점 창업자가 공동 저자로 참여한 다음의 멋진 개설서를 보라. Lawrence Ferlinghetti, with Nancy J. Peters, *Literary San Francisco* (San Francisco: City Lights and Harper and Row, 1980).

33 Alter F. Landesman, *Brownsville: The Birth, Development and Passing of a Jewish Community in New York* (New York: Bloch Publishing, 1969) 참조.

34 Malcolm Cowley, *And I Worked at the Writer's Trade* (New York: Viking, 1978), pp. 1, 9.

35 Malcolm Cowley, *Exile's Return* (1951; reprint, New York: Penguin, 1976), pp. 48, 59.

36 이와 깔끔한 대칭을 이루는 사례로, 미국 행동주의 심리학의 창시자인 존 B. 왓슨(John B. Watson)이 성추문으로 존스홉킨스대학에서 쫓겨난 뒤 광고업계에 투신하여 꽤 큰 성공을 거둔 것을 들 수 있다. David Cohen, *J.B. Watson: The Founder of Behaviorism* (London: Routledge and Kegan Paul, 1979), pp. 145-94.

37 Stuart Ewen, *Captains of Consciousness* (New York: McGraw-Hill, 1976), pp. 159-61에서 재인용. *[스튜어트 유엔, 〈광고와 대중소비문화〉, 최현철 옮김, 나남, 1998]

38 Cowley, *Exile's Return*, pp. 64-65.

39 Kenneth S. Lynn, *The Air-Line to Seattle* (Chicago: University of Chicago Press, 1983), p. 79. 물론 린은 보헤미안 그리니치빌리지에 대한 자유주의적 신화에 필사적으로 대항하려 하지만, 그리 성공적이지는 않다.

40 Daniel Horowitz, *The Morality of Spending: Attitudes Toward the Consumer Society, 1875-1940* (Baltimore: Johns Hopkins University Press, 1985), p. 118; T. J. Jackson Lears, "From Salvation to Self-Realization," in *The Culture of Consumption*, ed. R. W. Fox and T. J. J. Lears (New York: Pantheon, 1983), p. 4.

41 Harrington, *Fragments of the Century*, p. 50.

42 Ronald Sukenick, "Up from the Garret: Success Then and Now," *New York Times Book Review*, January 27, 1985, p. 30.

43 David R. Goldfield and Blaine A. Brownell, *Urban America: From Downtown to No Town* (Boston: Houghton, Mifflin, 1979).

44 Douglas T. Miller, Marion Nowak, *The Fifties: The Way We Really Were* (Garden City, N.Y.: Doubleday, 1977), pp. 133-34 참조.

45 Lewis Mumford, *The City in History* (New York: Harcourt Brace, 1961), pp. 482-524. *[루이스 멈퍼드, 〈역사 속의 도시〉, 김영기 옮김, 지식을만드는지식, 2016]

46 Harlan Paul Douglas, *The Suburban Trend* (1925; reprint, New York: Johnson, 1970), p. 327.

47 Scott Donaldson, *The Suburban Myth* (New York: Columbia University Press, 1969), p. 28에서 재인용.

48 Delos F. Wilcox, *The American City: A Problem in Democracy* (New York: Macmillan, 1904), p. 28.

49 연방정부가 교외화 과정에서 수행한 역할과 교외의 공장·주택 건설에 지원한 보조금에 대해 논의한 John H. Mollenkopf, *The Contested City* (Princeton: Princeton University Press, 1983)를 보라. Gary A. Tobin, "Suburbanization and the Development of Motor Transportation," in *The Changing Face of the Suburbs*, ed. Barry Schwartz (Chicago: University of Chicago Press, 1976), pp. 95-111도 참조. 신마르크스주의적 설명으로는 Richard A. Walker, "A Theory of Suburbanization," in *Urbanization and Urban Planning in Capitalist Society*, ed. Michael Dear and Allen J. Scott (London: Methuen, 1981), pp. 383-429 참조.

50 Kenneth T. Jackson, *Crabgrass Frontier: The Suburbanization of the United States* (New York: Oxford University Press, 1985), pp. 233, 238, 244.

51 Ibid., pp. 249-50.

52 Stanley Mallach, "The Origins of the Decline of Urban Mass Transportation in the United States, 1890-1930," in *Urbanism Past and Present* 8 (1979): 1-17 참조.

53 Lewis Mumford, "The Highway and the City" (1958), in *The Urban Prospects* (New York: Harcourt Brace, 1968), p. 105.

54 Michael C. D. Mcdonald, *America's Cities* (New York: Simon and Schuster, 1984), p. 360.

55 Herman Wouk, *Marjorie Morningstar* (Garden City, N.Y.: Doubleday, 1955), pp. 530, 547, 557.

56 Robert Caro, *The Power Broker: Robert Moses and the Fall of New York* (New York: Vintage books, 1975), p. 12에서 재인용.

57 Caro, *The Power Broker*, p. 952에서 재인용.

58 William S. Kowinski, *The Malling of America* (New York: William Marrow, 1985), p. 50.

59 John B. Rae, *The Road and the Car in American Life* (Cambridge, Mass.: MIT Press, 1971), pp. 230-31. 이는 고속도로가 선택의 자유를 부여한다는 뜻으로, 고속도로 문화에 대한 찬양의 고전적 레퍼토리다. Rae는 소련 지하철에 대한 충성심이 교외를 비판하는 이들의 숨은 동기라고 주장한다(pp. 246-48).

60 Victor Gruen and Larry Smith, *Shopping Towns USA* (New York: Reinhold, 1960), pp. 147, 24.

61 Victor Gruen, *Centers for the Urban Environment* (New York: Van Nostrand Reinhold, 1973); p. 6. 이것은 그루엔의 생각이 가장 잘 요약된 책이다.

62 Victor Gruen, *The Heart of Our Cities: The Urban Crisis* (New York: Simon and Schuster, 196-41), pp. 72, 337-39.

63 Victor Gruen, *Ist Fortschritt ein Verbrechen? Umweltplanung statt Weltuntergang* (Vienna: Europa Verlag, 1975).

64 Dennis E. Gale, "Middle-Class Settlement in Older Urban Neighborhoods," in *Neighborhood Policy and Planning*, ed. Phillip L. Clay and Robert M. Hollister (Lexington, Mass.: Lexington Books, 1983), pp. 21-33 참조.

65 Roman C. Cybriwsky, "Revitalization Trend in Downtown Area Neighborhoods," in *American Metropolitan System*, ed. Stanley D. Brunn and James O. Wheeler (New York: John Wiley, 1980), pp. 21-36 참조.

66 Michael H. Lang, *Gentrification Amid Urban Decline* (Cambridge, Mass.: Ballinger, 1982), p. 33. 베이비붐 세대가 마침내 재생산을 시작하면서 이 추세가 바뀔 것인가? "교외로의 복귀: 부모 세대처럼 행동하고 있는 부머들(A Return to the Suburbs: Boomers Are Behaving Like Their Parents)"이라는 제목의 〈뉴스위크〉 기사에 따르면 그렇다. "대체로⋯ 여피들은 그 부모들이 그랬던 것과 같은 이유로 도시를 떠나고 있다. 자녀―그리고 어떤 경우에는 반려견―에게 더 좋은 생활환경을 마련해 주기 위해서다." (*Newsweek*, July 21, 1986, pp. 52-54)

67 이 점은 Damaris Rose, "Rethinking Gentrification," *Environment and Planning and Space*, 5 (1984) 1: 47-74에서 강조되고 있다.

68 Sharon Zukin, *Loft Living: Culture and Capital in Urban Change* (Baltimore: Johns Hopkins University Press, 1982), pp. 19, 60.

69 Jane Jacobs, *The Death and Life of Great American Cities* (New York: Vintage Books, 1961), p. 249. *[제인 제이콥스, 〈미국 대도시의 죽음과 삶〉, 유강은 옮김, 그린비, 2010]

70 "As New Shops Replace the Old in Brooklyn Heights, Bookseller Fights Back," *New York Times*, January 8, 1985, p. B1.

71 Lionel Abel, *The Intellectual Follies: A Memoir of the Literary Venture in New York* (New York: Norton, 1984), p. 17.

72 William Phillips, in "Our Country and Our Culture," in *Partisan Review* 19 (1952): 586.

73 Irving Howe, *World of Our Fathers* (New York: Simon and Schuster, 1983), p. 501.

74 일례로 "An Artists' Colony Is Emerging In Newark," *New York Times*, February 26, 1985, p. 1를 보라.

75 Zukin, *Loft Living*, p. 16.

76 Craig Owens, *Art in America* (Summer, 1984): 162-63.

77 Erika Munk, "New York to the Arts: Drop Dead," *Village Voice*, May 13, 1986 과 "Real-Estate Boom as Peril to Art in City," *New York Times*, April 15, 1986, p. C13 참조.

78 Morton White and Lucia White, *The Intellectuals Against the City* (Toronto: Mentor Books, 1964).

79 "Rural Homesteaders Seek Self-Sufficiency and Cherish Solitude," *New York Times*, January 28, 1985, p. B1.

3장 교외로 가는 길 위에서: 어바니스트와 비트족

1 Helen L. Horowitz, "The 1960s and the Transformation of Campus Culture," *History of Education Quarterly*, 26 (1986) 1: 10.

2 좌파 도시 연구에 대한 간략한 개설로는 David Harvey and Neil Smith, "Geography: From Capitals to Capital," in *The Left Academy*, vol. 2, ed. B. Ollman and E. Vernoff (New York: Praeger, 1984), pp. 99–121 참조.

3 David Harvey, *The Urbanization of Capital* (Oxford: Basil Blackwell, 1985), pp. x, 226. 그는 다른 책인 〈의식과 도시 경험Consciousness and the Urban Experience〉(Oxford: Basil Basil, Blackwell, 1985) p. xi에도 같은 글을 약간만 수정하여 서문으로 실었다.

4 Ibid., p. 190.

5 이 책의 마지막 장에서 리처드 세넷의 〈공적 인간의 몰락The Fall of Public Man〉과 마셜 버먼의 〈현대성의 경험: 견고한 모든 것은 대기 속에 녹아버린다All That Is Solid Melts into Air〉에 대해 논의할 것이다.

6 이 책은 1947년에 처음 나왔지만 1960년도에 대폭 개정한 2판이 나오면서 비로소 폭넓은 독자를 확보했다. Percival Goodman, "Architect from New York," in *Creators and Disturbers: Reminiscences by Jewish Intellectuals of New York*, ed. Bernard Rosenberg and Ernest Goldstein (New York: Columbia University Press, 1982), p. 317의 코멘트 참조.

7 책으로 출간된 것은 1974년(New York: Harper and Row)이지만, 이 책의 많은 부분은 1960년 정기간행물 〈컨템퍼러리 이슈Contemporary Issues〉에 게재된 바 있다.

8 물론 이 저자들이 단일한 입장을 견지한 것은 아니다. 일례로 루이스 멈퍼드가 제인 제이콥스를 날카롭게 비판한 다음의 글을 참조하라. "Home Remedies for Urban Cancer," in his *The Urban Prospects* (New York: Harcourt Brace, 1968), pp. 182–207. 이 글은 원래 〈뉴요커〉(1962)에 게재되었다.

9 Jane Jacobs, *The Death and Life of Great American Cities* (New York: Vintage Books, 1961).

10 Ibid., p. 55.

11 Ibid., p. 442.

12 Ibid., pp. 445–48.

13 Lewis Mumford, "The Highway and the City" (1958), reprinted in *Urban Prospects* (New York: Harcourt Brace, 1968), pp. 92–107.

14 William H. Whyte, *The Organization Man* (New York Simon and Schuster, 1956),

p. 10.

15 *The Exploding Metropolis*, ed. William H. Whyte and editors of *Fortune* (New York: Doubleday, 1958), pp. 1, 2

16 그의 강연을 취재한 다음의 기사를 보라. Charlotte Curtis, "Fighting the Nation's Fortresses," *New York Times*, March 11, 1986, p. C13.

17 Edward Engberg, "The Organization Man Today," in *The Wall Street Journal Magazine* (June 1981), p. 29.

18 William H. Whyte, *The Social Life of Small Urban Spaces* (Washington, D.C.: Conservation Foundation, 1980), pp. 85-86.

19 Whyte, *The Organization Man*. p. 68.

20 Malcolm Cowley, *The Literary Situation* (New York: Viking, 1954), pp. 157, 166.

21 Ludwig Marcuse, "The Oldest Younger Generation," in *Partizan Review*, 19 (1952): 211-16.

22 Caroline Bird, "Born 1930: The Unlost Generation," in *Harper's Bazaar*, February 1957, pp. 104-5.

23 Otto Butz, ed, *The Unsilent Generation: An Anonymous Symposium in Which Eleven College Seniors Look at Themselves and Their World* (New York: Rinehart, 1958), pp. 7, 12.

24 부츠의 책에 대해 *Commentary* 27 (April 1959): 366에 실린 Robert Gutman의 서평.

25 적어도 James P. O'Brien, "The New Left's Early Years," *Radical America*, 2 (1968), 3: 4에 따르면 그렇다.

26 Benjamin Fine, *1,000,000 Delinquents* (New York: World Publishing, 1955), pp. 27-28.

27 Marty Jezer, *The Dark Ages: Life in the United States 1945-1960* (Boston: South End Press, 1982), pp. 237-46; 그리고 이 주제를 조사한 책으로는 Mark T. McGee and R. J. Robertson, *The J.D. Films* (Jefferson, N.C.: McFarland, 1982) 참조.

28 Peter Biskind, *Seeing Is Believing: How Hollywood Taught Us to Stop Worrying and Love the Fifties* (New York: Pantheon, 1983), pp. 197-99.

29 Robert Lindner, *Must You Conform?* (1956; reprint, New York: Grove Press, 1961), p. 25.

30 James Gilbert, *A Cycle of Outrage: America's Reaction to the Juvenile Delinquent in the 1950s* (New York: Oxford University Press, 1986), p. 66; Daniel Bell, "The Myth of the Crime Waves," in his *The End of Ideology* (New York: Free Press, 1962)는 청소년(과 성인) 범죄가 증가했다는 것이 대부분 착시에 불과하다고 이미 주장했다.

31 Daniel Bell, *End of Ideology*, pp. 157-58.

32 Gilbert, *A Cycle of Outrage*, p. 75에서 재인용한 로버트 C. 헨드릭슨(Robert C. Hendrickson) 상원의원의 발언.

33 Cowley, *The Literary Situation*, p. 241; Adam Gussow, "Bohemia Revisited: Malcolm Cowley, Jack Kerouac and On the Road," in *Georgia Review*, 38 (1984): 291-311도 참조.

34 John Clellon Holmes, *Go* (New York: New American Library, 1980), p. 36.

35 Paul O'Neil, "The Only Rebellion Around," *Life Magazine* (1959)에 처음 발표되고 *A Casebook on the Beat*, ed. Thomas Parkinson (New York: Crowell, 1961), pp. 232, 235에 재수록.

36 립턴에 대해서는 *Dictionary of Literary Biography*, vol. 16, *The Beats: Literary Bohemians in Postwar America* pt. 1, ed. Ann Charters (Detroit: Gale Research, 1983), pp. 352-56에 그의 아내가 집필한 항목을 참조하라.

37 Lawrence Lipton, *The Holy Barbarians* (1959; reprint, New York: Grove Press, 1962), p. 7.

38 Kenneth Rexroth, "The World Is Full of Strangers," in *New Directions 16* (New York: New Directions Books, 1962), pp. 181, 199.

39 Lipton, *Holy Barbarians*, pp. 272-83.

40 Elias Wilentz, "introduction," in *Beat Scene* (New York: Corinth Books, 1960), p. 9.

41 이와 관련된 주제에 대한 훌륭한 논의로는 Bruce Cook, *The Beat Generation* (New York: Charles Scribner's, 1971) 참조.

42 "An Interview with John Clellon Holmes," in the *Beat Journey*, ed. Arthur and Kit Knight (California, Pa.: n.p., 1978), pp. 162-63.

43 Jack Kerouac, *On the Road* (New York: Signet, 1957), p. 37. *[잭 케루악, 〈길 위에서〉, 이만식 옮김, 민음사]

44 Ibid., p. 149.

45 Ibid., p. 11.

46 Norman Podhoretz, "The Know-Nothing Bohemians" (1958), in his *Doings and Undoings* (New York: Noonday Press, 1964), pp. 157, 147, 156.

47 Ibid., p. 157.

48 폴 굿맨의 서평; 그의 책 *Growing Up Absurd* (New York Vintage Books, 1962), p. 279의 부록에 재수록. *[폴 굿맨, 〈바보 어른으로 성장하기〉, 한미선 옮김, 글항아리, 2017]

49 Ann Charters, *Kerouac* (San Francisco: Straight Arrow Books, 1973), pp. 286-87에서 재인용한 게리 스나이더의 말.

50 Landon Y. Jones, *Great Expectations: America and the Baby Boom Generation* (New York: Coward, McCann, 1980), pp. 83-84.

51 Sean Wilentz, "Beat Streets," in *Voice Literary Supplement*, February 1985, p. 10.

1   H. Stuart Hughes, "Is the Intellectual Obsolete?" in *Commentary*, 22 (1956): 313-19.

2   John P. Diggins, "The New Republic and Its Times," in *The New Republic*, December 10, 1984, p. 58 참조. 몇몇 학술 저널들도 이에 대한 의견을 얹었다. 일례로 Martin Cronin, "The American Intellectual," in *AAUP Bulletin*, 44 (1958): 403-15 참조.

3   Arthur M. Schlesinger Jr. "The Highbrow in American Politics," (1953), in *The Scene Before You*, ed. Chandler Brossard (New York: Reinhart, 1955), p. 263.

4   John W. Aldridge, *In Search of Heresy: American Literature in the Age of Conformity* (1956 reprint, Port Washington, N.Y.: Kennikat Press, 1967), p. 5.

5   Merle King, "The Intellectual: Will He Wither Away?" in *New Republic*, April 8, 1957, pp. 14-15.

6   Newton Arvin, "Report from the Academy: The Professor as Manager," in *Partisan Review* 12 (1945): 275, 277.

7   J. F. Wolpert, "Notes on the American Intelligentsia," *Partisan Review* (1947)에 처음 게재되고 Brossard, *The Scene Before You*, pp. 241-43에 재수록.

8   루이스 코저는 이 변화에 대해 어느 정도 만족한다는 투로 기록하고 있다. 그의 책 *Men of Ideas* (New York: Free Press, 1970), pp. 263-74를 보라. *[루이스 코저, 〈살롱 카페 아카데미: 지식인과 지식사회〉, 이광주 옮김, 지평문화사, 1993]

9   Alfred Kazin, *New York Jew* (New York: Vintage Books, 1979), p. 7.

10   Malcolm Cowley, "Limousines on Grub Street" (1946), in his *The Flower and the Leaf*, ed. D. W. Faulkner (New York: Viking, 1985), pp. 95-96.

11   Kenneth C. Davis, *Two-Bit Culture: The Paperbacking of America* (Boston: Houghton Mifflin, 1984), pp. 190-202 참조.

12   Isaac Rosenfeld, "on the Role of the Writer and the Little Magazine" (1956), in *Chicago Review Anthology*, ed. David Ray (Chicago: University of Chicago Press, 1959), pp. 6, 4.

13   Lionel Trilling, "The Situation of the American Intellectual at the Present Time," in *Perspectives USA*, 3 (Spring 1953): 29.

14   Ibid., p. 32.

15   Editorial Statement, "Our Country and Our Culture," in *Partisan Review*, 19 (1952): 283-84.

16   Philip Rahv, in "Our Country and Our Culture," 306.

17   David Riesman, in "Our Country and Our Culture," 311-12.

18   Max Lerner in "Our Country and Our Culture," 582.

19   Richard Chase, "Neo-Conservatism and American Literature," in *Commentary*,

23 (1957): 254. 1955년 "신보수주의"의 한 관찰자는, "대학 캠퍼스에서 새로운 관점과 새로운 어조가 확립되었다는 것은 새로운 소식이 아니"라고 설명했다. Gaylord C. Leroy, "The New Conservatism," in *AAUP Bulletin*, 41 (1955): 270 참조.

20 David K. Moore, "Liberalism and Liberal Education at Columbia University: The Columbia Careers of Jacques Barzun, Lionel Trilling, Richard Hofstadter, Daniel Bell, and C. Wright Mills" (Ph.D. diss., University of Maryland, 1978), pp. 147-78에서 강조하고 있는 지점이다.

21 C. Wright Mills, "On Knowledge and Power" (1955), in his *Power, Politics and People*, ed. Irving L. Horowitz (New York: Ballantine Books, 1963), p. 603.

22 Irving L. Horowitz, *C. Wright Mills: An American Utopian* (New York: Free Press, 1983), p. 86에서 재인용한 트릴링의 글.

23 Horowitz, *C. Wright Mills*, pp. 85-86에서 재인용한 밀스의 글.

24 C. Wright Mills, "The Powerless People" (1944), 그의 책 *Power, Politics and People*, ed. I. L. Horowitz (New York: Ballantine Books, 1963), p. 292에 "The Social Role of the Intellectual"이라는 제목으로 재수록. *[C. 라이트 밀스, 〈정치, 권력, 민중〉, 박노영·이호열 옮김, 돌베개, 1984, "지식인의 사회적 역할"]

25 C. Wright Mills, *White Collar* (New York: Oxford University Press, 1956), pp. 130-31, 158-59. *[C. 라이트 밀스, 〈화이트칼라: 신중간계급연구〉, 강희경 옮김, 돌베개, 1980]

26 Horowitz, C. *Wright Mills*, p. 251에서 재인용.

27 Richard Hofstadter, *The Progressive Historians* (New York: Knopf, 1968), p. xv.

28 Kazin, *New York Jew*, p. 22.

29 Daniel Joseph Singal, "Beyond Consensus: Richard Hofstadter and American Historiography," in *American Historical Review*, 89 (1984): 979-80 참조. 호프스태터와 마르크스주의, 공산당의 관계에 대한 연구로는 Susan Stout Baker, *Radical Beginnings: Richard Hofstadter and the 1930s* (Westport, Conn.: Greenwood Press, 1985) 참조.

30 Richard Hofstadter, *Anti-Intellectualism in American Life* (New York: Vintage Books, 1963), p. 5. *[리처드 호프스태터, 〈미국의 반지성주의〉, 유강은 옮김, 교유서가, 2017]

31 Ibid., pp. 416-17.

32 Irving Howe, "This Age of Conformity," in *Partisan Review*, 21 (1954): 10, 13.

33 Ibid., 14.

34 Irving Howe, *Margin of Hope* (San Diego: Harcourt Brace, 1982), pp. 181-83.

35 나중에 하우는 학문화에 대해 그 자신이 뱉었던 심한 말을 철회했다. "암울한 예감에 빠져 허우적거리는 목소리들이 뉴욕에 있었고 나도 그중 하나였다." (*Margin of Hope*, p. 171).

36 Hofstadter, *Anti-Intellectualism*, p. 419.

37 Ibid., pp. 429, 432.

38 R. Hofstadter, "The Idea of the Power Elite," Moore, "Liberalism," pp. 213-14에

서 재인용.

39 크리스토퍼 래시가 Richard Hofstadter, *The American Political Tradition* (New York: Knopf, 1982)에 쓴 서문, p. xix

40 Horowitz, C. *Wright Mills*, p. 84에서 재인용.

41 Kazin, *New York Jew*, p. 21. 또 Richard Gillam, "Richard Hofstadter, C. Wright Mills and the Critical Ideal," in *American Scholar*, 47 (1977-1978): 69-85도 참조.

42 Norman Podhoretz, "The Young Generation" (1957), in his *Doings and Undoings* (New York: Farrar, Straus and Giroux, 1964), p. 108.

43 Ibid., p. 109.

44 포드호레츠는 "베트남 사람들에게 닥친 참상에 대해 반전운동이 일정 정도 책임이 있다"고 열변을 토한다. (*Why We Were In Vietnam* [New York: Simon and Schuster, 1982], p. 205). 대개 모든 걸 다 말해야 직성이 풀리는 그이지만 자신이 전쟁을 반대했었던 것에 대해서는 한마디도 하지 않는다. 시어도어 드레이퍼는 이 점을 지적하며 이렇게 결론 내린다. "포드호레츠가 말하는 식의 베트남전을 역사로서 진지하게 받아들일 수는 없다. 그것의 의미는 과거보다는 현재에서 찾아야 한다. 이는 선택적인 도덕적 열성을 보여준다. 전쟁의 참상을 전쟁을 벌인 이들이 아니라 전쟁에 반대한 이들 탓으로 돌리며 추측성 비난을 함으로써 악랄하고 위험한 배후중상설*[제1차세계대전 이후 독일 군부와 우파가 퍼뜨린 선전으로, 독일군이 전투에서는 이겼지만 등뒤에서 칼을 찌른 국내의 유대인이나 사회주의자 때문에 전쟁에서 패배했다는 설—옮긴이]이 판을 칠 여지를 열어준다." (Draper, *Present History* [New York: Random House, 1983], p. 360).

45 Norman Podhoretz, *Breaking Ranks* (New York: Harper and Row, 1979), pp. 362-63.

46 Arthur Liebman, *Jews and the Left* (New York: John Wiley, 1979), p. 1.

47 관련 문헌들을 아주 완벽히 요약하면서 유대계 급진주의에 대한 나름의 이론을 제시한 저작으로 Stanley Rothman and S. Robert Lichter, *Roots of Radicalism: Jews, Christians and the New Left* (New York: Oxford University Press, 1982), pp. 80-145 참조.

48 George H. Nash, *The Conservative Intellectual Movement in America Since 1945* (New York: Basic Books, 1979), pp. 330-31.

49 Irving Howe, *World of Our Fathers* (New York: Simon and Schuster, 1976), pp. 604-5.

50 유대계와 좌파의 연계, 그리고 전후에 이 연계가 약화된 과정을 훌륭히 논의한 저술로 Arthur Liebman, "The Ties That Bind: The Jewish Support for the Left in the United States," *American Jewish Historical Quarterly*, 66 (1976): 285-321 참조.

51 Lewis S. Feuer, *The Conflict of Generation: The Character and Significance of Student Movements* (New York: Basic Books, 1969), esp. pp. 476-82.

52 Jack Newfield, *A Prophetic Minority* (1966; reprint, New York: Siget, 1970), p. 136 에서 재인용.

53 Sidney Hook, "The Academic Ethic in Abeyance: Recollections of

Walpurgisnacht at New York University," *Minerva*, 22 (1984): 303-4.

54 Stephen J. Whitfield, *A Critical American: The Politics of Dwight Macdonald* (Hamden, Conn.: Archon Books, 1984), pp. 123-24.

55 Irving Howe, "The Range of the New York Intellectual," in *Creators and Disturbers: Reminiscences by Jewish Intellectual of New York*, ed. Bernard Rosenberg and Ernest Goldstein (New York: Columbia University Press, 1982), p. 274.

56 Seymour Martin Lipset and Everett G. Ladd Jr., "Jewish Academics in the United States," in *Jew in American Society*, ed. Marshall Sklare (New York: Behrman, 1974), pp. 273-74.

57 여기서 나는 한 가지 이슈를 회피하고 있다. 유대계 지식인이 이스라엘을 지원하는 세력―주로 미국―을 지지하고 일체감을 느끼면서, 이 이스라엘에 대한 불안감이 그들의 우경화를 추동한 측면이 있다. 이 점은 따져보아야 하지만, 자칫하면 지나치게 강조될 수도 있다. 초기에 신보수주의적 유대계 지식인들은 이스라엘은 물론이고 심지어 유럽에서 위험에 처한 유대인에 대해서도 거의 관심을 표하지 않았다. 이스라엘에 집착하기 전까지 그들은 반공주의자이자 보수주의자였다. Earl Shorris, *Jews Without Mercy: A Lament* (New York: Doubleday, 1982).

58 Diana Trilling, "Lionel Trilling, A Jew at Columbia," *Commentary*, 67 (March 1979) 3: 44.

59 Mark Krupnick, "Lionel Trilling, Freud and the Fifties," *Humanities in Society*, 3 (Summer 1980) 3: 280.

60 Alfred Kazin, *New York Jew*, p. 70.

61 John Kenneth Galbraith, *Made to Last* (London: Hamish Hamilton, 1964).

62 Kenneth Rexroth, *An Autobiographical Novel* (Weybridge, Surrey, England: Whittet Books, 1977), p. ix.

63 Ibid., p. vi.

64 *Three Honest Men: Edmund Wilson, F. R. Leavis, Lionel Trilling*, ed. Philip French (Manchester: Carcanet New Press, 1980), p. 34에서 고어 비달의 말.

65 Edmund Wilson, *Upstate: Records and Recollections of Northern New York* (New York: Farrar, Straus and Giroux, 1971), p. 45.

66 Edmund Wilson, *Apologies to the Iroquois* (New York: Vintage Books, 1960), pp. 285-86.

67 William Cowper Brann, *The Iconoclast: A Collection of the Writings of W. C. Brann*, with a biography by J. D. Shaw (Waco, Tex.: Herz Brothers, 1898), 2: 201-2. 브랜이 아주 많은 것에 대해 우상 파괴자였음을 지적해야겠다. 또한 그는 과격한 인종차별주의자이기도 했다.

68 브랜에 대한 평가로는 Donna Dickerson, "William Cowper Brann," in *Journalist History* 5 (1978) 2: 42-45와 Charles Carver, *Brann and the Iconoclast* (Austin: University of Texas Press, 1957) 참조.

69 Richard Gillam, "White Collar from Start to Finish: C. Wright Mills in Transition," in *Theory and Society*, 10 (January 1981): 27.

70 Dan Wakefield, "Taking It Big: A Memoir of C. Wright Mills," in *Atlantic*, 228 (September 1971): 71.

71 C. Wright Mills, *The Men of Power* (New York: Harcourt Brace, 1948).

72 Wakefield, "Taking It Big," p. 64.

73 Lewis Mumford, "Thorstein Veblen," in *The New Republic*, August 5, 1931, pp. 314-16.

74 C. 라이트 밀스가 Thorstein Veblen, *The Theory of the Leisure Class* (New York: New American Library, 1953), pp. viii-ix에 쓴 서문.

75 Horowitz, *C. Wright Mills*, p. 77에서 재인용.

76 C. 라이트 밀스가 Veblen, *The Theory of the Leisure Class*, pp. viii-ix에 쓴 서문.

77 소설가이자 에세이스트인 아이작 로즌펠드(1918-1956)의 짧은 생애는 이 이야기의 주변부를 장식한다. 그는 젊은 뉴욕 지식인에게 거의 정해지다시피 한 길을 따랐다. 24세의 젊은 나이에 그리니치빌리지의 아파트에 안락하게 자리잡고서 〈뉴 리퍼블릭〉, 〈파르티잔 리뷰〉, 〈코멘터리〉에 서평과 글을 기고했다. 하지만 자잘한 성공들이 그의 인생길을 수월하게 만들어주지는 않았다. 그의 친구들은 소외의 훈장을 기념품으로 챙겨서 처박아놓았지만 그는 계속해서 헌신했다. 마크 셰흐너(Mark Schechner)의 설명에 따르면, "1940년대에" 로즌펠드는 미국적 삶"으로부터의 배제와 그에 대한 경멸을" 다른 유대계 지식인들과 공유했다. "1950년대에 대학과 펠로십과 출판의 기회가 열렸을 때" 그의 친구들 대부분은 풍요로운 삶과의 불화를 청산했지만, 로즌펠드는 "고집스러운 수도자주의"를 실천하며 이와 거리를 두었고 결국에는 빌헬름 라이히*[Wilhelm Reich, 오스트리아의 성과학자로 마르크스주의와 프로이트의 사상을 결합하여 성해방을 주창했다―옮긴이]의 사상에 신비주의적·문화적으로 경도되었다. "그가 속한 세대의 다른 유대계 지식인들과 달리, 그는 아메리칸드림과 끝내 화해를 이루지 못했다"고 셰흐너는 말한다. Mark Schechner, "Isaac Rosenfeld," in his *After the Revolution: Studies in Contemporary Jewish-American Imagination* (Bloomington: Indiana University Press, 1987). 또 Shechner, "Isaac Rosenfeld's World," in *Partisan Review*, 43, (1976): 524-56도 참조.

78 "Introduction to the Colophon Edition," *Our Synthetic Environment* (New York: Harper and Row, 1974), pp. xiii, 244 참조.

79 Murray Bookchin, *Post-Society Anarchism* (Berkeley: Ramparts Press, 1971)에 재수록된 "Listen, Marxist!," p. 173.

80 Murray Bookchin, *Towards an Ecological Society* (Montreal: Black Rose Books, 1980), pp. 11-12.

81 북친이 저자에게 보낸 편지, June 21, 1986.

82 Bookchin, *Ecological Society*, p. 22.

83 내 책 *Dialectic of Defeat: Contours of Western Marxism* (Cambridge, Cambridge

University Press, 1981), pp. 11-36 참조.

84 Daniel Bell, "The 'intelligentsia' in American Society," (1976) in his *The Winding Passage* (New York: Basic Books, 1980), p. 131. *[대니얼 벨, 〈정보화 사회와 문화의 미래〉, 서규환 옮김, 디자인하우스, 1993, "미국사회의 '지식인'"]

85 벨에 대한 비판적 평가로는 Nathan Liebowitz, *Daniel Bell and the Agony of Modern Liberalism* (Westport, Conn.: Greenwood Press, 1985)과 Howard Brick, *Daniel Bell and the Decline of Intellectual Radicalism* (Madison: University of Wisconsin Press, 1986) 참조.

86 지금까지 후크의 회고록은 그 단편들만 발표되었다. 그의 글 "The Radical Comedians: Inside Partisan Review" (in American Scholar, 54 [1984-1985], 1:45)는 "자서전에서 발췌"한 것이라고 밝히고 있다.

87 Thorstein Veblen, "The Intellectual Pre-eminence of Jews in Modern Europe," in *Essays in Our Changing Order* (New York: Viking, 1934), pp. 219-31.

88 물론 '뉴욕 지식인'은 경험적인 범주가 아니라 문화적인 범주다. 밀스와 제이콥스는 둘 다 뉴욕에 살았지만 둘 다 뉴욕 출신이 아니고 뉴욕 지성계의 일부도 아니었다. 일례로, 뉴욕 지식인에 대한 백과사전적 연구인 Alexander Bloom의 *Prodigal Sons: The New York Intellectual and Their World* (New York: Oxford University Press, 1986)에서 밀스와 제이콥스는 그냥 지나가는 언급으로만 등장한다.

89 트릴링은 *Art, Politics and Will: Sincerity and Authenticity* (Cambridge, Mass.: Harvard University Press, 1972), pp. 162, 169에서 브라운에 대해 짧게 언급하고 있다.

90 Steven Marcus, "Lionel Trilling, 1905-1975" in *Art, Politics and Will: Essays in Honor of Lionel Trilling*, ed. Quentin Anderson (New York: Basic Books, 1977), p. 268.

91 Bell, *The End of Ideology* (1962; reprint, New York: Free Press, 1965), p. 409.

92 Kristol, "Life with Sidney," in *Sidney Hook: Philosopher of Democracy and Humanism*, ed. Paul Kurtz (Buffalo: Prometheus Books, 1983), p. 31.

93 Bloom, *Prodigal Sons*, pp. 102-4 참조.

94 Paul Berman, "The Last True Marxist Is a Neoconservative," *Voice Literary Supplement*, March 1984, p. 10.

95 Sidney Hook, *Education and the Taming of Power* (n.p.: Alcove Press, 1974).

96 Sidney Hook, *Marxism and Beyond* (Totowa, N.J.: Rowman and Littlefield, 1983), p. 150.

97 그가 쓴 것 중에 마르크스주의와 무관한 책 한 권 분량의 저작은 지극히 한정적이다. 〈현대인을 위한 교육*Education for Modern Man*〉(New York: Dial Press, 1946)—딱히 길이 남을 책은 아니다—등 듀이와 현대 교육에 대한 논의가 있고, 역사적 선택과 결정론을 다룬 짧은 책 〈역사 속의 영웅*The Hero in History*〉(London: Seeker and Warburg, 1945)은 불가피하게도 그 상당 부분이 마르크스주의와 전체주의에 대한 내용이다.

98 "A Complete Bibliography of Sidney Hook," in *Sidney Hook*, pp. 311-47.

99 Kurtz, Preface, in *Sidney Hook*, p. x.

100 Hook, *Education and the Taming of Power*, pp. 1, 15.

101 Sidney Hook, "A Dictionary?" in *Encounter*, 66 (January 1986) I: 71-72. *Dictionary of Marxist Thought*, ed. Tom Bottomore (Cambridge, Mass.; Harvard University Press; Oxford: Basil Blackwell, 1983)*[톰 버팀모어, 〈마르크스 사상사전〉, 임석진 편역, 청아출판사, 1988] 는 진지하게 비판할 부분이 몇 가지 있지만 후크를 인용하지 않은 것이 그중 하나일 수는 없다. 후크는 이 〈사전〉이 맥스 이스트먼과 루이스 부딘 (Louis Boudin) 같은 다른 유명한 미국 저술가들도 인용하지 않았다고 덧붙임으로써 또다른—그 자신과 마찬가지로 이들 또한 현 마르크스주의에서 아무 역할도 못하고 있다는—문제를 드러내고 있다.

102 Bloom, *Prodigal Sons*, pp. 138-39에서의 인용 및 논의.

103 Victor Brombert, *The Intellectual Hero: Studies in the French Novel, 1880-1955* (New York: Lippincott, 1961), p. 23에서 재인용한 Ferdinand Brunetière의 글. Cf. F. Brunetière, "Après le procès," in *Revue des deux Mondes*, 146 (1898): pp. 442-46. 지식인과 드레퓌스에 대해 추가로 참고할 만한 자료로는 Jean Denis Bredin, *L'affaire* (Paris: Julliard, 1983), pp. 257-65 참조.

104 이에 대한 최근의 논의로는 Timothy E. O'Connor, *The Politics of Soviet Culture* (Ann Arbor: UMI Research, 1983), pp. 29-32 참조.

105 Pyotr Struve, "The Intelligentsia, and Revolution," in *Landmarks: A Collection of Essays on the Russian Intelligentsia-1909*, ed. Boris Shragin and Albert Todd (New York: Karz Howard, 1977), p. 141.

106 Robert J. Bryan, *Intellectuals and Politics* (London: Allen and Unwin, 1980).

107 H. Stuart Hughes, *Consciousness and Society* (New York: Vintage Books, 1958). *[H. 스튜어트 휴스, 〈의식과 사회: 서구 사회사상의 재해석 1890~1930〉, 황문수 옮김, 개마고원, 2007]

108 Alvin Gouldner, *The Future of Intellectuals and the Rise of the New Class* (New York: Continuum, 1979), p. 83. *[앨빈 굴드너, 〈지성인의 미래와 새 계급의 성장〉, 박영신 옮김, 이화여자대학교출판부, 1983]

109 Irving Kristol, *Two Cheers for Capitalism* (New York: New American Library, 1979), p. 25.

110 Robert L. Bartley, "Business and the New Class," in *The New Class?* ed. B. Bruce-Briggs (New York: McGraw-Hill, 1981), p. 61.

111 Daniel Bell, "The New Class: A Muddled Concept," in his *The Winding Passage* (New York: Basic Books, 1980), pp. 158-59.

112 Lewis Coser, *Men of Ideas* (New York: Free Press, 1970), p. 267.

113 마하이스키에 대한 훌륭한 논의로는 Anthony D'Agostino, *Marxism and the Russian Anarchists* (San Francisco: Germinal Press, 1977), 특히 pp. 110-55를 보라. Paul Avrich, *The Russian Anarchists* (Princeton: Princeton University Press, 1967), pp. 102-6도 참조. 노매드에 대한 평가로는 Max Nomad, *Aspects of Revolt* (New York: Noonday, 1961), pp. vii-xx에 실린 에드먼드 윌슨의 서문 참조.

114 Mary McCarthy, *The Groves of Academe* (New York: Avon, 1981), p. 33.

115 이와 관련한 역사적 개설서로는 John O. Lyons, *The College Novel in America* (Carbondale, Ill.: Southern Illinois University Press, 1962) 참조.

116 Don DeLillo, *White Noise* (New York: Penguin Books, 1986), pp. 11-12. *[돈 드릴로, 〈화이트 노이즈〉, 강미숙 옮김, 창비, 2005]

117 Roger Rosenblatt, 데이비드 로지(David Lodge)의 〈교수들*Small World*〉에 대한 서평, *New Republic*, April 15, 1985, p. 30.

118 Harold Rosenberg, "The Vanishing Intellectual," 〈뉴요커〉(1965)에 처음 발표되고 그의 책 *Discovering the Present* (Chicago: University of Chicago Press, 1973), p. 195에 "The Intellectual and His Future"라는 제목으로 재수록.

5장 캠퍼스의 신좌파 I: 학자가 될 자유

1 Jack Newfield, *A Prophetic Minority* (1966; reprint, New York: Signet, 1970), p. 154.

2 Joseph Epstein, "It's Only Culture," in *Commentary*, November 1983, p. 61.

3 Hilton Kramer, "A Note on The New Criterion," *New Criterion*, 1 (1982) 1: 2.

4 Sandy Vogelgesang, *The Long Dark Night of the Soul: The American Intellectual Left and the Vietnam War* (New York: Harper and Row, 1974), p. 73.

5 Steven Unger, "Deutscher and the New Left In America," in *Isaac Deutscher: The Man and his Work*, ed. D. Horowitz (London: Macdonald, 1971), pp. 211-25 를 보라.

6 C. Wright Mills, "The Decline of the New Left" (1959), in *Power, Politics and People: Collected Essays of C. Wright Mills*, ed. I. L. Horowitz (New York: Ballantine Books, 1963), pp. 221-35.

7 Mills, "Letter to the New Left" (1967), 그의 책 *Power, Politics and People*, pp. 247-59에 "The New Left"라는 제목으로 재수록.

8 밀스에 대한 비평으로 Fredy Perlman, *The Incoherence of the Intellectual* (Detroit: Black and Red, 1970)을 보라.

9 밀스의 "New Left" 원고 중에서. Irving L. Horowitz, *C. Wright Mills* (New York: Free Press, 1983), p. 314에서 재인용.

10 C. Wright Mills, "The Social Role of the Intellectual," in *Power, Politics and People*, p. 296.

11 C. Wright Mills, *White Collar* (New York: Oxford University Press, 1956), p. 156.

12 Mills, "On Knowledge and Power" (1955), in *Power, Politics and People*, p. 611.

13 Mills, *The Cause of World War Three* (New York: Simon and Schuster, 1958), p.

135. *[C. 라이트 밀스, 《역사와 책임: 제3차세계대전의 원인》, 노태구 옮김, 인간, 1982]

14 Irving L. Horowitz, *C. Wright Mills: An American Utopian* (New York: Free Press, 1983), pp. 282-302.

15 Kirkpatrick Sale, *SDS* (New York: Vintage Books, 1974), p. 49. 포트 휴런 성명서의 발췌문은 *The New Left: A Documentary History*, ed. Massimo Teodori (New York: Bobbs-Merrill, 1969), pp. 163-72에서 찾아볼 수 있다. 밀스와 신좌파에 대해서는 James Miller, "C. Wright Mills Reconsidered," *Salmagundi*, 70-71 (1986), 특히 95-97을 보라.

16 이 책에는 28편의 에세이가 실렸다. 그중 앞의 에세이 10편을 집필한 젊은 미국인 필자는 Irving Louis Horowitz, Robert B. Notestein, Douglas F. Dowd, Rose K. Goldsen, Anatol Rapoport, Kenneth Winetrout, Fred H. Blum, Sidney M. Wilhelm, Abraham Edel, Marvin B. Scott이다. *The New Sociology: Essays in Social Science and Social Theory in Honor of C. Wright Mills*, ed. Irving L. Horowitz (New York: Oxford University Press, 1964).

17 James Weinstein and David W. Eakens, "Introduction," in *For A New America: Essays in History and Politics from "Studies on the Left," 1959-1967* (New York: Random House, 1970) 참조.

18 Editors, "The Radicalism of Disclosure," in *Studies on the Left*, 1 (1959) 1: 3.

19 로버트 S. 린드(Robert S. Lynd)에 대한 논의로는 Richard W. Fox, "Epitaph for Middletown," in *The Culture of Consumption*, ed. R. W. Fox and T. J. Jackson Lears (New York: Pantheon, 1983), pp. 103-41를 보라.

20 Staughton Lynd, "Nonviolent Alternatives to American Violence," in *Teach-ins: U.S.A.*, ed. L. Menashe and R. Radosh (New York: Praeger, 1967), p 54.

21 Staughton Lynd, in *Visions of History by MARHO-The Radical Historians Organization*, ed. Henry Abelove (New York: Pantheon Books, 1983), p. 151.

22 Staughton Lynd, *The Fight Against Shutdowns* (San Pedro, Cal.: Singlejack Books, 1982), p. 11.

23 Paul Breines, "Germans, Journals and Jews/Madison, Men, Marxism and Mosse," in *New German Critique*, no. 20 (1980), p. 83.

24 Stanley Aronowitz, "When the New Left Was New," in *60s Without Apology*, ed. Sohnya Sayres, et al. (Minneapolis: University of Minnesota Press, 1984), pp. 12-13.

25 Stanley Aronowitz, *False Promise* (New York: McGraw-Hill, 1973), pp. 337-91.

26 Stanley Aronowitz, *The Crisis in Historical Materialism* (New York: Praeger, 1981), p. 301.

27 Aronowitz, *Working Class Hero*, (New York: Pilgrim Press, 1983).

28 아로노위츠의 이 두 책에 대한 고찰은 *Our Generation*, 17 (1985-1986): 197-218에 실린 Jeremy Brecher의 서평을 보라.

29 이 사건에 대한 니어링 자신의 설명은 그의 책 *The Making of a Radical* (New York

Harper and Row, 1972), pp. 83-96을 보라. *[스콧 니어링, 〈스콧 니어링 자서전〉, 김라합 옮김, 실천문학, 2000]

30 William L. O'Neill, *The Last Romantic: A Life of Max Eastman* (New York: Oxford University Press, 1978), pp. 19-31.

31 Ellen Schrecker, "The Missing Generation: Academics and the Communist Party from the Depression to the Cold War," in *Humanities and Society*, 6 (1983) 2-3: 155.

32 물론 다른 곳에 임용된 이들도 있었고 크게 출세한 이들도 있었다. 한 예를 들면, (모지스 I. 핀켈스타인[Moses I Finkelstein]이라는 이름으로) 프랑크푸르트학파와 연계가 있었던 M. I. 핀리(M. I. Finley)는 상원 국내안전 소위원회에 출석하여 수정헌법 5조에 호소했다가 1952년 럿거스대학에서 해직되었다. 그는 영국으로 건너가서 마침내는 영국학술원 회원으로 선출되고 케임브리지대학 다윈 칼리지 학장으로 취임하고 1979년에는 기사 작위를 수여받는 등 온갖 학문적 명예와 직위를 한몸에 받았다. Ellen Schrecker, "Academic Freedom," in *Regulating the Intellectuals*, ed. C. Kaplan and E. Schrecker (New York: Praeger, 1983), pp. 36-37; Martin Jay, *The Dialectical Imagination* (Boston: Little, Brown, 1973), pp. 284-85; 그리고 *New York Times*, July 11, 1986에 실린 그의 부고 기사 참조.

33 Jane Sanders, *Cold War on the Campus: Academic Freedom at the University of Washington, 1946-1964* (Seattle: University of Washington Press, 1979), pp. 96-97; 당사자인 Melvin Rader의 회고록 *False Witness* (Seattle: University of Washington Press, 1969)를 보라.

34 Ellen W. Schrecker, *No Ivory Tower: McCarthyism and the Universities* (New York: Oxford University Press, 1986), p. 340.

35 H. L. Mencken, *Prejudices: Third Series* (New York: Knopf, 1922), p. 283. *[H. L. 멩켄, 〈멩켄의 편견집〉, 김우영 옮김, 이산] 윌리엄 L. 오닐(William L. O'Neil)이라면 잊었다고 말할 것이다. 그는 "정서가 불안정한 특정 개개인이 보기에는 조사받은 사람이 2명이든 12명이든 차이가 없을지 모르지만, 대규모 교수진 가운데 조사받은 사람이 단 6명―해직자는 3명―뿐인 마당에", "워싱턴대학의 모든 교수가 위협받았다고 하는" 것은 "경솔함"의 소치라고 쓰고 있다. 오닐 교수는 과연 어느 시점이 되어야, 그가 몸담은 럿거스대학의 대규모 교수진이 신보수주의 사상 때문에 조사받는 것을 걱정하게 될지 궁금해진다. 신보수주의자 8명이 조사받고 4명이 해직될 때쯤? 아니면 12명? (*A Better World* [New York: Simon and Schuster, 1982], p. 331.)

36 Merle Curti and Vernon Carstensen, *University of Wisconsin 1948-1925* vol. 1 (Madison: University of Wisconsin, 1949), p. 525에서 재인용.

37 Benjamin G. Rader, *The Academic Mind and Reform: The Influence of Richard T. Ely in American Life* (n.p.: University of Kentucky Press, 1966), p. 154. 사회주의 교수들이 공론장에서 후퇴한 과정에 대한 논의로는 Dorothy Ross, "Socialism and American Liberalism: Academic Social Thought in the 1880's," in *Perspectives* *in American History*, 11 (1977-1978): 5-79를 보라.

38 Richard Hofstadter and Walter P. Metzger, *The Development of Academic Freedom in the United States* (New York: Press, 1955), pp. 427-28에서 재인용.

39 Ibid., p. 434.

40 Rader, *The Academic Mind and Reform*, p. 154에서 재인용.

41 Hofstadter and Metzger, *Development of Academic Freedom*, pp. 434-35.

42 이와 관련된 전반적인 논의로 Carol Gruber, *Mars and Minerva: World War I and the Uses of Higher Learning* (Baton Rouge: Louisiana State University Press, 1975)를 참조.

43 J. McKeen Cattell, *University Control* (New York: Science Press, 1913), pp. 61-62.

44 Hofstadter and Metzger, *Development of Academic Freedom*, pp. 472-73, 497-502를 보라.

45 Joseph Dorfman, *Thorstein Veblen and His America*, pp. 449-50을 보라.

46 Peter M. Rutkoff and William B. Scott, *New School: A History of the New School for Social Research* (New York: Free Press, 1986), pp. 16-17.

47 앨빈 존슨의 자서전 *Pioneer's Progress* (New York: Viking Press, 1952), 특히 pp. 271-88을 보라.

48 Luther V. Hendricks, *James Harvey Robinson: Teacher of History* (New York: King's Crown Press, 1946), pp. 23-24.

49 Ellen Nore, *Charles A. Beard: An Intellectual Biography* (Carbondale, Ill.: Southern illinois University Press, 1983), p. 90에서 재인용.

50 Lewis A. Coser, *Refugee Scholars in America* (New Haven: Yale University Press, 1984), pp. 102-9의 뉴스쿨에 대한 챕터와 *Voice Literary Supplement*, January 15, 1985, p. 47에 내가 쓴 리뷰를 보라.

51 Irving Louis Horowitz and William H. Friedland, *The Knowledge Factory: Student Power and Academic Politics in America* (Chicago: Adline, 1970), p. 130.

52 Richard C. Mandell, *The Professor Game* (Garden City, N.Y.: Doubleday, 1977), p. 58.

53 Ibid., p. 1.

54 Christopher Jencks and David Riesman, *Academic Revolution* (Garden City, N.Y.: Doubleday, 1968), p. 95; *American Universities and Colleges*, 12th ed. (New York: Walter de Gruyer, 1983), pp. 5, 20; *Statistical History of the United States*, intro. B. J. Wattenberg (New York: Basic Books, 1976), p. 382를 보라.

55 Wini Breines, *Community and Organization in the New Left: 1962-1968* (New York: Praeger, 1982), pp. 96-122의 논의를 보라.

56 Dick Howard, "Preface," in Serge Mallet, *Essays on the New Working Class* (St. Louis: Telos Press, 1973), p. 13.

57 *Harvard Class of 1963: 5th Anniversary Report*, p. 105에 실린 토드 기틀린의 말.

58 Maurice Isserman, *If I Had a Hammer …* (New York: Basic Books, 1987), p. 116.

59 *The New Radicals* (New York: Vintage Books, 1966), pp. 90-91.

60 George Fischer, "Preface" in *The Revival of American Socialism: Selected Papers of the Socialist Scholars Conference*, ed. G. Fischer (New York: Oxford University Press, 1971), pp. viii-ix.

61 David Brock, "Combating Those Campus Marxists," in *The Wall Street Journal*, December 12, 1985, p. 30.

62 *American Radicals*, ed. Harvey Goldberg (New York: Monthly Review Press, 1957)을 보라. 과거 미국의 급진주의자들에 대해 주로 제도권 학자들이 쓴 이 에세이 집은 과거의 정신을 되살리려 시도했다. "특히 현재의…… 반체제주의자들은 생존하고 분석하고 기능할 필요성을 마주하고 있다"("Introduction," p. 12). 필진 중에 가장 유명한 인물은 아마 윌리엄 A. 윌리엄스(William A. Williams)일 것이다.

63 Bertell Ollman and Edward Vernoff, "Introduction", in *The Left Academy: Marxist Scholarship on American Campuses* (New York: McGraw-Hill, 1982), p. 1; 같은 저자들이 쓴 *The Left Academy*, vol. 2 (New York: Praeger, 1984)도 보라. 이 책의 세번째 권은 너무 늦게 나와서 미처 참조하지 못했다.

64 Ewa M. Thompson, "Dialectical Methodologies in the American Academy," in *Modern Age*, 28 (Winter 1984). Thompson은 이런 변증법적 문학 비평가들이 실제로 KGB를 위해 일하는 것은 아니지만 "소련이 당 선전가들에게 할당한 임무와 사실상 동일한 일을 수행"(15)하고 있다고 믿는다.

65 여기서의 모든 정보와 인용은 "Tenure Denial of Noted Sociologist Stirs Troubling Queries at Harvard," *New York Times*, April 21, 1985, p. 42를 참조한 것이다.

66 David F. Noble, "Slander in Academia" (letter), in *The Nation*, May 25, 1985, p. 610을 보라. Christine Stansell과 Sean Wilentz는 이렇게 쓰고 있다. "걸린 판돈이 그보다 적었다면, 에이브러햄이 예를 들어 조그만 리버럴 아츠 칼리지에서 종신직 후보에 올랐다면, 과연 터너와 펠드먼*[역사학계에서 데이비드 에이브러햄에 대한 공격의 선두에 선 예일대학 교수 헨리 A. 터너와 캘리포니아대학 버클리 교수 제럴드 A. 펠드먼—옮긴이]이 그를 학계에서 축출하려는 성전에 나섰을지 의심스럽다." ("The Sin of David Abraham," in *Radical History Review*, 32 [1985]: 87).

67 Lawrence Parker, "Henry Giroux's Tenure Decision," *Psychology and Social Theory*, (1984): 68-70을 보라. 존 실버가 보스턴대학에서 수많은 교수들을 내쫓기 위해 힘썼다는 사실은 별로 전국적인 주목을 받지 않았다. 하지만 Stephen Arons, "The Teachers and the Tyrant," *Saturday Review*, March 15, 1980, pp. 16-19를 보라. 실버의 정치적 책략에 대한 약간의 논평은 Alexander Cockburn, "Beat the Devil," *The Nation*, March 21, 1987, pp. 350-51을 보라.

68 여기서의 모든 인용은 "An Open Letter to Chancellor William W. Danforth," February 12, 1979 (privately printed)의 첨부 자료를 참조한 것이다.

69 Letter to Chancellor Danforth.

70 Ibid.

71 Charles R. Monroe, *Profile of the Community College* (San Francisco: Jossey-Bass, 1972), pp. 256-58 참조.

72 Emily K. Abel, *Terminal Degrees: The Job Crisis in Higher Education* (New York: Praeger, 1984); and *The Hidden Professoriate: Credentialism, Professionalism, and The Tenure Crisis*, ed. Arthur Wilke (Westport, Conn.: Greenwood Press, 1979) 참조.

73 Philip G. Altbach, "The Crisis of the Professoriate," *Annals*, 448 (March 1980): 9.

74 Edward E. Ericson Jr., *Radicals in the University* (Stanford: Hoover Institution Press, 1975), p. 142.

75 Mark Lilla, "Among the Philosophers," *New Criterion*, 1 (February 1983) 6: 89.

6장 캠퍼스의 신좌파 II: 제도권으로의 대장정

1 Cited in Bruce Kuklick, *The Rise of American Philosophy* (New Haven: Yale University Press, 1977), p. 433.

2 Max Weber, "Science as a Vocation," in *From Max Weber*, ed. H. Gerth and C. W. Mills (New York: Oxford University Press, 1958), p. 134. *[막스 베버, 〈직업으로서의 학문〉, 전성우 옮김, 나남, 2017]

3 Upton Sinclair, *The Goose-Step* (Pasadena, Cal.: Upton Sinclair, 1923), p. 13.

4 Thorstein Veblen, *The Higher Learning in America* (New York: Huebsch, 1918), p. 186.

5 H. L. Mencken, *Prejudices: Second Series* (1920; reprint, New York: Octagon Books, 1977), pp. 82-84.

6 C. Wright Mills, "The Powerless People"(1944), 그의 책 *Power, Politics and People*, ed. by Irving L. Horowitz (New York: Ballantine Books, 1963)에 "The Social Role of the Intellectual"이라는 제목으로 재수록, p. 297.

7 Martin Finkelstein, *The American Academic Profession: A Synthesis of Social Scientific Inquiry Since World War II* (Columbus: Ohio State University Press, 1984), pp. 52-53, 222-23.

8 Lionel S. Lewis, *Scaling the Ivory Tower: Merits and Its Limits in Academic Careers* (Baltimore: Johns Hopkins University Press, 1975), p. 116.

9 Ibid., pp. 65-66, 190.

10 Jon Wiener, "The Footnote Fetish," in *Telos*, 31 (1977): 174-75. 또 Robert B. Archibald and David H. Finifter, "Biases in Citations-based Ranking of Journals," *Scholarly Publishing*, 18 (1987): 131-38도 참조.

11 C. Wright Mills, *Sociology and Pragmatism: The Higher Learning in America* (New York: Oxford University Press, 1966), pp. 348-51.

12 Ibid., p. 442.

13 John Dewey, "The Scholastic and the Speculator" (1891-1892), in his *Early Works*, vol. 3 (Carbondale, Ill.: Southern Illinois University Press, 1975), pp. 150-51.

14 John Dewey, *Reconstruction in Philosophy* (Boston: Beacon Press, 1957), pp. vi, v, xxiii. *[존 듀이, 〈철학의 재구성〉, 이유선 옮김, 아카넷, 2010]

15 이 "신문"은 결국 발간되지 못했다. 자세한 이야기는 Neil Coughlan, *Young John Dewey* (Chicago: University of Chicago Press, 1975), pp. 93-112 참조.

16 George Dykhuizen, *The Life and Mind of John Dewey* (Carnbondale, Ill.: Southern Illinois University Press, 1973), pp. 280-84 참조.

17 Bruce Kuklick, *Rise of American Philosophy* (New Haven: Yale University Press, 1977), pp. 568-72. 현대의 철학을 더 폭넓은 시야에서 본 논의로는 Albert William Levi, *Philosophy as Social Expression* (Chicago: University of Chicago Press, 1974), 특히 "Contemporary Philosophy: The Age of the Professional," pp. 231-300 참조.

18 William M. Sullivan, *Reconstructing Public Philosophy* (Berkeley: University of California Press, 1982), p. 97. 그는 주요 정치 철학자들(존 롤스, 로버트 노직)이 전문 철학과의 단절에 성공하지 못했다고 본다.

19 Ibid., p. 10.

20 John E. Smith, *The Spirit of American Philosophy*, rev. ed. (Albany: State University of New York Press, 1983), pp. vi, 221, 227, 222.

21 Richard J. Bernstein, "Dewey, Democracy: The Task Ahead of Us," in *Post-Analytic Philosophy*, ed. R. Rajchman and C. West (New York: Columbia University Press, 1985), p. 58.

22 철학계에 대한 한 단순 통계 연구를 보면, 다른 분야의 학자와 비교할 때 철학자가 실업률을 비롯한 여러 지표에서 최하위를 기록하고 있다. 이 보고서는 아마도 좌절과 낙담 때문에 "최근 철학자들이 철학과 학계로부터 탈출"하고 있음을 언급하며 글을 마무리한다(Peter D. Suber, "The Place of Philosophy in the Humanities: A Statistical Profile," in *American Philosophy Association: Proceedings and Addresses*, 55 [1981-1982]: 420, 423). 물론 어떤 학문 분야의 경제적 곤궁—이나 번창—이 그 분야의 지적 가능성을 반영하지는 않는다.

23 Editorial statement, *Telos* 1 (1968): 2 (속표지).

24 John Fekete, "Telos at 50," in *Telos* 50 (1981-82): 164.

25 Robert A. McCaughey, *International Studies and Academic Enterprise: A Chapter in the Enclosure of American Learning* (New York: Columbia University Press, 1984), p. xiv.

26 Ibid., pp. 227, 254.

27 Ibid., pp. 232-33.

28 Marshall Windmiller, "The New American Mandarins," in *The Dissenting Academy*, ed. T. Roszak (New York: Vintage Books, 1968), pp. 112-13. 이와 관련

하여 생각해볼 문제가 있다. 대규모 민간 재단이 하버드 국제문제연구소, MIT 국제 연구센터, 조지타운대학 전략연구센터 같은 연구 집단을 실질적으로 창설하고, 특정 학자와 이론을 선별적으로 밀어주는 역할을 하고 있다는 사실이다. Edward H. Berman, *The Influence of the Carnegie, Ford and Rockefeller Foundations on American Foreign Policy: The Ideology of Philanthropy* (Albany: State University of New York Press, 1983), pp. 107, 121 참조. 심지어 정치적 갈등에 대한 "행동적" 접근 방식이 대세가 된 과정에도 포드 재단의 지원금이 결정적인 역할을 했다. 1950년대 초까지 재단 내 행동과학 분과에서 대학원, 학자, 연구 기관을 선별하여 2300만 달러를 지원함으로써 학문 분야를 재편한 것이다. Peter J. Seybold, "The Ford Foundation and the Triumph of Behavioralism in American Political Science," in *Philanthropy and Cultural Imperialism: The Foundation at Home and Abroad*, ed. Robert F. Arnove (Boston: G. K. Hall, 1980), pp. 269-303 참조. 이 책에는 재단의 영향력에 대한 흥미로운 에세이들이 실려 있다.

29 David Halberstam, *The Best the Brightest* (New York: Random House, 1972), pp. 390-91. *[데이비드 핼버스탬, 〈최고의 인재들〉, 송정은·황지현 옮김, 글항아리, 2014] 일반적인 논의로는 E. J. Kahn Jr., *The China Hands: America's Foreign Service Officers and What Befell Them* (New York: Viking, 1975) 참조. 오언 래티모어(Owen Lattimore)는 자서전에서 이렇게 말했다.

돌이켜보건대, 나 자신의 생각은 어떤 이론적 도그마에 의해 형성된 것이 아니었다. 미국인 가정이라는 배경, 영국에서 받은 교육, 나를 어른으로 만들어준 이른 나이의 사업 경험과 단독 여행… 이러한 것들이 함께 작용하여 사실을 관찰하고 비교하는 취향이 다져졌다. … 하지만 나는 이런 수월하고 자연스러운 방식의 독학을 기대할 수 있었던 마지막 세대의 미국인에 속한다. … 이 지역에 대한 미래의 우리 전문가들은 현장보다는 책을 통해 더 많이 배워야 할 것이다.

Owen Lattimore, *Ordeal by Slander* (Boston: Little, Brown, 1950), pp. 217-18. 또 John King Fairbank, *Chinabound: A Fifty-Year Memoir* (New York: Harper and Row, 1982), p. 350도 참조.

30 David M. Ricci, *The Tragedy of Political Science: Politics, Scholarship and Democracy* (New Haven: Yale University Press, 1984), pp. ix-x.

31 Raymond Seidelman, with Edward J. Harpham, *Disenchanted Realists: Political Science and the American Crisis, 1884-1984* (Albany: State University of New York Press, 1985), p. 190.

32 Ricci, *Tragedy*, pp. 65, 224.

33 Ibid., pp. 221-22.

34 Ibid., pp. 196-97, 232-36.

35 Alvin Gouldner, *The Coming Crisis of Western Sociology* (New York: Avon, 1971),

p. 286.

36 Ibid., pp. 57-58, 200-1.

37 Ibid., pp. 200-1.

38 최근 한 하버드 졸업생—파슨스의 제자의 제자—이 이 이론가의 명예를 회복하기 위한 네 권짜리 전집을—다소 떠들썩하게 출간했다. 물론 제프리 알렉산더(Jeffrey Alexander)의 〈사회학의 이론적 논리*Theoretical Logic in Sociology*〉가 파슨스를 사회학의 왕좌에 복귀시켜주지는 않을 것이다. 한 서평자는 "이 책에 대한 서평들이 거의 만장일치로 부정적"이며 학계에 미칠 영향력은 "전무할 듯"하다고 요약하고 있다. 이 서평자의 결론에 따르면, 문제는 이 책의 우수성—에 대해 그는 표준 교과서보다 조금 나은 수준이라고 평가한다—이 아니라 "칭송, 가신, 펠로우십과 수상의 명예를 좇는 학술적 군벌 정치"에 있다. (제프리 알렉산더의 〈사회학의 이론적 논리〉, vol. 4에 대해 *Philosophy of the Social Sciences*, 15 [1985]: 521-22에 실린 스티븐 P. 터너[Stephen P. Turner]의 서평). 터너는 같은 저널 15: 77-82, 211-16, 365-68에 나머지 세 권의 책에 대한 서평도 썼다. 앨런 시카(Alan Sica)의 출중하게 신랄한 논평인 "Parsons, Jr.," *American Journal of Sociology*, 89 (1983): 200-19도 참조.

39 Patricia Wilner, "The Main Drift of Sociology Between 1936 and 1982," in *History of Sociology*, (Spring 1985) 2: 1-20.

40 Ricci, *Tragedy*, pp. 308-9.

41 Seidelman and Harpham, *Disenchanted Realists*, p. 226.

42 Robert Kuttner, "The Poverty of Economics," in *Atlantic Monthly*, February 1985, pp. 74-84.

43 Wassily Leontief, "Theoretical Assumptions and Nonobserved Facts," in his *Essays in Economics* (New Brunswick, N.J.: Transaction Books, 1985), pp. 272-82.

44 Leontief, "Introduction to the Transaction Edition: Academic Economics," in *Essays*, pp. xi-xii.

45 Kuttner, "The Poverty of Economics," p. 78.

46 Ibid., p. 84.

47 Donald M. McCloskey, *The Rhetoric of Economics* (Madison: University of Wisconsin Press, 1985), p. 7.

48 Ibid., pp. 4-5.

49 Ibid., p. 114.

50 Ibid., pp. 114, 121, 123.

51 Robert W. Fogel and G. R. Elton, *Which Road to the Past? Two Views of History* (New Haven: Yale University Press, 1983), pp. 64-65.

52 Ibid., pp. 62, 37.

53 Herbert G. Gutman, *Slavery and the Numbers Game: A Critique of "Time On the Cross"* (Urbana, Ill.: University of Illinois Press, 1975).

54 Robert W. Fogel and Stanley L. Engerman, *Time on the Cross: The Economics of*

American Negro Slavery (Boston: Little, Brown, 1974), p. 145.

55 Gutman, *Slavery and the Numbers Game*, pp. 17-41. 또다른 관점으로는 Elizabeth Fox-Genovese and Eugene D. Genovese, "The Debate over *Time on the Cross*," in their *Fruits of Merchant Capital* (New York: Oxford University Press, 1983), pp. 136-71을 보라.

56 Gregory S. Kealey, "Herbert G. Gutman, 1928-1985," in *Monthly Review*, 38 (May 1986): 22-30; Sean Wilentz, "Herbert Gutman 1928-1985," in *History Workshop* 22 (1986): 222-25; and Paul Buhle, "Memories of Madison in the Fifties," in *Radical History Review*, 36, (1986): 101-9 (거트먼과 워런 서스먼[Warren Susman]과의 인터뷰 포함)를 보라.

57 Herbert G. Gutman, *The Black Family in Slavery and Freedom, 1750-1925* (New York: Vintage Books, 1976), p. xvii.

58 Lee Rainwater and William L. Yancey, *The Moynihan Report and the Politics of Controversy* (Cambridge, Mass.: MIT Press, 1967).

59 Herbert G Gutman, *Work, Culture and Society* (New York: Vintage Books, 1977), p. xii.

60 이들 영화와 슬라이드쇼에 대한 논의로는 Jesse Lemisch, "I Dreamed I Saw MTV Last Night," in *The Nation*, October 18, 1986, p. 361을 보라.

61 Christopher Lasch, "Foreword," in Richard Hofstadter, *The American Political Tradition* (New York: Knopf, 1982), p. xix.

62 Susan F. Benson, Stephen Brier, and Roy Rosenzweig, "Introduction," in *Presenting the Past: Essays on History and the Public* (Philadelphia: Temple University Press, 1986), p. xvi. 이 에세이집은 거트먼에게 헌정되었다.

63 Casey Blake, "Where Are the Young Left Historians?" in *Radical History Review*, 28-30 (1984): 115, 116.

64 Martin Jay, *Marxism and Totality* (Berkeley: University of California Press, 1984). 제이가 50명이 넘는 미국인을 열거하며 "특출한 세대"라고까지 부르고 있는 건 사실이다. 하지만 확실히 길게 다뤄줄 가치는 없다고 보는 듯하다. 그리고 다른 전문가들을 제외한 아무에게도 인정받거나 알려진 바 없을 것이다. 이 명단은 알파벳순으로 월터 애덤슨과 프랭크 애들러부터 시작하여 잭 자이프스와 샤론 주킨으로 끝난다. (p. 19)

65 Michael Clark, "Introduction," in "The Jameson Issue," in *New Orleans Review*, 11 (1984): 7.

66 몇몇 저널들이 한 호 전체를 털어 제임슨을 집중적으로 다루었다. 위에서 인용한 *New Orleans Review*와 *Diacritics* (Fall, 1982)를 보라.

67 William C. Dowling, *Jameson, Althusser, Marx: An Introduction to "The Political Unconscious"* (Ithaca: Cornell University Press, 1984), pp. 94, 85.

68 Ibid., p. 10.

69 Fredric Jameson, "Postmodernism, or the Cultural Logic of Late Capitalism," in

New Left Review, 146 (July-August 1984): 54-55. *[정정호·강내희, 〈포스트모더니즘론〉, 터, 1990에 수록된 프레드릭 제임슨, "포스트모더니즘—후기자본주의 문화논리", 강내희 옮김]

70 Marco Dezzi-Bardeschi, "The Big Void," in *Domus* (Italy), 606 (1980): 16.

71 Jameson, *Postmodernism*, 80.

72 Ibid., 81.

73 Ibid., 81.

74 Ibid., 82.

75 Michael F. Ross, "A Star for Tinseltown," in *Progressive Architecture*, February, 1978, p. 52.

76 Paul Goldberger, *On The Rise: Architecture and Design in a Postmodern Age* (New York Times Books, 1983), p. 88.

77. Ross, "A Star for Tinseltown," p. 53.

78 Ibid., p. 54.

79 Frank Lentricchia, *After the New Criticism* (Chicago: University of Chicago Press, 1980), pp. 170, 161. *[플랭크 렌트리키아, 〈신비평 이후의 비평이론〉, 이태동·신경원 옮김, 문예출판사, 1994]

80 Gerald Graff, *Literature Against Itself* (Chicago: University of Chicago Press, 1979), pp. 96-97. *[제럴드 그라프, 〈자신의 적이 되어가는 문학〉, 박거용 옮김, 현대미학사, 1997]

81 Charles Newman, "The Post-Moderrn Aura: The Age of Fiction in an Age of Inflation," in *Salmgundi*, 63-64 (Spring/Summer 1984): 14.

82 Sinclair, *The Goose-Step*, p. 436.

83 Economics Education Project of the Union for Radical Political Economics (New York: Monthly Review Press, n.d. [1982?]), p. 7.

84 Samuel Bowles and Herbert Gintis, *Democracy and Capitalism: Property, Community and the Contradiction of Modern Social Thought* (New York: Basic Books, 1986), p. 215. *[새뮤얼 볼스·허버트 긴티스, 〈민주주의와 자본주의: 재산, 공동체, 그리고 현대 사회사상의 모순〉, 차성수·권기돈 옮김, 백산서당, 1994]

85 Josef Steindl, "Reflections on the Present State of Economics," in *Monthly Review*, 36 (February 1985) 9: 35-48.

86 Paul A. Attewell, *Radical Political Economy Since the Sixties: A Sociology of Knowledge Analysis* (New Brunswick, N.J.: Rutgers University Press, 1984), pp. 24, 27, 92.

87 그는 외국에서 태어나 외국에서 교육받았으므로 내가 머리말에서 세운 기준을 따르자면 제외해야 한다. 하지만 그가 스위지와 긴밀히 협업했고 그들이 쓴 〈독점자본〉은 아마도 〈먼슬리 리뷰〉 그룹의 핵심 저작일 터이므로 배런에 대한 어느 정도의 논의는 필요하다.

88 John Kenneth Galbraith, *A Life in Our Times* (Boston: Houghton Mifflin, 1981), pp. 219-20. *[존 K. 갤브레이스 〈우리 시대의 한 삶: 갤브레이스 회고록〉, 이가형 옮김, 김영

사, 1981]

89 Paul M. Sweezy, "Paul Alexander Baran: A Personal Memoir," in *Paul A. Baran (1910-1964): A Collective Portrait*, ed. Paul M. Sweezy and Leo Huberman (New York: Monthly Review Press, 1965), p. 40.

90 1961년 6월 30일 배런이 쓴 편지. Sweezy, "Baran: A Personal Memoir," p. 57에서 재인용.

91 Michael Hillard, "Harry Magdoff and Paul Sweezy: Biographical Notes," in *Rethinking Marxism: Essays for Harry Magdoff and Paul Sweezy*, ed. S. Resnick and R. Wolff (New York: Autonomedia, 1985), p. 402.

92 내가 *Telos*, 29 (1976): 343-48에 쓴 이 책의 서평 참조.

93 Paul Baran, "The Commitment of the Intellectual," in *The Longer View*, ed. J. O' Neill (New York: Monthly Review Press, 1969), p. 14.

94 Sweezy, Huberman, ed. *Paul A. Baran (1910-1964)*.

95 이 부분의 몇몇 구절은 내가 쓴 "Graying of the Intellectuals," in *Dissent* (Spring 1983): 236에서 따온 것이다.

96 Resnick and Wolff, eds., *Rethinking Marxism*.

97 여기서의 모든 인용은 Richard Peet, "Radical Geography in the United States: A Personal Account," in *Antipode*, 17 (1985): 3-4에서 따온 것이다.

98 Ibid., 4.

99 Noam Chomsky, "The Responsibility of Intellectuals," in his *American Power and the New Mandarins* (New York: Vintage Books, 1969), p. 323 참조. *[놈 촘스키, 〈촘스키, 知의 향연〉, 앤서니 아노브 엮음, 이종인 옮김, 시대의창, 2013에 실린 "지식인의 책무"]

100 맥도널드와 촘스키를 비교한 Stephen J. Whitfield, *A Critical American: The Politics of Dwight Macdonald* (Hamden, Conn.: Archon Books, 1984), pp. 113-16 참조.

101 Chomsky, *American Power*, p. 30.

102 Noam Chomsky, *Problems of Knowledge and Freedom* (New York: Vintage, 1971), p. 75. *[노엄 촘스키, 〈촘스키, 러셀을 말하다: 세계를 해석하는 것에 대하여, 세계를 변혁하는 것에 대하여〉, 장영준 옮김, 시대의창, 2011]

103 Christopher Lasch, "Politics as Social Control," in his *New Radicalism in America 1889-1963* (New York: Knopf, 1965), pp. 141-80 참조.

104 지식인이 개혁가로서의 가능성을 띤다는 이론을 제시한 앨빈 굴드너는 자신의 생각보다 훨씬 더 주류에 가까웠다. 그의 책 *The Future of Intellectuals and the Rise of the New Class* (New York: Continuum, 1979) 참조.

105 Bernie Fels, "The Academy and Its Discontents," in *Telos*, 40 (1979): 173-77 참조.

106 Richard Hofstadter, *Anti-Intellectualism in American Life* (New York: Vintage Books, 1963), pp. 200-1에서 재인용.

107 Seidelman and Harpham, *Disenchanted Realists*, pp. 198-200.

108 Theda Skocpol, "Sociology's Historical Imagination," in *Vision and Method in Historical Sociology*, ed. T. Skocpol (Cambridge: Cambridge University Press, 1984), p. 8. *[시다 스코치폴, 〈역사 사회학의 방법과 전망〉, 박영신·이준식·박희 옮김, 민영사, 1995] 하지만 그녀는 곧이어 이런 학문적 성공에 가려 역사사회학자들의 주변적 위상이 감추어져 있다는 주장으로 넘어간다. 그럴지도 모른다.

109 스코치폴은 그녀 자신을 포함하여 여러 인물들이 놓인 역사사회학의 "지도"를 제시한다. "Emerging Agendas and Recurrent Strategies in Historical Sociology," in *Vision and Method in Historical Sociology*, ed. T. Skocpol, p. 363 참조.

110 Carl Boggs, *The Two Revolutions: Gramsci and the Dilemmas of Western Marxism* (Boston: South End Press, 1984) 참조.

111 내가 *Dialectic of Defeat: Contours of Western Marxism* (Cambridge: Cambridge University Press, 1981), pp. 1–36에 쓴 논평을 보라.

112 윌리엄 벅스턴(William Buxton)은 파슨스학파 사회학을 비판한 이들이 환원주의적 도식을 다른 환원주의적 도식으로 대체했다고 논평한다. W. Buxton, *Talcott Parsons and the Capitalist Nation-State: Political Sociology as a Strategic Vocation* (Toronto: University of Toronto Press, 1985), pp. 260, 296 참조.

113 Carl Boggs, "The Intellectuals and Social Movements: Some Reflections on Academic Marxism," in *Humanities in Society*, 6 (1983): 228.

114 Erik Olin Wright, *Class, Crisis and the State* (London: NLB, 1978), pp. 9–10. *[에릭 올린 라이트, 〈국가와 계급 구조〉, 김왕배·박희 옮김, 화다출판사, 1985]

115 Ibid., p. 11.

116 Ibid., p. 25.

117 Ibid., p. 108.

118 Immanuel Wallerstein, "Radical Intellectuals in a liberal Society," in *The University Crisis Reader*, ed. I. Wallerstein and P. Star, vol. 2 (New York: Random House, 1971), pp. 475–76.

119 Immanuel Wallerstein, *The Politics of the World-Economy* (Cambridge: Cambridge University Press, 1984), pp. 183–84.

120 이에 대한 전반적인 논의로는 Charles Ragin and Daniel Chirot, "The World System of Immanuel Wallerstein," in *Vision and Method in Historical Sociology*, ed. T. Skocpol, pp. 276–312 참조.

7장 마지막 지식인 이후

1 Lewis Mumford, *Sketches of Life* (New York: Dial Press, 1982), pp. 125–26, 213–14, 220–21.

2 *The Lewis Mumford-David Liebovitz Letters* 1923-1968, ed. B. L. Knapp (Troy,

N.Y.: Whiteton, 1983), p. 188.

3 Mumford, *Sketches*, p. 190.

4 Thomas S. W. Lewis, "Mumford and the Academy," *Salmagundi*, 49 (Summer 1980): 99-111 참조.

5 *Letters of Lewis Mumford and Frederic I. Osborn*, ed. M. R. Hughes (Bath: Adams and Dart, 1971), p. 431.

6 Lewis Mumford, "Emerson's Journals," (1968), 그의 책 *Interpretations and Forecasts: 1922-1972* (New York, Harcourt Brace, 1973), pp. 107-8에 재수록.

7 Ibid., p. 108.

8 Alfred Kazin, *New York Jew* (New York: Vintage Books, 1979), p. 374.

9 Edmund Wilson, "Thoughts on Being Bibliographed" (1944), in *The Portable Edmund Wilson*, ed. Lewis M. Dabney (New York: Viking Penguin, 1983), pp. 112-13.

10 Edmund Wilson, "The Fruits of the MLA" (1968), in his *The Devils and Canon Barham* (New York: Farrar, Straus and Giroux, 1973), pp. 154-202.

11 Gordon N. Ray, *Professional Standards and American Editions: A Response to Edmund Wilson* (New York: Modern Language Association, 1969), p. i.

12 See John Gross, *The Rise and Fall of the Man-of-Letters* (New York: Macmillan, 1969).

13 Richard Hofstadter, *Anti-Intellectualism in American Life* (New York: Vintage Books, 1963), pp. 147-49에서 재인용.

14 Robert Nisbet, *The Degradation of the Academic Dogma* (New York: Basic Books, 1971), pp. 71-72.

15 Ibid., pp. 82, 86, 72-73.

16 Frederick Crews, "Criticism Without Constraint," in *Commentary*, 73 (January 1982): 65-71.

17 Robert Alter, "The Decline and Fall of Literary Criticism," in *Commentary*, 77 (March 1984): 51.

18 이에 대한 모범적인 연구로 Peter Steinfels, *The Neoconservatives* (New York: Simon and Schuster, 1980), 특히 pp. 188-213을 보라.

19 Will Herberg, "The New Estate," *National Review* (1965)에 처음 발표되고 *Teach-ins: U.S.A*, ed. L. Menashe and R. Radosh (New York: Praeger, 1967), p. 102에 재수록.

20 Noam Chomsky, *Language and Responsibility*, trans. John Viertel (New York: Pantheon, 1979), pp. 6-7, 8.

21 Joseph Epstein, "Reviewing and Being Reviewed," *New Criterion*, 1 (1982): 40.

22 Alfred Kazin, "Saving My Soul at the Plaza," in *New York Review of Books*, March 31, 1983, p. 38.

23 Stephen H. Balch, "Radical Delusions," in *Society*, 23 (March-April 1986): 3. 이

글은 "The Politicization of Scholarship"이라는 제목으로 열린 심포지엄의 일부다.

24 Stanley Rothman, "Academics on the Left," in *Society*, 23 (March-April 1986): 4-8.

25 Edward Shils, "Lewis Mumford," in *New Criterion*, 1 (1983), 9: 38, 43.

26 William F. Buckley Jr., *God and Man at Yale: The Superstitions of 'Academic Freedom'* (Chicago: Henry Regnery, 1951), p. 172.

27 Ibid., pp. 169-70.

28 Russell Kirk, *Decadence and Renewal in the Higher Learning* (South Bend, Ind.; Gateway, 1978), pp. 18-19.

29 Russell Kirk, *Academic Freedom* (Chicago: Henry Regnery, 1955), pp. 136. 158, 165; 그의 "Ethics of Censorship," in *Beyond the Dream of Avarice* (Chicago: Henry Regnery, 1956), pp. 101-32도 참조.

30 William L. O'Neill, *A Better World* (New York: Simon and Schuster, 1982) p. 333 참조.

31 Sidney Hook, *Heresy, Yes. Conspiracy, No* (New York: John Day, 1953), p. 208.

32 Ibid., p. 209.

33 Sidney Hook, *Academic Freedom and Academic Anarchy* (New York: Cowles, 1970) 참조.

34 Sidney Hook, *Pragmatism and the Tragic Sense of Life* (New York: Basic Books, 1974), p 93. 이는 한 괴팍한 보수주의자의 한물간 소리가 아니다. 최근 보수주의자들이 쓰는 글들도 틈만 나면 학문의 자유를 제한할 것을 촉구하고 있다. 보수주의자는 국가를 싫어하고 국가 경찰을 사랑한다. 조지프 엡스타인은 대학에서 정치적인 헛소리를 너무 많이 가르친다고 여긴다. 실제로 그의 동료 중 한 명은 온갖 쓸데없는 소리를 내뱉는다. "한 20년 전이었다면 그에게 정치를 중단하고 책을 가르치라는 주의가 내려졌을 것이다. 오늘날에는 심지어 원로 교수들도 학문의 자유(라고 잘못 이해하고 있는 것)에 간섭하기를 두려워한다." (Joseph Epstein, "Anti-Americanism and Other Cliches," in *Commentary*, April 1983, p. 63). "원로 교수들"이 "한 20년 전"에 학문의 자유에 대해 정확히 뭘 알았었는지는 확실치 않다.

35 Connie Samaras, "Sponsorship or Censorship?" in *New Art Examiner*, November 1985, p. 24에서 인용한 한스 하케(Hans Haacke)의 말에 따르면,

힐튼 크레이머의 저널은 부유한 우익 재단 세 곳으로부터 두둑한 보조금을 받는다. 그는 1982년과 1983년에만 약 75만 달러를 받았다. 출판에 익숙한 사람이라면, 이것이 광고 외에 일러스트가 전혀 안 들어가는 잡지의 발행 비용치고는 말도 안 되게 큰돈임을 잘 알 것이다. … 세 곳 중 하나인 뉴욕의 존 M. 올린 재단은, 탄약과 기타 군수 물자를 생산하는 기업인 올린 코퍼레이션 산하의 "자선" 기관이다. … 올린 코퍼레이션은 70년대 남아공에 무기와 총탄을 불법으로 공급하여 연방법원에서 유죄 판결을 받은 바 있다. 또다른 방면으로도, 수은 불법 투기, 가격 담합, 파업 분쇄, 외국 정부 관료들에 대한 수

상쩍은 뇌물 등… 주목할 만한 기록을 보유하고 있다. … 이 재단의 이사장은 최근 〈뉴욕 타임스〉가 보도한 콘트라 반군 후원자 명단에 오르기도 했다.

이런 경제적 후원은 크레이머가 편집하는 저널의 정치적 지향에 영향을 끼치지 않는다고 간주된다. 그런 건 만사를 "정치화하는" 문화의 사례이자 좌익의 병폐일 따름이다.

36 그는 윌리엄 웨스트모얼랜드(William Westmoreland) 장군이 CBS 다큐멘터리 〈계산되지 않은 적: 베트남의 기만Uncounted Enemy: A Vietnam Deception〉을 상대로 소송을 걸었을 때 장군에게 소송비용의 70퍼센트가 넘는 2백만 달러 이상의 돈을 대주었다. Walter and Miriam Schneir, "The Right's Attack on the Press," in *The Nation*, March 30, 1985, pp. 361-67 참조.

37 Michael Useem, "The Rise of Corporate Politics and the Decline of Academic Freedom," in *Regulating the Intellectuals*, ed. C. Kaplan and E. Schrecker (New York: Praeger, 1983), p. 110.

38 *Public Interest*, 81 (Fall 1985).

39 Buckley, *God and Man*, pp. 186-89.

40 Joseph Epstein, *Ambition* (New York Penguin Books, 1982), pp. 274-75.

41 Kenneth S. Lynn, *The Air-Line to Seattle* (Chicago: University of Chicago Press, 1983), p. 32. 린이 마르크스주의에 대해 뭘 좀 알았더라면, 자본가 공장주—엥겔스—로부터 많은 후원을 받았던 마르크스와 좀더 좋은 시간을 가졌을지도 모르겠다.

42 H. L. Mencken, "The Dismal Science," in *Prejudices: Third Series* (New York: Knopf, 1922), pp. 280, 282-83. *[H. L. 멩켄 지음, 〈멩켄의 편견집〉, 김우영 옮김, 이산, 2013, "우울한 학문"]

43 Ibid., p. 283.

44 Ibid., p. 288.

45 Richard Sennett, *Uses of Disorder: Personal Identity and City Life* (New York Vintage Books, 1970), p. vii. *[리처드 세넷, 〈무질서의 효용: 개인의 정체성과 도시 생활〉, 유강은 옮김, 다시봄, 2014]

46 Marshall Berman, *All That is Solid Melts Into Air* (New York: Simon and Schuster, 1982), pp. 146-47. *[마샬 버만, 〈현대성의 경험: 견고한 모든 것은 대기 속에 녹아 버린다〉, 윤호병·이만식 옮김, 현대미학사, 2011]

47 〈공적 인간의 몰락(*The Fall of Public Man*)〉에 대한 셸던 월린(Sheldon Wolin)의 서평. *New York Review of Books*, April 14, 1977, p. 19.

48 Richard Sennett, *Authority* (New York: Vintage Books, 1981), p. 10.

49 Ibid., p. 168.

50 Berman, *All That is Solid*, pp. 120-21.

51 Ibid., pp. 315, 324.

52 Ibid., pp. 295-96, 309.

53 Ibid., p. 171.

54 Sennett, *Authority*, p. 187.

55 Berman, *All That is Solid*, p. 36.

56 Ibid., p. 340.

57 Ibid., pp. 342-43.

58 Ibid., p. 343.

59 Ibid., p. 345.

60 Richard Sennett, *The Fall of Public Man* (New York: Vintage Books, 1978), p. 282.

61 Norman Podhoretz, "Book Reviewing and Everyone I Know" (1963), in his *Doings and Undoings* (New York: Noonday, 1964), p. 260.

62 Renata Adler, "Polemic and the New Reviewers," *The New Yorker*, (1964)에 처음 게재되고 그녀의 책 *Toward a Radical Middle* (New York: Random House, 1974), pp. 102-3에 재수록.

63 Adler, "Polemic," p. 117.

64 Philip Nobile, *Intellectual Skywriting: Literary Politics and the New York Review of Books* (New York: Charterhouse, 1974), pp. 189-90.

65 거의 모든 권호가 이런 경향성을 보인다. 1985년 2월호를 예로 들면, 12편의 주요 서평 가운데 7편이 미국인의 글인데 그중 2명은 오래된 독립 기고가인 메리 매카시와 시어도어 드레이퍼이고, 나머지 5명은 예일대학 역사학 스털링 석좌교수, 하버드대학 철학 에드거피어드 석좌교수, MIT와 컬럼비아대학 교수 등 아이비리그와 석좌교수들에게 크게 치우쳐 있었다. 나머지 5편의 필자는 옥스퍼드 현대사 치첼 교수, 옥스퍼드 머튼 칼리지 펠로우, 바르부르크 연구소 펠로우 등 영국인 학자와 저술가다.

66 예를 들어 *The Young American Writers, ed. Richard Kostelanetz* (New York: Funk and Wagnalls, 1967) 참조.

67 Richard Kostelanetz, *The End of Intelligent Writing: Literary Politics in America* (New York: Sheed and Ward, 1974) 참조.

68 Nancy K. Roderer, "The Library Labor Market," in *Bowker Annual of Library and Book Trade Information* (New York: Booker, 1984, pp. 283-90) 참조.

69 Lewis A. Coser, Charles Kadushin, and Walter W. Powell, *Books: The Culture and Commerce of Publishing* (New York: Basic Books, 1982), pp. 232-33 참조.

70 Wilson, "Thoughts on Being Bibliographed", p. 109.

71 James Follows, "The New Celebrities of Washington," in *New York Review of Books*, June 12, 1986, p. 47.

72 John W. C. Johnstone, Edward J. Slawski, and William W. Bowman, *The News People* (Urbana, Ill.: University of Illinois Press, 1976), pp. 18-19의 추정치 참조.

73 William A. Tillinghast, "Declining Newspaper Readership," in *Journalism Quarterly*, 58 (1981): 14. 미디어 집중이 개인의 "표현의 자유"에 끼치는 영향에 대한 통계와 논의는 Bruce M. Owen, Economics and the Freedom of Expression (Cambridge, Mass.: Ballinger, 1975), esp. pp. 33-85 참조. (특히 텔레비전과의 관계

에서) 신문의 역할에 대해 좀더 긍정적인 시각으로는 Philip Weiss and Laurence Zuckerman, "The Shadow of a Medium," *Columbia Journalism Review 25* (1987): 33-39 참조.

74 Ben H. Bagdikian, *The Media Monopoly* (Boston: Beacon Press, 1983), p. 198. *[벤 바그디키언, 〈미디어 모노폴리〉, 정연구·송정은 옮김, 프로메테우스, 2009]

75 David B. Sachsman, Warren Sloat, *The Press and the Suburbs: The Daily Newspapers of New Jersey* (New Brunswick, N.J.: State University of New Jersey, 1985), pp. 28-32.

76 Loren Ghiglione, "Introduction," in *The Buying and Selling of America's Newspapers*, ed. L. Ghiglione. (Indianapolis: R. J. Berg, 1984), p. xi. 물론 이 사례 집에서 피나는 노력을 들여 보여주고 있듯이, 때로는 인수합병으로 별 볼일 없던 지역 신문의 품질이 향상되는 경우도 있다.

77 Bagdikian, *Media Monopoly*, p. 126.

78 이를 전반적으로 조사한 Paul W. Kington and Jonathan R. Cole, "Summary of Findings of the Columbia University Economic Survey of American Authors," in *Art and the Law*, 6 (1981) 4: 83-95 참조.

79 "Newhouse Ties into New Yorker," in *Advertising Age*, November 19, 1984, p. 97; "New Yorker Takes Turn," in *Advertising Age*, March 11, 1985, p. 1 참조.

80 Morris Dickstein, *Gates of Eden: American Culture in the Sixties* (New York: Basic Books, 1977), pp. 132-33.

81 Tom Wolfe, "The New Journalism," in *The New Journalism*, ed. T. Wolfe and E. W. Johnson (New York: Harper and Row, 1973), pp. 28, 32.

82 James Agee and Walker Evans, *Let Us Now Praise Famous Men* (New York: Ballantine Books, 1966), pp. xiv, 7.

83 울프의 앤솔로지에 일착으로 선정된 작가는 렉스 리드(Rex Reed), 게이 탤리스(Gay Talese), 리처드 골드스타인(Richard Goldstein), 마이클 헤르(Michael Herr), 트루먼 커 포티(Truman Capote), 조 에스터하스(Joe Eszterhas), 테리 서던(Terry Southern)이었다.

84 Norman Sims, "The Literary Journalism," in *The Literary Journalists*, ed. N. Sims (New York: Ballantine Books, 1984), p. 4.

85 Abe Peck, *Uncovering the Sixties: The Life and Times of the Underground Press* (New York: Pantheon, 1985), p. 270.

86 Ibid., pp. xvi, 298.

87 Ibid., pp. 299-325.

88 Michael Schudson, *Discovering the News* (New York: Basic Books, 1978), pp. 187-92 참조. *[마이클 셔드슨, 〈뉴스의 발견〉, 여은호·박경우 옮김, 커뮤니케이션북스, 2019]

89 Joan Walsh, "The Mother Jones Story," in *In These Times*, September 24-30, 1986, pp. 8-9.

90 Leonard Downie Jr., *The New Muckrakers* (Washington, D.C.: New Republic

Books, 1976), p. 230.

91 큰 신문사 자체가 그보다 더 큰 기업의 통제 아래 있는 한, 신문사에 고용된 탐사 기자들의 헌신─혹은 최소한 시야─은 아마도 한정적일 것이다. Peter Dreier, Steve Weinberg, "Interlocking Directorates," in *Columbia Journalism Review* 18 (1979): 51-68 참조.

92 I. F. Stone, *The Haunted Fifties* (1963; reprint, New York: Vintage Books, 1969), p. xv.

93 Robert Sklar, "Introduction," in I. F. Stone, *The Truman Era* (New York: Random House, 1972), pp. xi-xii.

94 예리하게 쓰고 대담하게 사고하는 사회주의 프리랜서 저술가가 매우 드문 가운데 그나마 존재하는 몇 명이 출생이나 교육 배경에서 미국인이 아닌 영국인이라는 사실은 우연일까? 영국의 반골 전통이 학계와 관료제의 압력에 덜 취약한 것일까?

95 Clara Gebert, "Introduction," in *An Anthology of Elizabethan Dedications and Prefaces*, ed. C. Gebert (New York: Russell and Russell, 1966), p. 25.

96 Erich Auerbach, *Literary Language and Its Public* (New York: Bollingen, 1965), p. 334.

97 피렌체 대사 구이차르디니가 남긴 기록. Giorgio de Santillana, *The Crime of Galileo* (Chicago: University of Chicago Press, 1959), p. 119에서 재인용.

98 Santillana, *The Crime of Galileo*, p. 15.

옮긴이의 말

『마지막 지식인』은 1987년에 쓰인 책이다. 읽힌 횟수보다 인용된 횟수가 더 많다는 점에서 이 책은 고전이라고 할 수 있다. (저코비가 이 책을 제안했을 때 출판사의 저작권 대리인은 그에게 "제목에 '지식인'이 들어간 책은 안 팔린다"고 경고했다고 한다.) 심지어 이 책이 번역 소개되기 이전의 한국에서도, 저코비가 이 책에서 처음 쓴 "공공 지식인"이라는 말은 국내 지식인들 사이에 심심찮게 회자되었다.

저코비가 말하는 공공 지식인이 반드시 "진보 지식인"의 동의어는 아니다. 그보다는 교양 있는 대중을 향해 대중이 이해할 수 있는 언어로 발언함으로써 단지 자기 전문 분야가 아니라 사회 공론장에 영향을 끼치는 지식인을 의미한다. 그러니까 스페셜리스트보다는 제너럴리스트에 가깝다. 그런 의미에서 "대중 지식인"으로 바꾸어 써도 크게 틀리지는 않을 것이다. 저자는 프레드릭 제임슨이나 데이비드 하비 같은 저명한 좌파 지식인들이 대중과의 소통을 포기하고 난해한 학술적 담론에만 머무른다고 날카롭게 비판하고 있다.

하지만 저코비의 고전적 지식인상에도 비판할 점이 전혀 없는 것은 아니다. 저코비가 공공 지식인의 이상형으로 제시하는 사회학자 C. 라이트 밀스는 젠더/인종 문제에 거의 무관심했다. 저자인 저코비 자신도, 최근 진보 진영에서 중시되는 "다양성"의 가치에 의문을 제기하는 책(『On Diversity: The Eclipse of the Individual in a Global Era』, 2020)을 발표하는 등 정체성 정치에 적대적인 입장을 취하고 있다. 둘 다 스스로를 사회의 아웃사이더로 자리매김시키며 투철한 계급의식과 반골 정신으로 무장한 반면, 스스로의 백인 남성 특권에 대한 성찰은 다소 부족했다는 면에서 지식인으로서의 일정한 한계를 안고 있음을 지적해야겠다. 물론 이런 비판은 한국의 남성 진보 지식인에게도 비슷하게 적용될 수 있다.

저코비가 1987년도에 관찰한 지식인의 전문화/제도권화/학술화는, 이제 미국에서나 한국에서나 한층 더 심화되면 심화되었지 약화되지 않았다. 사실 저코비가 "황금기"로 묘사하는 독립 지식인과 ("랭보의 시 번역료로 뉴욕에서 방을 구할 수 있었던") 독립 잡지의 전성기나 자유분방한 보헤미안 문화 같은 것이 한국에 존재했던 적은 없는 것 같다. 한국의 경우 70년대까지는 엄혹한 식민과 독재에 저항하는 '지사적 지식인'이, 80년대부터는 노동자/농민/빈민 운동에 투신하는 '참여적 지식인'이 존재했다. 그리고 창비 등 반체제 지식인과 문인의 거점을 제공하는 출판사와 문예지들이 소수나마 존재했다. 이런 출판사와 문예지의 후원을 받는 시인이나 소설가 등 문인이 대중과 호흡하는 지식인의 역할을 일정 부분 수행했다는 것도 특기할 점이다. 그러다 90년대부터는 지식인들이—신좌파 지식인이 대학으로 들어간 미국과 비슷한 궤적을 밟아―대학과 정부 등 제도권으로 대거 흡수되기 시작했다. 그리고 과거의 비판적 지식인과 동떨어진 실용적 '신지식인'이 열렬히 호명되었다.

미국에서 40년대생 베이비붐 세대가 대학에 대거 진학한 60년대에 대학이 크게 팽창했다면, 한국은 60년대생 1, 2차 베이비붐 세대가 대학에 진학한 80년대가 대학 팽창의 시기였다. 미국에서 박사학위만 따오면 교수 자리가 보장되던 시절도 짧게나마 있었다. 이제는 인구 변동으로 대학 시장이 수축하기 시작한 지 꽤 되었고, 특히 서울/상위권 대학의 정규직 교수 집단은 일정한 지대地代를 확보한 지배 블록의 일부로 자리잡은 듯 보인다. 그리고 이 울타리 바깥에서 불안정한 삶을 이어나가는 비정규직 교수와 강사와 대학원생의 집단이 대규모로 존재한다.

현재의 상황을 보면, 이제는 무책임한 제너럴리스트보다는 차라리 정직한 스페셜리스트가 더 시급한 것이 아닌가 하는 생각도 든다. 2020년대의 세계는 저코비가 준거로 삼는 1930년대나 1950년대와는 크게 바뀌었다. 전문화가 훨씬 더 고도로 진전되어 지식의 총량 자체가 수백, 수천 배 증가했고 매일매일 엄청난 양의 새로운 지식이 갱신되고 있는 지금은, 심지어 같은 학문 분야의 학자라도 자신과 다른 세부 전공에 대해 함부로 말을 얹지 못하는 정도에 이르렀다. 멈퍼드나 촘스키 같은 지적 거인이 등장하여 사회를 조망하는 통찰력을 발휘하기가 전보다 어려워진 것이다. "자기 분야를 벗어나서 종합적으로 살필 수 있는 연구자들이 정말 드물어"•진 것은 개별 연구자들의 역량 부족이나 직무 유기라기보다는 어쩌면 이런 지적 환경의 변화 때문일지도 모른다. 오히려 요즘은, 미디어나 SNS에서 "모든 분야 전문가" 행세를 하며 자기 전문 분야 바깥에 대한 부정확한 지식과 편견을 대중에게 퍼뜨리는 "지식인"들의 해악이 훨씬 더 두드러지는 것 같다. 일례로 예전의 칼 세이건이나 스티븐 제이 굴드 같은 이들은 공공 지식인의 역할을 했지만, 현재의 스티븐 핑커나 조던 피터슨 같은 이들을 단지 대중적 문장을 구사하고 대중적 영향력이 있다는 이유로 "공공 지식인"이라고 부를 수 있을까?

그럼에도 불구하고 팬데믹과 기후 재앙 같은 전 지구적 위기들은 공공 지식인의 역할을 그 어느 때보다 절실히 요구하고 있다. 지식인의 시대가 가고 전문가의 시대가 왔다면, 인류사적 위기에 직면한 이제는 다수의 전문가가 공론장에서 집단적인 목소리를 내어 "공공 지식인"으로서의 역할을 수행해야 할 필요성이 너무나 절박해졌다.

하지만 한국에서 현재도 진행중인 팬데믹 국면은, 오히려 의사, 교수, 언론인, 판검사, 관료 같은 지식 엘리트/전문가 집단에 대한 대중의 막연한 신뢰가 크게 무너지는 계기가 되었다. 특히 코로나 유행에 대한 생명과 직결된 전문 지식을 대중이 이해할 수 있는 언어로 정직하게 전달하는 전문가마저도 쉽사리 찾아보기 힘들었다. 방역에 대한 일체의 논의가 정파적 계산으로 오염되었고 심지어 "과학적"이라는 말 자체도 오염된 단어가 되었다.

이는 저코비가 이 책에서 길게 고찰한 지식인의 경제적 조건과 떼어 놓고 생각할 수 없을 것이다. 한국에서도 지식 엘리트와 전문가 집단이 공고한 사회학적 "계급"을 이루었고, 지식 그 자체보다는 자신들이 애

• 전성원, "공적 지식인", 〈경향신문〉 2017년 10월 30일자.

써 확보한 지대의 방어에 더욱 전력을 쏟게 된 것이다.

이것은 저코비가 우려하는 공공 문화의 활력을 넘어서 그보다 훨씬 더 심각한 공론장의 위기, 사회의 위기를 불러온다. 비록 시대적 상황과 맥락은 달라졌지만, 공공 지식인에 대한 저코비의 문제의식이 현재에 더욱 무게를 띠게 되었다면 바로 이 때문일 것이다.

찾아보기

지은이

러셀 저코비
Russell Jacoby

1945년 뉴욕시에서 태어났다. 시카고대학교와 위스콘신-메디슨대학교에서 공부했고, 1974년 로체스터대학교에서 박사학위를 받았다. 로스앤젤레스 캘리포니아대학교UCLA 역사학 명예교수이자, 학술·문화비평가이다. 20세기 유럽과 미국의 지식문화사를 깊이 연구해왔으며, 특히 학계의 지식인과 교육 등에 관한 날카로운 비평을 발표해 지식인 사회와 일반 독자들에게 주목을 받았다. 『사회적 건망증Social Amnesia』 『패배의 변증법The Dialectic of Defeat』 『정신분석의 억압The Repression of Psychoanalysis』 등을 집필했으며, 국내에 소개된 저서로는 『유토피아의 종말』 『친밀한 살인자』 등이 있다.

옮긴이

유나영

서울대학교 고고미술사학과를 졸업하고 출판사에서 편집자로 일했다. 옮긴 책으로 『지도의 역사』 『민족』 『사회문화인류학』 『네 번째 원고』 『굴드의 물고기 책』 『코끼리는 생각하지 마』 『왜 지금 지리학인가』 등이 있다. 블로그 '유나영의 번역 애프터서비스(lectrice.co.kr)'를 운영하고 있다.

마지막 지식인
아카데미 시대의 미국 문화

초판 1쇄 인쇄 2022년 3월 24일
초판 1쇄 발행 2022년 4월 4일

지은이 러셀 저코비 | 옮긴이 유나영

편집 황도옥 이원주 정소리 이희연 | 디자인 백주영
마케팅 김선진 배희주 | 브랜딩 함유지 함근아 김희숙 정승민
저작권 박지영 이영은 김하림
제작 강신은 김동욱 임현식 | 제작처 인쇄 천광인쇄사 제본 신안문화사

펴낸곳 (주)교유당 | 펴낸이 신정민
출판등록 2019년 5월 24일 제406-2019-000052호

주소 10881 경기도 파주시 회동길 210
전화 031)955-8891(마케팅) | 031)955-2692(편집) | 031)955-8855(팩스)
전자우편 gyoyudang@munhak.com

인스타그램 @gyoyu_books | 트위터 @gyoyu_books | 페이스북 @gyoyubooks

ISBN 979-11-92247-07-6 03300

교유서가는 (주)교유당의 인문 브랜드입니다.
이 책의 판권은 지은이와 교유서가에 있습니다.
이 책 내용의 전부 또는 일부를 재사용하려면 반드시 양측의 서면 동의를 받아야 합니다.